채권법 제2부(甲)

1905 제2·8권
보성전문학교 교과서번역사업 8
고려대학교 仁星기금 후원

채권법 제2부(甲)

債權法 第二部(甲)

조성구 지음
명순구 옮김

KOREA
UNIVERSITY
PRESS
고려대학교
출판문화원

인성기금

"인성기금은 유휘성 회장이
고려대학교에 기부하여 조성된 연구기금입니다"

역자 서문

고려대학교가 개교 110주년을 맞이한 2015년, 고려대학교와 대한민국의 역사가 의미 있게 교차하는 지점을 연구·정리하기 위하여 "1905" 시리즈를 창설했다. 그 사업의 일환으로 보성전문학교 교과서 번역 사업을 시작한 것이 2017년이었다. 2017년 《민법총론(民法總論)》(제2·1권)을 출간한 이후, 2018년 《물권법 제1부(物權法 第一部)》(제2·2권), 2019년 《국가학(國家學)(제2·3권)》, 2020년 《행정법대의(行政法大意)》(제2·4권), 2021년 《물권법 제2부(物權法 第二部)》(제2·5권)와 《전시국제공법(戰時國際公法)》(제2·6권), 2023년 《채권법 제1부(債權法 第一部)》(제2·7권)이 빛을 보았다. 이들에 이어 이번에 《채권법 제2부(갑)(債權法 第二部(甲)》(제2·8권)을 출간하게 되었다.

한민족 역사의 격동기에 설립된 보성전문은 민족의 미래를 이끌어갈 인재들을 길러내기 위하여 근대적 실용학문을 본격적·체계적으로 교수한 고등교육기관이다. 그러므로 보성전문에서 시행된 교육과 연구는 대한민국의 학문사에 진한 방점을 찍어야 할 부분이이며, 보성전문의 교과서는 우리나라 근대 학문의 초기 모습을 보여주는 매우 귀중한 자료이다. 그러나 많은 한자어, 언문일치가 되지 않은 문장 스타일, 종서 형식의 인쇄 등으로 인해 요즘 사람들이 그 내용을 이해하기가 쉽지 않다. 보성전문 교과서 번역 사업은 학문을 하는 사람들과 자료를 공유하기 위한 작업의 일환이다. 이 사업은 우리나라에 있어서 법학·경제학·경영학의 초기 모습을 정확히 인식하는 단서가 될 것이다. 보성전문 교과서 번역 사업이 성숙 단계에 이르면 저자 및 교과서의 학문적 계보에 관한 연구 등 심도 있는 후속 작업을 수행할 수 있을 것이다. 이 사업은 대한민국 학문사의 시계바늘을 지금보다 훨씬 뒤로 돌려 학문 수준을 높이는 계기가 될 것이다.

보성전문의 채권법 교과서는 모두 네 책으로 구성되어 있다. 《채권법 제1부(債權法 第一部)》(현대의 체계로는 채권총론), 《채권법 제2부(갑)(債權法 第二部(甲)》(현대의 체계로는 계약총론), 《채권법 제2부(을)(債權法 第二部)(乙)》(현대의 체계로는 계약각론), 《채권법 제3부(債權法 第三部)》(현대의 체계로는 법정채권관계)가 그것이다. 대부분의 보성전문 교과서가 그러하듯 《채권법 제2부(갑)(債權法 第二部(甲)》 또한 저자가 조성구(趙聲九, 1881-1958)라는 것 외에는 출판사항에 관한 기록이 없다.[*] 여러 정황으로 볼 때 1907년에 출간된 것으로 추정된다.[**] 조성구는 1907년 보성전문학교 법률과 야간부를 제1회로 졸업하였으며, 보전친목회(1907년 보성전문학교 제1회 졸업을 계기로 창설된 것으로 단체로서 현 고려대학교 교우회의 모태) 초대 회장을 역임했다. 1906년 내부주사, 1907년 내부 서기관, 1908년 내부 민적과장, 1910부터 1914년 경무총감부 경무과 경시, 1924년 충남 천안군수, 해방 후 영등포구청장 등을 역임했다. 민족문제연구소《친일인명사전》에 등재되었다.《헌법(憲法)》,《지방행정론(地方行政論)》,《형사령(刑事令)·형법석의(刑法釋義)》 등의 저서가 있으며, 마쓰이 시게루(松井茂)의《경찰학(警察學)》(1909)을 번역하는 등 활발한 저술활동을 했다.[***]

이 번역서는 인성기금(仁星基金) 후원의 결과이다. 이 기금은 유휘성 회장님께서 고려대학교 법학전문대학원에 조성해 주신 연구진흥기금이다. 유 회장님의 후원이 없었다면 이 사업을 시작할 수 없었다. 대한민국과 고려대학교의 역사를 소중히 여기시는 유 회장님의 안목에 깊은 존경과 감사의 마음을 드린다.

---

* 김봉희,《한국 개화기 서적 문화연구》, 이화여자대학교 출판부, 1999, 221쪽은 이 책이 1907년 普成社(이용익 선생이 보성전문과 함께 설립한 출판사)에서 출판된 것으로 소개하고 있음.

** 李允榮,〈普成專門學校의 法學·經濟學 敎科課程에 대한 硏究〉,《近代西歐學問의 受容과 普專》(高麗大學校, 1986), 443쪽 참조.

*** 조성구에 대하여 자세한 것은 김효전,〈조성구의 생애와《헌법》〉,《靑村論叢》(청촌장학재단) 창간호(1999년 12월), 41-70쪽 참조.

국권이 스러져가던 1905년 을사년(乙巳年) 충숙공 이용익 선생께서 교육구국(敎育救國)의 신념으로 설립한 고려대학교, 인촌 김성수 선생의 통 큰 결단으로 종로의 요람을 떠나 안암동산에 새로 뿌리를 내린 지 90년이 되었다. 2025년 고려대학교는 개교 이후 두 번째 을사년을 맞는다. 역사는 미래를 비추는 거울이며, 대학의 힘은 학문에서 비롯된다. 《1955년 고려대학교, 법과 시와 음악》(1905 제1권, 2015), 《양호기》(1905 제3권, 2019)의 뒤를 이어 "1905" 시리즈가 시간과 함께 더욱 힘차게 성장하길 기원해 본다.

2024년 1월

옮긴이 명순구

차례

債權法第二部(甲)

趙聲九 講述

第一編 緒論

契約의何者됨에就ᄒᆞ야ᄂᆞᆫ古來各國立法例에其意義가不同ᄒᆞ나近世新進ᄒᆞᆫ民法에ᄂᆞᆫ契約이란文字를廣義로使用ᄒᆞᄂᆞ니即法律上의効力을生케ᄒᆞᆷ을目的ᄒᆞᄂᆞᆫ二人以上의意思合致(私法的意思表示의合致)를指ᄒᆞᆷ이라然而日本舊民法財産編第二百九十六條第一項에「合意라ᄒᆞᆷ은物權과人權을不問ᄒᆞ고權利를創設或은移轉ᄒᆞ며又ᄂᆞᆫ此를變更或은消滅케ᄒᆞᆷ을目的ᄒᆞᄂᆞᆫ二人又ᄂᆞᆫ數人의意思合致를謂ᄒᆞᆷ이라」ᄒᆞ고其第二項에「合意가人權의創設을主된目的으로ᄒᆞᄂᆞᆫ時ᄂᆞᆫ此를契約이라名ᄒᆞᆷ이라」規定ᄒᆞ얏스니盖此定義ᄂᆞᆫ羅馬法의定義를繼受ᄒᆞ야契約이란文字를狹義로使用ᄒᆞᆫ바ㅣ라古代에在ᄒᆞ야ᄂᆞᆫ債權의發生原因과他者를區別ᄒᆞᆯ理由가有ᄒᆞ얏스나今日에在ᄒᆞ야ᄂᆞᆫ此를區別ᄒᆞᆯ理由가毫無ᄒᆞᆫ故로最近ᄒᆞᆫ學說及立法例에ᄂᆞᆫ契約의範圍를擴張ᄒᆞ야法律上의効力을生케ᄒᆞᆷ을目的ᄒᆞᄂᆞᆫ二人以上의意思合致ᄂᆞᆫ恒常契約이라稱ᄒᆞᆷ이라

채권법 제2부(甲)

조성구

제1편 서론

계약이 무엇인지에 대하여는 종래 각국 입법례에서 그 의의가 다르지만 근세 새로 등장하는 민법에서는 계약이라는 문자를 광의로 사용한다. 곧 법률상 효력을 발생시킬 것을 목적으로 하는 두 사람 이상의 의사의 합치[사법(私法)적 의사표시의 합치]를 가리킨다. 그러나 일본 구민법* 재산편 제296조 제1항은 "합의란 대물적 권리와 대인적 권리를 불문하고 권리를 창설 또는 이전하거나 이를 변경 또는 소멸시킴을 목적으로 하는 두 사람 또는 여러 사람의 의사의 합치를 말한다"고 하고 제2항에서 "합의가 대인적 권리의 창설을 주된 목적으로 하는 때에는 이를 계약이라고 이름한다"고 규정하였다. 이 정의는 로마법의 정의를 계수하여 계약이라는 문자를 협의(狹義)로 사용한 것이다. 고대에는 채권의 발생 원인과 다른 것을 구별할 이유가 있었으나, 오늘날에는 이를 구별할 이유가 전혀 없다. 그러므로 최근의 학설 및 입법례에서는 계약의 범위를 확장하여 법률상의 효력을 발생시킬 것을 목적으로 하는 두 사람 이상의 의사의 합치는 항상 계약이라고 부른다.

* 역자 주: 일본 구민법은 이른바 '보아소나드 민법전'을 가리킴. 일본은 메이지 유신을 계기로 프랑스 파리대학 교수 Gustave Emile Boissonade (1825~1910)의 책임 아래 1870년 민법전 편찬사업을 시작하여 1890년 민법전이 완성되었음. 프랑스 민법전의 지배적 영향을 받은 이 법전은 시행되지 못했는데 이것이 '일본 구민법전'임. 1893년부터 다시 민법전 제정 작업을 진행하여 독일 민법전 제1초안(1887)의 영향 아래 새로운 민법전이 제정되어 1898년부터 시행되었는데 이것이 '일본 신민법전'(현행 민법전)임.

契約에各種類別이有ᄒᆞᆷ은古來學者의一般히唱道ᄒᆞᄂᆞᆫ바ㅣ라日本舊民法에ᄂᆞᆫ此ᄅᆞᆯ法文에列擧ᄒᆞ고同新民法에ᄂᆞᆫ如此ᄒᆞᆫ明文을不設ᄒᆞ얏스나學理上으로ᄂᆞᆫ此ᄅᆞᆯ區別ᄒᆞᆷ이可ᄒᆞ며又此類別中에ᄂᆞᆫ契約에特別ᄒᆞᆫ者와法律行爲全體에通ᄒᆞᄂᆞᆫ者ㅣ有ᄒᆞᆷ이라

契約이法律行爲中에最重要ᄒᆞᆫ者ㅣ됨은諸君이民法總則編講義에業已研究ᄒᆞᆫ바ㅣ라故로玆에贅論치아니ᄒᆞ나此에一言ᄒᆞᆯ바ㅣ有ᄒᆞ니卽契約이란者ᄂᆞᆫ二人以上의意思表示ᄅᆞᆯ因ᄒᆞ야成立ᄒᆞᄂᆞᆫ故로二個의法律行爲가有ᄒᆞ다主張ᄒᆞᄂᆞᆫ者ㅣ有ᄒᆞ야曰契約은一個의法律行爲가아니오少ᄒᆞ야도二個法律行爲의合體된者ㅣ라云ᄒᆞ나是ᄂᆞᆫ謬見됨을難別ᄒᆞᆯ지니盖意思表示ᄂᆞᆫ元來二人以上의意思表示라도其二人以上의意思表示가合ᄒᆞ야一個法律行爲ᄅᆞᆯ成ᄒᆞᄂᆞᆫ者ㅣ오其申提又ᄂᆞᆫ承諾ᄲᅮᆫ으로써各獨立ᄒᆞᆫ法律行爲라云ᄒᆞᆷ을不得ᄒᆞᆯ지라故로契約이란者ᄂᆞᆫ恒常一個法律行爲오決코二個以上의法律行爲가아니니反對論者ᄂᆞᆫ畢竟法律行爲의定義ᄅᆞᆯ誤解ᄒᆞᆫ者ㅣ라卽法律行爲ᄂᆞᆫ通常「法律上의効力을生케ᄒᆞᆷ을目的ᄒᆞᄂᆞᆫ私法的意思表示」라云ᄒᆞᄂᆞᆫ故로其意思表示ᄅᆞᆯ恒常單稱ᄒᆞᄂᆞᆫ者로解釋

계약에 갖가지 분류가 있음은 종래 학자들이 일반적으로 주장하는 바이다. 일본 구민법에서는 이를 법문에 열거하였고 신민법*에서는 이와 같은 명문규정을 마련하지 않았다. 그러나 학술적으로는 이를 구별함이 마땅하며 또 이 분류 안에는 계약에 특별한 것과 법률행위 전체에 통하는 것이 있다.

계약이 법률행위 중에서 가장 중요한 것임은 여러분이 민법총칙 편 강의에서 이미 연구한 바이므로 여기에 불필요하게 논하지 않는다. 그러나 한마디 할 것이 있는데, 곧 계약이란 것은 두 사람 이상의 의사표시로 인하여 성립하므로 두 개의 법률행위가 있다고 주장하는 사람이 있다. 계약은 하나의 법률행위가 아니라 적어도 두 개의 법률행위가 합체된 것이라고 말하는 것이다. 그러나 이는 잘못된 견해이다. 대개 의사표시는 원래 두 사람 이상의 의사표시라도 그 두 사람 이상의 의사표시가 합하여 하나의 법률행위를 이루는 것이고, 그 청약 또는 승낙만으로는 각기 독립한 법률행위라고 말할 수 없다. 그러므로 계약이란 것은 항상 하나의 법률행위이고 결코 둘 이상의 법률행위가 아니다. 반대론자는 마침내 법률행위의 정의를 오해한 것이다. 곧 법률행위는 통상 "법률상의 효력을 발생시킬 것을 목적으로 하는 사법적 의사표시"라고 한다. 그러므로 그 의사표시를 항상 간단히 부르는 것으로 해석

* 역자 주: 1898년부터 시행된 일본민법을 말함(1쪽의 역자 주 참조).

ᄒᆞᆯ時ᄂᆞᆫ契約은二個以上의法律行爲로브터成立ᄒᆞᄂᆞᆫ者와如ᄒᆞ나法律行爲의定義中에所謂意思表示란者ᄂᆞᆫ반다시單稱ᄒᆞᆷ이아니니만일單히意思表示라云ᄒᆞᆫ故로如此ᄒᆞᆫ疑問이生ᄒᆞᆯ진ᄃᆡ寧히一個의意思表示又ᄂᆞᆫ數個의意思表示의合致라云ᄒᆞᆷ이可ᄒᆞᆯ지로다如此히契約은一種法律行爲라故로法律行爲의類別은皆此를契約에適用ᄒᆞᆷ을得ᄒᆞᆯ지니諸君은總則編講義에法律行爲의類別을研究ᄒᆞᆫ故로此에疊述ᄒᆞᆷ은重複의恐이不無ᄒᆞ나人人의意見이반다시同一치아니ᄒᆞᆫ故로玆에余의信ᄒᆞᄂᆞᆫ바를據ᄒᆞ야簡短히說明코ᄌᆞᄒᆞ노라

法律行爲의類別로契約의類別되ᄂᆞᆫ者特히契約에就ᄒᆞ야必要가多ᄒᆞᆫ者를先示ᄒᆞᆯ진ᄃᆡ

第一、有償契約、無償契約　有償契約은各當事者가互相出捐ᄒᆞᄂᆞᆫ契約을謂ᄒᆞᆷ이니出捐이라ᄒᆞᆷ은반다시金錢其他有形物의給付를云ᄒᆞᆷ이아니오勞務의供給及權利를與ᄒᆞ고又ᄂᆞᆫ抛棄ᄒᆞᆷ이皆一種의出捐이라是以로當事者雙方이互相出捐ᄒᆞᄂᆞᆫ時ᄂᆞᆫ其契約은有償契約이오此와反ᄒᆞ야無償契約에在ᄒᆞ야ᄂᆞᆫ當事者一方만出捐ᄒᆞ고他一方은毫末도出捐ᄒᆞᆷ을不要ᄒᆞᄂᆞ니例如賣買、賃

한다면 계약은 둘 이상의 법률행위로부터 성립하는 것 같다. 그러나 법률행위의 정의 중에 이른바 의사표시란 것은 반드시 간단히 부를 것이 아닌데, 만일 다만 의사표시라고 하여 이와 같은 의문이 발생한다면 오히려 하나의 의사표시 또는 여러 개의 의사표시의 합치라고 하여야 할 것이다. 이와 같이 계약은 하나의 법률행위이다. 그러므로 법률행위의 분류는 모두 계약에 적용될 수 있다. 여러분은 총칙편 강의에서 법률행위의 분류를 연구하였으므로 여기서 다시 서술하는 것이 중복될 우려가 있지만, 사람들의 견해가 반드시 동일하지는 않으므로 여기서 내가 생각하는 바를 들어 간단히 설명하고자 한다.

법률행위의 분류로 계약의 분류, 특히 계약에 대하여 필요성이 큰 것을 먼저 보이면,

(1) **유상계약/무상계약**: 유상계약은 당사자가 서로 출연(出捐)하는 계약을 말한다. 출연이란 반드시 금전 기타 유형물의 급부를 말하는 것이 아니라 노무의 공급과 함께 권리를 주거나 포기하는 것이 모두 일종이다. 그리하여 당사자 쌍방이 상호 출연하는 때에는 그 계약은 유상계약이고, 이와 반대로 무상계약에서는 당사자 일방만 출연하고 다른 일방은 출연이 필요하지 않다. 예컨대 매매, 임

貸借等은有償契約에屬ᄒᆞ고債務의辨償도亦此에屬홈이라債務의辨償을契約이라云홈은頗히奇怪ᄒᆞ나多數境遇에ᄂᆞᆫ契約이成立ᄒᆞᄂᆞ니何故오辨償은金錢을支撥홈이最多ᄒᆞ고金錢支撥은通常契約이됨이라即支撥ᄒᆞᄂᆞᆫ者가其金錢을自己의債務辨償으로交付홈을申請ᄒᆞ고債權者가辨償으로此를領受ᄒᆞᆯ意思를表示홈에因ᄒᆞ야辨償이成立호ᄃᆡ만일債權者가此를領受치아니ᄒᆞᄂᆞᆫ時ᄂᆞᆫ辨償은成立치못홈이라是以로債務辨償은通常契約이오又ᄂᆞᆫ有償契約이니何故오此境遇에債務者가出捐홈은言을不俟ᄒᆞᆯ바ㅣ오債權處도亦其金錢을領受ᄒᆞᄂᆞᆫ同時에自己의債權을失ᄒᆞᄂᆞᆫ故로結局은雙方에서出捐ᄒᆞᄂᆞᆫ者ㅣ됨이오無償契約은例如贈與、使用貸借等이니使用貸借란者ᄂᆞᆫ對償을得지아니ᄒᆞ고他人의게物을貸與ᄒᆞ며對償을出치아니ᄒᆞ고他人으로브터物을借用ᄒᆞᄂᆞᆫ契約이라故로無償契約이오又債務免除가契約되ᄂᆞᆫ境遇에ᄂᆞᆫ亦是無償契約이니日本新民法에ᄂᆞᆫ債務의免除ᄂᆞᆫ債權者의意思에만因ᄒᆞ야成立홈을得ᄒᆞᄂᆞᆫ者ㅣ라云ᄒᆞᆫ故로恒常契約이아니오債權者의意思에만因ᄒᆞ야成立ᄒᆞᄂᆞᆫ單獨行爲와如ᄒᆞ나實際에ᄂᆞᆫ契約에因ᄒᆞ야成立ᄒᆞᄂᆞᆫ境遇가最多ᄒᆞ

대차 등은 유상계약에 속하고 채무의 변제 또한 여기에 속한다. 채무의 변제를 계약이라고 하면 자못 이상하지만 많은 경우에는 계약이 성립한다. 왜냐하면 변제는 금전을 지급하는 것이 가장 많고 금전 지급은 통상 계약이 된다. 곧 지급하는 사람이 그 금전을 자기 채무의 변제로 교부할 것을 청약하고 채권자가 변제로 이를 수령할 의사를 표시함에 따라 변제가 성립하지만, 만일 채권자가 이를 수령하지 않는 때에는 변제는 성립하지 못한다. 그리하여 채무의 변제는 통상 계약이고 또는 유상계약이다. 왜냐하면 이 경우에 채무자가 출연하는 것은 더 말할 것도 없고 채권자 또한 금전을 수령하는 동시에 자기 채권을 잃으므로 결국 쌍방에서 출연하는 것이 되기 때문이다. 무상계약은 예컨대 증여, 사용대차 등으로, 사용대차란 것은 대가를 얻지 않고 타인에게 물건을 대여하며 대가를 내지 않고 타인으로부터 물건을 차용하는 계약이다. 그러므로 무상계약이다. 또 채무의 면제가 계약인 경우에는 또한 무상계약이다. 일본 신민법에서는 채무의 면제를 채권자의 의사만에 따라 성립할 수 있는 것이라고 하였으므로 항상 계약이 되지 않고 채권자의 의사만에 따라 성립하는 단독행위인 것 같다. 그러나 실제로는 계약에 따라 성립하는 경우가 가장 많

ᄂᆞ니盖無故히債權者가債務者에對ᄒᆞ야債務를免除홈은殆稀ᄒᆞᆫ바ㅣ오多數ᄂᆞᆫ債務者로브터其免除를請求ᄒᆞ고債權者가此를承諾홈이오如此ᄒᆞᆫ境遇ᄂᆞᆫ二人의意思合致가有ᄒᆞᆫ者ㅣ라故로契約이오且無償되ᄂᆞᆫ故로無償契約이라云홈이라

有償契約과無償契約을區別ᄒᆞᄂᆞᆫ實益을論ᄒᆞᆯ진ᄃᆡ左와如홈이라

第一、他人의債務를代ᄒᆞ야消滅케ᄒᆞᆫ者가有償契約에因ᄒᆞ야此를消滅ᄒᆞᆫ時ᄂᆞᆫ求償權이生ᄒᆞ나만일無償契約에因ᄒᆞ야此를消滅ᄒᆞᆫ時ᄂᆞᆫ求償權이生치아니ᄒᆞᄂᆞ니是ᄂᆞᆫ連帶、保證等境遇에屢屢히見ᄒᆞᄂᆞᆫ바ㅣ라例如連帶債務者의一人이債務의全額을辨償ᄒᆞᆫ時ᄂᆞᆫ辨償은有償契約이라故로他連帶債務者에對ᄒᆞ야求償權을行홈을得ᄒᆞ고又和解를因ᄒᆞ야消滅홈이有ᄒᆞᄂᆞ니和解ᄂᆞᆫ有償契約이라假令債權에就ᄒᆞ야爭이有ᄒᆞᆫ境遇에債權者ᄂᆞᆫ千圓을請求ᄒᆞᆯ權利가有ᄒᆞ다主張ᄒᆞ고債務者ᄂᆞᆫ一錢도支撥ᄒᆞᆯ義務가無ᄒᆞ다主張홈에當ᄒᆞ야雙方이讓步ᄒᆞ야五百圓을支撥ᄒᆞ거나又ᄂᆞᆫ金錢을支撥ᄒᆞᄂᆞᆫ代에或物品을給付ᄒᆞ야債權을消滅케홈이有ᄒᆞ니是即和解라稱홈이라然而

은데, 대개 이유 없이 채권자가 채무자에 대하여 채무를 면제하는 일은 거의 드물고 많은 경우 채무자가 면제를 청구하고 채권자가 이를 승낙하는 것이다. 이와 같은 경우는 두 사람의 의사의 합치가 있는 것이므로 계약이고, 또 무상이므로 무상계약이라고 한다.

유상계약과 무상계약을 구별하는 실익을 논하면 다음과 같다.

〈1〉 타인의 채무를 갈음하여 소멸시킨 사람이 유상계약에 따라 이를 소멸시킨 때에는 구상권이 발생하지만 만일 무상계약에 따라 이를 소멸시킨 때에는 구상권이 발생하지 않는다. 이는 연대, 보증 등의 경우에서 누누이 보이는 것이다. 예컨대 연대채무자 중 한 사람이 채무 전액을 변제한 때에는 변제는 유상계약이므로 다른 연대채무자에 대하여 구상권을 행사할 수 있다. 또 화해에 따라 소멸시킬 수도 있는데 화해는 유상계약이다. 가령 채권에 대하여 다툼이 있는 경우에 채권자는 1천원*을 청구할 권리가 있다고 주장하고 채무자는 1전도 지급할 의무가 없다고 주장할 때, 쌍방이 양보하여 500원을 지급하거나 금전을 지급하는 대신에 어떤 물품을 급부하여 채권을 소멸시킬 수 있다. 이것이 곧 화해라고 부르는 것이다. 그러나

---

* 역자 주: '圓'은 대한제국 시기 '원'으로 읽었음.

和解ᄂᆞᆫ恒常債務ᄅᆞᆯ消滅케ᄒᆞᄂᆞᆫ者ㅣ아니니何故오或時에ᄂᆞᆫ債務가眞正히存在치아니ᄒᆞᆫ事ㅣ有ᄒᆞᆫ所以라如此ᄒᆞᆫ境遇에和解ᄂᆞᆫ債務ᄅᆞᆯ消滅케ᄒᆞᄂᆞᆫ者ㅣ아니오因ᄒᆞ야求償權이生치아니ᄒᆞ나만일後日에債務의存在ᄒᆞᆷ을證明ᄒᆞᆫ時ᄂᆞᆫ此ᄅᆞᆯ和解에因ᄒᆞ야消滅케ᄒᆞᆫ者ㅣ라謂ᄒᆞᆷ을得ᄒᆞᆯ바ㅣ오前例境遇에連帶債務者에對ᄒᆞ야其各負擔部分에就ᄒᆞ야求償權을行ᄒᆞᆷ을得ᄒᆞ며又更改에因ᄒᆞ야債務ᄅᆞᆯ消滅케ᄒᆞᆷ이有ᄒᆞ니假令連帶債務者의一人이債權者로브터債務辨償의請求ᄅᆞᆯ受ᄒᆞᆫ境遇에金錢을支撥ᄒᆞᄂᆞᆫ代에其所有家屋으로써債務ᄅᆞᆯ消滅케ᄒᆞᆫ時ᄂᆞᆫ他連帶債務者에對ᄒᆞ야求償權을有ᄒᆞ고又保證境遇에도亦同ᄒᆞ니即保證人이債務ᄅᆞᆯ辨償ᄒᆞᆫ時ᄂᆞᆫ其全部에就ᄒᆞ야主債務者의게求償ᄒᆞᆷ을得ᄒᆞᄂᆞᆫ바ㅣ오此와反ᄒᆞ야無償契約(通常境遇에ᄂᆞᆫ免除)에因ᄒᆞ야債務ᄅᆞᆯ消滅케ᄒᆞᆫ境遇에ᄂᆞᆫ保證人이主債務者에對ᄒᆞ야求償權을有치못ᄒᆞ고連帶債務者의一人이無償契約에因ᄒᆞ야債務ᄅᆞᆯ消滅케ᄒᆞᆫ境遇도亦同ᄒᆞ니是ᄂᆞᆫ有償契約、無償契約의區別로브터生ᄒᆞᄂᆞᆫ第一의實益이라

第二、賣買와他有償契約間에ᄂᆞᆫ其性質上差異가別無ᄒᆞᆫ故로特別ᄒᆞᆫ規定이

화해는 항상 채무를 소멸시키는 것은 아니다. 왜냐하면 어느 때에는 채무가 진정 존재하지 않는 일도 있기 때문이다. 이와 같은 경우에 화해는 채무를 소멸시키는 것이 아니고, 따라서 구상권이 발생하지 않는다. 그러나 만일 뒷날 채무가 존재함을 증명하는 때에는 화해에 따라 소멸시킨 것이라고 말할 수 있을 것이다. 그리고 앞선 예에서 연대채무자에 대하여 각 부담부분에 대하여 구상권을 행사할 수 있으며, 또 경개(更改)로 인하여 채무를 소멸시킬 수도 있다. 가령 연대채무자 중 한 사람이 채권자로부터 채무 변제의 청구를 받은 경우에 금전을 지급하는 대신 그가 소유한 가옥으로 채무를 소멸시킨 때에는, 다른 연대채무자에 대하여 구상권을 가진다. 그리고 보증의 경우 또한 같다. 곧 보증인이 채무를 변제한 때에는 그 전부에 대하여 주채무자에게 구상할 수 있는 것이다. 이와 반대로 무상계약(보통의 경우 면제)에 따라 채무를 소멸시킨 경우에는 보증인이 주채무자에 대하여 구상권을 갖지 못하고, 연대채무자 중 한 사람이 무상계약에 따라 채무를 소멸시킨 경우에도 또한 같다. 이는 유상계약, 무상계약의 구별로부터 발생하는 첫 번째 실익이다.

〈2〉 매매와 다른 유상계약 간에는 그 성질상 차이가 별로 없으므로 특별한 규정이

無ᄒᆞᆫ以上은賣買에關ᄒᆞᆫ規定을準用홈이當然ᄒᆞᆫ바ㅣ로ᄃᆡ無償契約에在ᄒᆞ야ᄂᆞᆫ或事項에關ᄒᆞ야特히贈與에關ᄒᆞᆫ規定을準用ᄒᆞᄂᆞ니假令使用貸借에貸主ᄂᆞᆫ贈與者와同히無償으로他人의게利益을與ᄒᆞᆫ者ㅣ라故로贈與에關ᄒᆞᆫ規定을準用ᄒᆞ야貸主ᄂᆞᆫ貸與物又ᄂᆞᆫ其所有權의瑕疵或欠缺에就ᄒᆞ야其責을任치아니홈이原則이라然이나有償契約과如히性質上槪括的으로準用ᄒᆞ기不能ᄒᆞᆫ故로各其性質을從ᄒᆞ야適用홈이可ᄒᆞᆫ規定을判別치아니홈을不得ᄒᆞᆯ바ㅣ라

第三、或種의契約이其有償되ᄂᆞᆫ境遇와無償되ᄂᆞᆫ境遇를依ᄒᆞ야其効力을異히홈이有ᄒᆞᆫ지라假令同一ᄒᆞᆫ消費貸借로有償契約됨이有ᄒᆞ고無償契約됨이有ᄒᆞ니通常의金錢貸借ᄂᆞᆫ皆消費貸借로ᄃᆡ其利息을附ᄒᆞᆫ境遇에ᄂᆞᆫ貸主ᄂᆞᆫ元本을貸與ᄒᆞ고借主ᄂᆞᆫ利息을支撥ᄒᆞ야各各出捐ᄒᆞᄂᆞᆫ故로有償契約이오其無利息되ᄂᆞᆫ境遇에ᄂᆞᆫ無償契約이라此兩者의効力上差異를擧ᄒᆞᆯ진ᄃᆡ利息을附ᄒᆞᆫ消費貸借에在ᄒᆞ야ᄂᆞᆫ物에隱蔽된瑕疵가有ᄒᆞᆫ時ᄂᆞᆫ貸主ᄂᆞᆫ瑕疵가無ᄒᆞᆫ物을代給홈을要ᄒᆞ고又ᄂᆞᆫ損害賠償의責任을負ᄒᆞᄃᆡ利息이無ᄒᆞᆫ消

없는 이상 매매에 관한 규정을 준용하는 것이 당연하지만, 무상계약에서는 어떤 사항에 관하여 특히 증여에 관한 규정을 준용한다. 가령 사용대차에서 대주는 증여자와 같이 무상으로 타인에게 이익을 주는 사람이다. 그러므로 증여에 관한 규정을 준용하여 대주는 대여물 또는 그 소유권의 하자나 흠결에 대하여 그 책임을 지지 않는 것이 원칙이다. 그러나 유상계약과 같이 성질상 개괄적으로 준용할 수 없으므로 각기 그 성질에 따라 적용할 만한 규정을 판별하여야 할 것이다.

〈3〉 어떤 종류의 계약이 유상인지 무상인지에 따라 그 효력을 달리할 수 있다. 가령 동일한 소비대차가 유상계약이 될 수 있고 무상계약이 될 수 있다. 보통 금전대차는 모두 소비대차이다. 그렇지만 이자를 붙인 경우에는 대주는 원본을 대여하고 차주는 이자를 지급하여 각각 출연하므로 유상계약이고 무이자인 경우에는 무상계약이다. 이 양자의 효력상 차이를 들면, 이자를 붙인 소비대차에서는 물건에 숨은 하자가 있는 때에는 대주는 하자가 없는 물건을 대신 급부하여야 하고 또는 손해배상의 책임을 진다. 그런데 이자가 없는 소

費貸借에在ᄒᆞ야ᄂᆞᆫ借主ᄂᆞᆫ瑕疵가有ᄒᆞᆫ物의價額을返還ᄒᆞᆷ으로써足ᄒᆞ며又寄託契約은受寄者가報酬를受ᄒᆞᆫ境遇에ᄂᆞᆫ有償契約이니彼倉庫營業과如ᄒᆞᆷ은此種의寄託으로써營業을삼ᄂᆞᆫ者ㅣ오此와反ᄒᆞ야無報酬로他人의物을保管ᄒᆞᄂᆞᆫ境遇와如ᄒᆞᆷ은無償契約이니其効力上差異를論ᄒᆞᆯ진ᄃᆡ有償契約되ᄂᆞᆫ境遇에ᄂᆞᆫ受寄者ᄂᆞᆫ債權의一般規定을從ᄒᆞ야善良ᄒᆞᆫ管理者의注意로써受寄物을保管치아니ᄒᆞᆷ이不可ᄒᆞ되無償契約되ᄂᆞᆫ境遇에ᄂᆞᆫ自己의財産에對ᄒᆞᆷ과同一히注意ᄒᆞᆷ으로써定ᄒᆞᆫ바ㅣ라

第四、破産法適用에就ᄒᆞ야其効力을異히ᄒᆞᄂᆞ니即無償契約되ᄂᆞᆫ時ᄂᆞᆫ當然히無効로看做ᄒᆞᆷ이有ᄒᆞ되有償契約되ᄂᆞᆫ時ᄂᆞᆫ破産宣告의結果로無償契約이無効되ᄂᆞᆫ境遇와同一ᄒᆞᆫ理由에因ᄒᆞ야無効됨이無ᄒᆞᆫ바ㅣ라

第二、要式契約、不要式契約　要式契約은一定ᄒᆞᆫ方式으로써意思를表示ᄒᆞᄂᆞᆫ契約을謂ᄒᆞᆷ이오不要式契約은如何ᄒᆞᆫ方法으로써意思를表示ᄒᆞᆷ을不問ᄒᆞ고總히有効ᄒᆞᆫ契約을謂ᄒᆞᆷ이니假令婚姻、養子緣結、協議上離婚又ᄂᆞᆫ離緣等이是라羅馬法에ᄂᆞᆫ要式契約을本則이라ᄒᆞᆫ故로其數ㅣ極多ᄒᆞ고今日에在ᄒᆞ

비대차에서는 차주는 하자가 있는 물건의 가액을 반환하면 족하다. 또 임치계약은 수치인이 보수를 받는 경우에는 유상계약으로, 창고 영업과 같으면 일종의 임치를 영업으로 삼는 것이다. 이와 반대로 무보수로 타인의 물건을 보관하는 경우 같으면 무상계약이다. 그 효력상 차이를 논하면 유상계약인 경우에는 수치인은 채권의 일반규정에 따라 선량한 관리자의 주의로 임치물을 보관하여야 하지만 무상계약인 경우에는 자기 재산에 대한 것과 동일하게 주의하면 족한 것이다.

〈4〉 파산법 적용에 대하여 그 효력을 달리한다. 곧 무상계약인 때에는 당연히 무효로 간주되는 경우가 있지만 유상계약인 때에는 파산선고의 결과로 무상계약이 무효로 되는 경우와 같은 이유로 인하여 무효가 되지 않는다.

(2) **요식계약/불요식계약**: 요식계약은 일정한 방식으로 의사를 표시하는 계약을 말하고 불요식계약은 어떠한 방법으로 의사를 표시하는지 불문하고 모두 유효한 계약을 말한다. 가령 혼인, 입양, 협의상 이혼 또는 파양 등이 그것이다. 로마법에서는 요식계약을 원칙이라고 하였으므로 그 수가 극히 많고 오늘날에

야도歐洲의法律은其數ㅣ頗多ᄒᆞ야財產上의契約도亦要式되는者ㅣ有ᄒᆞ니假令贈與、夫婦財產契約과如ᄒᆞᆷ은此에屬ᄒᆞ야公正證書에必依치아니ᄒᆞᆷ이不可ᄒᆞ나然이나日本新民法에는財產上契約에當ᄒᆞ야要式됨이毫無ᄒᆞᄂᆞ니即賣買、贈與、賃貸借等이皆不要式契約이오又契約成立에는關係가無ᄒᆞ나다만一定ᄒᆞᆫ効力이生ᄒᆞ기爲ᄒᆞ야書面을要ᄒᆞᆷ이有ᄒᆞᄂᆞ니贈與와如ᄒᆞᆷ은即此種에屬ᄒᆞ고又或登記又는傳授를要ᄒᆞᆷ이有ᄒᆞ나登記는오직第三者에對ᄒᆞᆫ一個條件됨에不過ᄒᆞᆫ故로縱令如此ᄒᆞᆫ行爲가無ᄒᆞ야도契約成立에妨害됨이少無ᄒᆞ고傳授도亦通常登記와如히第三者에對ᄒᆞᆫ條件됨에不過ᄒᆞ나時或契約成立의條件됨이有ᄒᆞ되但此境遇에도傳授가契約의方式으로必要ᄒᆞᆫ者ㅣ아니오契約의性質上此를要ᄒᆞᆯᄲᅮᆫ이니假令質權을設定ᄒᆞᆷ에當ᄒᆞ야物의傳授를要ᄒᆞᆯ지라도其傳授는質契約의方式으로特히法律로써此를命ᄒᆞᆷ이아니오質權의性質上傳授ᄒᆞ는時로브터其効力을生케ᄒᆞᆷ에不外ᄒᆞ되此와異ᄒᆞ야養子緣結과如ᄒᆞᆷ은申告에因ᄒᆞ야成立ᄒᆞ고此를申告ᄒᆞᆷ에는一定ᄒᆞᆫ方式을要ᄒᆞᄂᆞᆫ者ㅣ라然이나是는決코養子의性質上申告ᄒᆞᆷ이아니면成立지못ᄒᆞᆫ다云ᄒᆞᆷ이

도 유럽의 법률은 그 수가 자못 많아, 재산상 계약 또한 요식인 것이 있다. 가령 증여, 부부재산계약과 같은 것이 여기에 속하여 반드시 공정증서에 따라야 한다. 그러나 일본 신민법에서는 재산상 계약을 할 때에 요식인 것이 전혀 없다. 곧 매매, 증여, 임대차 등이 모두 불요식계약이다. 또 계약 성립에는 관계가 없으나 다만 일정한 효력을 발생시키기 위하여 서면이 필요한 것이 있다. 증여와 같은 것은 곧 이에 속한다. 그리고 더러 등기 또는 인도가 필요한 것이 있으나 등기는 다만 제3자에 대한 하나의 조건임에 불과하므로 설령 이와 같은 행위가 없더라도 계약 성립에 방해되는 일이 거의 없고 인도 또한 통상 등기와 같이 제3자에 대한 조건이 되는 데 불과하다. 그러나 때로는 계약 성립의 조건이 되기도 하는데, 다만 이 경우에도 인도가 계약의 방식으로 필요한 것이 아니라 계약의 성질상 인도가 필요할 뿐이다. 가령 질권을 설정할 때 물건의 인도가 필요할지라도, 이 인도는 질권설정계약의 방식으로 특별히 법률로 명하는 것이 아니고 질권의 성질상 인도하는 때부터 그 효력을 발생시키는 것일 뿐이다. 이와 달리 입양과 같은 것은 신고로 인하여 성립하고 이를 신고하려면 일정한 방식이 필요한 것이다. 그러나 이는 결코 양자의 성질상 신고하지 않으면 성립하지 못한다는 것이

아니니從來에行ᄒᆞᄂᆞᆫ바養子에就ᄒᆞ야觀ᄒᆞᆯ지라도明白ᄒᆞᆫ바ㅣ라如斯히物의傳授ᄅᆞᆯ因ᄒᆞ야成立ᄒᆞᄂᆞᆫ契約을日本舊民法에ᄂᆞᆫ要物契約이라言ᄒᆞ얏시나余ᄂᆞᆫ此ᄅᆞᆯ實成契約이라稱ᄒᆞᆷ이正當ᄒᆞ다ᄒᆞ노니此義ᄅᆞᆯ一見ᄒᆞ면了解ᄒᆞ기難ᄒᆞᆯ듯ᄒᆞ나要物이란文字ᄂᆞᆫ一層不適當ᄒᆞ다云치아니ᄒᆞᆷ을不得ᄒᆞᆯ지라何故오羅馬法에ᄂᆞᆫ契約이成立ᄒᆞᆷ에當ᄒᆞ야往往或事ᄅᆞᆯ實行ᄒᆞᆷ을要ᄒᆞ얏시나其實行ᄒᆞᆷ을要ᄒᆞᄂᆞᆫ事項은今日法律과如히物의傳授에만限ᄒᆞᄂᆞᆫ者ㅣ아니라故로實成契約이라稱ᄒᆞᆷ이正當ᄒᆞᆫ바ㅣ오此種契約은從來如何ᄒᆞᆫ學者던지要式契約이라稱ᄒᆞᆫ者ㅣ無ᄒᆞᄂᆞ니故로財產上에ᄂᆞᆫ要式契約이無ᄒᆞ다云ᄒᆞᆷ이可ᄒᆞᆫ바ㅣ라此ᄅᆞᆯ區別ᄒᆞᄂᆞᆫ實益은定義ᄅᆞᆯ依ᄒᆞ야知得ᄒᆞ기容易ᄒᆞᆯ지니即要式契約은方式을踐치아니ᄒᆞ면無效됨이是라假令婚姻、養子緣結等은此ᄅᆞᆯ申告치아니ᄒᆞ면其效力이無ᄒᆞᆫ者ㅣ오此와反ᄒᆞ야不要式契約은如何ᄒᆞᆫ方法으로써意思ᄅᆞᆯ表示ᄒᆞᆷ을不問ᄒᆞ고法律上效力이直生ᄒᆞᄂᆞᆫ者ᄅᆞᆯ云ᄒᆞᆷ이니假令當事者間에口頭或書面으로意思ᄅᆞᆯ表示ᄒᆞᆷ을不問ᄒᆞ고總히有效ᄒᆞᆫ者ㅣ라

第三、主된契約、從된契約　主된契約이라ᄒᆞᆷ은契約이成立ᄒᆞᆷ에他法律關係

아닌데, 종래 시행되던 양자제도에 대하여 보더라도 명백한 바이다. 이렇게 물건의 인도로 인하여 성립하는 계약을 일본 구민법에서는 요물계약(要物契約)이라고 말하였으나, 나는 이를 실성계약(實成契約)*이라고 부르는 것이 타당하다고 한다. 이 뜻을 언뜻 보면 이해하기 어려울 듯하나, 요물이라는 문자는 한층 더 부적절할 수밖에 없다. 왜냐하면 로마법에서는 계약이 성립할 때 종종 어떤 일을 실제로 해야 했으나, 그 실행이 필요한 사항은 오늘날 법률과 같이 물건의 인도에만 한정되지 않았다. 그러므로 실성계약이라고 부르는 것이 타당한 것이다. 그리고 이러한 계약은 종래 어떠한 학자든지 요식계약이라고 부르는 사람이 없었다. 그러므로 재산상 계약에는 요식계약이 없다고 할 수 있다. 요식계약과 불요식계약을 구별하는 실익은 그 정의에 따라 알기 쉬울 것이다. 곧 요식계약은 방식을 거치지 않으면 무효임이 그것이다. 가령 혼인, 입양 등은 신고하지 않으면 그 효력이 없는 것이다. 이와 반대로 불요식계약은 어떠한 방법으로 의사를 표시하는지 불문하고 법률상 효력이 바로 발생하는 것을 말하는데, 가령 당사자 간에 구두 또는 서면으로 의사를 표시하였는지를 불문하고 모두 유효한 것이다.

(3) **주된 계약/종된 계약**: 주된 계약이란 계약이 성립할 때 다른 법률관계

* 역자 주: 實成契約은 독일어 Realvertrag을 직역한 것으로 보임.

가存在홈을必要치아니ᄒᆞᄂᆞᆫ者를謂홈이오此와反ᄒᆞ야契約이成立홈에他法律關係가存在홈을必要로ᄒᆞᄂᆞᆫ時ᄂᆞᆫ其契約은從된契約이라假令賣買贈與、賃貸借等은皆主된契約이니當事者間에何等關係가初無ᄒᆞ고賣買契約을締結ᄒᆞ면其契約은直時成立ᄒᆞ며贈與도亦然ᄒᆞ야當事者一方이贈與의意思를表示ᄒᆞ고他一方이此를承諾홈을因ᄒᆞ야直時成立ᄒᆞᄂᆞᆫ者ㅣ오賃貸借도亦然ᄒᆞᄃᆡ此와反ᄒᆞ야保證、質契約、抵當契約其他延期契約이라稱ᄒᆞᄂᆞᆫ者ᄂᆞᆫ從된契約으로主된債權이無ᄒᆞ면成立홈을不得ᄒᆞᄂᆞᆫ者ㅣ라即債務關係라云ᄒᆞᄂᆞᆫ一種法律關係가無ᄒᆞ면保證債務ᄂᆞᆫ成立ᄒᆞ기不能ᄒᆞ고質契約、抵當契約等도亦然ᄒᆞ며延期契約도亦一種債務關係가有ᄒᆞᆫ後에始生ᄒᆞᄂᆞᆫ者ㅣ니債務關係가無ᄒᆞ면履行을延期ᄒᆞᄂᆞᆫ契約이生ᄒᆞᆯ理由가無ᄒᆞᆫ故로是亦從된契約이라主된契約、從된契約의區別로브터生ᄒᆞᄂᆞᆫ實益을論ᄒᆞᆯ진ᄃᆡ左의二點이有홈이라

第一、此를區別ᄒᆞᄂᆞᆫ實益은以上의說明을依ᄒᆞ야明白ᄒᆞᆯ지라即主된者ᄂᆞᆫ獨立存在홈을得ᄒᆞᆯ지라도得된者ᄂᆞᆫ獨立存在ᄒᆞ기不能ᄒᆞᄂᆞ니此關係로브터

가 존재할 필요가 없는 것을 말하고, 이와 반대로 계약이 성립할 때 다른 법률관계의 존재를 필요로 하는 때에는 그 계약은 종된 계약이다. 가령 매매, 증여, 임대차 등은 모두 주된 계약으로, 당사자 간에 처음부터 어떠한 관계 없이도 매매계약을 체결하면 그 계약은 곧바로 성립한다. 증여 또한 그러한데, 당사자 일방이 증여의 의사를 표시하고 다른 일방이 이를 승낙함에 따라 곧바로 성립하는 것이고 임대차 또한 그러하다. 그런데 이와 반대로 보증, 질권설정계약, 저당권설정계약 기타 연기계약(延期契約)이라고 부르는 것은 종된 계약으로, 주된 채권이 없으면 성립할 수 없는 것이다. 곧 채권·채무라는 하나의 법률관계가 없으면 보증채무는 성립할 수 없고, 질권설정계약, 저당권설정계약 등 또한 그러하다. 또 연기계약도 하나의 채무관계가 있은 뒤에 비로소 발생하는 것으로, 채무관계가 없으면 이행을 연기하는 계약이 발생할 이유가 없으므로 이 또한 종된 계약이다. 주된 계약, 종된 계약의 구별로부터 생기는 실익을 논하면 다음 두 가지 점이 있다.

〈1〉 이를 구별하는 실익은 이상의 설명에 따라 명백할 것이다. 곧 주된 것은 독립하여 존재할 수 있지만 종된 것은 독립하여 존재할 수 없다. 이 관계로부터

各種結果를生홈은質權、抵當權等을研究홈에因ᄒᆞ야發見ᄒᆞ기容易홀바ㅣ라

第二、從된契約의目的範圍는主된法律關係에依ᄒᆞ야定ᄒᆞᄂᆞ니是는絶對的必然ᄒᆞᆫ者ㅣ라謂홈을不得홀지로ᄃᆡ此語를極히廣義로解釋홀時는各種境遇를包含ᄒᆞᆫ者ㅣ라云홈이可홀지니此에關ᄒᆞ야疑問이不生ᄒᆞᄂᆞᆫ者를先述홀진ᄃᆡ假令保證、質、抵當과如홈은主된債務는千圓이로ᄃᆡ保證만獨히二千圓을目的ᄒᆞ기不能ᄒᆞᄂᆞ니縱令如斯ᄒᆞᆫ契約을締結홀지라도無効됨을未免홀바ㅣ오單히千圓에就ᄒᆞ야만其効力이生홀지니此와同一히質、抵當等도千圓의債務가存在라境遇에二千圓을擔保을者ㅣ無ᄒᆞ고如此ᄒᆞᆫ登記를行ᄒᆞᄂᆞᆫ境遇에도其質權又는抵當權은結局主되는債權範圍內에止홀者ㅣ오特히延期契約과如홈은前契約을延期ᄒᆞᄂᆞᆫ者ㅣ오新債務가發生홈이아니니만일新債務가發生ᄒᆞᄂᆞᆫ境遇가有ᄒᆞ다홀진ᄃᆡ是는延期契約이아니오又利息의契約과如ᄒᆞᆫ者도其範圍는主된法律關係即元本에對ᄒᆞᆫ債務額에依ᄒᆞ야定ᄒᆞᄂᆞᆫ故로其從된契約됨은無疑ᄒᆞᆫ바ㅣ로ᄃᆡ오즉疑問이生ᄒᆞᄂᆞᆫ

갖가지 결과가 발생함은 질권, 저당권 등을 연구함에 따라 쉽게 발견할 수 있을 것이다.

〈2〉 종된 계약의 목적범위는 주된 법률관계에 따라 정해진다. 이는 절대적으로 필연이라고 말할 수는 없지만, 이 말을 극히 광의로 해석할 때에는 갖가지 경우를 포함한다고 할 수 있다. 이에 관하여 의문이 발생하지 않는 것을 먼저 서술하면, 가령 보증, 질권설정, 저당권설정과 같으면 주된 채무는 1천 원이지만 보증만 따로 2천 원을 목적으로 할 수 없다. 설령 이러한 계약을 체결할지라도 무효일 수밖에 없고, 다만 1천 원에 대하여만 그 효력이 발생할 것이다. 이와 마찬가지로 질권설정, 저당권설정 등도 1천원의 채무가 존재하는 경우에 2천 원을 담보하는 경우가 없고 이러한 등기를 한 경우에도 그 질권 또는 저당권은 결국 주된 채권의 범위에 그치는 것이다. 특히 연기계약과 같은 것은 앞의 계약을 연기하는 것이고 새로운 채무가 발생하는 것이 아닌데, 만일 새로운 채무가 발생하는 경우가 있다면 이는 연기계약이 아니다. 또 이자계약과 같은 것도 그 범위는 주된 법률관계, 곧 원본에 대한 채무액에 따라 정해지므로 종된 계약임에는 의문이 없는 것이다. 다만 의문이 생기는

바ᄂᆞᆫ違約金의契約、損害賠償의契約과如ᄒᆞᆫ者ㅣ니其範圍ᄂᆞᆫ主된法律關係에依ᄒᆞ야定치아니ᄒᆞᆷ과如ᄒᆞ나然이나此ᄅᆞᆯ廣義로解釋ᄒᆞᆯ時ᄂᆞᆫ如此ᄒᆞᆫ境遇도亦主된法律關係에依ᄒᆞ야定ᄒᆞᄂᆞᆫ者ㅣ라可謂ᄒᆞᆯ지니何故오主된法律關係範圍의廣狹에依ᄒᆞ야違約金又ᄂᆞᆫ損害賠償義務의輕重을定ᄒᆞᄂᆞᆫ所以라

以上三個類別은其契約에關ᄒᆞᆫ事ㅣ最多ᄒᆞ고他法律行爲에도亦共通ᄒᆞᄂᆞᆫ者ㅣ로대此와反ᄒᆞ야第四以下의類別은全히契約에만關ᄒᆞᆫ者ㅣ라

第四、雙務契約、片務契約　雙務契約은其契約에因ᄒᆞ야當事者雙方에債務ᄅᆞᆯ生ᄒᆞᄂᆞᆫ者ᄅᆞᆯ謂ᄒᆞᆷ이오此와反ᄒᆞ야片務契約은契約에因ᄒᆞ야當事者一方에만債務ᄅᆞᆯ生ᄒᆞᄂᆞᆫ者ᄅᆞᆯ謂ᄒᆞᆷ이니今에二三의例ᄅᆞᆯ擧ᄒᆞ건대賣買契約、賃貸借契約、組合契約等은皆雙務契約이라即賣買契約에ᄂᆞᆫ賣主ᄂᆞᆫ其有ᄒᆞᆫ바權利ᄅᆞᆯ買主의게移轉ᄒᆞᆯ義務ᄅᆞᆯ負ᄒᆞ고買主ᄂᆞᆫ代金을支撥ᄒᆞᆯ義務即正確히言ᄒᆞ면金錢의所有權을移轉ᄒᆞᄂᆞᆫ義務ᄅᆞᆯ負ᄒᆞᆫ者ㅣ나或은賣買도時或片務契約됨이有ᄒᆞ다云ᄒᆞ나余ᄂᆞᆫ此說을不取ᄒᆞ노니假令此時計、此書籍이라云ᄒᆞᆷ과如히特

것은 위약금의 계약, 손해배상의 계약과 같은 것으로, 그 범위는 주된 법률관계에 따라 정해지지 않는 것 같지만 이를 광의로 해석할 때에는 이와 같은 계약 또한 주된 법률관계에 따라 정해지는 것이라고 할 수 있다. 왜냐하면 주된 법률관계의 범위가 넓고 좁은 데 따라 위약금 또는 손해배상 의무의 경중이 정해지기 때문이다.

이상 세 가지 분류는 계약에 관한 것이 가장 많고 다른 법률행위에도 또한 공통되는 것이지만, 이와 반대로 넷째 이하의 분류는 온전히 계약에만 관한 것이다.

(4) **쌍무계약/ 편무계약**: 쌍무계약은 그 계약에 따라 당사자 쌍방에게 채무를 발생시키는 것을 말하고 이와 반대로 편무계약은 계약에 따라 당사자 일방에게만 채무가 발생하는 것을 말한다. 이제 두세 가지 예를 들면, 매매계약, 임대차계약, 조합계약 등은 모두 쌍무계약이다. 곧 매매계약에서는 매도인은 그가 가진 권리를 매수인에게 이전할 의무를 부담하고 매수인은 대금을 지급할 의무, 곧 정확히 말하면 금전의 소유권을 이전할 의무를 지는 것이다. 더러는 매매도 때로는 편무계약일 수 있다고 말하나, 나는 이 학설을 취하지 않는다. 가령 이 시계, 이 책이라고 하는 것과 같이 특

定物의賣買에在ᄒᆞ야ᄂᆞᆫ特約이無ᄒᆞ면其權利ᄂᆞᆫ契約의成立ᄒᆞᄂᆞᆫ同時에買主의게移轉ᄒᆞᄂᆞᆫ者ㅣ라此에關ᄒᆞ야或者ᄂᆞᆫ賣主의게所有權移轉ᄒᆞᄂᆞᆫ義務가生ᄒᆞᆯ暇隙이無ᄒᆞ고因ᄒᆞ야賣買ᄂᆞᆫ或境遇에片務契約됨이有ᄒᆞ다云ᄒᆞᆫ지라然이나賣買의目的物이特定物되ᄂᆞᆫ時ᄂᆞᆫ賣主ᄂᆞᆫ其契約과同時에所有權을移轉ᄒᆞᆯ義務를負ᄒᆞ고其義務ᄂᆞᆫ即時履行될ᄲᅮᆫ이오其義務가生ᄒᆞᆷ은同一ᄒᆞᆫ바ㅣ라此에關ᄒᆞ야反對論者도賣主가物의傳授를完了치아니ᄒᆞᆫ間은傳致의義務를負ᄒᆞᆫ故로雙務契約이라云ᄒᆞᆫ지라然이나此點으로브터觀ᄒᆞᆯ진대如何ᄒᆞᆫ境遇를不問ᄒᆞ고賣買ᄂᆞᆫ恒常雙務契約이라謂ᄒᆞᆷ을不得ᄒᆞᆯ지니假令貸借等에因ᄒᆞ야他人의手에既存ᄒᆞᆫ物件을其者의게賣却ᄒᆞᄂᆞᆫ境遇와如ᄒᆞᆷ은更히傳授를必要치아니ᄒᆞᄂᆞᆫ所以라此境遇에도賣主ᄂᆞᆫ擔保義務를負ᄒᆞᆫ故로雙務契約이라云ᄒᆞᄂᆞᆫ者ㅣ有ᄒᆞ니盖賣買境遇에在ᄒᆞ야擔保의可者됨은賣買에就ᄒᆞ야詳述ᄒᆞᆯ바ㅣ나要ᄒᆞ건ᄃᆡ其主된者ᄂᆞᆫ賣買의目的物이他人의物된境遇에賣主의負ᄒᆞᆫ바義務가卽是라此義務의性質은議論이頗有ᄒᆞᆫ바ㅣ나賣主의게或一種의義務를生ᄒᆞᆷ은容疑ᄒᆞᆯ바ㅣ無ᄒᆞᄂᆞ니此를名ᄒᆞ야擔保義務라稱ᄒᆞᄂᆞᆫ者ㅣ라然

정물의 매매에서는 특약이 없으면 그 권리는 계약이 성립하는 동시에 매수인에게 이전하는 것이다. 이에 관하여 누군가는 매도인에게 소유권을 이전할 의무가 발생할 틈이 없고 따라서 매매는 어떤 경우에 편무계약일 수 있다고 한 것이다. 그러나 매매의 목적물이 특정물인 때에는 매도인은 그 계약과 동시에 소유권을 이전할 의무를 부담하고 그 의무는 즉시 이행될 뿐이지, 그 의무가 발생함은 마찬가지이다.

이에 관하여 반대론자도 매도인이 물건의 인도를 완료하지 않은 동안에는 인도할 의무를 지므로 쌍무계약이라고 한다. 그러나 이 점에서 보면 어떠한 경우를 불문하고 매매는 항상 쌍무계약이라 말할 수 없을 것이다. 가령 대차계약 등으로 인해 타인의 손에 이미 존재하는 물건을 그 사람에게 매각하는 경우 같으면 더욱 인도할 필요가 없기 때문이다. 이 경우에도 매도인은 담보책임을 지므로 쌍무계약이라고 하는 사람이 있다. 일반적으로 매매의 경우에 담보가 무엇인지는 매매에 대하여 자세히 서술하겠지만, 요컨대 주된 것은 매매목적물이 타인의 물건인 경우에 매도인이 지는 의무가 곧 그것이다. 이 의무의 성질은 자못 논의가 있으나 매도인에게 어느 한 가지 의무를 발생시킨다는 데는 의심할 바 없는데 이를 이름하여 담보책임이라 일컫는 것이다. 그

이나賣主가擔保義務를負ᄒᆞᆷ을理由로ᄒᆞ야賣買契約은恒常雙務契約이라云ᄒᆞᆷ은誤認ᄒᆞᆫ者ㅣ라可謂ᄒᆞᆯ지니盖擔保義務란者ᄂᆞᆫ通常他人의權利를賣却ᄒᆞᆫ境遇가아니면此義務가生치아니ᄒᆞᄂᆞᆫ故로만일其目的物이分明히賣主의所有에屬ᄒᆞ고何人이든지此를爭치아니ᄒᆞᄂᆞᆫ境遇에ᄂᆞᆫ決코擔保가無ᄒᆞᄂᆞ니因ᄒᆞ야論者의說을從ᄒᆞ면此境遇에ᄂᆞᆫ片務契約이라云치아니ᄒᆞᆷ이不可ᄒᆞᆯ바ㅣ라然이나余의信ᄒᆞᄂᆞᆫ바를據ᄒᆞᆫ즉所謂擔保義務란者ᄂᆞᆫ賣主의權利移轉ᄒᆞᄂᆞᆫ義務로브터生ᄒᆞᄂᆞᆫ結果됨에不過ᄒᆞ고權利移轉의義務를離ᄒᆞ야別로擔保義務란者ㅣ無ᄒᆞᄂᆞ니賣買의當時에其權利가賣主에屬ᄒᆞ고又ᄂᆞᆫ何等의故障이無ᄒᆞᆫ境遇에ᄂᆞᆫ實際其權利ᄂᆞᆫ買主의게移轉ᄒᆞᆯ지로대만일其權利에故障이有ᄒᆞ거나又ᄂᆞᆫ其權利가賣主에屬지아니ᄒᆞᆫ境遇에ᄂᆞᆫ其權利를買主의게移轉ᄒᆞ기不能ᄒᆞᆫ故로於是乎擔保義務가始生ᄒᆞᄂᆞ니所謂追奪擔保란者ㅣ是오其他完全ᄒᆞᆫ權利를移轉ᄒᆞ기로契約ᄒᆞᆫ境遇에目的物에隱蔽된瑕疵가有ᄒᆞ거나或은數量이不足ᄒᆞᆷ을因ᄒᆞ야畢竟完全ᄒᆞᆫ權利를契約ᄒᆞᆷ과如히移轉ᄒᆞ기不能ᄒᆞᆫ境遇에도亦擔保義務가有ᄒᆞ나是皆賣買의目的된權利移轉의義務不履行으

러나 매도인이 담보책임을 짐을 이유로 하여 매매계약은 항상 쌍무계약이라고 하는 것은 잘못 인식하는 것이라 말할 수 있다. 일반적으로 담보책임이란 것은 통상 타인의 권리를 매각한 경우가 아니면 이 책임이 발생하지 않는다. 그러므로 만일 그 목적물이 분명히 매도인 소유에 속하고 누구든지 이를 다투지 않는 경우에는 결코 담보가 없다. 따라서 논자의 학설에 따르면 이 경우에는 편무계약이라고 하지 않을 수 없게 된다. 그러나 내가 생각하는 바에 따르면 이른바 담보책임이란 것은 매도인의 권리이전의무로부터 발생하는 결과임에 불과하고 권리이전의무를 떠나 따로 담보책임이란 것이 없다. 따라서 매매 당시에 그 권리가 매도인에게 속하고 또 어떠한 장애도 없는 경우에는 실제 그 권리는 매수인에게 이전될 것이다. 그런데 만일 그 권리에 장애가 있거나 그 권리가 매도인에게 속하지 않는 경우에는 그 권리를 매수인에게 이전할 수 없으므로 여기서 비로소 담보책임이 생겨나는데, 이른바 추탈담보란 것이 그것이다. 그밖에 완전한 권리를 이전하기로 계약한 경우에 목적물에 숨은 하자가 있거나 또는 수량이 부족한 데 따라 마침내 완전한 권리를 계약한 것과 같이 이전할 수 없게 된 경우에도 또한 담보책임이 있으나 이는 모두 매매의 목적인 권리이전의무의 불이행으로브터生ᄒᆞᄂᆞᆫ結果됨에不外ᄒᆞᆷ이라此와如히賣主ᄂᆞᆫ恒常權利移轉의義務가有ᄒᆞᆫ故로賣買契約은반다시雙務契約됨으오又賃貸借契約에在ᄒᆞ야ᄂᆞᆫ貸主ᄂᆞᆫ其目的物된動產或은不動產을使用케ᄒᆞᄂᆞᆫ義務가有ᄒᆞ고且其結果로各種義務가生ᄒᆞᄂᆞ니假令修繕의義務와如ᄒᆞᆷ이其一例오又借主ᄂᆞᆫ貸主에對ᄒᆞ야借賃을支撥ᄒᆞᆯ義務를負ᄒᆞᆫ故로其雙務契約됨이無疑ᄒᆞ며又組合契約에在ᄒᆞ야도組合員이皆共同ᄒᆞ야一定ᄒᆞᆫ目的을達ᄒᆞᆯ義務를負ᄒᆞ고其方法으로ᄂᆞᆫ各自金錢、不動產、勞力等의出資를要ᄒᆞ나然而組合員의義務ᄂᆞᆫ一回出資로써消滅ᄒᆞᄂᆞᆫ者ㅣ아니오組合契約의存續ᄒᆞᄂᆞᆫ間은終始로其義務가相伴ᄒᆞᄂᆞᆫ者ㅣ라故로此契約의雙務契約됨은何人이든지容疑치아니ᄒᆞᄂᆞᆫ바ㅣ라次에片務契約의例를擧ᄒᆞᆯ진대其一은贈與ㅣ니贈與ᄂᆞᆫ元來片務契約이로대오즉負擔을附ᄒᆞᆫ贈與와如ᄒᆞᆷ은眞正ᄒᆞᆫ贈與가아니오雙務契約의一種에不外ᄒᆞ며其二ᄂᆞᆫ消費貸借ㅣ니消費貸借에ᄂᆞᆫ利息을附ᄒᆞᆫ者와不然ᄒᆞᆫ者ㅣ有ᄒᆞ나如何ᄒᆞᆫ境遇든지借主가義務를負ᄒᆞᆷ에止ᄒᆞᆯᄲᅮᆫ이라卽消費貸借에ᄂᆞᆫ通俗所謂「貸」라云ᄒᆞᄂᆞᆫ行爲가有ᄒᆞᆷ을因ᄒᆞ야成立ᄒᆞᆷ을始得ᄒᆞᄂᆞ니假令金錢貸借에ᄂᆞᆫ其金錢

로부터 발생하는 결과일 뿐이다. 이와 같이 매도인은 항상 권리이전의무가 있으므로 매매계약은 반드시 쌍무계약이다. 또 임대차계약에서는 임대인은 그 목적물인 동산 또는 부동산을 사용하게 할 의무가 있고 또 그 결과로 갖가지 의무가 발생하는데 가령 수선의무와 같은 것이 그 일례이다. 또 임차인은 임대인에 대하여 차임을 지급할 의무를 진다. 그러므로 임대차계약이 쌍무계약임에 의문이 없다. 또 조합계약에서도 조합원이 모두 공동으로 일정한 목적을 달성할 의무를 지고 그 방법으로는 각자 금전, 부동산, 노력 등의 출자를 요한다. 그러나 조합원의 의무는 한 번 출자하면 소멸하는 것이 아니고 조합계약이 존속하는 동안에는 끝까지 그 의무가 따라가는 것이다. 그러므로 이 계약이 쌍무계약임은 누구든 의심하지 않는 것이다. 다음으로 편무계약의 예를 들면 첫째는 증여계약이다. 증여는 원래 편무계약인데 다만 부담을 붙인 증여와 같은 것만은 진정한 증여가 아니고 쌍무계약의 일종일 뿐이다. 그리고 둘째는 소비대차이다. 소비대차에는 이자를 붙인 것과 그렇지 않은 것이 있으나 어떠한 경우든지 차주가 의무를 지는 데 그칠 뿐이다. 곧 소비대차에서는 일상적으로 말하는 "빌린다[貸]"고 하는 행위가 있는데 따라 비로소 성립할 수 있다. 가령 금전대차에서는 그 금전을傳授ᄒᆞᄂᆞᆫ時로브터契約이成立ᄒᆞᄂᆞᆫ者ㅣ오其以前에ᄂᆞᆫ貸借를行ᄒᆞᄂᆞᆫ豫約은有ᄒᆞᆷ을得ᄒᆞᆯ지라도貸借其者ᄂᆞᆫ成立됨이姑無ᄒᆞᆫ故로眞正ᄒᆞᆫ消費貸借에ᄂᆞᆫ貸主의게義務가有ᄒᆞ다云ᄒᆞᆷ을得지못ᄒᆞᆯ바ㅣ오其三은寄托契約이니此契約에在ᄒᆞ야ᄂᆞᆫ受寄者ᄂᆞᆫ目的物을保管ᄒᆞᄂᆞᆫ義務가有ᄒᆞ야도寄托者ᄂᆞᆫ通常何等의義務를負擔ᄒᆞᆷ이無ᄒᆞ되時或寄托者가報酬를給ᄒᆞᆷ을約ᄒᆞᄂᆞᆫ事ㅣ有ᄒᆞᆫ故로此境遇에ᄂᆞᆫ雙務契約됨이오其四ᄂᆞᆫ委任契約이니即受任者ᄂᆞᆫ委任者를爲ᄒᆞ야或法律行爲를行ᄒᆞᆯ義務를負ᄒᆞ나委任者ᄂᆞᆫ通常何等의義務를負ᄒᆞᄂᆞᆫ事ㅣ無ᄒᆞ고오즉報酬를約ᄒᆞᆫ境遇에雙務契約됨이有ᄒᆞᆯ뿐이라西洋에ᄂᆞᆫ委任及寄托은반다시片務契約된다論ᄒᆞᄂᆞᆫ者ㅣ多ᄒᆞ나是ᄂᆞᆫ誤謬ᄒᆞᆫ者ㅣ라可謂ᄒᆞᆯ지오又使用貸借를片務契約으로看做ᄒᆞ야何人도無疑ᄒᆞᆷ과如ᄒᆞ나是亦誤謬ᄒᆞᆫ論이니何故오使用貸借ᄂᆞᆫ消費貸借境遇와如히目的物의所有權을借主의게移轉ᄒᆞᄂᆞᆫ者ㅣ아니오使用、收益後原物을返還ᄒᆞᆷ을要ᄒᆞᄂᆞᆫ者ㅣ라法國人보아소내도氏도亦片務契約說을採用ᄒᆞ야此契約에ᄂᆞᆫ借主ᄂᆞᆫ返還의義務가有ᄒᆞ나貸主ᄂᆞᆫ何等의義務도無ᄒᆞ다說明ᄒᆞ니一見ᄒᆞ면甚히正當ᄒᆞᆷ과如ᄒᆞ나精密

을 인도하는 때부터 계약이 성립하는 것이고 그 이전에는 대차계약을 하는 예약은 할 수 있을지라도 대차계약 그 자체는 아직 성립할 수 없다. 그러므로 진정한 소비대차에서는 대주에게 의무가 있다고 하지 못할 것이다. 셋째는 임치계약이다. 이 계약에서 수치인은 목적물을 보관할 의무가 있지만 임치인은 통상 어떠한 의무도 부담하지 않는다. 때로는 임치인이 보수를 줄 것을 약정하는 일도 있으므로 이 경우에는 쌍무계약이 된다. 넷째는 위임계약이다. 곧 수임인은 위임인을 위하여 어떤 법률행위를 할 의무를 지나, 위임인은 통상 어떠한 의무도 지는 일이 없다. 다만 보수를 약정한 경우에 쌍무계약이 될 수 있을 뿐이다. 서양에서는 위임 및 임치는 반드시 편무계약이 된다고 논하는 사람도 많지만 이는 잘못된 것이라 말할 수 있다. 또 사용대차를 편무계약으로 간주하는 데 아무도 의문이 없을 것 같으나 이 또한 잘못된 논의이다. 왜냐하면 사용대차는 소비대차의 경우와 같이 목적물의 소유권을 차주에게 이전하는 것이 아니고 사용, 수익 후 원물을 반환하여야 하는 것이다. 프랑스인 보아소나드(Boissonade) 또한 편무계약설을 취하여 이 계약에서 차주는 반환의무가 있으나 대주는 어떠한 의무도 없다고 설명한다. 일견 매우 타당한 것 같으나 정밀히觀察ᄒᆞᆯ時는使用貸借의貸主는消費貸借의境遇와異ᄒᆞ야其使用貸借의目的된動産又는不動産이自己의所有物됨에不拘ᄒᆞ고自己의自由로使用又는處分ᄒᆞᆷ을得지못ᄒᆞ는義務換言ᄒᆞ면借主에對ᄒᆞ야其目的物을使用、收益케ᄒᆞ는義務를負ᄒᆞ는者ㅣ라故로此貸借는雙務契約이라云치아니ᄒᆞᆷ이不可ᄒᆞᆫ바ㅣ라

雙務契約及片務契約의區別에就ᄒᆞ야一言ᄒᆞᆯ바ㅣ有ᄒᆞ니即學者所謂不完全雙務契約이란者ㅣ是라此語는羅馬法의採用ᄒᆞᆫ바ㅣ니其意는盖契約自體가當事者一方에義務를生ᄒᆞᆷ에不過호대其契約의結果로後日에他一方에도義務를負ᄒᆞᆷ을得ᄒᆞᆫ다云ᄒᆞᆷ에在ᄒᆞᆷ이라前述ᄒᆞᆫ寄托契約、委任契約等과如ᄒᆞᆷ이皆此種에屬ᄒᆞᆫ바ㅣ니即寄托境遇에就ᄒᆞ야言ᄒᆞᆯ진대受寄者가無報酬로他人의物을保管ᄒᆞᆫ時는其受寄者가或時期에目的物을返還ᄒᆞᆯ義務를負ᄒᆞᆷ에不過ᄒᆞᆫ故로片務契約됨이無疑ᄒᆞ나만일受寄者가其物을保管ᄒᆞᆫ結果로費用을出ᄒᆞᆫ時假令動物의飼養料、家屋의修繕費를出ᄒᆞᆫ時나又는受寄者의過失이無ᄒᆞ고寄托物에因ᄒᆞ야損害를受ᄒᆞᆫ時（假令猂馬됨을知치못ᄒᆞ고受寄者가其

히 관찰할 때에는 사용대차의 대주는 소비대차의 경우와 달리 사용대차의 목적이 된 동산 또는 부동산이 자기의 소유물임에도 불구하고 자기 자유로 사용 또는 처분하지 못하는 의무, 바꾸어 말하면 차주에 대하여 그 목적물을 사용, 수익하게 할 의무를 지는 것이다. 그러므로 사용대차는 쌍무계약이라고 하지 않을 수 없는 것이다.

쌍무계약 및 편무계약의 구별에 대하여 한마디 할 것이 있다. 곧 학자들이 말하는 불완전쌍무계약이란 것이 그것이다. 이 말은 로마법에서 쓰이던 것인데, 그 뜻은 일반적으로 계약 자체가 당사자 일방에게 의무를 발생시키는 데 불과하지만 그 계약의 결과로 뒷날 다른 일방에게도 의무를 지울 수 있다는 데 있다. 앞에서 서술한 임치계약, 위임계약 등과 같은 것이 모두 여기에 속하는 것이다. 곧 임치계약에 대하여 말하면 수치인이 무보수로 타인의 물건을 보관한 때에는 그 수치인이 어느 시기에 목적물을 반환할 의무를 지는 데 불과하므로 편무계약이라는 데 의문이 없다. 그러나 만일 수치인이 그 물건을 보관한 결과 비용을 지출한 때, 가령 동물의 사육비, 가옥의 수선비를 지출한 때, 또는 수치인이 과실 없이 임치물로 인하여 손해를 받은 때(가령 사나운 말임을 알지 못하고 수치인이 그

馬의게被嚙ᄒᆞᆫ境遇、受寄物이他物을腐蝕케ᄒᆞᄂᆞᆫ性質이有ᄒᆞᆷ을不知ᄒᆞᆷ에因ᄒᆞ야其物이受寄者의所有物을腐蝕케ᄒᆞᆫ境遇等）ᄂᆞᆫ寄托者ᄂᆞᆫ此에關ᄒᆞ야償還의義務를負ᄒᆞᆫ故로不完全雙務契約이라云ᄒᆞᆷ이오委任契約의境遇도亦然ᄒᆞ니卽受任者가委任事項을實行ᄒᆞ기爲ᄒᆞ야費用을出ᄒᆞᆫ時（假令談判의委任을受ᄒᆞᆫ者가此를實行ᄒᆞ기爲ᄒᆞ야要ᄒᆞᄂᆞᆫ車馬賃、宿泊料等）ᄂᆞᆫ委任者가此를辦償ᄒᆞᆷ을得ᄒᆞ고其他委任事項을履行ᄒᆞᆷ에關ᄒᆞ야可히避치못ᄒᆞᆯ損害를生ᄒᆞᆫ時ᄂᆞᆫ委任者로ᄒᆞ야곰此를賠償케ᄒᆞᆷ을得ᄒᆞᄂᆞᆫ者ㅣ라故로縱令無償契約의境遇에도受任者에만義務가有ᄒᆞᆫ者ㅣ아니오委任者도亦義務를負ᄒᆞᆷ이有ᄒᆞ대但此境遇에委任者의義務ᄂᆞᆫ契約當時에生ᄒᆞᄂᆞᆫ義務가아니오後日에至ᄒᆞ야始生ᄒᆞᄂᆞᆫ者ㅣ니此와如ᄒᆞᆫ契約을羅馬法에ᄂᆞᆫ總히不完全雙務契約이라稱ᄒᆞᆫ지라然而羅馬法에ᄂᆞᆫ如斯ᄒᆞᆫ區別이有ᄒᆞ얏시나今日에在ᄒᆞ야ᄂᆞᆫ契約의種類ᄂᆞᆫ契約當時에此를區別ᄒᆞᆷ이可ᄒᆞ고後日에他事實이有ᄒᆞᆷ을因ᄒᆞ야契約의實質이變ᄒᆞᄂᆞᆫ者ㅣ아닌故로前例境遇에無償의寄托又ᄂᆞᆫ委任은片務契約됨이明白ᄒᆞᆫ바ㅣ라

말에게 물린 경우, 임치를 받은 물건이 다른 물건을 부식시키는 성질이 있는 것을 몰랐음으로 인하여 그 물건이 수치인의 소유물을 부식시킨 경우 등)에는 임치인은 이에 관하여 상환할 의무를 지므로 불완전쌍무계약이라 하는 것이다. 위임계약의 경우에도 또한 그러한데, 곧 수임인이 위임사항을 실행하기 위하여 비용을 지출한 때(가령 협상의 위임을 받은 사람이 이를 실행하기 위하여 필요한 교통비, 숙박료 등)에는 위임인이 이를 변제할 수 있다. 그리고 기타 위임사항을 이행하는 것과 관련하여 피할 수 없는 손해가 발생한 때에는 위임인으로 하여금 이를 배상하게 할 수 있는 것이다. 그러므로 설령 무상계약인 경우에도 수임인에게만 의무가 있는 것이 아니고 위임인 또한 의무를 지는 경우가 있다. 다만 이 경우에 위임인의 의무는 계약 당시에 발생하는 의무가 아니라 뒷날에 이르러 비로소 발생하는 것이다. 이와 같은 계약을 로마법에서는 모두 불완전쌍무계약이라 일컬었다. 그러나 로마법에서는 이러한 구별이 있었지만 오늘날에는 계약의 종류는 계약 당시에 이를 구별함이 마땅하고 뒷날에 다른 사실이 있는 데 따라 계약의 실질이 바뀌는 것이 아니다. 그러므로 앞선 예에서 무상의 임치 또는 위임은 편무계약임이 명백한 것이다.

雙務契約과片務契約을區別ᄒᆞᄂᆞᆫ實益을論ᄒᆞᆯ진대左와如ᄒᆞᆷ이라

第一、契約의履行에關ᄒᆞᆫ者ㅣ니卽雙務契約當事者의一方이其債務의履行을提供ᄒᆞ기ᄭᆞ지ᄂᆞᆫ他一方은自己의債務履行을拒絶ᄒᆞᆷ을得ᄒᆞᄂᆞ니假令賣買境遇에賣主가其義務履行을提供치아니ᄒᆞ면買主도亦其義務를履行ᄒᆞᆷ을不要ᄒᆞᆷ이오此와反ᄒᆞ야片務契約에在ᄒᆞ야ᄂᆞᆫ如斯ᄒᆞᆫ境遇가生치아니ᄒᆞᆷ이라

第二、危險問題에關ᄒᆞᆫ者ㅣ니危險問題라ᄒᆞᆷ은雙務契約에在ᄒᆞ야當事者一方의義務가履行不能이된境遇에他一方은仍히其義務를履行ᄒᆞᆷ을要ᄒᆞᄂᆞᆫ與否假令賣買契約을締結ᄒᆞᆫ境遇에其目的物이滅失ᄒᆞ야賣主가此를傳授ᄒᆞ기不能ᄒᆞᆷ에至ᄒᆞᆫ境遇에ᄂᆞᆫ買主ᄂᆞᆫ代價를支撥ᄒᆞᆷ을要ᄒᆞᄂᆞᆫ與否를云ᄒᆞᆷ이是라此問題ᄂᆞᆫ從來學說이紛紜ᄒᆞᆫ바ㅣ오後에至ᄒᆞ야精細히說明ᄒᆞᆯ者ㅣ나要ᄒᆞᆫ건ᄃᆡ此問題ᄂᆞᆫ雙務契約卽契約에因ᄒᆞ야當事者雙方이直時債務를負ᄒᆞᆫ境遇에生ᄒᆞᄂᆞᆫ者ㅣ오片務契約에就ᄒᆞ야ᄂᆞᆫ決코不生ᄒᆞᆷ이라

第五、諸成契約、實成契約　諸成契約은當事者意思合致에만因ᄒᆞ야成立ᄒᆞ

쌍무계약과 편무계약을 구별하는 실익을 논하면 다음과 같다.

〈1〉 계약의 이행에 관한 것이다. 곧 쌍무계약 당사자 일방이 그 채무 이행을 제공할 때까지는 다른 일방은 자기 채무의 이행을 거절할 수 있다. 가령 매매의 경우에 매도인이 그 의무이행을 제공하지 않으면 매수인 또한 그 의무를 이행할 필요가 없다. 이와 반대로 편무계약에서는 이러한 경우가 발생하지 않는다.

〈2〉 위험부담에 관한 것이다. 위험부담이란 쌍무계약에서 당사자 일방의 의무가 이행불능이 된 경우에 다른 일방은 여전히 그 의무를 이행하여야 하는지 여부, 가령 매매계약을 체결한 경우에 그 목적물이 멸실되어 매도인이 이를 인도해줄 수 없게 된 경우에는 매수인은 대가를 지급하여야 하는가 여부가 그것이다. 이 문제는 종래 학설이 분분하였는데 뒤에 가서 자세히 설명하겠지만 요컨대 이 문제는 쌍무계약, 곧 계약에 따라 당사자 쌍방이 곧바로 채무를 부담한 경우에 발생하는 것이고 편무계약에 대하여는 결코 발생하지 않는 것이다.

(5) **낙성계약/실성계약**: 낙성계약은 당사자 의사의 합치만에 따라 성립하

ᄂᆞᆫ契約을云ᄒᆞᆷ이오實成契約을當事者一方이豫約ᄒᆞᆫ事를實行ᄒᆞᆷ을因ᄒᆞ야成立ᄒᆞᄂᆞᆫ契約을云ᄒᆞᆷ이니假令賣買、賃貸借、委任等은總히諸成契約으로當事者雙方의意思合致가有ᄒᆞ면直時成立ᄒᆞᄂᆞᆫ者ㅣ오此와反ᄒᆞ야使用貸借、消費貸借、質契約等은皆實成契約이니假令消費貸借ᄂᆞᆫ貸主가目的物을借主의게傳授ᄒᆞᄂᆞᆫ時에成立ᄒᆞᆷ이라此亦貸主ᄂᆞᆫ借主의게權利를移轉치아니ᄒᆞᆷ이不可호ᄃᆡ消費貸借ᄂᆞᆫ恒常物을借主의게傳授ᄒᆞᆷ을因ᄒᆞ야成立ᄒᆞᄂᆞᆫ者ㅣ오（羅馬法에ᄂᆞᆫ消費貸借ᄂᆞᆫ所有權移轉ᄒᆞᄂᆞᆫ時에成立ᄒᆞᆷ이라規定ᄒᆞᆫ바ㅣ라）使用貸借도亦此와同一히其目的物을傳授치아니ᄒᆞᆫ間은貸借의豫約은有ᄒᆞᆯ지로ᄃᆡ其目的物을傳授치아니ᄒᆞ면所謂使用貸借ᄂᆞᆫ成立ᄒᆞᆷ이無ᄒᆞ며質契約도亦然ᄒᆞ니即質物을傳授ᄒᆞᆷ에因ᄒᆞ야質契約이成立ᄒᆞᆷ이라此區別은羅馬法以來로存在ᄒᆞ야今日歐洲各國에서ᄂᆞᆫ一般히認ᄒᆞᄂᆞᆫ바ㅣ오我邦의慣習上에도最適合ᄒᆞᆫ者ㅣ라然而羅馬法에ᄂᆞᆫ總契約을此二種에만分類ᄒᆞᆷ이아니오此外에二種이又有ᄒᆞ야結局契約을四種으로分ᄒᆞᄂᆞ니第一、言成契約이니即互相一定ᄒᆞᆫ言語로써交換ᄒᆞᆷ에因ᄒᆞ야成立ᄒᆞᄂᆞᆫ者를云ᄒᆞᆷ이오第二、書成契約

는 계약을 말하는 것이고 실성계약은 당사자 일방이 미리 약정한 일을 실제로 행함에 따라 성립하는 계약을 말한다. 가령 매매, 임대차, 위임 등은 모두 낙성계약으로 당사자 쌍방의 의사 합치가 있으면 곧바로 성립하는 것이고, 이와 반대로 사용대차, 소비대차, 질권설정계약 등은 모두 실성계약이다. 가령 소비대차는 대주가 목적물을 차주에게 인도하는 때에 성립한다. 이 또한 대주는 차주에게 권리를 이전하지 않을 수 없는데 소비대차는 항상 물건을 차주에게 인도함에 따라 성립하는 것이다(로마법에서는 소비대차는 소유권을 이전하는 때에 성립한다고 규정하였다). 사용대차 또한 소비대차와 마찬가지로 그 목적물을 인도하지 않은 동안에는 대차의 예약은 있을지라도 그 목적물을 인도하지 않으면 이른바 사용대차는 성립하지 않는다. 질권설정계약 또한 그러한데, 곧 질물을 인도함에 따라 질권설정계약이 성립한다. 이 구별은 로마법 이래로 존재하여 오늘날 유럽 각국에서는 일반적으로 인정되는 것이고 우리나라 관습에도 가장 적합한 것이다. 그러나 로마법에서는 모든 계약을 이 두 가지로만 분류하지 않고 이밖에 두 가지가 또 있어 결국 계약을 네 가지로 나누었다. 첫째 언성계약*으로 곧 상호 일정한 말로써 교환함에 따라 성립하는 것을 말하고, 둘째 서성계약**

* 역자 주: '言成契約'은 독일어 Verbalvertrag(라틴어 stipulatio 또는 contractus verbis)을 옮긴 것으로 보임. 오늘날에는 문답계약 또는 구술계약으로 번역됨.

** 역자 주: '書成契約'은 독일어 Litteralvertrag(라틴어 contractus litteris)을 옮긴 것으로 보임. 오늘날에는 문기(文記)계약 또는 문서계약으로 번역됨.

이니即書面에一定ᄒᆞᆫ文字ᄅᆞᆯ記載ᄒᆞᆷ에因ᄒᆞ야成立ᄒᆞᄂᆞᆫ者ᄅᆞᆯ云ᄒᆞᆷ이오第三、事成契約이니即或事ᄅᆞᆯ實行ᄒᆞᆷ에因ᄒᆞ야成立ᄒᆞᄂᆞᆫ者ᄅᆞᆯ云ᄒᆞᆷ이오(余의所謂實成契約에該當ᄒᆞᆫ者)第四、意成契約이니即當事者意思에만因ᄒᆞ야或立ᄒᆞᄂᆞᆫ者ᄅᆞᆯ云ᄒᆞᆷ이라(即諸成契約)然이나其言成、書成의二種은今日에全히此ᄅᆞᆯᄅᆞᆯ認치아니ᄒᆞᆷ에至ᄒᆞ고오직要式契約으로多少其痕跡이殘留됨에不過ᄒᆞᆯᄲᅮᆫ이라

此ᄅᆞᆯ區別ᄒᆞᄂᆞᆫ實益은定義ᄅᆞᆯ依ᄒᆞ야分明ᄒᆞᆯ지니即諸成契約에ᄂᆞᆫ當事者雙方의意思合致가有ᄒᆞᆫ同時에法律에定ᄒᆞᆫ總効力을生ᄒᆞ고此와反ᄒᆞ야實成契約에在ᄒᆞ야ᄂᆞᆫ目的物의傳授(今日新進ᄒᆞᆫ立法例에ᄂᆞᆫ實成契約의實際適用으로ᄂᆞᆫ唯此一事가有ᄒᆞᆯᄲᅮᆫ이라故로授物契約이라稱ᄒᆞ야도不當ᄒᆞᆷ이無ᄒᆞᆯ지나前述ᄒᆞᆷ과如히沿革上實成契約이라稱ᄒᆞᆷ으로써優勝ᄒᆞ다云ᄒᆞᆯᄲᅮᆫ이라)가有ᄒᆞᆫ時에効力이始生ᄒᆞᄂᆞ니假令消費貸借、使用貸借、質契約과如ᄒᆞᆷ은此種에屬ᄒᆞᆫ故로此等契約으로目的物의傳授가姑無ᄒᆞᆫ間은或은他効力이生ᄒᆞᆯ지라도此等契約自體의効力은生ᄒᆞ기不能ᄒᆞᆫ故로此에關ᄒᆞᆫ規定을適用ᄒᆞ기不得

으로 곧 서면에 일정한 문자를 기재함에 따라 성립하는 것을 말한다. 셋째 사성계약*으로 곧 어떤 일을 실행함에 따라 성립하는 것을 말하고(내가 이르는 실성계약에 해당한 것), 넷째 의성계약**으로 곧 당사자의 의사만에 따라 성립하는 것을 말한다(곧 낙성계약). 그러나 그 언성, 서성 두 가지 계약은 오늘날에 완전히 인정되지 않기에 이르고 다만 요식계약에 다소 흔적이 남게 되었을 뿐이다.

이를 구별하는 실익은 그 정의(定義)에 의하여 분명할 것이다. 곧 낙성계약에서는 당사자 쌍방의 의사 합치가 있으면 동시에 법률에서 정한 효력이 모두 발생하고, 이와 반대로 실성계약에서는 목적물의 인도(오늘날 새로 등장한 입법례에서는 실성계약이 실제 적용되는 것으로는 오직 이 한 가지가 있을 뿐이다. 그러므로 수물계약(授物契約)이라고 일컬어도 부당하지 않겠으나, 앞서 서술한 것과 같이 연혁상 실성계약이라고 일컬으면 넉넉하다 할 뿐이다)가 있은 때에 비로소 효력이 발생한다. 가령 소비대차, 사용대차, 질권설정계약 같은 것은 여기에 속하므로, 이들 계약에서 목적물의 인도가 아직 없는 동안에는 더러 다른 효력이 발생할지라도 이들 계약 자체의 효력은 발생할 수 없다. 그러므로 이에 관한 규정을 적용할 수 없

* 역자 주: '事成契約'은 'contractus re'를 번역한 것으로 보임.
** 역자 주: '意成契約'은 'contracts consensu'를 번역한 것으로 보임.

ᄒᆞᆯ者ㅣ라

第六、有名契約、無名契約　有名契約은法律이特別ᄒᆞᆫ名稱을附ᄒᆞ고別段의規定을設ᄒᆞᆫ者를謂ᄒᆞᆷ이오無名契約은法律이特別ᄒᆞᆫ名稱을附치아니ᄒᆞ고一般規定에만從ᄒᆞᆷ이可ᄒᆞ다云ᄒᆞᆫ者를謂ᄒᆞᆷ이니假令賣買、贈與、賃貸借等은皆法律上名稱이有ᄒᆞ고各各適用ᄒᆞᆯ特別規定이有ᄒᆞᆫ故로此等은有名契約이오此와反ᄒᆞ야假令余가或人과旅行ᄒᆞᆷ을約束ᄒᆞᆫ境遇와如ᄒᆞᆷ은民法上特別ᄒᆞᆫ名稱이有ᄒᆞᆫ契約이아니오又假令甲이乙에對ᄒᆞ야丙으로써或行爲를行케ᄒᆞᆷ을盡力ᄒᆞ기로約束ᄒᆞᆫ時는法律은特히此에名稱을附치아니ᄒᆞ고此의規定을設치아니ᄒᆞ나是等이皆公益에反ᄒᆞ는者ㅣ아니라故로無効로歸케ᄒᆞ지아니ᄒᆞ고結局一種의無名契約으로契約一般의規定을適用케ᄒᆞᆷ에不外ᄒᆞ되但民法에認ᄒᆞᆫ바有名契約은반다시契約各種으로揭載ᄒᆞᆫ者에만限치아니ᄒᆞᄂᆞ니即質契約、抵當契約等은契約의一種으로特別히揭載치아니ᄒᆞ얏스나特別ᄒᆞᆫ名稱이有ᄒᆞ고特別規定을從ᄒᆞᆯ者ㅣ라故로其有名契約됨은論을不俟ᄒᆞᆯ바ㅣ오法律中特別ᄒᆞᆫ名稱이無ᄒᆞᆫ者는總히無名契約이라盖此區別의由生ᄒᆞᆫ本源

을 것이다.

(6) **전형계약/비전형계약:*** 전형계약은 법률이 특별한 명칭을 붙이고 별도의 규정을 둔 것을 말하고, 비전형계약은 법률이 특별한 명칭을 붙이지 않고 일반규정에만 따르게 함이 마땅하다고 한 것을 말한다. 가령 매매, 증여, 임대차 등은 모두 법률상 명칭이 있고 각각 적용할 특별규정이 있다. 그러므로 이들은 전형계약이다. 이와 반대로 가령 내가 어떤 사람과 여행할 것을 약속한 경우 같은 것은 민법상 특별한 명칭이 있는 계약이 아니고, 또 가령 甲이 乙에 대하여 丙에게 어떤 행위를 온 힘을 다해 하게 하기로 약속한 때에는 법률은 특별히 여기에 명칭을 붙이지 않고 이에 대한 규정을 두지 않았다. 그러나 이들은 모두 공익에 반하는 것이 아니므로 무효가 되지 않고 결국 일종의 비전형계약으로 계약 일반의 규정을 적용하게 할 뿐이다. 다만 민법이 인정한 전형계약은 반드시 계약의 각 종류로 게재된 것에만 한정되지 않는다. 곧 질권설정계약, 저당권설정계약 등은 계약의 한 종류로 특별히 게재되지 않았으나 특별한 명칭이 있고 특별한 규정을 따를 것이므로 전형계약임은 논할 필요도 없다. 그리고 법률 안에 특별한 명칭이 없는 것은 모두 비전형계약이다. 일반적으로 이 구별이 생겨난 본원

* 역자 주: '有名契約', '無名契約'은 각각 'contractus nominati', 'contractus innominati'의 번역임.

은羅馬法에在ᄒᆞ나羅馬法에所謂有名、無名의區別은此와大異ᄒᆞ니今에羅馬法의無名契約을知코저ᄒᆞᆯ진ᄃᆡ羅馬法上契約의原則을先究치아니ᄒᆞᆷ이不可ᄒᆞᆫ지라羅馬法에ᄂᆞᆫ羅馬法上債務를生ᄒᆞᆯ原因됨이可ᄒᆞᆫ契約이아니면契約이라稱치아니ᄒᆞ얏시니即今日과如히契約의自由를認치아니ᄒᆞ고其限定된契約에ᄂᆞᆫ各其名稱이有ᄒᆞᆷ이라然而實際의必要上或一種의契約을認ᄒᆞ야學者ㅣ此를無名契約이라稱ᄒᆞ얏시니其無名契約이라稱ᄒᆞᆯ者ᄂᆞᆫ當事者一方이或權利를與ᄒᆞ고又ᄂᆞᆫ或行爲를行ᄒᆞᆫ時ᄂᆞᆫ他一方도亦此에對ᄒᆞ야或權利를與ᄒᆞ고又ᄂᆞᆫ或行爲를行ᄒᆞᆯ義務를負ᄒᆞᄂᆞᆫ者를謂ᄒᆞᆷ이니詳言ᄒᆞ면「一方의給付를受ᄒᆞ고此에對ᄒᆞ야給付를行ᄒᆞᄂᆞᆫ契約」、「一方의給付를受ᄒᆞ고此에對ᄒᆞ야或行爲를行ᄒᆞᄂᆞᆫ契約」、「一方이或行爲를行ᄒᆞ면此에對ᄒᆞ야給付를行ᄒᆞᄂᆞᆫ契約」、「一方이或行爲를行ᄒᆞ면此에對ᄒᆞ야或行爲를行ᄒᆞᄂᆞᆫ契約」의四種을無名契約이라稱ᄒᆞ얏시니即是當事者一方이自己의義務를履行ᄒᆞᆷ을依ᄒᆞ야相對者에對ᄒᆞᆫ訴權이始生ᄒᆞᄂᆞᆫ者ㅣ라故로今日所謂無名契約과混同ᄒᆞᆷ이不可ᄒᆞᆷ은勿論이라

은 로마법에 있으나 로마법에서 이른바 유명, 무명의 구별은 이와 크게 다르다. 이제 로마법의 무명계약을 알려면 로마법상 계약의 원칙을 먼저 탐구하여야 한다. 로마법에서는 로마법상 채무를 발생시키는 원인이 될 수 있는 계약이 아니면 계약이라고 일컫지 못하였다. 곧 오늘날과 같이 계약의 자유를 인정하지 않고 그 한정된 계약에는 각기 명칭이 있었다. 그러나 실제의 필요로 어떤 일종의 계약을 인정하여 학자가 이를 무명계약이라고 일컬었다. 그 무명계약이라고 일컫는 것은 당사자 일방이 어떤 권리를 주고 또는 어느 행위를 한 때에는 다른 일방 또한 이에 대하여 어떤 권리를 주고 또는 어떤 행위를 할 의무를 지는 것을 말한다. 자세히 말하면 "일방의 급부를 받고 이에 대하여 급부를 하는 계약", "일방의 급부를 받고 이에 대하여 어떤 행위를 하는 계약", "일방이 어떤 행위를 하면 이에 대하여 급부를 하는 계약", "일방이 어떤 행위를 하면 이에 대하여 어떤 행위를 하는 계약"의 네 가지를 무명계약이라 일컬었다. 곧 당사자 일방이 자기의 의무를 이행함에 의하여 비로소 상대방에 대한 소권이 발생하는 것이다. 그러므로 오늘날 소위 비전형계약과 혼동해서는 안 됨은 물론이다.

此區別의實益을論ᄒᆞᆯ진대有名契約은特히此에關ᄒᆞ야設ᄒᆞᆫ規定을從치아니ᄒᆞᆷ이不可호대오즉特設ᄒᆞᆫ規定이無ᄒᆞᆫ時ᄂᆞᆫ契約一般의規定을適用ᄒᆞᆷ이可ᄒᆞᆯ뿐이오此와反ᄒᆞ야無名契約에就ᄒᆞ야ᄂᆞᆫ規定이無ᄒᆞᆫ故로縱令其契約이法律에定ᄒᆞᆫ契約과如何히類似ᄒᆞᆯ지라도其特別規定을適用ᄒᆞᆷ을不得ᄒᆞ고다만契約의一般規定을適用ᄒᆞᆷ이可ᄒᆞᆯ뿐이라學者ㅣ往往無名契約에ᄂᆞᆫ此와類似ᄒᆞᆫ有名契約의規定을適用ᄒᆞᆷ이可ᄒᆞ다論ᄒᆞᄂᆞ니盖法國民法과如히不完全ᄒᆞᆫ法典에在ᄒᆞ야ᄂᆞᆫ或如斯ᄒᆞᆫ議論을從ᄒᆞᆷ이可ᄒᆞᆯ지라도現今各國新進ᄒᆞᆫ民法上에ᄂᆞᆫ如斯ᄒᆞᆫ主義를採用치아니호대但一個例外가有ᄒᆞ니即委任에關ᄒᆞᆫ規定을委任과類似ᄒᆞᆫ契約에準用ᄒᆞᆷ이是라是即唯一ᄒᆞᆫ變例오日本新民法에도採用ᄒᆞᆫ바ㅣ라

以上六種區別外에尙且著名ᄒᆞᆫ類別로認ᄒᆞᄂᆞᆫ者ㅣ有ᄒᆞ나今日에至ᄒᆞ야ᄂᆞᆫ其實用이殆無ᄒᆞ니此를擧ᄒᆞᆯ진대實定契約、射倖契約의別이是라假令契約으로브터生ᄒᆞᄂᆞᆫ利益이性質上確定ᄒᆞ고偶然ᄒᆞᆫ事實을因ᄒᆞ야變動ᄒᆞᆷ이無ᄒᆞᄂᆞᆫ時ᄂᆞᆫ其契約은實定契約이오契約으로브터生ᄒᆞᄂᆞᆫ利益이性質上不確定ᄒᆞ고偶然ᄒᆞᆫ事

이 구별의 실익을 논하면, 전형계약은 특별히 이에 관하여 둔 규정을 따라야 한다. 다만 특별히 둔 규정이 없는 때에는 계약 일반의 규정을 적용할 수 있을 뿐이다. 이와 반대로 비전형계약에 대하여는 규정이 없으므로 설령 그 계약이 법률에서 정한 계약과 어떻게 유사할지라도 그 특별규정을 적용할 수 없고 다만 계약의 일반규정을 적용할 수 있을 뿐이다. 학자들이 종종 비전형계약에는 이와 유사한 전형계약의 규정을 적용할 수 있다고 논한다. 일반적으로 프랑스 민법과 같이 불완전한 법전에서는 더러 이러한 논의를 따를 수 있을지라도 오늘날 각국의 새로 등장한 민법상으로는 이러한 태도를 취하지 않는다. 다만 하나의 예외가 있는데, 곧 위임에 관한 규정을 위임과 유사한 계약에 준용하는 것이 그것이다. 이는 곧 유일한 예외로 일본 신민법에서도 취한 것이다.*

이상 여섯 가지 구별 외에 아직도 저명한 구별로 인정되는 것이 있으나 오늘날에 와서는 실제로 거의 사용되지 않는다. 이것을 들면 실정계약**과 사행계약***의 구별이 그것이다. 가령 계약으로부터 발생하는 이익이 성질상 확정되어 있고 우연한 사정에 따라 변동하지 않는 때에는 그 계약은 실정계약이고, 계약으로부터 발생하는 이익이 성질상 불확정적이고 우연한 사

* 역자 주: 일본 민법 제643조는 "위임은 당사자 일방이 법률행위를 할 것을 상대방에게 위탁하고 상대방이 이를 승낙함으로써 그 효력을 발생한다"고 규정하면서 법률행위가 아닌 사무의 위탁에도 민법을 준용함(같은 법 제656조). 한편 우리 민법 제680조에서 위임사무는 법률행위에 국한되지 않는다는 점에서 준위임계약을 언급할 필요가 없어졌으나 여전히 '준위임계약'의 용어가 사용되고 있음.

實을因ᄒᆞ야變動이有ᄒᆞᄂᆞᆫ時ᄂᆞᆫ其契約은射倖契約이니譬如賭博、保險、終身定期金契約等은射倖契約이라即終身定期金契約에在ᄒᆞ야ᄂᆞᆫ終身을期ᄒᆞᆫ債權者가長命ᄒᆞᆫ時ᄂᆞᆫ債務者의損失이되고短命ᄒᆞᆫ時ᄂᆞᆫ債權者의損失이되ᄂᆞ니保險契約과如ᄒᆞᆷ은其反對라要ᄒᆞ건대如斯ᄒᆞᆫ契約의利益은性質上不確定ᄒᆞ다謂치아니ᄒᆞᆷ이不可호대此와反ᄒᆞ야通常의賣買와如ᄒᆞᆷ은實定契約이라實定契約은交易契約이라或稱ᄒᆞᄂᆞ니此契約은當事者權利義務의範圍가自初로一定ᄒᆞᆫ者ㅣ라假令賣主의與ᄒᆞᄂᆞᆫ權利、買主의支撥ᄒᆞᄂᆞᆫ金額을共히明定ᄒᆞᆫ者ㅣ니此區別은古代에在ᄒᆞ야ᄂᆞᆫ有償契約의細別로其必要가有ᄒᆞ얏스나今日에在ᄒᆞ야ᄂᆞᆫ實益이殆無ᄒᆞᆫ故로今에此를詳論치아니ᄒᆞ노라

第二編　總則

第一章　契約의成立

契約成立의要素ᄂᆞᆫ第一、當事者의意思合致와第二、一定ᄒᆞᆫ目的이是라然而第二의要素되ᄂᆞᆫ目的에就ᄒᆞ야ᄂᆞᆫ說明ᄒᆞᆯ바ㅣ頗多ᄒᆞ나總히法律行爲一般에通ᄒᆞᄂᆞᆫ事項이오契約에特別ᄒᆞᆫ者ㅣ아니라故로其說明을總則編講義로讓ᄒᆞ고此에

정에 따라 변동하는 때에는 그 계약은 사행계약이다. 예컨대 도박, 보험, 종신정기금계약 등은 사행계약이다. 곧 종신정기금계약에서는 종신을 기약한 채권자가 오래 산 때에는 채무자의 손실이 되고 단명한 때에는 채권자의 손실이 되지만 보험계약과 같은 것은 그 반대이다. 요컨대 이러한 계약의 이익은 성질상 불확정적이라고 말할 수밖에 없다. 이와 반대로 통상의 매매와 같은 것은 실정계약이다. 실정계약은 더러 교역계약이라고도 부르는데, 이 계약은 당사자 권리의무의 범위가 처음부터 일정한 것이다. 가령 매도인이 주는 권리, 매수인이 지급하는 금액을 함께 명확히 정한 것이다. 따라서 이 구별은 고대에는 유상계약의 세부적인 분류로 그 필요성이 있었으나 오늘날에는 실익이 거의 없으므로 이제 이것을 자세히 논하지 않겠다.

제2편 총 칙

제1장 계약의 성립

계약 성립의 요소는 첫째 당사자의 의사 합치와 둘째 일정한 목적이다. 그런데 둘째 요소인 목적에 대하여는 자못 설명할 것이 많지만, 모두 법률행위 일반과 통하는 사항이고 계약에 특별한 것이 아니다. 그러므로 그 설명을 총칙편 강의로 넘기고 여기서

** 역자 주: '實定契約'은 프랑스 민법상 'contrat commutatif'를 번역한 것인데 '實定契約'은 사행계약에 대비되는 것으로 'contrat commutatif'는 '비사행계약'으로 이해해야 함.

*** 역자 주: '射倖契約'은 프랑스 민법상 'contrat aléatoire'에 해당함.

는唯其第一의要素되는當事者意思合致에就ᄒᆞ야만說明코자ᄒᆞ노라

契約이法律行爲의一種되는事는既히說明ᄒᆞᆫ바ㅣ오學者ㅣ往往契約에는二個의法律行爲를包含ᄒᆞᆫ者ㅣ라云ᄒᆞ나其誤謬ᄒᆞᆷ은既述ᄒᆞᆫ바ㅣ라然이나契約은申提라稱ᄒᆞ는意思表示와承諾이라稱ᄒᆞ는意思表示가有ᄒᆞᆫ後에成立ᄒᆞ는故로如何ᄒᆞᆫ境遇든지二個의意思表示를包含호대만일一方의當事者數人이有ᄒᆞᆫ時는三個以上의意思表示를包含ᄒᆞᆷ이라云ᄒᆞᆯ지니彼組合과如ᄒᆞᆷ은三個以上의意思表示로브터成立ᄒᆞᆷ이最多ᄒᆞ고又賣買와如ᄒᆞᆷ은通常二個의意思表示로브터成立ᄒᆞ나時或三個以上의意思表示로브터成立ᄒᆞ는事ㅣ有ᄒᆞ나即組合에在ᄒᆞ야는組合員이三人以上되는時는반다시三個以上의意思表示가有ᄒᆞ고又賣買에在ᄒᆞ야도賣主或은買主二人以上이有ᄒᆞᆫ時는其意思表示는반다시三個以上이有ᄒᆞᆯ지로대但意思表示數個가有ᄒᆞᆫ境遇에도其數個는如何ᄒᆞᆫ境遇든지申提又는承諾됨이可ᄒᆞ니申提라ᄒᆞᆷ은契約의提議를謂ᄒᆞᆷ이오承諾이라ᄒᆞᆷ은契約의提議에同意ᄒᆞᆷ을謂ᄒᆞᆷ이라即申提가有ᄒᆞᆫ後에承諾이有ᄒᆞ고承諾이有ᄒᆞᆫ後에此契約이成立ᄒᆞᄂᆞ니賣買에就ᄒᆞ야言ᄒᆞᆯ진대賣主가自己의或所有物을賣却ᄒᆞᆷ을

는 오직 첫째 요소인 당사자 의사의 합치에 대하여만 설명하고자 한다.

계약이 법률행위의 일종인 것은 이미 설명한 바이고, 학자들이 종종 계약에는 두 개의 법률행위를 포함한 것이라고 말하나 그것이 잘못되었음은 이미 서술한 바이다. 그러나 계약은 청약이라 부르는 의사표시와 승낙이라 부르는 의사표시가 있은 뒤에 성립한다. 그러므로 어떠한 경우든지 두 개의 의사표시를 포함하는데, 만일 일방당사자가 여러 명 있는 때에는 세 개 이상의 의사표시를 포함한다고 할 것이다. 저 조합과 같은 것은 세 개 이상의 의사표시로부터 성립하는 경우가 가장 많고, 또 매매와 같은 것은 통상 두 개의 의사표시로부터 성립하나 때로는 세 개 이상의 의사표시로부터 성립하는 일도 있다. 곧 조합에서는 조합원이 세 명 이상인 때에는 반드시 세 개 이상의 의사표시가 있고, 또 매매에서도 매도인 또는 매수인이 두 명 이상인 때에는 그 의사표시는 반드시 세 개 이상이 있어야 한다. 다만 의사표시가 여러 개 있는 경우에도 그 여러 개는 어떠한 경우이든지 청약 또는 승낙이어야 한다. 청약이란 계약의 제의를 말하고 승낙이란 계약의 제의에 동의하는 것을 말한다. 곧 청약이 있은 뒤에 승낙이 있고 승낙이 있은 뒤에 이 계약이 성립한다. 매매에 대하여 말하면, 매도인이 자기의 어떤 소유물을 매각하는 것을

提議ᄒᆞ고相對者가此를買入ᄒᆞᆯ旨意로荅ᄒᆞᆫ時ᄂᆞᆫ此境遇에賣主의提議ᄂᆞᆫ申提오買主의荅은承諾이되며又時或買主로브터相對者의或財產權을買入ᄒᆞᆷ을提議ᄒᆞ고相對者가此를賣却ᄒᆞᆯ旨意로荅ᄒᆞᆷ이有ᄒᆞ니此境遇에買主의提議ᄂᆞᆫ申提오賣主의荅은承諾이라是ᄂᆞᆫ賣主或은買主가二人以上이有ᄒᆞᆫ境遇에도同一ᄒᆞ고時或一人으로數人의賣主或은買主됨이可ᄒᆞᆫ者에對ᄒᆞ야提議ᄒᆞᆷ이有ᄒᆞ니如此ᄒᆞᆫ境遇에ᄂᆞᆫ其一人의提議ᄂᆞᆫ卽申提오相對者된數人이此를應ᄒᆞᆫ時ᄂᆞᆫ卽承諾이有ᄒᆞᆫ者ㅣ오組合境遇와如ᄒᆞᆷ은時或如何ᄒᆞᆫ意思表示가申提되고如何ᄒᆞᆫ意思表示가承諾됨이判然치아니ᄒᆞᆷ이不無ᄒᆞ나仔細히觀察ᄒᆞᆯ時ᄂᆞᆫ반다시其一에屬지아니ᄒᆞᆷ을不得ᄒᆞᆯ지니假令三人이組合契約을締結ᄒᆞᆫ境遇에도三人이同時에此를發議ᄒᆞᆷ과如ᄒᆞᆷ은殆無ᄒᆞ고最初에一人으로브터其計畫을他人과協議ᄒᆞᆫ後更히此를第三者와相議ᄒᆞᄂᆞᆫ例가不尠ᄒᆞ니卽甲으로브터乙의게此를提議ᄒᆞ야其承諾을得ᄒᆞᆫ後(但乙의承諾은多數境遇에丙의承諾을條件으로ᄒᆞᄂᆞᆫ者ㅣ라)更히此兩人이丙의게提議ᄒᆞ야丙이此를承諾ᄒᆞᆫ時ᄂᆞᆫ此組合契約은成立ᄒᆞᆷ이라然而此境遇에ᄂᆞᆫ其中一人은純然ᄒᆞᆫ申提者ㅣ오他一人은純然ᄒᆞᆫ承諾者ㅣ로대其

제의하고 상대방이 이를 매입하겠다는 취지로 답한 때에는 이 경우에 매도인의 제의는 청약이고 매수인의 답은 승낙이 된다. 또 때로는 매수인으로부터 상대방의 어떤 재산권을 매입할 것을 제의하고 상대방이 이를 매각하겠다는 취지로 답하는 경우가 있다. 이 경우에 매수인의 제의는 청약이고 매도인의 답은 승낙이다. 이는 매도인 또는 매수인이 두 명 이상 있는 경우에도 동일하고 때로는 한 사람이 매도인 또는 매수인이 될 수 있는 자 여러 명에 대하여 제의하는 경우가 있는데 이와 같은 경우에는 그 한 사람의 제의는 곧 청약이고 상대방인 여러 명이 이를 응한 때에는 곧 승낙이 있는 것이다. 그리고 조합의 경우 같으면 때로는 어떠한 의사표시가 청약이고 어떠한 의사표시가 승낙인지 분명하지 않은 경우도 있다. 그러나 자세히 관할하면 반드시 어느 하나에 속하지 않을 수 없을 것이다. 가령 세 사람이 조합계약을 체결한 경우에도 세 명이 동시에 이를 발의하는 것 같은 경우는 거의 없고, 맨 처음에 한 사람으로부터 그 계획을 타인과 협의한 뒤에 다시 이를 제3자와 상의하는 예가 적지 않다. 곧 甲으로부터 乙에게 이를 제의하여 그 승낙을 얻은 뒤(다만 乙의 승낙은 많은 경우 丙이 승낙을 조건으로 하는 것이다) 다시 이 두 사람이 丙에게 제의하여 丙이 이를 승낙한 때에는 그 조합계약은 성립한다. 그러나 이 경우에는 그중 한 명은 순전한 청약자이고 다른 한 명은 순전한 승낙자이지만 그

餘一人은一人에對ᄒᆞ야ᄂᆞᆫ承諾者되고他一人에對ᄒᆞ야ᄂᆞᆫ申提者되ᄂᆞᆫ故로因ᄒᆞ야意思表示의數ᄂᆞᆫ當事者의數보다多ᄒᆞᄂᆞ니即甲乙間에二個意思表示와甲乙과丙間에二個意思表示가合ᄒᆞ야四個가有ᄒᆞ나其申提와承諾은判然이區別홈을可得ᄒᆞᆯ바ㅣ오又時或其中의一人이提議者가되고他全員에對ᄒᆞ야書面으로써此ᄅᆞᆯ交涉ᄒᆞ야其同意ᄅᆞᆯ得홈이有ᄒᆞ니此境遇에其一人만申提者가되고他全員은承諾者ㅣ됨이라又當初에ᄂᆞᆫ純然ᄒᆞᆫ申提及承諾이無ᄒᆞ고數人이協議ᄒᆞᆫ結果로一個申提書ᄅᆞᆯ作ᄒᆞ야此ᄅᆞᆯ他人의게送付ᄒᆞ야其同意ᄅᆞᆯ得ᄒᆞᆫ境遇와如홈은其數人은申提者오他一人은承諾者ㅣ니此ᄅᆞᆯ要ᄒᆞ건대申提와承諾은如何ᄒᆞᆫ境遇ᄅᆞᆯ不問ᄒᆞ고此ᄅᆞᆯ判別ᄒᆞ기不難ᄒᆞᆫ바ㅣ라

右와如히當事者數人이有ᄒᆞᆫ境遇에其契約이成立홈에ᄂᆞᆫ當初에豫期ᄒᆞᆫ人員이皆同意홈을要ᄒᆞᆯ가假令三人으로組合契約을締結ᄒᆞᄂᆞᆫ境遇에其中一人이不同意ᄅᆞᆯ唱道ᄒᆞᆫ時ᄂᆞᆫ其契約은成立홈에不至ᄒᆞᆯ가此即一個問題되ᄂᆞᆫ바ㅣ라然이나是ᄂᆞᆫ畢竟當事者意思解釋의問題니即意思ᄅᆞᆯ表示ᄒᆞᆫ當事者가全員의同意ᄅᆞᆯ條件으로ᄒᆞᆫ與否의事實問題라故로其當時의事情을斟酌ᄒᆞ야當事者의意思ᄅᆞᆯ解

나머지 한 명은 한 사람에 대하여는 승낙자이고 다른 한 사람에 대하여는 청약자가 된다. 따라서 의사표시의 수는 당사자의 수보다 많다. 곧 甲과 乙 사이에 두 개의 의사표시와 甲, 乙과 丙 사이에 두 개의 의사표시가 합하여 네 개가 있으나 청약과 승낙은 분명히 구별할 수 있는 것이다. 또 때로는 조합계약 당사자 중 한 명이 청약자가 되고 다른 사람 전원에 대하여 서면으로 교섭을 하여 그들의 동의를 얻는 경우가 있다. 이 경우에 그 한 명만 청약자가 되고 다른 사람 전원은 승낙자가 된다. 또 당초에는 순전한 청약 및 승낙이 없고 여러 사람이 협의한 결과로 하나의 청약서를 작성하여 이를 타인에게 송부하여 그의 동의를 얻는 경우 같으면, 그 여러 사람은 청약자이고 다른 한 사람은 승낙자이다. 요컨대 청약과 승낙은 어떠한 경우를 불문하고 판별하기 어렵지 않다.

위와 같이 당사자 여러 명이 있는 경우에 그 계약이 성립하려면 당초에 미리 약정한 인원이 모두 동의하여야 하는가? 가령 세 명이 조합계약을 체결하는 경우에 그 중 한 명이 동의하지 않는다고 주장한 때에는 그 계약은 성립하지 못하게 되는가? 이는 곧 하나의 문제이다. 그러나 이는 결국 당사자 의사의 해석 문제인데, 곧 의사를 표시한 당사자가 전원의 동의를 조건으로 하였는지 여부라는 사실의 문제이다. 그러므로 그 당시의 사정을 짐작하여 당사자의 의사를 해

釋ᄒᆞᆷ이可ᄒᆞᆫ者ㅣ니만일當事者가全員의同意ᄅᆞᆯ條件으로ᄒᆞᆷ이明白ᄒᆞᆫ時ᄂᆞᆫ一人의不同意者가有ᄒᆞ야도契約은此ᄅᆞᆯ因ᄒᆞ야成立지못호대此와反ᄒᆞ야當事者中不同意者가有ᄒᆞᆫ境遇에ᄂᆞᆫ同意者로만契約을成立케ᄒᆞᄂᆞᆫ意思가有ᄒᆞᆫ者로看做ᄒᆞᆷ이可ᄒᆞᆫ時ᄂᆞᆫ縱令不同意者가有ᄒᆞ야도此ᄅᆞᆯ因ᄒᆞ야契約成立에妨害됨이少無ᄒᆞᆫ바ㅣ라唯其當事者意思가何에在ᄒᆞᆷ이分明치아니ᄒᆞᆫ境遇에ᄂᆞᆫ寧히全員의同意ᄅᆞᆯ條件으로ᄒᆞᆫ者로解釋ᄒᆞᆷ이穩當ᄒᆞ다云ᄒᆞᆯ뿐이니盖組合에在ᄒᆞ야ᄂᆞᆫ多數境遇에반라시全員의同意ᄅᆞᆯ條件으로ᄒᆞᄂᆞᆫ者ㅣ아니로대賣買와如ᄒᆞᆷ은他當事者의同意가無ᄒᆞᆫ時ᄂᆞᆫ契約을成立케ᄒᆞ지아니ᄒᆞᄂᆞᆫ意思가有ᄒᆞᆷ이通例니假令一人으로브터二人에對ᄒᆞ야或物을賣却ᄒᆞᄂᆞᆫ境遇에特約이無ᄒᆞᆫ時ᄂᆞᆫ賣主ᄂᆞᆫ全部의所有權을賣却ᄒᆞ고買主ᄂᆞᆫ二人이共同ᄒᆞ야全部의所有權을買入ᄒᆞᄂᆞᆫ者ㅣ라云ᄒᆞᆷ이可ᄒᆞᆯ지라然而買主의一人이承諾지아니ᄒᆞᆫ時ᄂᆞᆫ賣主ᄂᆞᆫ其半의所有權을賣ᄒᆞ고買主ᄂᆞᆫ其半의所有權을買入ᄒᆞᄂᆞᆫ結果가生ᄒᆞ야契約의目的이全히變更ᄒᆞᆷ에至ᄒᆞᆯ지니當初에當事者가申提及承諾을ᄒᆞᆷ에當ᄒᆞ야如此ᄒᆞᆫ意思가有치아니ᄒᆞᆷ은極히明白ᄒᆞᆯ뿐더러況買主의一人이他一人의承諾이無ᄒᆞᆫ時ᄂᆞᆫ自己一人이

석함이 마땅한 것이다. 만일 당사자가 전원의 동의를 조건으로 하였음이 명백한 때에는 한 명의 부동의자만 있어도 계약은 이로 인하여 성립하지 못한다. 이와 반대로 당사자 가운데 부동의자가 있는 경우에는 동의자로만 계약을 성립시키는 의사가 있는 것으로 간주할 수 있는 때에는, 설령 동의하지 않는 자가 있어도 이로 인하여 계약 성립에 방해되는 일이 거의 없는 것이다. 다만 그 당사자의 의사가 어디에 있는지 분명하지 않은 경우에는 오히려 전원의 동의를 조건으로 한 것으로 해석하는 것이 타당하다고 할 뿐이다. 일반적으로 조합에서는 많은 경우에 반드시 전원의 동의를 조건으로 하는 것이 아니지만, 매매 같은 경우에는 다른 당사자의 동의가 없는 때에는 계약을 성립시키지 않는 의사가 있는 것이 통례이다. 가령 한 사람으로부터 두 사람에 대하여 어떤 물건을 매각하는 경우에 특약이 없는 때에는 매도인은 전부의 소유권을 매각하고 매수인은 두 사람이 공동으로 전부의 소유권을 매입하는 것이라고 할 수 있다. 그러나 매수인 중 한 명이 승낙하지 않는 때에는 매도인은 그 절반의 소유권을 팔고 매수인은 그 절반의 소유권을 매입하는 결과가 발생하여 계약의 목적이 완전히 변경될 것이다. 당초에 당사자가 청약 및 승낙을 할 때에 이와 같은 의사가 있지 않았음은 극히 명백할뿐더러 더구나 매수인 중 한 명이 다른 한 명의 승낙이 없는 때에는 자기 한 사람이

其全部를買受ᄒᆞᆯ意思를有ᄒᆞᆫ者로解釋ᄒᆞᆷ은其當을不得ᄒᆞᆫ者ㅣ라故로如此ᄒᆞᆫ境遇에更히新契約을締結ᄒᆞᆷ은元來無妨ᄒᆞ나前契約을有効케ᄒᆞᆷ은多數境遇에不能ᄒᆞᆫ바ㅣ라

玆에一個疑問이有ᄒᆞ니意思의合致는申提에對ᄒᆞᆫ承諾이必有ᄒᆞᆷ을要ᄒᆞᆯ가單히當事者雙方의意思가偶合ᄒᆞ면足ᄒᆞ다ᄒᆞᆯ가換言ᄒᆞ면偶然이同一ᄒᆞᆫ目的으로써雙方으로브터申提ᄒᆞ야其申提가交叉되는時는意思의合致가有ᄒᆞ다謂ᄒᆞᆷ을得ᄒᆞᆯ가假令漢城의甲이仁川의乙에對ᄒᆞ야一石十圓價額으로써米百石을買入ᄒᆞᆷ을申提ᄒᆞ고此와同時에乙로브터甲에對ᄒᆞ야同一ᄒᆞᆫ十圓價額으로米百石을賣却ᄒᆞᆷ을申提ᄒᆞ야雙方의書面이交叉되면果然意思의合致가有ᄒᆞᆫ者ㅣ라ᄒᆞ야契約이成立ᄒᆞᆯ가余의信ᄒᆞ는바를依ᄒᆞᆯ진대此境遇에는當事者雙方의意思合致라云ᄒᆞᆷ이可ᄒᆞᆯ지니故로立法論으로는契約의成立을認ᄒᆞ야도不可ᄒᆞᆷ이毫無ᄒᆞ고契約成立의時期는後에申提를發ᄒᆞᆫ時에在ᄒᆞ다謂ᄒᆞᆷ이可ᄒᆞᆫ바ㅣ라然而此에關ᄒᆞ야日本新民法은申提에對ᄒᆞᆫ承諾이有ᄒᆞᆷ을必要로ᄒᆞ야同法第五百二十一條以下에恒常申提에對ᄒᆞᆫ承諾이有ᄒᆞᆷ을前提로ᄒᆞ고其第五百二十六條에隔地者

그 전부를 매수할 의사를 가진 것으로 해석하는 것은 타당하지 못하다. 그러므로 이와 같은 경우에 다시 새로운 계약을 체결하는 것은 원래 무방하지만 많은 경우 앞의 계약을 유효하게 할 수는 없다.

여기서 하나의 의문이 있다. 의사의 합치는 청약에 대한 승낙이 반드시 있어야 하는가, 단순히 당사자 쌍방의 의사가 우연히 합치하면 족하다고 할 것인가? 바꾸어 말하면 우연히 동일한 목적으로 쌍방으로부터 청약하여 그 청약이 교차되는 때에는 의사의 합치가 있다고 말할 수 있는가? 가령 서울의 甲이 인천의 乙에 대하여 한 섬에 10원이라는 가격으로 쌀 백 섬을 매입할 것을 청약하고 이와 동시에 乙로부터 甲에 대하여 동일한 10원이라는 가격으로 쌀 백 섬을 매각할 것을 청약하여 쌍방의 서면이 교차되면, 과연 의사의 합치가 있는 것이라고 하여 계약이 성립하는가? 내가 생각하는 바에 따르면 이 경우에는 당사자 쌍방의 의사 합치라고 하여야 할 것이다. 그러므로 입법론으로는 계약의 성립을 인정하여도 안 될 것이 전혀 없고 계약 성립 시기는 뒤의 청약을 발송한 때에 있다고 말할 수 있다. 그러나 이에 관하여 일본 신민법은 청약에 대한 승낙이 있을 것을 필요로 하여 같은 법 제521조 이하에서 항상 청약에 대한 승낙이 있음을 전제로 하고, 제526조에 격지자(隔地者)

間의契約은承諾의通知를發ᄒᆞᆫ時에成立ᄒᆞᄂᆞᆫ旨를規定ᄒᆞ얏시니同條에所謂承諾은即申提에對ᄒᆞᆫ承諾을謂ᄒᆞᆫ者ㅣ라故로申提로ᄒᆞᆫ意思表示ᄂᆞᆫ同條에所謂承諾이아니오因ᄒᆞ야此意思表示를發ᄒᆞᆫ時에契約이成立ᄒᆞᄂᆞᆫ者ㅣ라云ᄒᆞᆷ을不得ᄒᆞᆯ지니卽日本立法者ᄂᆞᆫ申提가有ᄒᆞᆯᄲᅮᆫ으로ᄂᆞᆫ契約이成立되기不能ᄒᆞ고반다시申提에對ᄒᆞ야承諾이無ᄒᆞ기不可ᄒᆞᆫ主義를採用ᄒᆞᆫ바ㅣ라今에其理由를案ᄒᆞᆯ진대申提의意思表示와承諾의意思表示ᄂᆞᆫ其趣旨가全異ᄒᆞᄂᆞ니申提의意思를表示ᄒᆞᆫ者ᄂᆞᆫ其意思表示에依ᄒᆞ야契約의成立됨이姑無ᄒᆞ고因ᄒᆞ야申提의通知가相對者에到達ᄒᆞ기前에一層迅速ᄒᆞᆫ方法으로써此를繳消ᄒᆞᆫ時ᄂᆞᆫ其申提ᄂᆞᆫ効力을生치아니ᄒᆞᄂᆞᆫ바ㅣ오其他境遇에依ᄒᆞ야ᄂᆞᆫ何時든지此를繳消ᄒᆞᆷ을得ᄒᆞᆯ者로信ᄒᆞᆷ이通常이니故로其通知가相對者에到達ᄒᆞ기前에契約이成立ᄒᆞᆫ다云ᄒᆞᆷ은當事者의豫期치아니ᄒᆞᆫ바ㅣ라然而其通知가相對者에到達ᄒᆞ기前에偶然이相對者가發ᄒᆞᆫ第二의申提가承諾과如ᄒᆞᆫ効力을生ᄒᆞᄂᆞᆫ者ㅣ라云ᄒᆞᆯ진대第一의申提를發ᄒᆞᆫ者ᄂᆞᆫ其豫想ᄒᆞᆷ보다早速히契約이成立되고因ᄒᆞ야繳消ᄒᆞᆯ餘地가有ᄒᆞᆷ에不拘ᄒᆞ고繳消ᄒᆞᆷ을不得ᄒᆞᆷ에至ᄒᆞᆯ바ㅣ오特히第二의申提를發ᄒᆞᆫ者ᄂᆞᆫ自己의

간의 계약은 승낙의 통지를 발송한 때에 성립한다는 취지를 규정하였다. 같은 조에서 이른바 승낙은 곧 청약에 대한 승낙을 말하는 것이다. 그러므로 청약으로 한 의사표시는 같은 조에서 말하는 승낙이 아니고, 따라서 이 의사표시를 발송한 때에 계약이 성립하는 것이라고 말할 수 없을 것이다. 곧 일본 입법자는 청약이 있는 것만으로는 계약이 성립될 수 없고 반드시 청약에 대하여 승낙이 없으면 안 된다는 태도를 취한 것이다. 이제 그 이유를 생각해보면 청약의 의사표시와 승낙의 의사표시는 그 취지가 전혀 다르다. 청약의 의사를 표시한 사람은, 그 의사표시에 의하여 계약이 아직 성립되지 않고 따라서 청약의 통지가 상대방에게 도달하기 전에 한층 신속한 방법으로 이를 취소*한 때에는 그 청약은 효력이 발생하지 않는 것이다. 그리고 그 밖의 경우에 의해서는 언제든지 이를 취소할 수 있다고 믿는 것이 통상이다. 그러므로 그 통지가 상대방에게 도달하기 전에 계약이 성립한다고 말하는 것은 당사자가 예상하지 못한 바이다. 그러나 그 통지가 상대방에게 도달하기 전에 우연히 상대방이 발송한 제2의 청약이 승낙과 같은 효력을 발생시키는 것이라고 하면, 제1의 청약을 발송한 사람은 그가 예상한 것보다 조속히 계약이 성립되고 따라서 취소할 여지가 있음에도 불구하고 취소할 수 없게 되는 것이다. 그리고 특히 제2의 청약을 발송한 사람은 자기의

* 역자 주: 오늘날 용어로는 '철회'가 맞겠으나, 원문의 표현인 '繳消'를 존중함.

申提가相對者에到達ᄒᆞ고相對者로브터此에對ᄒᆞᆫ意思ᄅᆞᆯ表示ᄒᆞᆫ後에契約이始成ᄒᆞᄂᆞᆫ者로信ᄒᆞᆷ은當然ᄒᆞ고自己의申提ᄅᆞᆯ發ᄒᆞᆫ同時에契約이成立ᄒᆞᆫ다ᄒᆞᆷ은夢裡에도想像치아니ᄒᆞᆫ바ㅣ라故로申提의交叉가有ᄒᆞᆯ뿐으로써契約이成立ᄒᆞᆫ다云ᄒᆞᆷ은甚히當事者意思의違反되고意思表示의趣旨ᄅᆞᆯ變更ᄒᆞᄂᆞᆫ者ㅣ라云ᄒᆞᆷ에在ᄒᆞᆷ이라是ᄂᆞᆫ元來一理가不無ᄒᆞ나然이나立法論으로ᄂᆞᆫ以上에述ᄒᆞᆷ과如히此ᄅᆞᆯ不認ᄒᆞᆯ理由가毫無ᄒᆞ도다

以上은申提及承諾에關ᄒᆞᆫ一般의說明에關ᄒᆞᆫ者ㅣ오以下에ᄂᆞᆫ各種問題에就ᄒᆞ야論述코ᄌᆞᄒᆞᆯ식玆에契約成立ᄒᆞᄂᆞᆫ時期如何의原則을先述ᄒᆞ노라

契約成立ᄒᆞᄂᆞᆫ時期如何의問題ᄂᆞᆫ契約成立에關ᄒᆞᆫ問題中議論이最有ᄒᆞᆫ者ㅣ로대但對話者間에契約에就ᄒᆞ야ᄂᆞᆫ此問題가不生ᄒᆞᄂᆞ니盖當事者雙方이對面ᄒᆞ야契約을締結ᄒᆞᄂᆞᆫ境遇에ᄂᆞᆫ承諾의意思表示가承諾者의口頭로브터發ᄒᆞᆫ時와申提者의耳에達ᄒᆞᆫ時間에時의相違ᄒᆞᆷ을認ᄒᆞ기不能ᄒᆞᆯ지니縱令承諾者가直時承諾치아니ᄒᆞ고熟考ᄒᆞᆫ後에此ᄅᆞᆯ承諾ᄒᆞᆯ지라도其承諾의意思表示ᄂᆞᆫ承諾者의口頭로發ᄒᆞᆫ瞬間에申提者의耳朶에達ᄒᆞ야直時承諾ᄒᆞᆫ境遇와相異ᄒᆞᆷ이毫無ᄒᆞᆫ

청약이 상대방에게 도달하고 상대방으로부터 이에 대한 의사를 표시한 뒤에 계약이 비로소 성립하는 것으로 믿는 것이 당연하고 자기의 청약을 발송한 동시에 계약이 성립한다는 것은 꿈에도 상상하지 못했을 것이다. 그러므로 청약의 교차가 있는 것만으로 계약이 성립한다고 하는 것은 매우 당사자의 의사에 어긋나고 의사표시의 취지를 변경시키는 것이라는 데 있다. 이는 원래 일리가 있으나 입법론으로는 위에서 서술한 것과 같이 이를 인정하지 않을 이유가 전혀 없다.

이상은 청약 및 승낙에 관한 일반적인 설명이고, 이하에서는 갖가지 문제에 대하여 논하고자 하는데, 여기에 계약이 성립하는 시기가 어떠한지의 원칙을 먼저 서술한다.

계약이 성립하는 시기가 어떠한지의 문제는 계약 성립에 관한 문제 가운데 논의가 가장 많은 것이다. 그러나 대화자 간의 계약에 대하여는 이 문제가 생기지 않는다. 일반적으로 당사자 쌍방이 대면하여 계약을 체결하는 경우에는 승낙의 의사표시가 승낙자의 구두로부터 나온 때와 청약자의 귀에 이르는 때 사이에 시간 차이를 인식할 수 없다. 설령 승낙자가 곧바로 승낙하지 않고 숙고한 뒤에 이를 승낙할지라도 그 승낙의 의사표시는 승낙자의 구두에서 나온 순간에 청약자의 귀에 이르러, 곧바로 승낙한 경우와 다를 것이 전혀 없다.

故로承諸者가其聲을發ᄒᆞᆫ時에契約은成立홈이可홀가將又其聲이申提者의耳에達ᄒᆞᆫ時에成立홈이可홀가云ᄒᆞᄂᆞᆫ問題가不生홈이라然而電話境遇에就ᄒᆞ야ᄂᆞᆫ疑問이稍有ᄒᆞ니即電話로ᄡᅥ契約을締結ᄒᆞᄂᆞᆫ境遇ᄂᆞᆫ對話者間의契約으로看做홈이可홀가將又隔地者間의契約으로看做홈이可홀가云홈에就ᄒᆞ야議論이有ᄒᆞ나然이나余의信ᄒᆞᄂᆞᆫ바를據홀진ᄃᆡ電話도亦對話의一種이오唯其當事者가對面치아니ᄒᆞ고且距離가有ᄒᆞᆫ點에當ᄒᆞ야普通境遇와相異홀ᄲᅮᆫ이라蓋隔地者란文字ᄂᆞᆫ一見ᄒᆞ면土地를隔ᄒᆞᆫ者를指홈과如ᄒᆞᆫ觀念이有ᄒᆞ야多少의土地를隔ᄒᆞᆫ以上은總히此를包含홈과如ᄒᆞ나元來此ᄂᆞᆫ對話者에對ᄒᆞ야用ᄒᆞᆫ文字라故로如此히嚴正ᄒᆞᆫ意義로解釋홈을不得홀지니만일土地를隔ᄒᆞᆫ者ᄂᆞᆫ皆隔地者ㅣ라云홀진대隔地者가아닌境遇ᄂᆞᆫ殆無홀바ㅣ라何故오甲乙이相對ᄒᆞ야談話ᄒᆞᄂᆞᆫ境遇에도多少의土地를必隔ᄒᆞ고雙方의身體가密接ᄒᆞ야餘地를存치아니홈과如ᄒᆞᆫ事實은殆無홀지라然즉距離一間을隔ᄒᆞ야도嚴格히言ᄒᆞ면土地를隔ᄒᆞᆫ者ㅣ오半間을隔ᄒᆞᆫ境遇도亦然ᄒᆞ다謂치아니홈을不得홀바ㅣ라故로對話者와隔地者의相異ᄒᆞᆫ바ᄂᆞᆫ土地를隔ᄒᆞᆫ與否에不在ᄒᆞ고當事者雙方의談話가相聞되

그러므로 승낙자가 그 소리를 낸 때에 계약은 성립한다고 해야 하는가, 아니면 그 소리가 청약자의 귀에 이르는 때에 성립한다고 해야 하는가의 문제는 생기지 않는다. 그러나 전화의 경우에는 의문이 다소 있다. 곧 전화로 계약을 체결하는 경우에는 대화자 간의 계약으로 간주하여야 하는가, 아니면 격지자 간의 계약으로 간주하여야 하는가에 대하여 논의가 있다. 그러나 내가 생각하는 바에 따르면 전화 또한 대화의 일종이고, 다만 그 당사자가 대면하지 않고 또 거리가 있다는 점에서 보통의 경우와 다를 뿐이다. 일반적으로 격지자란 문자는 일견 장소가 떨어져 있는 사람을 가리키는 것 같은 관념이 있어 다소 장소가 떨어진 이상 모두 이를 포함할 것 같다. 그러나 원래 이는 대화자에 대하여 쓰던 문자이다. 그러므로 이와 같이 엄격한 의의로 해석할 수 없을 것이다. 만일 장소가 떨어져 있는 사람은 모두 격지자라고 하면 격지자가 아닌 경우는 거의 없을 것이다. 왜냐하면 甲과 乙이 서로 마주보고 대화하는 경우에도 반드시 다소 장소가 떨어져 있고 쌍방의 신체가 밀접하여 남는 공간이 존재하지 않는 것 같은 사실은 거의 없을 것이다. 그렇다면 거리 한 칸을 띄우더라도 엄밀히 말하면 장소를 띄운 것이고 반 칸을 띄운 경우라도 또한 그러하다고 말할 수밖에 없을 것이다. 그러므로 대화자와 격지자가 다른 점은 장소가 떨어져 있는지 여부에 있지 않고, 당사자 쌍방의 대화가 서로 들리는境遇는對話者ㅣ오中介者를用치아니ᄒᆞ면雙方의意思를相通ᄒᆞ기不能ᄒᆞᆫ境遇는隔地者로解釋지아니홈이不可ᄒᆞ며且電話境遇에는一方의聲이他一方의耳에達홈은其聲을發ᄒᆞᆫ時와殆히同時오時或言語가互相明晰지아니홈이有ᄒᆞ나是는對面ᄒᆞ야談話ᄒᆞ는境遇에도屢屢히見ᄒᆞ는바ㅣ오반다시電話境遇에만如斯홈이아니니故로電話는오즉聾者와對話ᄒᆞ는感이有홈에不過ᄒᆞ고因ᄒᆞ야實際上其聲을發ᄒᆞᆫ時와其聲이相對者의게到達ᄒᆞᆫ時를區別ᄒᆞ야契約成立의時期를定홈과如ᄒᆞᆫ境遇가不生ᄒᆞ는바ㅣ라

上述홈과如히對話者의境遇에在ᄒᆞ야는契約成立時期의問題가不生ᄒᆞ는故로本問題는結局隔地者의契約에만生ᄒᆞ는者ㅣ니盖隔地者間意思表示의問題는古來로一種有名ᄒᆞᆫ問題오近世各國法典에는漸次로此에關ᄒᆞᆫ規定을置홈에至ᄒᆞ얏시나古代法典에在ᄒᆞ야는此에關ᄒᆞᆫ明文이無ᄒᆞ야疑問이頗有ᄒᆞᆫ故로學說及判決例가共히一定치아니ᄒᆞᆫ바ㅣ라然而契約에關ᄒᆞ야隔地者間意思表示의問題를生홈은畢竟承諾의意思表示에就ᄒᆞ야可見ᄒᆞᆯ者ㅣ오具體的으로言ᄒᆞ면契約의成立時期에關ᄒᆞᆫ問題라何故오契約은承諾에因ᄒᆞ야成立ᄒᆞ는故로承諾

는 경우는 대화자이고 중개자를 쓰지 않으면 쌍방의 의사를 서로 통하게 할 수 없는 경우에는 격지자로 해석하지 않을 수 없다. 또 전화의 경우에는 일방의 소리가 다른 일방의 귀에 이르는 것이 그 소리를 낸 때와 거의 동시이다. 그리고 때로는 말이 서로 또렷하지 않은 경우가 있으나 이는 대면하여 이야기하는 경우에도 누누이 보는 바이고 전화의 경우만 이러한 것이 아니다. 그러므로 전화는 다만 청각장애인과 대화하는 느낌이 있는 데 불과하고 따라서 실제로 그 소리를 낸 때와 그 소리가 상대방에게 도달한 때를 구별하여 계약성립 시기를 정하는 것 같은 경우가 발생하지 않는다.

위에 서술한 것과 같이 대화자의 경우에는 계약성립 시기 문제가 발생하지 않으므로 이 문제는 결국 격지자의 계약에만 발생하는 것이다. 일반적으로 격지자 간 의사표시의 문제는 예로부터 하나의 유명한 문제이고, 근세 각국 법전에서는 점차 이에 관한 규정을 두기에 이르렀다. 그러나 고대 법전에서는 이에 관한 명문규정이 없어 자못 의문이 있었다. 그러므로 학설 및 판결례가 모두 일정하지 않았던 것이다. 그러나 계약에 관하여 격지자 간 의사표시의 문제를 발생시키는 것은 결국 승낙의 의사표시로 볼 수 있는 것이다. 구체적으로 말하면 계약의 성립시기에 관한 문제이다. 왜냐하면 계약은 승낙으로 인해 성립하므로 승낙의成立時期는卽契約의成立時期되는所以라今에本問題에關혼主義를大別호면發信主義、受信主義及了知主義의三種이有호나余는發信主義로써最히正鵠을得혼者로信호노니盖意思表示란者는表意者의意思를表意者가스스로表示홈은言을不俟홀바ㅣ오代理境遇에도代理人은自己의意思를스스로表示호는者ㅣ라故로如何혼境遇를不問호고表意者의意思를表意者가스스로表示홈은同一호느니果然호면表意者가其意思를表示홈에就호야行홈이可혼事項卽表意者의行爲를完了혼時는意思表示는當然히成立홈이可호고他人이此를知호거나或은其通知를受홈과如홈은意思表示其物과全然別異혼事項이오恒常意思表示가有혼後에生호는事實이라故로意思表示는表意者의行爲에屬혼事項이完了혼時에成立지아니홈이不可홈으로信호는바ㅣ라是以로表意者의行爲가隔地者間의意思表示에在호야는發信혼時에完了호는者ㅣ니假令郵便에依호야意思를表示호는境遇에는書面을郵便函에投入호기싸지는表意者의行爲가完了혼者ㅣ라云호기不能호나旣히投函혼以上은其行爲를完了혼者ㅣ오此를相對者의게到達케홈은郵便이라稱호는公共交通機關에依호는바ㅣ니因

의 성립시기는 곧 계약의 성립 시기이기 때문이다. 이제 이 문제에 관한 태도를 대별하면 발신주의, 도달주의* 및 요지주의(了知主義)의 세 가지가 있다. 그러나 나는 발신주의가 가장 정곡을 찌른 것으로 생각한다. 일반적으로 의사표시란 것은 표의자의 의사를 표의자가 스스로 표시하는 것은 말할 것도 없고 대리의 경우에도 대리인은 자기의 의사를 스스로 표시하는 것이다. 그러므로 어떠한 경우를 불문하고 표의자의 의사를 표의자가 스스로 표시하는 것은 동일하다. 과연 그렇다면 표의자가 그 의사를 표시하는 데 대하여 할 수 있는 사항, 곧 표의자의 행위를 완료한 때에는 의사표시는 당연히 성립함이 마땅하다. 타인이 이를 알거나 또는 그 통지를 받음과 같은 것은 의사표시 그 자체와 전혀 다른 사항이고 항상 의사표시가 있은 뒤에 발생하는 사실이다. 그러므로 의사표시는 표의자의 행위에 속한 사항이 완료한 때에 성립하지 않을 수 없다고 생각한다. 그리하여 표의자의 행위가 격지자간의 의사표시에서는 발신한 때에 완료하는 것이다. 가령 우편에 의하여 의사를 표시하는 경우에는 서면을 우편함에 투입하기까지는 표의자의 행위가 완료한 것이라고 할 수 없으나, 이미 함에 넣은 이상 그 행위를 완료한 것이다. 그리고 이를 상대방에게 도달하게 하는 것은 우편이라고 일컫는 공공교통기관에 의하는 것으로, 따

* 역자 주: 원문은 '受信主義'로 표기됨.

ᄒᆞ야其書面이實際에相對者의게到達ᄒᆞᆫ與否ᄂᆞᆫ發信者의與知ᄒᆞᆯ바ㅣ아니라換言ᄒᆞ면契約과如히相對者가有ᄒᆞᆫ意思表示ᄂᆞᆫ此ᄅᆞᆯ相對者로ᄒᆞ야곰知케ᄒᆞᆷ에必要ᄒᆞᆫ方法에依ᄒᆞ야自己의意思ᄅᆞᆯ表示ᄒᆞ면足ᄒᆞᆫ者ㅣ오書面을郵便에付ᄒᆞᆷ과如ᄒᆞᆷ은普通의方法이라謂치아니ᄒᆞᆷ이不可ᄒᆞ고其他契約의特히重要ᄒᆞᆫ境遇及相對者의住所가近地에在ᄒᆞᆫ境遇에ᄂᆞᆫ時或使者로써發信ᄒᆞᄂᆞᆫ事ㅣ有ᄒᆞ니如此ᄒᆞᆫ境遇에ᄂᆞᆫ使者가出發ᄒᆞᆷ에因ᄒᆞ야意思表示가成立ᄒᆞ고又電信으로써發ᄒᆞᄂᆞᆫ境遇에ᄂᆞᆫ電信紙에通信文을書ᄒᆞ야此ᄅᆞᆯ電報局에提出ᄒᆞᆷ에因ᄒᆞ야表意者의行爲가完了된者ㅣ라然而反對論者ᄂᆞᆫ曰書面을郵便又ᄂᆞᆫ使者의게付ᄒᆞ거나或은電信을發ᄒᆞᆯ지라도此ᄅᆞᆯ相對者의게到達케ᄒᆞᆷ은亦表意者의行爲라故로實際相對者에到達ᄒᆞᆫ後가아니면表意者가其行爲ᄅᆞᆯ完了ᄒᆞᆫ者ㅣ라謂ᄒᆞᆷ이不可ᄒᆞ다云ᄒᆞᄂᆞ니卽此見解에依ᄒᆞ야所謂受信主義라ᄒᆞᆷ은發信主義의一種이라云ᄒᆞᄂᆞᆫ者ㅣ有ᄒᆞ야도是ᄂᆞᆫ元來謬見됨을未免ᄒᆞᆯ바ㅣ오尙且反對論者ᄂᆞᆫ曰對話者間에도一方의言語가他一方의耳에達ᄒᆞᆫ後에意思表示가成立ᄒᆞᆷ과如히다만書面又ᄂᆞᆫ電信이相對者에到達ᄒᆞᆯᄲᅮᆫ으로ᄂᆞᆫ意思表示가完成치아니ᄒᆞ고반다시相對者가此

라서 그 서면이 실제로 상대방에게 도달했는지 여부는 발신자가 관여할 바 아니니다. 바꾸어 말하면 계약과 같이 상대방이 있는 의사표시는 이를 상대방으로 하여금 알게 하는 데 필요한 방법에 의하여자기 의사를 표시하면 충분한 것이다. 그리고 서면을 우편으로 부치는 것과 같으면 보통의 방법이라고 말하지 않을 수 없다. 그 밖에 계약이 특별히 중요한 경우 및 상대방의 주소가 가까운 곳에 있는 경우에는 때로는 사자(使者)를 이용하여 발신하는 경우가 있다. 이와 같은 경우에는 사자가 출발함에 따라 의사표시가 성립한다. 또 전보로 발송하는 경우에는 전보지에 통신문을 써서 이를 전보국에 제출함에 따라 표의자의 행위가 완료되는 것이다. 그러나 반대론자는 서면을 우편 또는 사자에게 부치거나 전보를 발송할지라도 이를 상대방에게 도달하게 하는 것 또한 표의자의 행위이므로, 실제로 상대방에게 도달한 뒤가 아니면 행위자가 그 행위를 완료한 것이라고 말할 수 없다고 한다. 곧 이 견해에 의하여 이른바 도달주의라는 것은 발신주의의 일종이라고 말하는 사람이 있어도, 이는 원래 잘못된 견해일 수밖에 없다. 오히려 반대론자는 대화자 간에도 일방의 말이 다른 일방의 귀에 이른 뒤에 의사표시가 성립하는 것과 같이, 다만 서면 또는 전보가 상대방에게 도달한 것만으로는 의사표시가 완성되지 않고 반드시 상대방이 이

意思表示를知ᄒᆞᆷ을要ᄒᆞᆫ다云ᄒᆞ니此見解를依ᄒᆞ야了知主義란者ㅣ生ᄒᆞᆷ이라其說을依ᄒᆞᆯ진대受信者가書面又ᄂᆞᆫ電信을讀ᄒᆞᆯᄲᅮᆫ으로ᄂᆞᆫ不可ᄒᆞ고此를了解ᄒᆞᆷ을要ᄒᆞᆫ다云ᄒᆞ나是ᄂᆞᆫ實際上殆히採用ᄒᆞᆷ을得지못ᄒᆞᆯ主義니何故오相對者가此를了知ᄒᆞᆫ與否ᄂᆞᆫ全히心裏上作用에屬ᄒᆞ야外部로브터此를窺知ᄒᆞᆷ을不得ᄒᆞᆯ지라因ᄒᆞ야實際上에其證據를擧ᄒᆞ기不能ᄒᆞᆯ지니是以로苟其書信을受取ᄒᆞᆫ以上은此를了知ᄒᆞᆫ者로看做치아니ᄒᆞᆷ이不可ᄒᆞᆫ바ㅣ라是卽受信主義란者를生ᄒᆞᆫ所以니故로受信主義ᄂᆞᆫ畢竟了知主義의變體라然이나余의信ᄒᆞᄂᆞᆫ바를依ᄒᆞᆯ진대了知主義及受信主義와如히相對者가此를知ᄒᆞ거나或은知ᄒᆞᆷ이可ᄒᆞᆫ時로써意思表示가成立ᄒᆞᄂᆞᆫ者ㅣ라ᄒᆞ면他人의行爲로써表意者의行爲中에包含케ᄒᆞᄂᆞᆫ者로事理에違反될ᄲᅮᆫ아니라隔地者間에在ᄒᆞ야ᄂᆞᆫ本人이ᄉᆞᄉᆞ로其意思表示를相對者의게到達케ᄒᆞ기不得ᄒᆞᆫ故로其意思發表의書面을相對者의게發送ᄒᆞᆫ以上은理論上意思表示가成立된者ㅣ라云ᄒᆞᆷ에不外ᄒᆞᆯ바ㅣ오又實際의利害를觀察ᄒᆞ야도契約의成立에關ᄒᆞ야發信主義를採用ᄒᆞᆷ으로써實際에最適ᄒᆞᆷ으로信ᄒᆞ노니蓋人事의複雜ᄒᆞᆷ을因ᄒᆞ야益益히去來의迅速을必要ᄒᆞᆯᄲᅮᆫ아니라特히商業

의사표시를 알 것을 요한다고 말한다. 이 견해에 의하여 요지주의란 것이 생겨났다. 그 학설에 따르면 수신자가 서면 또는 전보를 읽는 것만으로는 안 되고 이를 이해하여야 한다고 말한다. 그러나 이는 실제로 거의 채택되지 못할 태도이다. 왜냐하면 상대방이 이를 알았는지 여부는 완전히 심리적인 작용에 속하여 외부로부터 이를 알아낼 수 없을 것이고 따라서 실제로 그 증거를 들 수 없을 것이다. 그리하여 진실로 그 서신을 수취한 이상 이를 안 것으로 간주하지 않을 수 없는 것이다. 이는 곧 도달주의란 것을 만든 까닭으로, 그러므로 도달주의는 결국 요지주의의 변형이다. 그러나 내가 생각하는 바에 따르면 요지주의 및 발신주의와 같이 상대방이 이를 알거나 알 수 있는 때에 의사표시가 성립하는 것이라고 하면 타인의 행위를 표의자의 행위 안에 포함시키는 것으로 사리에 맞지 않는다. 뿐만 아니라 격지자 간에는 본인 스스로 그 의사표시를 상대방에게 도달하게 할 수 없다. 그러므로 그 의사를 발표한 서면을 상대방에게 발송한 이상 이론상 의사표시가 성립된 것이라고 할 뿐이다. 또 실제 이해관계를 관찰하여도, 계약 성립에 관하여 발신주의를 취함으로써 실제에 가장 적합하다고 생각한다. 일반적으로 인간사가 복잡함에 따라 더더욱 거래의 신속을 필요로 할 뿐 아니라, 특히 상업

上에는一刻千金의格言이有ᄒᆞ니是即一刻의差를因ᄒᆞ야全然히商機를失ᄒᆞᆷ이有ᄒᆞ고又資本의運輸가愈速ᄒᆞ면商業의利益이隨饒ᄒᆞ는故로一層去來의迅速을貴히ᄒᆞ지아니ᄒᆞᆷ이不可ᄒᆞᆯ지라然而受信主義或은了知主義를採用ᄒᆞ는時는何時에契約이成立ᄒᆞᆷ을見ᄒᆞᆯ가此를豫知ᄒᆞ기不得ᄒᆞᆯ지라何故오電信이라도屢屢히延着ᄒᆞᆷ에至ᄒᆞ고甚ᄒᆞᆫ즉全히到達치아니ᄒᆞᆷ이有ᄒᆞ며特히郵便과如ᄒᆞᆷ은時를因ᄒᆞ야甚히遲速이有ᄒᆞᆯ뿐아니라其闕失ᄒᆞ는境遇가最多ᄒᆞ고使者도亦中途에셔罹病ᄒᆞ야數日을空過ᄒᆞᆷ이有ᄒᆞ고或은中途에셔死亡ᄒᆞ야相對者의게到着지아니ᄒᆞᆷ이有ᄒᆞ니如何ᄒᆞᆫ方法을依ᄒᆞ든지其書信이相對者의게到達ᄒᆞ는時日을豫知ᄒᆞᆷ을不得ᄒᆞᆯ지라故로承諾의通知를發ᄒᆞᆫ者는自己의意思表示가相對者에게到達ᄒᆞᆷ을確知ᄒᆞᆫ後가아니면契約履行에着手ᄒᆞᆷ을得지못ᄒᆞᆯ뿐아니라其準備에도着手ᄒᆞᆷ을得지못ᄒᆞᆯ지라何故오若其意思表示가相對者의게到達치아니ᄒᆞᆫ時는契約의成立與否를知ᄒᆞ기不能ᄒᆞᆫ所以라然즉勢不得已去來의敏活을妨害ᄒᆞᆷ에至ᄒᆞᆯ바ㅣ오特히注意를深奧히ᄒᆞ는人은自己의意思表示가相對者의게到達ᄒᆞᆫ時는相對者로브터其到達ᄒᆞᆫ旨를通知케ᄒᆞᆷ을依賴ᄒᆞ고其通知를待ᄒᆞ

에서는 일각천금이란 격언이 있다. 이는 곧 일각의 차이로 완전히 장사할 기회를 잃을 수 있고 또 자본의 움직임이 매우 빠르면 상업상 이익도 따라서 넉넉해진다. 그러므로 한층 거래의 신속을 귀하게 하지 않을 수 없을 것이다. 그러나 도달주의 또는 요지주의를 취하는 때에는 언제 계약이 성립할지 이를 미리 알 수 없을 것이다. 왜냐하면 전보도 누누이 연착되고 심지어 전혀 도달하지 않는 경우도 있으며, 특히 우편과 같으면 때로는 매우 더디거나 빠른 경우가 있을 뿐 아니라 분실되는 경우가 가장 많다. 사자 또한 중도에서 병을 앓아 며칠을 헛되이 보내기도 하고 더러는 중도에서 사망하여 상대방에게 도착하지 못하는 경우가 있어, 어떠한 방법에 의하든지 그 서신이 상대방에게 도달하는 시일을 미리 알 수 없을 것이다. 그러므로 승낙의 통지를 발송한 사람은 자기의 의사표시가 상대방에게 도달한 것을 확실히 안 뒤가 아니면 계약 이행에 착수하지 못할 뿐 아니라 그 준비에도 착수하지 못할 것이다. 왜냐하면 만약 그 의사표시가 상대방에게 도달하지 않은 때에는 계약이 성립 여부를 알 수 없기 때문이다. 그리하여 부득이 거래의 민활을 방해하기에 이를 것이고, 특히 주의를 깊게 하는 사람은 자기의 의사표시가 상대방에게 도달한 때에는 상대방으로부터 그 도달하였다는 뜻을 통지하도록 부탁하고 그 통지를 기다야契約의履行準備에着手ᄒᆞᆯ지니如此ᄒᆞᆫ境遇에ᄂᆞᆫ其去來ᄂᆞᆫ非常히遲延ᄒᆞ야承諾의通知를發ᄒᆞᆫ同時에其履行에着手ᄒᆞᄂᆞᆫ境遇와ᄂᆞᆫ其遲速의差異가實로著大ᄒᆞᆯ뿐아니라又況承諾의通知가相對者에게到達ᄒᆞᆫ後가아니면契約이成立지못ᄒᆞᆫ다ᄒᆞᆯ진대其承諾은繳消ᄒᆞᆷ을得ᄒᆞᆯ者ㅣ라謂치아니ᄒᆞᆷ이不可ᄒᆞᆯ지니假令郵便으로써承諾의通知를發ᄒᆞᆫ境遇에ᄂᆞᆫ電信或電話로써其通知를繳消ᄒᆞ거나或은使者를急派ᄒᆞ야郵便으로發送ᄒᆞᆫ承諾狀이相對者의게到達ᄒᆞ기前이나又ᄂᆞᆫ其到達과同時에此를繳消ᄒᆞᆷ을得ᄒᆞᆯ바ㅣ라故로受信主義를固執ᄒᆞᄂᆞᆫ論者ᄂᆞᆫ此로써受信主義의一個長處라言ᄒᆞ나然이나元來意思表示란者ᄂᆞᆫ自己의決心을表示ᄒᆞᄂᆞᆫ者ㅣ라然而其意思表示가相對者에게到達치아니ᄒᆞᆫ間은此를繳消ᄒᆞ기可得ᄒᆞᆯ者ㅣ라云ᄒᆞᆯ진대畢竟承諾者ᄂᆞᆫ一朝에契約을締結ᄒᆞᆯ決心이有ᄒᆞ야此를發表ᄒᆞᆷ에不拘ᄒᆞ고後에至ᄒᆞ야其意思를變更ᄒᆞ기爲ᄒᆞ야新意思로써前意思表示를繳消ᄒᆞ야自己의利益을爲ᄒᆞᆷ에至ᄒᆞᆯ지니表意者에就ᄒᆞ야ᄂᆞᆫ或便利ᄒᆞ다云ᄒᆞᆯ지라도相對者에就ᄒᆞ야ᄂᆞᆫ迷惑이頗甚ᄒᆞ다謂치아니ᄒᆞᆷ이不可ᄒᆞᆯ지라故로現今各國이發信主義를多數採用ᄒᆞ고日本新民法에도實際上契約은承諾의通知

려 계약의 이행 준비에 착수할 것이다. 이와 같은 경우에는 그 거래는 대단히 지연되어 승낙의 통지를 발송한 동시에 그 이행에 착수하는 경우와는 그 속도의 차이가 실로 현저할 뿐 아니라, 하물며 승낙의 통지가 상대방에게 도달한 후가 아니면 계약이 성립하지 못한다고 한다면 그 승낙은 취소할 수 있는 것이라고 말할 수밖에 없다. 가령 우편으로 승낙의 통지를 발송한 경우에는 전보 또는 전화로 그 통지를 취소하거나 더러는 사자를 급파하여 우편으로 발송한 승낙장이 상대방에게 도달하기 전이나 도달과 동시에 이를 취소할 수 있을 것이다. 그러므로 도달주의를 고집하는 논자는 이를 도달주의의 한 장점이라고 말한다. 그러나 원래 의사표시란 것은 자기의 결심을 표시하는 것이다. 그러나 그 의사표시가 상대방에게 도달하지 않은 동안은 이를 취소할 수 있는 것이라고 하면, 마침내 승낙자는 하루아침에 계약을 체결할 결심이 있어 이를 발표하였음에도 불구하고 뒤에 이르러 그 의사를 변경하기 위하여 새로운 의사로 앞의 의사표시를 취소하여 자기의 이익을 위하게 될 것이다. 이는 표의자에게는 더러 편리하다 할지라도 상대방에 대하여는 자못 혼란이 심하다고 말하지 않을 수 없다. 그러므로 오늘날 각국이 발신주의를 다수 취하고 일본 신민법에서도 실제로 계약은 승낙의 통지를發훈時에成立홈이可ᄒᆞ다ᄒᆞ야發信主義를採用훈바ㅣ라然而日本新民法은契約에關ᄒᆞ야發信主義를採用홈에不拘ᄒᆞ고他法律行爲에就ᄒᆞ야ᄂᆞᆫ受信主義를採用ᄒᆞ야契約과其他法律行爲의主義를相異히ᄒᆞ얏시니是ᄂᆞᆫ法典體裁上에其當을不得훈者ㅣ라可謂훌바ㅣ라盖如何훈主義를採用ᄒᆞ든지多少의例外를認치아니홈을不得훌바ㅣ오單獨行爲中에通知、催告와如홈은往々受信主義를採川치아니홈이不可훈境遇가有ᄒᆞ나通知、催告ᄂᆞᆫ恒常受信主義를採用치아니홈이不可ᄒᆞ다解釋홈은甚히謬見됨을難免훌지니現今日本商法과如홈은通知、催告에就ᄒᆞ야大概發信主義를採用훈바ㅣ라時ᄂᆞᆫ畢竟迅速을貴히ᄒᆞᄂᆞᆫ必要로브터出훈者ㅣ오同商法中或境遇에ᄂᆞᆫ例外로受信主義를採用훈故로今日實際上에不便홈이頗有ᄒᆞ다云훌지니假令股本會社에서期日에股本金을支入지아니훈股本主에對ᄒᆞ야支入을催告훈境遇에就ᄒᆞ야ᄂᆞᆫ例外로受信主義를取훈지라如此히例外를認홈은催告의結果로股本主가權利를失홈에至ᄒᆞᄂᆞᆫ故로股本主의不知ᄒᆞᄂᆞᆫ間에如斯히重大훈制裁를加홈은頗酷ᄒᆞ다云ᄒᆞᄂᆞᆫ理由에出훈者ㅣ라然而實際에ᄂᆞᆫ頗有不便ᄒᆞ다云훌지니何故오股本主의居所가恒常

를 발송한 때에 성립함이 옳다고 하여 발신주의를 취한 것이다. 그러나 일본 신민법은 계약에 관하여 발신주의를 취하였음에도 불구하고 다른 법률행위에 대하여는 도달주의를 취하여 계약과 다른 법률행위에서의 태도를 달리하였다. 이는 법전의 체계상 타당하지 않다고 말할 수 있다. 일반적으로 어떠한 입법태도를 취하든지 다소 예외를 인정하지 않을 수 없을 것이고, 단독행위 가운데 통지, 최고와 같은 것은 종종 도달주의를 취하여야 할 경우가 있다. 그러나 통지, 최고는 항상 도달주의를 취하여야 한다고 해석하는 것은 매우 그릇된 견해일 수밖에 없다. 오늘날 일본 상법과 같은 것은 통지, 최고에 대하여 대개 발신주의를 취한 것이다. 이는 결국 신속을 귀하게 여길 필요에서 나온 것이고, 일본 상법 가운데 어떤 경우에는 예외로 도달주의를 취하였으므로 오늘날 실제로 불편한 점이 자못 있다 할 수 있다. 가령 주식회사에서 기일에 주금을 납입하지 않은 주주에 대하여 납입을 최고한 경우에 대하여는 예외적으로 도달주의를 취하였다. 이와 같이 예외를 인정한 것은, 최고의 결과로 주주가 권리를 잃게 되므로 주주가 알지 못하는 동안에 이렇게 중대한 제재를 가하는 것이 대단히 가혹하다는 이유에서 나온 것이다. 그러나 실제로는 대단히 불편하다고 할 것이다. 왜냐하면 주주의 거소가 항상

明瞭ᄒᆞᆫ時ᄂᆞᆫ此規定을從ᄒᆞᆯ지라도股本主의行處가不明ᄒᆞᆫ事ㅣ極多ᄒᆞᄂᆞ니因ᄒᆞ야股本會社ᄂᆞᆫ困難ᄒᆞᆷ을未免ᄒᆞᆯ자라故로催告ᄂᆞᆫ반다시受信主義를採用ᄒᆞᆷ이可ᄒᆞ다謂ᄒᆞᆷ을不得ᄒᆞᆯ바ㅣ로대催告中에ᄂᆞᆫ往々受信主義를採用ᄒᆞᆷ이正當ᄒᆞᆫ境遇도或有ᄒᆞᆫ바ㅣ라然이나日本新民法은旣히契約의成立에就ᄒᆞ야發信主義를採用ᄒᆞᆫ以上은原則으로總法律行爲에就ᄒᆞ야發信主義를採用ᄒᆞ고오즉例外로或境遇에受信主義를採用ᄒᆞᆷ이正當ᄒᆞᆫ바ㅣ로대同民法은原則으로受信主義를採用ᄒᆞᆫ故로商法에ᄂᆞᆫ不得已各條에當ᄒᆞ야通知를發ᄒᆞᆫ다或은催告를發ᄒᆞᆫ다云ᄒᆞᄂᆞᆫ文字를使用ᄒᆞᆷ에至ᄒᆞ얏시니是ᄂᆞᆫ立法上一大缺點이라可謂ᄒᆞᆯ바ㅣ라然이나唯其適用이最多ᄒᆞᆫ契約에就ᄒᆞ야發信主義를採用ᄒᆞ야隔地者間의契約은承諾의通知를發ᄒᆞᆫ時에成立케ᄒᆞᆫ故로多數境遇에ᄂᆞᆫ例外가反히原則되ᄂᆞᆫ結果를生ᄒᆞᄂᆞᆫ바ㅣ라

契約의成立은時或承諾의通知를發ᄒᆞᆷ을必要치아니ᄒᆞᄂᆞᆫ境遇가有ᄒᆞ니假令申提者로브터相對者의所有ᄒᆞᆫ米百石을買受코ᄌᆞᄒᆞ야相對者가承諾ᄒᆞᆯ진대直時送付ᄒᆞᆷ을望ᄒᆞᄂᆞᆫ旨意로申提ᄒᆞᆫ時ᄂᆞᆫ相對者ᄂᆞᆫ特히承諾의通知를發ᄒᆞᆷ을不要ᄒᆞ

명료한 때에는 이 규정을 따를지라도 주주가 간 곳이 불분명한 경우가 극히 많아서 주식회사는 곤란할 수밖에 없다. 그러므로 최고는 반드시 도달주의를 취하여야 한다고 말할 수 없는데, 최고 가운데에는 종종 도달주의를 취하는 것이 타당한 경우도 더러 있다. 그러나 일본 신민법은 이미 계약의 성립에 대하여 발신주의를 취한 이상 원칙적으로 모든 법률행위에 대하여 발신주의를 취하고 다만 예외로 어떤 경우에 도달주의를 취하는 것이 타당한 바일 것이다. 그렇지만 일본 민법은 원칙으로 도달주의를 취하였으므로 상법에서는 부득이 각 조에서 "통지를 발(發)한다", 또는 "최고를 발한다"고 하는 문자를 사용하기에 이르렀다. 이는 입법상 하나의 큰 결점이라고 말할 수 있다. 그러나 오직 그 적용이 가장 많은 계약에 대하여 발신주의를 취하여 격지자 간의 계약은 승낙의 통지를 발송한 때에 성립하게 하였으므로, 많은 경우에는 예외가 도리어 원칙이 되는 결과를 낳는 것이다.

계약의 성립은 때로는 승낙의 통지를 발송할 것을 필요로 하지 않는 경우가 있다. 가령 청약자로부터 상대방이 소유한 쌀 백 섬을 매수하고자 하여 상대방이 승낙할 때 곧바로 송부하기를 바라는 취지로 청약한 때에는, 상대방은 특별히 승낙의 통지를 발송할 필요가 없고米를發送ᄒᆞ면其發送은承諾狀에代用ᄒᆞᄂᆞᆫ者ㅣ오尙且商業上慣習을依ᄒᆞᆯ진대或營業에在ᄒᆞ야ᄂᆞᆫ特히承諾의通知를發치아니ᄒᆞ고直時契約履行에着手ᄒᆞ거나或은契約履行에必要ᄒᆞᆫ準備를行ᄒᆞᄂᆞᆫ例가有ᄒᆞ니是ᄂᆞᆫ各國에其例가不尠ᄒᆞ고日本新民法에도其第五百二十六條第二項에「申提者의意思又ᄂᆞᆫ去來上의慣習에依ᄒᆞ야承諾의通知를必要치아니ᄒᆞᄂᆞᆫ境遇에ᄂᆞᆫ契約은承諾의意思表示로認ᄒᆞᆷ이可ᄒᆞᆫ事實이有ᄒᆞᆫ時에成立ᄒᆞᆷ」이라規定ᄒᆞᆫ바ㅣ라

以上에述ᄒᆞᆫ바發信主義、受信主義의論爭은單히理論上問題됨에止ᄒᆞᆯ뿐아니라實際上에도各種結果가生ᄒᆞᄂᆞᆫ바ㅣ라然이나其細瑣ᄒᆞᆫ點에至ᄒᆞ기ᄭᆞ지一一列擧ᄒᆞ기不能ᄒᆞ나要ᄒᆞ건대此에依ᄒᆞ야契約成立의時期를異히ᄒᆞ고因ᄒᆞ야契約의效力을異히ᄒᆞᆷ이有ᄒᆞ니假令今日承諾의通知를發ᄒᆞ야도明日相對者에게到達ᄒᆞᆫ時ᄂᆞᆫ旣히一日의差가有ᄒᆞ고又遠隔地에在ᄒᆞᆫ時ᄂᆞᆫ數十日을要ᄒᆞᆷ이有ᄒᆞ나此를因ᄒᆞ야契約效力에各種變態가生ᄒᆞᄂᆞᆫ바ㅣ라今에其主要ᄒᆞᆫ者를擧ᄒᆞᆯ진ᄃᆡ契約成立ᄒᆞᄂᆞᆫ日로브터利息이生ᄒᆞᄂᆞᆫ境遇에ᄂᆞᆫ契約成立ᄒᆞᄂᆞᆫ時期如何를因ᄒᆞ야當事者利害에影響을及ᄒᆞᆷ이最大ᄒᆞ고又特定物에關ᄒᆞᆫ契約等에在ᄒᆞ야ᄂᆞᆫ

고 쌀을 발송하면 그 발송은 승낙장을 대신하는 것이다. 또한 상업상 관습에 의하면 어떤 영업은 특별히 승낙의 통지를 발송하지 않고 곧바로 계약 이행에 착수하거나 계약 이행에 필요한 준비를 하는 예가 있다. 이는 각국에 그 예가 적지 않고 일본 신민법에서도 제526조 제2항에 "청약자의 의사 또는 거래상의 관습에 의하여 승낙의 통지를 필요로 하지 않는 경우에는 계약은 승낙의 의사표시로 인정할 수 있는 사실이 있는 때에 성립함"이라고 규정한 것이다.

이상에서 서술한 발신주의, 도달주의의 논쟁은 단순히 이론상 문제에 그치는 것이 아니라 실제로도 갖가지 결과가 발생한다. 그러나 그 자질구레한 점까지 일일이 열거할 수 없지만 요컨대 이에 의하여 계약 성립 시기를 달리하고 따라서 계약의 효력을 달리한다. 가령 오늘 승낙의 통지를 발송하여도 내일 상대방에게 도달한 때에는 이미 하루의 차이가 있고, 또 원격지에 있는 때에는 수십 일을 요하는 경우도 있어 이에 따라 계약의 효력에 갖가지 변형이 생기는 것이다. 이제 그 주요한 것을 들면 계약이 성립하는 날로부터 이자가 발생하는 경우에는 계약 성립 시기가 어떠한지에 따라 당사자의 이해관계에 가장 큰 영향을 미친다. 또 특정물에 관한 계약 등에서는

其特定物로브터生ᄒᆞᄂᆞᆫ果實은契約成立ᄒᆞᄂᆞᆫ日로브터讓受人이取得ᄒᆞᄂᆞᆫ境遇가有ᄒᆞ고特히特定物上의物權移轉을目的ᄒᆞᄂᆞᆫ境遇와如ᄒᆞᆷ은通常으로契約成立ᄒᆞᄂᆞᆫ時로브터其權利가移轉ᄒᆞ고又物에關ᄒᆞᆫ危險도此時로브터債權者의負擔에歸ᄒᆞᆷ이常例라故로如此ᄒᆞᆫ境遇에도契約成立ᄒᆞᄂᆞᆫ時期ᄂᆞᆫ極히緊要ᄒᆞᆫ問題에屬ᄒᆞ고又國際私法에行爲地法을適用ᄒᆞᆷ이有ᄒᆞ니然즉契約이何時에成立ᄒᆞᄂᆞᆫ問題ᄂᆞᆫ畢竟契約이何地에서成立ᄒᆞᄂᆞᆫ問題가되ᄂᆞᆫ故로發信主義를採用ᄒᆞᄂᆞᆫ時ᄂᆞᆫ承諾者의所在地가即行爲地오受信主義를採用ᄒᆞᄂᆞᆫ時ᄂᆞᆫ其相對者의所在地가即行爲地라因ᄒᆞ야行爲地를異히ᄒᆞᄂᆞᆫ結果로國을異히ᄒᆞ고國을異히ᄒᆞᄂᆞᆫ結果로適用ᄒᆞᆯ法律이亦異ᄒᆞᆷ에至ᄒᆞᄂᆞᆫ바ㅣ오又破産宣告境遇에ᄂᆞᆫ破産者ᄂᆞᆫ或種의行爲能力을失ᄒᆞᄂᆞᆫ故로破産宣告前의行爲ᄂᆞᆫ成立ᄒᆞᆯ지라도宣告後의行爲ᄂᆞᆫ成立지못ᄒᆞᄂᆞ니因ᄒᆞ야發信主義를採用ᄒᆞᄂᆞᆫ時ᄂᆞᆫ其行爲ᄂᆞᆫ成立ᄒᆞᆯ지라도受信主義를採用ᄒᆞᄂᆞᆫ時ᄂᆞᆫ其行爲ᄂᆞᆫ成立지못ᄒᆞ며其他支撥停止의前後를因ᄒᆞ야法律行爲効力에影響을及ᄒᆞᄂᆞ니如此히重大ᄒᆞᆫ關係가有ᄒᆞᆫ故로發信主義及受信主義의問題ᄂᆞᆫ學理上非常ᄒᆞᆫ議論이有ᄒᆞᆯ뿐아니라實際上에도亦議論이大有

그 특정물로부터 발생하는 과실은 계약이 성립하는 날로부터 양수인이 취득하는 경우가 있다. 특히 특정물 위의 물권 이전을 목적으로 하는 경우 같으면 통상 계약이 성립하는 때로부터 그 권리가 이전하고, 또 물건에 관한 위험도 이때로부터 채권자의 부담이 되는 것이 보통이다. 그러므로 이와 같은 경우에도 계약이 성립하는 시기는 극히 긴요한 문제에 속한다. 또 국제사법에서 행위지법을 적용하는 경우가 있는데, 그렇다면 계약이 언제 성립하는지의 문제는 결국 계약이 어느 곳에서 성립하는지의 문제가 된다. 그러므로 발신주의를 취하는 때에는 승낙자의 소재지가 곧 행위지이고, 도달주의를 취하는 때에는 그 상대방의 소재지가 곧 행위지이다. 따라서 행위지를 달리하는 결과로 나라를 달리하고 나라를 달리하는 결과로 적용할 법률이 또한 달라지는 것이다. 또 파산선고의 경우에는 파산자는 어느 종류의 행위능력을 상실하므로 파산선고 전의 행위는 성립할지라도 선고 후의 행위는 성립하지 못한다. 따라서 발신주의를 취하는 때에는 그 행위는 성립할지라도 도달주의를 취하는 때에는 그 행위는 성립하지 못하며, 그밖에 지급정지 전후에 따라 법률행위의 효력에 영향을 미친다. 이와 같이 중대한 관계가 있으므로 발신주의 및 도달주의의 문제는 학술상 비상한 논의가 있을 뿐 아니라 실제로도 또한 논의가 아주 큰

ᄒᆞᆫ問題오且承諾은一朝에通知를發ᄒᆞᆫ後此를撤消ᄒᆞ기得ᄒᆞᄂᆞᆫ與否의問題도發信主義或은受信主義를採用ᄒᆞᆷ에因ᄒᆞ야其決定을異히ᄒᆞᄂᆞ니此點에就ᄒᆞ야ᄂᆞᆫ伊後承諾을論ᄒᆞᆯ時에詳述ᄒᆞᆯ바ㅣ라

此를要ᄒᆞ건ᄃᆡ契約은申提에對ᄒᆞᆫ承諾에因ᄒᆞ야成立ᄒᆞ고隔地者間에在ᄒᆞ야ᄂᆞᆫ承諾의通知를發ᄒᆞᆫ時에成立ᄒᆞᄂᆞ니以下에申提와承諾을各別히說明코ᄌᆞᄒᆞ노라

申提라ᄒᆞᆷ은前述ᄒᆞᆷ과如히契約의提議오申提가有ᄒᆞᆯᄲᅮᆫ으로ᄂᆞᆫ法律行爲가成立치못ᄒᆞᄂᆞᆫ바ㅣ라然而德國民法은申提로써一個法律行爲로認ᄒᆞ야此에拘束力을附ᄒᆞ얏시나日本新民法은此主義를採用치아니ᄒᆞ얏시니是ᄂᆞᆫ理論上及實際上에議論이頗有ᄒᆞᆫ바ㅣ오申提에効力을附ᄒᆞ야此를一種法律行爲로看做ᄒᆞᄂᆞᆫ說을據ᄒᆞᆯ진대世運의進步를隨ᄒᆞ야法律은力으로當事者意思에効力을有케ᄒᆞᄂᆞᆫ傾向이生ᄒᆞᄂᆞ니申提ᄂᆞᆫ元來獨立ᄒᆞᆫ行爲가아니오承諾이有ᄒᆞᆷ을因ᄒᆞ야効力이始生ᄒᆞᄂᆞᆫ者ㅣ라然이나當事者의一方이決意ᄒᆞᆷ을因ᄒᆞ야其決意를表示ᄒᆞᄂᆞᆫ故로此에効力을有케ᄒᆞᆷ이可ᄒᆞ다云ᄒᆞᄂᆞᆫ바ㅣ라然이나余ᄂᆞᆫ此說에服從ᄒᆞ기不

문제이고, 또 승낙은 하루아침에 통지를 발송한 뒤 이를 취소할 수 있는지 여부의 문제도 발신주의 또는 도달주의를 취함에 따라 달리 결정된다. 이 점에 대하여는 이후 승낙을 논할 때에 상술할 것이다.

요컨대 계약은 청약에 대한 승낙에 따라 성립하고 격지자 간에는 승낙의 통지를 발송한 때에 성립하는데, 이하에 청약과 승낙을 각각 따로 설명하고자 한다.

청약이란 전술한 것과 같이 계약의 제의이고 청약이 있는 것만으로는 법률행위가 성립하지 못하는 것이다. 그런데 독일 민법은 청약을 하나의 법률행위로 인정하여 여기에 구속력을 부여하였으나, 일본 신민법은 이 태도를 취하지 않았다. 이는 이론상 및 실제로 자못 논의가 있는 바이다. 청약에 효력을 부여하여 이를 일종의 법률행위로 간주하는 학설에 의하면, 세상의 진보에 따라 법률은 힘으로 당사자의 의사가 효력을 갖게 하는 경향이 생겨난다. 청약은 원래 독립한 행위가 아니고 승낙이 있는 데 따라 비로소 효력이 발생하는 것이다. 그러나 당사자 일방이 결의함에 따라 그 결의를 표시하는 것이므로 이에 효력을 갖게 함이 옳다는 것이다. 그러나 나는 이 학설에 따를 수

能ᄒᆞᄂᆞ니何故오申提의意思表示ᄂᆞᆫ獨立ᄒᆞᆫ者ㅣ라故로當事者意思에効力을有케ᄒᆞᆷ은可ᄒᆞ대其意思以外의効力을有케ᄒᆞᆷ은不可ᄒᆞᄂᆞ니因ᄒᆞ야申提의意思表示ᄲᅮᆫ으로ᄂᆞᆫ何等의効力이不生ᄒᆞ고唯其相對者가承諾ᄒᆞᆷ을因ᄒᆞ야法律行爲가成立ᄒᆞᆷ을豫期ᄒᆞᆫ意思表示라然而法律로此에拘束力을有케ᄒᆞ야申提者ᄅᆞᆯ束縛ᄒᆞ면當事者意思以外에効力을有케ᄒᆞᆷ에至ᄒᆞᆯ지니余의信ᄒᆞᄂᆞᆫ바ᄅᆞᆯ據ᄒᆞ면文明國에셔ᄂᆞᆫ原則으로意思自由ᄅᆞᆯ認ᄒᆞ고오즉當事者가束縛을受코ᄌᆞᄒᆞᄂᆞᆫ意思ᄅᆞᆯ有ᄒᆞ거나又ᄂᆞᆫ法律이必要上으로此ᄅᆞᆯ束縛ᄒᆞᆯ境遇에만其自由ᄅᆞᆯ制限ᄒᆞᄂᆞᆫ者ㅣ라故로縱令當事者의一方이或意思ᄅᆞᆯ有ᄒᆞ야此ᄅᆞᆯ發表ᄒᆞᆯ지라도此ᄅᆞᆯ因ᄒᆞ야直時束縛되고ᄌᆞᄒᆞᄂᆞᆫ意思가無ᄒᆞᆫ以上은法律로ᄡᅥ束縛ᄒᆞᆷ은穩當ᄒᆞᆷ으로信ᄒᆞ기不能ᄒᆞ나公益의關係가有ᄒᆞᆫ境遇에ᄂᆞᆫ此限에在치아니ᄒᆞᆫ故로申提도亦境遇ᄅᆞᆯ因ᄒᆞ야公益上으로法律이此에効力을附케ᄒᆞᆷ이有ᄒᆞ대原則으로申提가拘束力이有ᄒᆞ다云ᄒᆞᆷ은當事者의意思ᄅᆞᆯ重히ᄒᆞᆷ에對ᄒᆞ야違反됨이甚ᄒᆞᆫ故로余ᄂᆞᆫ申提에만拘束力을有케ᄒᆞᄂᆞᆫ主義ᄅᆞᆯ採用치아니ᄒᆞᄂᆞᆫ바ㅣ오實際에도오즉申提에만因ᄒᆞ야相對者가損害ᄅᆞᆯ受ᄒᆞᆷ은極稀ᄒᆞᆫ바ㅣ라

없다. 왜냐하면 청약의 의사표시는 독립한 것이다. 그러므로 당사자의 의사가 효력을 갖게 할 수는 있지만 그 의사 이외의 효력을 갖게 할 수는 없다. 따라서 청약의 의사표시만으로는 어떠한 효력도 발생하지 않고, 다만 그 상대방이 승낙함에 따라 법률행위가 성립할 것을 미리 기대하는 의사표시이다. 그러나 법률로 여기에 구속력을 갖게 하여 청약자를 구속하면 당사자의 의사 이외의 것에 효력을 갖게 하게 될 것이다. 내가 생각하는 바에 따르면 문명국에서는 원칙적으로 의사의 자유를 인정하고 다만 당사자가 구속을 받고자 하는 의사를 가졌거나 또는 법률이 필요에 따라 이를 구속할 경우에만 그 자유를 제한하는 것이다. 그러므로 설령 당사자 일방이 어떤 의사를 가지고 이를 발표할지라도 이에 따라 곧바로 구속되고자 하는 의사가 없는 이상 법률로써 구속하는 것은 타당하다고 생각하기 어렵다. 그러나 공익적인 관계가 있는 경우에는 그렇지 않으므로 청약 또한 경우에 따라 공익상 법률이 이에 효력을 부여하는 경우가 있다. 그렇지만 원칙적으로 청약이 구속력이 있다고 하는 것은 당사자의 의사를 중히 여기는 데 대한 위반이 매우 크다. 그러므로 나는 청약에만 구속력을 갖게 하는 태도를 취하지 않는 것이고, 실제로도 오직 청약만에 따라 상대방이 손해를 받는 경우는 극히 드물다.

申提의効力은承諾期間의定ᄒᆞᆫ與否ᄅᆞᆯ因ᄒᆞ야相異ᄒᆞ니承諾의期間을定ᄒᆞᆫ境遇에在ᄒᆞ야ᄂᆞᆫ相對者ᄂᆞᆫ반다시其期間內에承諾지아니ᄒᆞᆷ이不可ᄒᆞᄂᆞ니若其期間內에承諾지아니ᄒᆞᄂᆞᆫ時ᄂᆞᆫ申提ᄂᆞᆫ其効力을失ᄒᆞ고縱令期間後에至ᄒᆞ야承諾ᄒᆞ야도契約은成立치아니ᄒᆞᄂᆞᆫ바ㅣ라然而此境遇에承諾의意思表示ᄂᆞᆫ意思表示의通則을從ᄒᆞ야隔地者間에在ᄒᆞ야ᄂᆞᆫ其通知가期間內에申提者의게到達ᄒᆞᆷ을要ᄒᆞᄂᆞ니日本新民法은其第五百二十一條第二項의「申提者가前項의期間內에承諾의通知ᄅᆞᆯ受치아니ᄒᆞᆫ時ᄂᆞᆫ申提ᄂᆞᆫ其効力을失ᄒᆞᆷ」이라規定ᄒᆞᆫ바ㅣ라然즉日本新民法은承諾의意思表示에就ᄒᆞ야原則으로發信主義ᄅᆞᆯ採用ᄒᆞᆷ에不拘ᄒᆞ고此에ᄂᆞᆫ受信主義ᄅᆞᆯ採用ᄒᆞ얏시니一見ᄒᆞ면矛盾됨과如ᄒᆞ나是即申提者의意思ᄅᆞᆯ推測ᄒᆞ야此와如ᄒᆞᆫ規定을設ᄒᆞᆫ者ㅣ라蓋承諾의期間을定ᄒᆞᄂᆞᆫ與否ᄂᆞᆫ全히申提者의隨意오此ᄅᆞᆯ定ᄒᆞᆫ境遇에ᄂᆞᆫ自己의利益을爲主ᄒᆞ야定ᄒᆞᆫ者로看做치아니ᄒᆞᆷ이不可ᄒᆞᄂᆞ니卽申提者의意思ᄂᆞᆫ其期間內에諾否을知코져ᄒᆞᆷ에在ᄒᆞᆫ바ㅣ라然而期間內에承諾의通知가申提者의게到達치아니ᄒᆞᆷ에不拘ᄒᆞ고相對者가期間內에其通知ᄅᆞᆯ發ᄒᆞᆯ뿐으로써契約이成立ᄒᆞᄂᆞᆫ者ㅣ라云ᄒᆞᆯ진대申提者가

청약의 효력은 승낙기간이 정해졌는지 여부에 따라 서로 다르다. 승낙의 기간을 정한 경우에는 상대방은 반드시 그 기간 내에 승낙하여야만 한다. 만약 그 기간 내에 승낙하지 않는 때에는 청약은 그 효력을 잃고 설령 기간 뒤에 이르러 승낙하여도 계약은 성립하지 않는 것이다. 그러나 이 경우에 승낙의 의사표시는 의사표시의 통칙을 따라 격지자 간에는 그 통지가 기간 내에 청약자에게 도달할 것을 요한다. 일본 신민법은 제521조 제2항에서 "청약자가 전항(前項)의 기간 내에 승낙의 통지를 받지 않은 때에는 청약은 그 효력을 잃음"이라고 규정한 것이다. 그렇다면 일본 신민법은 승낙의 의사표시에 대하여 원칙으로 발신주의를 취하였음에도 불구하고 여기서는 도달주의를 취하였으므로 일견 모순된 것 같다. 그러나 이는 곧 청약자의 의사를 추측하여 이와 같은 규정을 둔 것이다. 일반적으로 승낙의 기간을 정할지 여부는 온전히 청약자 마음이고, 이를 정한 경우에는 자기의 이익을 위주로 기간을 정한 것으로 간주할 수밖에 없다. 곧 청약자의 의사는 그 기간 내에 승낙 여부를 알고자 하는 데 있는 것이다. 그러나 기간 내에 승낙의 통지가 청약자에게 도달하지 않았음에도 불구하고 상대방이 기간 내에 그 통지를 발송하는 것만으로 계약이 성립하는 것이라고 하면 청약자가

期間을定ᄒᆞᆫ趣旨에違反되고因ᄒᆞ야申提者는意外의損害를被ᄒᆞᆷ이有ᄒᆞᆯ지라故로如此ᄒᆞᆫ境遇에는恒常承諾의通知가期間內에到達ᄒᆞᆷ을要ᄒᆞ는者ㅣ라然이나此境遇에契約이何時에成立ᄒᆞᆯ가云ᄒᆞᆷ이一個問題되는바ㅣ니即承諾의通知가期間內에到達치아니ᄒᆞᆫ時는契約이成立치아니ᄒᆞᆷ은勿論이나만일期間內에到達ᄒᆞᆫ時는契約은其到達ᄒᆞ는時에成立ᄒᆞᆯ가將又通知를發ᄒᆞᆫ時에成立ᄒᆞᆯ가云ᄒᆞᆷ에在ᄒᆞᆫ바ㅣ라然이나其成立時期는普通境遇와同一히承諾의通知를發ᄒᆞᆫ時에在ᄒᆞ다云치아니ᄒᆞᆷ이不可ᄒᆞᆯ지니因ᄒᆞ야此境遇에承諾의通知는解除條件을附ᄒᆞᆷ과如ᄒᆞᆫ狀態에在ᄒᆞᆫ者ㅣ오承諾은其通知를發ᄒᆞᆫ時에成立ᄒᆞ나其通知가期間內에到達ᄒᆞᆫ時에限ᄒᆞ야確定ᄒᆞᆫ効力이生ᄒᆞ고此와反ᄒᆞ야期間內에到達치아니ᄒᆞᆫ時는成立지아니ᄒᆞᆫ者로看做ᄒᆞᆷ이라

申提에附ᄒᆞᆫ承諾期間은右述ᄒᆞᆷ과如히申提者의利益을爲ᄒᆞᆫ者ㅣ라然이나此와同時에相對者도亦利益이有ᄒᆞ다可謂ᄒᆞᆯ지니即法律은承諾期間을定ᄒᆞ야申提ᄒᆞᆫ境遇에는其期間內에는申提를撤消치못ᄒᆞ는趣旨로看做ᄒᆞᆷ이라故로申提는原則으로拘束力을有치아니ᄒᆞ야도承諾期間이有ᄒᆞᆫ時는其期間內는消極的의

기간을 정한 취지에 어긋나고 따라서 청약자는 뜻하지 않은 손해를 입을 수 있을 것이다. 그러므로 이와 같은 경우에는 항상 승낙의 통지가 기간 내에 도달하여야 하는 것이다. 그러나 이 경우에 계약이 언제 성립할지 하는 것이 하나의 문제가 된다. 곧 승낙의 통지가 기간 내에 도달하지 않은 때에는 계약이 성립하지 않음은 물론이다. 그러나 만일 기간 내에 도달한 때에는 계약은 그 도달한 때에 성립하는가, 아니면 통지를 발송한 때에 성립하는가 하는 데 있다. 그러나 그 성립시기는 보통의 경우와 같이 승낙의 통지를 발송한 때에 있다고 하여야 할 것이다. 따라서 이 경우에 승낙의 통지는 해제조건을 붙인 것과 같은 상태에 있는 것이고, 승낙은 그 통지를 발송한 때에 성립하나 그 통지가 기간 내에 도달한 때만 확정된 효력이 발생하고 이와 반대로 기간 내에 도달하지 않은 때에는 성립하지 않은 것으로 간주하는 것이다.

청약에 붙인 승낙기간은 위에 서술한 것과 같이 청약자의 이익을 위한 것이다. 그러나 이와 동시에 상대방 또한 이익이 있다고 말할 수 있다. 곧 법률은 승낙기간을 정하여 청약한 경우에는 그 기간 내에는 청약을 취소하지 못하는 취지로 간주하는 것이다. 그러므로 청약은 원칙으로 구속력을 갖지 않더라도 승낙기간이 있는 때에는 그 기간 내에는 소극적인

拘束力을有ᄒᆞ야此를繳消홈을不得ᄒᆞᄂᆞᆫ者ㅣ니是實正當ᄒᆞᆫ法則이라假令申提者가五日의期間을定ᄒᆞ야申提ᄒᆞᆫ時에相對者ᄂᆞᆫ承諾의通知가五日內에만申提者의게到達ᄒᆞ면可ᄒᆞ다信ᄒᆞ고直時承諾의通知를發치아니ᄒᆞᄂᆞᆫ事가多有ᄒᆞ니然즉申提가効力을有ᄒᆞᆫ間은他로브터此와類似ᄒᆞᆫ申提를受ᄒᆞ야도此를拒絶홈을得ᄒᆞ고或은承諾홈에就ᄒᆞ야特히調査를要ᄒᆞᆯ境遇에在ᄒᆞ야ᄂᆞᆫ期間을定ᄒᆞᆫ申提에依賴ᄒᆞ고直時回答ᄒᆞᆯ申提ᄂᆞᆫ拒絶홈이有ᄒᆞᆯ지니如此ᄒᆞᆫ境遇에承諾의通知를發코ᄌᆞ홈에在ᄒᆞ야突然히申提의繳消가有ᄒᆞ면相對者ᄂᆞᆫ他의申提를拒絶ᄒᆞ고又ᄂᆞᆫ各種調査에費用을要ᄒᆞᆫ時에意外의損失을被홈에至ᄒᆞᆯ지라故로反對의意思表示가無ᄒᆞᆫ以上은其期間에申提를繳消홈을不得ᄒᆞᄂᆞ니日本新民法도此主義를採用ᄒᆞ야其第五百二十一條第一項에「承諾의期間을定ᄒᆞ야行ᄒᆞᆫ契約의申提ᄂᆞᆫ此를繳消홈을不得홈」이라規定ᄒᆞᆫ바ㅣ라

然이나以上에述ᄒᆞᆫ바ᄂᆞᆫ申提의通知가相對者의게到達ᄒᆞᆫ後에만適用ᄒᆞᄂᆞᆫ者ㅣ오申提의通知가相對者의게到達ᄒᆞ기前에一層迅速ᄒᆞᆫ方法或은同時에到達홈이可ᄒᆞᆫ方法으로써繳消ᄒᆞᄂᆞᆫ時ᄂᆞᆫ其繳消ᄂᆞᆫ有効ᄒᆞᆫ者ㅣ라假令郵便으로써申提

구속력을 가져 청약을 취소할 수 없는 것으로, 이것이 실로 타당한 법칙이다. 가령 청약자가 닷새로 기간을 정하여 청약한 때에 상대방은 승낙의 통지가 닷새 안에만 청약자에게 도달하면 된다고 믿고 곧바로 승낙의 통지를 발송하지 않는 경우가 많이 있다. 그리하여 청약이 효력을 가지는 동안에는 다른 사람으로부터 이와 유사한 청약을 받더라도 이를 거절할 수 있고, 또는 승낙하는 데 대하여 특별히 조사가 필요할 경우에는 기간을 정한 청약에 맡기고 곧바로 대답하여야 할 청약은 거절하는 경우가 있을 것이다. 이와 같은 경우에는 승낙의 통지를 발송하고자 하는 데 갑자기 청약의 취소가 있으면 상대방은 다른 사람의 청약을 거절하거나 갖가지 조사에 비용이 필요한 때에 뜻밖의 손실을 입게 될 것이다. 그러므로 반대의 의사표시가 없는 이상 그 기간에 청약을 취소할 수 없다. 일본 신민법도 이 태도를 취하여 제521조 제1항에서 "승낙의 기간을 정하여 한 계약의 청약은 이를 취소하지 못함"이라고 규정한 것이다.

그러나 이상에서 서술한 것은 청약의 통지가 상대방에게 도달한 뒤에만 적용되는 것이고, 청약의 통지가 상대방에게 도달하기 전에 한층 신속한 방법 또는 동시에 도달할 수 있는 방법으로 취소하는 때에는 그 취소는 유효한 것이다. 가령 우편으로 청약

ᄒᆞᆫ後電報로써繳消ᄒᆞ거나或은其郵便이아즉發送되기前에同一ᄒᆞᆫ郵便으로써此ᄅᆞᆯ繳消ᄒᆞ야其繳消의電報又ᄂᆞᆫ郵便이申提의郵便보다先至ᄒᆞ거나或은同時에相對者의게到達ᄒᆞᆫ時ᄂᆞᆫ其繳消ᄂᆞᆫ有効ᄒᆞᄂᆞ니故로設或申提의意思表示ᄂᆞᆫ原則으로發信主義ᄅᆞᆯ採用ᄒᆞᆷ이正當ᄒᆞ다ᄒᆞᆯ지라도此境遇에ᄂᆞᆫ申提의性質上例外로受信主義ᄅᆞᆯ採用ᄒᆞ야繳消ᄅᆞᆯ有効케ᄒᆞᆷ이可ᄒᆞᆷ으로信ᄒᆞᄂᆞᆫ바ㅣ라

承諾의期間을定ᄒᆞᆷ이無ᄒᆞᆫ境遇에ᄂᆞᆫ相對者ᄂᆞᆫ何時든지承諾ᄒᆞᆷ이可ᄒᆞᄂᆞ니即申提에特別ᄒᆞᆫ意思表示ᄅᆞᆯ附치아니ᄒᆞᆫ以上은極端으로言ᄒᆞ면幾年을經過ᄒᆞᆫ後에承諾의意思ᄅᆞᆯ表示ᄒᆞ야도可ᄒᆞᆫ바ㅣ라然而一方으로ᄂᆞᆫ申提者ᄂᆞᆫ相對者가承諾ᄒᆞᆷ에相當ᄒᆞᆫ期間內에ᄂᆞᆫ其申提ᄅᆞᆯ繳消ᄒᆞᆷ을不得ᄒᆞᄂᆞ니蓋申提의性質은承諾을誘起ᄒᆞᄂᆞᆫ方法이라可謂ᄒᆞᆯ지라故로恒常承諾ᄒᆞᆷ을得ᄒᆞᆯ餘地ᄅᆞᆯ存ᄒᆞ야此ᄅᆞᆯ行치아니ᄒᆞᆷ이不可ᄒᆞᄂᆞ니即少ᄒᆞ야도申提의通知가相對者의게到達ᄒᆞᆯ時間과相對者가諾否ᄅᆞᆯ決ᄒᆞᆷ에必要ᄒᆞᆫ時間及承諾의通知가申提者의게到達ᄒᆞᆯ時間을存ᄒᆞ고此ᄅᆞᆯ行치아니ᄒᆞᆷ이不可ᄒᆞᆫ지라然而是ᄂᆞᆫ契約의性質及距離의遠近等에因ᄒᆞ야반다시一樣이아니니故로結局事實問題로決定ᄒᆞᆷ에不外ᄒᆞ고만일當事者間

한 뒤 전보로 취소하거나 또는 그 우편이 아직 발송되기 전에 동일한 우편으로 이를 취소하여 그 취소의 전보 또는 우편이 청약의 우편보다 먼저 도착하거나 또는 동시에 상대방에게 도달한 때에는 그 취소는 유효하다. 그러므로 설령 청약의 의사표시는 원칙으로 발신주의를 취하는 것이 타당하다 할지라도 이 경우에는 청약의 성질상 예외로 도달주의를 취하여 취소를 유효하게 하는 것이 옳다고 생각하는 바이다.

승낙의 기간을 정하지 않은 경우에는 상대방은 언제든지 승낙할 수 있다. 곧 청약에 특별한 의사표시를 붙이지 않은 이상 극단적으로 말하면 몇 년이 지난 뒤에 승낙의 의사를 표시하여도 되는 것이다. 그러나 한편으로는 청약자는 상대방이 승낙하는 데 상당한 기간 내에는 그 청약을 취소하지 못한다. 일반적으로 청약의 성질은 승낙을 유발하는 방법이라고 말할 수 있다. 그러므로 항상 승낙을 얻을 여지를 두고 청약을 하여야 하는데, 곧 적어도 청약의 통지가 상대방에게 도달할 시간과 상대방이 승낙 여부를 결정하는 데 필요한 시간 및 승낙 통지가 청약자에게 도달할 시간을 두고 청약을 하여야 하는 것이다. 그러나 이는 계약의 성질 및 거리의 원근 등에 따라 반드시 한결같지 않으므로 결국 사실의 문제로 결정될 뿐이다. 그리고 만일 당사자 간에爭이有ᄒᆞᆫ境遇에ᄂᆞᆫ裁判所의判定을待ᄒᆞᆯᄲᅮᆫ이라是以로만일申提者ᄂᆞᆫ何時던지其申提ᄅᆞᆯ繳消ᄒᆞᆷ을得ᄒᆞᆯ者ㅣ라云ᄒᆞᆯ진대相對者ᄂᆞᆫ承諾의期間을定ᄒᆞᆫ境遇에就ᄒᆞ야說明ᄒᆞᆷ과如히往往意外의損失을被ᄒᆞᆷ에至ᄒᆞᆯ지니故로相當ᄒᆞᆫ期間內에ᄂᆞᆫ申提ᄅᆞᆯ繳消ᄒᆞᆷ을不得ᄒᆞᄂᆞᆫ者ㅣ라然이나是ᄂᆞᆫ오작隔地者間契約에就ᄒᆞ야만其必要ᄅᆞᆯ見ᄒᆞᄂᆞᆫ者ㅣ오對話者間의契約에在ᄒᆞ야ᄂᆞᆫ如此ᄒᆞᆫ必要가無ᄒᆞᄂᆞ니何故오對話者間에在ᄒᆞ야ᄂᆞᆫ直時其意思ᄅᆞᆯ相對者의게知得케ᄒᆞᄂᆞᆫ바ㅣ라故로申提者의相對者가承諾을表示ᄒᆞ기ᄭᆞ지ᄂᆞᆫ隨意로其申提ᄅᆞᆯ繳消ᄒᆞᆷ을許ᄒᆞ야도弊害가毫無ᄒᆞᆫ대此와反ᄒᆞ야隔地者間에在ᄒᆞ야ᄂᆞᆫ直時其意思ᄅᆞᆯ知得케ᄒᆞ기不能ᄒᆞᆫ故로申提者의相對者가承諾을表示ᄒᆞᆷ에相當ᄒᆞᆫ期間은承諾의期間을定ᄒᆞᆫ者와同一히視ᄒᆞᆯ必要가有ᄒᆞᆫ所以라即承諾期間을定ᄒᆞᆫ境遇에在ᄒᆞ야ᄂᆞᆫ對話者間에在ᄒᆞ야도期間內에ᄂᆞᆫ申提ᄅᆞᆯ繳消ᄒᆞᆷ을不得ᄒᆞᆫ다云ᄒᆞᆯ必要가有ᄒᆞ나承諾期間을定치아니ᄒᆞᆫ境遇에在ᄒᆞ야ᄂᆞᆫ隔地者間契約에就ᄒᆞ야만承諾을表示ᄒᆞᆷ에相當ᄒᆞᆫ期間內에ᄂᆞᆫ其申提ᄅᆞᆯ繳消ᄒᆞᆷ을不得ᄒᆞᆫ다云ᄒᆞ면足ᄒᆞᆫ바ㅣ라然而其期間을經過ᄒᆞᆫ申提의効力에就ᄒᆞ야도承諾期間을定ᄒᆞᆫ境遇에在ᄒᆞ야ᄂᆞᆫ申提ᄂᆞᆫ當然히其

에 다툼이 있는 경우에는 재판소의 판정을 기다릴 뿐이다. 그리하여 만일 청약자는 언제든지 그 청약을 취소할 수 있는 것이라고 하면 상대방은 승낙의 기간을 정한 경우에 대하여 설명하는 것과 같이 종종 뜻밖의 손실을 입게 될 것이다. 그러므로 상당한 기간 내에는 청약을 취소할 수 없는 것이다. 그러나 이는 오직 격지자계약에 대하여만 필요한 것이고 대화자 간의 계약에서는 이와 같은 필요성이 없다. 왜냐하면 대화자 간에는 곧바로 그 의사를 상대방이 알게 되는 것이다. 그러므로 청약자의 상대방이 승낙을 표시할 때까지는 마음대로 그 청약 취소를 허용하여도 폐해가 전혀 없다. 그런데 이와 반대로 격지자 간에는 곧바로 그 의사를 알게 할 수 없으므로 청약자의 상대방이 승낙을 표시하는 데 상당한 기간은 승낙의 기간을 정한 것과 동일하게 볼 필요가 있기 때문이다. 곧 승낙기간을 정한 경우에는 대화자 간에도 그 기간 내에는 청약을 취소하지 못한다고 할 필요가 있다. 그러나 승낙기간을 정하지 않은 경우에는 격지자 간의 계약에 대하여만 승낙을 표시하는 데 상당한 기간 내에는 그 청약을 취소하지 못한다고 하면 충분한 것이다. 그러나 그 기간을 경과한 청약의 효력에 대하여도 승낙기간을 정한 경우에 대하여는 청약은 당연히 그

效力을失ᄒᆞ대承諾期間을定치아니ᄒᆞᆫ境遇에在ᄒᆞ야ᄂᆞᆫ相當ᄒᆞᆫ期間을經過ᄒᆞᆷ에만因ᄒᆞ야申提의效力을失ᄒᆞᆷ이無ᄒᆞᄂᆞ니申提者가撤消의意思ᄅᆞᆯ表示치아니ᄒᆞᆫ以上은有効히承諾을表示ᄒᆞᆷ을得ᄒᆞᆯ바ㅣ라然而商法에在ᄒᆞ야ᄂᆞᆫ去來의迅速을貴히ᄒᆞᄂᆞᆫ趣旨로써承諾의期間을定ᄒᆞᆫ境遇와同一히相對者가直時承諾을表示치아니ᄒᆞ거나又ᄂᆞᆫ承諾을表示ᄒᆞᆷ에相當ᄒᆞᆫ期間을經過ᄒᆞ야도相對者가承諾의通知ᄅᆞᆯ發치아니ᄒᆞᆫ時ᄂᆞᆫ申提ᄂᆞᆫ撤消ᄅᆞᆯ待치아니ᄒᆞ고當然히其効力을失ᄒᆞᄂᆞ니此에關ᄒᆞ야日本商法第二百六十九條에ᄂᆞᆫ「對話者間에契約의申提ᄅᆞᆯ受ᄒᆞᆫ者가直時承諾을表示치아니ᄒᆞᆫ時ᄂᆞᆫ申提ᄂᆞᆫ其効力을失ᄒᆞᆷ」이라ᄒᆞ고同商法第二百七十條第一項에「隔地者間에承諾의期間을定치아니ᄒᆞᆫ契約의申提ᄅᆞᆯ受ᄒᆞᆫ者가相當ᄒᆞᆫ期間內에承諾의通知ᄅᆞᆯ發치아니ᄒᆞᆫ時ᄂᆞᆫ申提ᄂᆞᆫ其効力을失ᄒᆞᆷ」이라規定ᄒᆞ얏시나但對話者間에在ᄒᆞ야도承諾期間을定ᄒᆞ고契約의申提ᄅᆞᆯ行ᄒᆞᆫ境遇에ᄂᆞᆫ其期間內에ᄂᆞᆫ申提ᄂᆞᆫ効力을失ᄒᆞᆷ이無ᄒᆞᄂᆞ니德國에在ᄒᆞ야ᄂᆞᆫ日本商法과如ᄒᆞᆫ規定을民法에設置ᄒᆞ얏시나日本에在ᄒᆞ야ᄂᆞᆫ一般去來의進步가아즉如此ᄒᆞᆫ規定을民法에置ᄒᆞᆯ必要ᄒᆞᆫ程度에達치못ᄒᆞᆫ故로日本新民法에ᄂᆞᆫ其第五百

효력을 잃지만, 승낙기간을 정하지 않은 경우에는 상당한 기간을 경과한 것만에 따라서는 청약의 효력을 잃지 않는다. 청약자가 취소의 의사를 표시하지 않은 이상은 유효하게 승낙을 표시할 수 있을 것이다. 그런데 상법에서는 거래의 신속을 귀중하게 하는 취지로 승낙의 기간을 정한 경우와 동일하게 상대방이 곧바로 승낙을 표시하지 않거나 승낙을 표시하는 데 상당한 기간을 경과하여도 상대방이 승낙의 통지를 발송하지 않은 때에는 청약을 취소를 기다리지 않고 당연히 그 효력을 잃는다. 이에 관하여 일본 상법 제269조에서는 "대화자 간에 계약의 청약을 받은 자가 곧바로 승낙을 표시하지 않은 때에는 청약은 그 효력을 잃음"이라고 하였고 일본 상법 제270조 제1항에서 "격지자 간에 승낙의 기간을 정하지 않은 계약의 청약을 받은 자가 상당한 기간 내에 승낙의 통지를 발송하지 않은 때에는 청약은 그 효력을 잃음"이라고 규정하였다. 그러나 대화자 간에도 승낙기간을 정하고 계약의 청약을 한 경우에 그 기간 내에는 청약은 효력을 잃지 않는다. 독일에서는 일본 상법과 같은 규정을 민법에 마련해 두었으나, 일본에서는 일반거래의 진보가 아직 이와 같은 규정을 민법에 두어야 할 정도에 이르지 못하였으므로 일본 신민법에서는 제5

二十四條에「承諾의期間을定치아니ᄒᆞ고隔地者의게行ᄒᆞᆫ申提ᄂᆞᆫ申提者가承諾의通知ᄅᆞᆯ受ᄒᆞᆷ에相當ᄒᆞᆫ期間內에ᄂᆞᆫ此ᄅᆞᆯ繳消ᄒᆞᆷ을不得ᄒᆞᆷ」이라規定ᄒᆞᆯ뿐이라

以上은申提의効力에關ᄒᆞᆫ說明이라此에申提의繳消에就ᄒᆞ야一言ᄒᆞᆯ者ㅣ有ᄒᆞ니抑承諾의通知ᄂᆞᆫ此ᄅᆞᆯ發ᄒᆞᆫ同時에効力을生ᄒᆞ고申提의繳消ᄂᆞᆫ日本新民法에受信主義ᄅᆞᆯ採用ᄒᆞᆫ結果로其通知가相對者의게到達치아니ᄒᆞ면効力이生치아니ᄒᆞᄂᆞ니因ᄒᆞ야縱令申提繳消의通知가承諾의通知ᄅᆞᆯ發ᄒᆞ기前에發ᄒᆞᆫ者ㅣ라도承諾의通知ᄅᆞᆯ發ᄒᆞᆫ後에到達ᄒᆞᆫ時ᄂᆞᆫ其効力이無ᄒᆞᆫ바ㅣ라故로契約은成立ᄒᆞᆷ이可ᄒᆞᄂᆞ니假令一般히發信主義ᄅᆞᆯ取ᄒᆞ거나或은一般히受信主義ᄅᆞᆯ取ᄒᆞᄂᆞᆫ國에在ᄒᆞ야도多數ᄂᆞᆫ承諾의通知ᄅᆞᆯ發ᄒᆞᆫ後에到達ᄒᆞᆫ申提의繳消ᄅᆞᆯ無効로ᄒᆞᄂᆞᆫ바ㅣ라何故오絶對的發信主義로言ᄒᆞᆯ진ᄃᆡ申提繳消의通知가承諾의通知보다先發ᄒᆞᆫ時ᄂᆞᆫ縱令承諾의通知ᄅᆞᆯ發ᄒᆞᆫ後에到達ᄒᆞ야도申提의繳消ᄅᆞᆯ有効케아니ᄒᆞᆷ이不可ᄒᆞ고又絶對的受信主義로言ᄒᆞᆯ진ᄃᆡ縱令申提繳消의通知가承諾의通知ᄅᆞᆯ發ᄒᆞᆫ後에發ᄒᆞᆫ者ㅣ라도承諾의通知가申提者의게到達ᄒᆞ기前에相對者의게

24조에서 "승낙의 기간을 정하지 않고 격지자에게 한 청약은 청약자가 승낙의 통지를 받는 데 상당한 기간 내에는 이를 취소하지 못함"이라고 규정하였을 뿐이다.

이상은 청약의 효력에 관한 설명이다. 여기에 청약의 취소에 대하여 한마디 할 것이 있다. 대저 승낙의 통지는 이를 발송한 동시에 효력이 생기고 청약의 취소는 일본 신민법이 도달주의를 취한 결과로 그 통지가 상대방에게 도달하지 않으면 효력이 발생되지 않는다. 따라서 설령 청약 취소의 통지가 승낙의 통지를 발송하기 전에 발송한 것이라도 승낙의 통지를 발송한 뒤에 도달한 때에는 그 효력이 없는 것이다. 그러므로 계약은 마땅히 성립한다. 가령 일반적으로 발신주의를 취하거나 또는 일반적으로 도달주의를 취한 나라에서도 다수는 승낙의 통지를 발송한 뒤에 도달한 청약의 취소를 무효로 한다. 왜냐하면 절대적 발신주의로 말하면 청약 취소의 통지가 승낙의 통지보다 먼저 발송된 때에는 설령 승낙의 통지를 발송한 뒤에 도달하여도 청약의 취소를 유효하게 할 수밖에 없다. 또 절대적 도달주의로 말하면 설령 청약 취소의 통지가 승낙의 통지를 발송한 뒤에 발송한 것이라도 승낙의 통지가 청약자에게 도달하기 전에 상대방에게

到達ᄒᆞ면申提의撤消ᄂᆞᆫ有効ᄒᆞ다云치아니ᄒᆞᆷ이不可ᄒᆞᆫ바ㅣ라然이나是ᄂᆞᆫ實際에不便ᄒᆞᆫ故로受信主義ᄅᆞᆯ取ᄒᆞᄂᆞᆫ國에在ᄒᆞ야도申提의撤消ᄅᆞᆯ無効로ᄒᆞᆷ이常例오日本新民法에ᄂᆞᆫ總則에受信主義ᄅᆞᆯ取ᄒᆞ고契約의承諾에就ᄒᆞ야ᄂᆞᆫ發信主義ᄅᆞᆯ採用ᄒᆞᆫ故로申提撤消ᄂᆞᆫ當然히無効될바ㅣ라然이나如此ᄒᆞᆫ境遇에ᄂᆞᆫ申提撤消의効力에就ᄒᆞ야法文에規定ᄒᆞᆯ必要가有ᄒᆞᆫ故로同新民法第五百二十七條에「申提撤消의通知가承諾의通知ᄅᆞᆯ發ᄒᆞᆫ後에到達ᄒᆞ야도通常境遇에ᄂᆞᆫ其前에到達ᄒᆞᆷ이可ᄒᆞᆫ時에發送ᄒᆞᆫ者ㅣ됨을知得ᄒᆞᆫ時ᄂᆞᆫ承諾者ᄂᆞᆫ遲滯업시申提者에對ᄒᆞ야其延着ᄒᆞᆫ通知ᄅᆞᆯ發ᄒᆞᆷ을要ᄒᆞᆷ」이라ᄒᆞ고其第二項에「承諾者가前項의通知ᄅᆞᆯ懈怠히ᄒᆞᆫ時ᄂᆞᆫ契約은成立지아니ᄒᆞᆫ者로看做ᄒᆞᆷ」이라規定ᄒᆞ얏시니此境遇에在ᄒᆞ야ᄂᆞᆫ申提撤消의通知가承諾의通知ᄅᆞᆯ發ᄒᆞᆫ後에到達ᄒᆞᆫ者ㅣ라故로契約은當然히成立ᄒᆞᆯ바ㅣ로대申提者ᄂᆞᆫ其撤消의通知가承諾의通知ᄅᆞᆯ發ᄒᆞ기前에到達ᄒᆞᆷ으로想像ᄒᆞᆷ이可ᄒᆞᆫ日에發送ᄒᆞᆷ을知得ᄒᆞᆯ境遇假令申提者ᄂᆞᆫ漢城에住ᄒᆞ고承諾者ᄂᆞᆫ釜山에住ᄒᆞᄂᆞᆫ境遇에申提撤消의通知ᄅᆞᆯ五月二十一日에郵便에付ᄒᆞᆫ時ᄂᆞᆫ通常遲延ᄒᆞ야도二十三日에ᄂᆞᆫ到達ᄒᆞᆯ지라故로申提者ᄂᆞᆫ其日에ᄂᆞᆫ반다

도달하면 청약의 취소는 유효하다고 할 수밖에 없는 것이다. 그러나 이는 실제로 불편하므로 도달주의를 취하는 나라에서도 청약의 취소를 무효로 하는 것이 보통이다. 일본 신민법에서는 총칙에서 도달주의를 취하고 계약의 승낙에 대하여는 발신주의를 취하였으므로 청약 취소는 당연히 무효가 될 것이다. 그러나 이와 같은 경우에는 청약 취소의 효력에 대하여 법문에 규정할 필요가 있으므로, 일본 신민법 제527조에서 "청약 취소의 통지가 승낙의 통지를 발송한 뒤에 도달하여도 통상의 경우에는 그 전에 도달할 수 있는 때에 발송한 것임을 안 때에는 승낙자는 지체 없이 청약자에 대하여 그 연착의 통지를 발송하여야 함"이라고 하였고, 제2항에서 "승낙자가 전항의 통지를 게을리 한 때에는 계약은 성립하지 않은 것으로 간주함"이라고 규정하였다. 이 경우에는 청약 취소의 통지가 승낙의 통지를 발송한 뒤에 도달한 것이다. 그러므로 계약은 당연히 성립할 것이다. 그렇지만 청약자는 그 취소의 통지가 승낙의 통지를 발송하기 전에 도달한 것으로 상상할 수 있는 날에 발송하였음을 안 경우, 가령 청약자는 서울에 살고 승낙자는 부산에 사는 경우에 청약 취소의 통지를 5월 21일에 우편으로 부친 때에는 통상 지연되어도 23일에는 도달할 것이다. 그러므로 청약자는 그 날에는 반드시承諾者의게到達ᄒᆞᆯ者로信ᄒᆞᆷ이當然ᄒᆞᆫ바ㅣ라然而其通知가延着ᄒᆞ야二十四日에到達ᄒᆞ고承諾者ᄂᆞᆫ同日其到達前에旣히承諾의通知ᄅᆞᆯ發ᄒᆞ얏다ᄒᆞᆯ진ᄃᆡ此境遇에도契約이成立ᄒᆞᆫ다可謂ᄒᆞᆯ지라然이나申提者ᄂᆞᆫ申提撤消의通知가承諾의通知ᄅᆞᆯ發ᄒᆞ기前에到達ᄒᆞᆷ을不拘ᄒᆞ고相對者가契約을成立코져ᄒᆞ야承諾의通知ᄅᆞᆯ發ᄒᆞᆫ者ㅣ라想像ᄒᆞᆷ이通常될지라故로承諾者ᄂᆞᆫ遲滯업시假令撤消通知의到達ᄒᆞᆫ日或은其翌日에延着ᄒᆞᆫ旨ᄅᆞᆯ通知치아니ᄒᆞᆷ이不可ᄒᆞᄂᆞ니若其通知ᄅᆞᆯ懈怠히ᄒᆞᆫ時ᄂᆞᆫ申提의撤消ᄂᆞᆫ有効ᄒᆞᆷ으로看做ᄒᆞ야契約은成立지아니ᄒᆞᆷ에至ᄒᆞᆯ지니盖此通知ᄂᆞᆫ承諾者에就ᄒᆞ야ᄂᆞᆫ實로一擧手一投足의勞에不過ᄒᆞ고申提者에就ᄒᆞ야ᄂᆞᆫ極히必要ᄒᆞᆫ故로日本新民法은特히以上과如ᄒᆞᆫ規定을設ᄒᆞᆫ바ㅣ라

最終에申提者의死亡又ᄂᆞᆫ能力喪失ᄒᆞᆫ境遇에就ᄒᆞ야說明코져ᄒᆞ노라

夫申提者가申提의通知ᄅᆞᆯ發ᄒᆞᆫ後에死亡ᄒᆞ거나又ᄂᆞᆫ能力을喪失ᄒᆞᆫ時ᄂᆞᆫ其申提의意思表示ᄂᆞᆫ効力을失ᄒᆞᆯ가此에關ᄒᆞ야日本新民法에ᄂᆞᆫ隔地者意思表示의一般規定으로其第九十七條第二項에「表意者가通知ᄅᆞᆯ發ᄒᆞᆫ後死亡ᄒᆞ거나又ᄂᆞᆫ能力을失ᄒᆞ야도意思表示ᄂᆞᆫ此ᄅᆞᆯ因ᄒᆞ야其効力을妨害ᄒᆞᆷ이無ᄒᆞᆷ」이라規定ᄒᆞ

시 승낙자에게 도달할 것으로 믿는 것이 당연한 것이다. 그런데 그 통지가 연착하여 24일에 도달하고 승낙자는 같은 날 그 도달 전에 이미 승낙의 통지를 발송하였다고 하면, 이 경우에도 계약이 성립한다고 말할 수 있을 것이다. 그러나 청약자는 청약 취소의 통지가 승낙의 통지를 발송하기 전에 도달하였음에도 불구하고 상대방이 계약을 성립시키고자 하여 승낙의 통지를 발송한 것이라고 상상하는 것이 통상일 것이다. 그러므로 승낙자는 지체 없이, 가령 취소 통지가 도달한 날 또는 그 다음날에 연착한 뜻을 통지하여야 한다. 만약 그 통지를 게을리 한 때에는 청약의 취소는 유효한 것으로 간주하여 계약은 성립하지 않게 될 것이다. 일반적으로 이 통지는 승낙자에 대하여는 실로 일거수일투족의 수고에 불과하고 청약자에 대하여는 극히 필요하다. 그러므로 일본 신민법은 특별히 이상과 같은 규정을 마련한 것이다.

마지막으로 청약자의 사망 또는 능력* 상실의 경우에 대하여 설명하고자 한다.

무릇 청약자가 청약의 통지를 발송한 뒤에 사망하거나 또는 능력을 상실한 때에는 그 청약의 의사표시는 효력을 잃는가? 이에 관하여 일본 신민법은 격지자 의사표시의 일반규정으로 제97조 제2항에서 "표의자가 통지를 발송한 뒤 사망하거나 또는 능력을 잃어도 의사표시는 이로 인하여 그 효력을 방해받지 않음"이라고 규정하고承諾에就ᄒᆞ야ᄂᆞᆫ特히發信主義ᄅᆞᆯ取ᄒᆞ야其通知ᄅᆞᆯ發ᄒᆞᆫ同時에承諾이成立케ᄒᆞᆫ故로其後에至ᄒᆞ야承諾者가死亡ᄒᆞ거나又ᄂᆞᆫ能力을喪失ᄒᆞ야도決코承諾의効力에影響을及지아니ᄒᆞᆷ은勿論이오申提에就ᄒᆞ야ᄂᆞᆫ特別規定을設치아니ᄒᆞ야도當然히意思表示의通則된以上規定을適用ᄒᆞᆯ지니因ᄒᆞ야申提의通知가相對者의게到達ᄒᆞ기前에申提者가死亡ᄒᆞ거나又ᄂᆞᆫ能力을喪失ᄒᆞᆫ事實이有ᄒᆞ야도其申提의効力을妨害ᄒᆞᆷ이無ᄒᆞᆷ은明白ᄒᆞᆫ故로申提의通知가旣히相對者의게到達ᄒᆞᆫ後에申提者가死亡ᄒᆞ거나又ᄂᆞᆫ能力을喪失ᄒᆞ야도申提ᄂᆞᆫ其効力을失치아니ᄒᆞᆷ이勿論이나元來申提ᄂᆞᆫ申提에만因ᄒᆞ야確定ᄒᆞᆫ効力을生ᄒᆞᄂᆞᆫ者ㅣ아니오承諾을待ᄒᆞ야完全ᄒᆞᆫ効力이始生ᄒᆞᄂᆞᆫ故로承諾이有ᄒᆞ기前에申提者가死亡ᄒᆞ거나又ᄂᆞᆫ能力을喪失ᄒᆞᆫ時ᄂᆞᆫ申提ᄂᆞᆫ効力을失ᄒᆞᆯ가云ᄒᆞᄂᆞᆫ疑問이不無ᄒᆞᆫ바ㅣ라然而是ᄂᆞᆫ以上의說明을依ᄒᆞ야解得ᄒᆞ기容易ᄒᆞᆯ바ㅣ오但此原則에對ᄒᆞ야二個의例外ᄅᆞᆯ認치아니ᄒᆞᆷ이不可ᄒᆞᄂᆞ니其一은即申提者가反對의意思ᄅᆞᆯ表示ᄒᆞᆫ境遇라假令申提者가病席에臥ᄒᆞ야生死ᄅᆞᆯ未判ᄒᆞᆯ時에申提의意思ᄅᆞᆯ表示ᄒᆞ고此에附言ᄒᆞ되만일生存中에承諾을得ᄒᆞ면契約을成立ᄒᆞ고死後에ᄂᆞᆫ契約을成

고 승낙에 대하여는 특별히 발신주의를 취하여 그 통지를 발송한 동시에 승낙이 성립하게 한다. 그러므로 후자의 경우 승낙자가 사망하거나 능력을 상실하여도 결코 승낙의 효력에 영향을 미치지 않음은 물론이다. 그리고 청약에 대하여는 특별규정을 마련하지 않아도 당연히 의사표시의 통칙인 위 규정을 적용할 것이다. 따라서 청약의 통지가 상대방에게 도달하기 전에 청약자가 사망하거나 능력을 상실한 사실이 있더라도 그 청약의 효력이 방해받지 않음은 명백하다. 그러므로 청약의 통지가 이미 상대방에게 도달한 뒤에 청약자가 사망하거나 능력을 상실하여도 청약은 그 효력을 잃지 않음은 물론이다. 그러나 원래 청약은 청약만에 따라 확정된 효력이 발생되는 것이 아니고 승낙을 기다려 비로소 완전한 효력이 생긴다. 그러므로 승낙이 있기 전에 청약자가 사망하거나 능력을 상실한 때에는 청약은 효력을 잃는가 하는 의문이 없지 않다. 그러나 이는 이상의 설명에 따라 이해하기 쉬운 것이다. 다만 이 원칙에 대하여 두 개의 예외를 인정하여야 한다. 첫째는 곧 청약자가 반대의 의사를 표시한 경우이다. 가령 청약자가 병석에 누워 생사를 판가름하지 못할 때에 청약의 의사를 표시하고 이에 덧붙여 말하기를, 만일 생존 중에 승낙을 얻으면 계약을 성립시키고 사후에는 계약을 성

---

* 역자 주: 내용상으로는 행위능력 상실이나, 원문에서 '能力'이라고만 표현하고 있으며 58쪽 이하에서 능력 상실은 행위능력 상실만을 가리킨다는 부연 설명을 하고 있으므로 문맥을 고려하여 원문의 표현을 존중함.

立치아니ᄒᆞᆫ다云ᄒᆞᆫ時나或은申提者가屢屢히精神을喪失ᄒᆞᄂᆞᆫ事ㅣ有ᄒᆞᆫ故로스ᄉᆞ로禁治產宣告ᄅᆞᆯ請求ᄒᆞ고其宣告가姑無ᄒᆞᆫ境遇에申提의意思ᄅᆞᆯ表示ᄒᆞ고此에附言ᄒᆞ되만일承諾을得ᄒᆞ기前에其宣告ᄅᆞᆯ受ᄒᆞᆫ時ᄂᆞᆫ契約을成立치아니ᄒᆞᆫ다云ᄒᆞᆫ境遇라然而後의境遇와如ᄒᆞᆷ은實際에極稀ᄒᆞ되但其契約의種類ᄅᆞᆯ因ᄒᆞ야後見人으로履行케ᄒᆞᆷ을不欲ᄒᆞᄂᆞᆫ故로如此ᄒᆞᆫ意思表示ᄅᆞᆯ附ᄒᆞᄂᆞᆫ事ㅣ不無ᄒᆞ니此等境遇에ᄂᆞᆫ承諾을得ᄒᆞ기前에申提者가死亡ᄒᆞ거나能力을喪失ᄒᆞᆫ時ᄂᆞᆫ申提ᄂᆞᆫ其効力을失ᄒᆞᄂᆞᆫ바ㅣ오其二ᄂᆞᆫ相對者가申提者의死亡又ᄂᆞᆫ能力喪失ᄒᆞᆫ事實을知得ᄒᆞᆫ境遇니此例外ᄅᆞᆯ認ᄒᆞᄂᆞᆫ理由ᄂᆞᆫ元來契約이란者ᄂᆞᆫ當事者雙方의意思合致에因ᄒᆞ야成立ᄒᆞᄂᆞᆫ者ㅣ오意思合致가有ᄒᆞᆷ에ᄂᆞᆫ當事者雙方이同時에同一ᄒᆞᆫ意思ᄅᆞᆯ有치아니ᄒᆞᆷ이不可ᄒᆞᆫ바ㅣ라然而其一方이死亡ᄒᆞ거나又ᄂᆞᆫ能力을喪失ᄒᆞᆫ時ᄂᆞᆫ其人은全히意思가無ᄒᆞ거나或은其意思ᄅᆞᆯ繳消ᄒᆞᆷ에因ᄒᆞ야其効力을失ᄒᆞᆷ이可ᄒᆞᆫ故로意思合致가無ᄒᆞᆫ者ㅣ라謂ᄒᆞᆯ지니因ᄒᆞ야此境遇에ᄂᆞᆫ申提ᄂᆞᆫ効力을失ᄒᆞᄂᆞᆫ者ㅣ라云치아니ᄒᆞᆷ이不可ᄒᆞᆫ지라然즉相對者가其事實을知치못ᄒᆞᆫ境遇에ᄂᆞᆫ何故로申提의効力이有ᄒᆞᆯ가是ᄂᆞᆫ畢竟實際의便利ᄅᆞᆯ計圖ᄒᆞᆫ者ㅣ니即

립시키지 않는다고 말한 때가 있을 수 있다. 또는 청약자가 누누이 정신을 잃는 일이 있으므로 스스로 금치산선고*를 청구하고 그 선고가 아직 없는 경우에 청약의 의사를 표시하고 이에 덧붙여 말하기를, 만일 승낙을 얻기 전에 금치산선고를 받은 때에는 계약을 성립시키지 않는다고 말한 경우가 있을 수 있다. 그러나 뒤의 경우 같은 것은 실제로 극히 드물다. 하지만 그 계약 종류에 따라 후견인이 이행하게 하기를 원치 않으므로 이와 같은 의사표시를 붙이는 경우가 없지 않다. 이들 경우에는 승낙을 얻기 전에 청약자가 사망하거나 능력을 상실한 때에는 청약은 그 효력을 잃는 것이다. 둘째는 상대방이 청약자의 사망 또는 능력을 상실한 사실을 안 경우이다. 이 예외를 인정하는 이유는 원래 계약이란 것은 당사자 쌍방의 의사 합치에 따라 성립하는 것이고 의사의 합치가 있으려면 당사자 쌍방이 동시에 동일한 의사를 가져야 하는 것이다. 그런데 그 일방이 사망하거나 능력을 상실한 때에는 그 사람은 완전히 의사가 없거나 그 의사를 취소함에 따라 그 효력을 잃을 수 있으므로 의사 합치가 없는 것이라고 말할 것이다. 따라서 이 경우에는 청약은 효력을 잃는 것이라고 할 수밖에 없다. 그렇다면 상대방이 그 사실을 알지 못한 경우에는 어째서 청약의 효력이 있는가? 이는 결국 실제의 편리를 도모한 것이다. 곧

---

* 역자 주: 오늘날에는 성년후견으로 대체되었으며, 금치산과 성년후견 간에는 많은 제도적 차이가 있음.

契約에就ᄒᆞ야도相對者가其事實을知치못ᄒᆞᆫ境遇에ᄂᆞᆫ만일此ᄅᆞᆯ因ᄒᆞ야契約이成立치아니ᄒᆞᄂᆞᆫ者ㅣ라云ᄒᆞᆯ진ᄃᆡ申提의撤消에就ᄒᆞ야嘗述ᄒᆞᆷ과如히承諾者ᄂᆞᆫ其承諾을表示ᄒᆞᆷ에就ᄒᆞ야或은費用을要ᄒᆞ고或은時間을費ᄒᆞ며或은他利益이有ᄒᆞᆫ申提ᄅᆞᆯ拒絶ᄒᆞ고其承諾의通知ᄅᆞᆯ發ᄒᆞᆫ時에申提者가死亡ᄒᆞ거나又ᄂᆞᆫ能力을喪失ᄒᆞᆷ을知치못ᄒᆞᆷ을因ᄒᆞ야契約은完全히成立ᄒᆞᆫ者로信ᄒᆞ고直時其履行或은其準備에着手ᄒᆞᆷ이常例라然而申提者의死亡又ᄂᆞᆫ能力喪失을因ᄒᆞ야其契約이畢竟成立치아니ᄒᆞᆫ다云ᄒᆞᆯ진ᄃᆡ承諾者ᄂᆞᆫ意外의損失을被ᄒᆞᆯ지라故로此境遇에ᄂᆞᆫ例外로契約이成立ᄒᆞᆫ者로看做ᄒᆞ나然이나法律은相對者가申提者의死亡又ᄂᆞᆫ能力喪失을知치못ᄒᆞᆫ境遇ᄅᆞᆯ原則으로規定ᄒᆞᆫ故로此ᄅᆞᆯ知ᄒᆞᆫ事ᄅᆞᆯ主張ᄒᆞᄂᆞᆫ者ᄂᆞᆫ擧證ᄒᆞᄂᆞᆫ責에任치아니ᄒᆞᆷ이不可호ᄃᆡ但申提者의相續人、後見人等이契約을成立코ᄌᆞᄒᆞ지아니ᄒᆞᄂᆞᆫ時ᄂᆞᆫ相對者가承諾ᄒᆞ기前에死亡又ᄂᆞᆫ能力喪失ᄒᆞᆫ事ᄅᆞᆯ通知ᄒᆞᆷ이可ᄒᆞᆫ바ㅣ라

能力喪失이란文字ᄂᆞᆫ多少疑問이有ᄒᆞ고此ᄅᆞᆯ廣義로解釋ᄒᆞᆯ時ᄂᆞᆫ權利能力及行爲能力의喪失을包含ᄒᆞᆷ과如ᄒᆞ나能力이란文字ᄂᆞᆫ大槪行爲能力의意義로使用

계약에 대하여도 상대방이 그 사실을 알지 못한 경우에는 만일 이로 인하여 계약이 성립하지 않는 것이라고 하면 청약의 취소에 대하여 일찍이 서술한 것과 같이 승낙자는 그 승낙을 표시하는 데 대하여 더러는 비용을 들이고 더러는 시간을 쓰며 더러는 다른 이익이 있는 청약을 거절하고 그 승낙의 통지를 발송한 때에, 청약자가 사망하거나 능력을 상실한 것을 알지 못함에 따라 계약은 완전히 성립된 것으로 믿고 곧바로 그 이행 또는 그 준비에 착수하는 것이 보통이다. 그런데 청약자의 사망 또는 능력 상실에 따라 그 계약이 마침내 성립하지 않는다고 하면 승낙자는 뜻밖의 손실을 입을 것이다. 그러므로 이 경우에는 예외로 계약이 성립하는 것으로 간주한다. 그러나 법률은 상대방이 청약자의 사망 또는 능력 상실을 알지 못한 경우를 원칙으로 규정하였으므로 이를 안 것을 주장하는 자는 증명할 책임을 진다. 다만 청약자의 상속인, 후견인 등이 계약을 성립시키지 않고자 하는 때에는 상속인이 승낙하기 전에 사망 또는 능력 상실을 통지하는 것이 마땅하다.

능력 상실이란 문자는 다소 의문이 있다. 이를 광의로 해석할 때에는 권리능력 및 행위능력의 상실을 포함할 것 같다. 그러나 능력이란 문자는 대개 행위능력의 의미로 사용

ᄒᆞᄂᆞᆫ故로權利能力의喪失은所謂能力喪失中에包含치아니ᄒᆞᆫ바ㅣ라彼失踪宣告와如ᄒᆞᆷ은行爲能力喪失ᄒᆞᆫ境遇ᄅᆞᆯ謂ᄒᆞᆷ과如ᄒᆞ나死亡ᄒᆞᆫ者로看做ᄒᆞᄂᆞᆫ結果로權利能力을喪失ᄒᆞᆫ者ㅣ라故로死亡에屬ᄒᆞ고能力喪失에屬치아니ᄒᆞᆫ바ㅣ라然而行爲能力喪失에就ᄒᆞ야ᄂᆞᆫ法律이特히無能力者된境遇及事實上無能力即意思能力이無ᄒᆞᆫ境遇ᄅᆞᆯ想像치아니ᄒᆞᆷ이不可ᄒᆞᄂᆞ니所謂意思能力이無ᄒᆞᆫ境遇의最著ᄒᆞᆫ者ᄅᆞᆯ擧ᄒᆞᆯ진ᄃᆡ即禁治產의宣告ᄅᆞᆯ受ᄒᆞᆫ瘋癲者ㅣ오理論上으로言ᄒᆞ면泥醉者와睡眠中에在ᄒᆞᆫ者도亦能力喪失者와如ᄒᆞ나能力喪失이란文字ᄂᆞᆫ如此ᄒᆞᆫ廣義ᄅᆞᆯ有ᄒᆞᆷ이아니오因ᄒᆞ야泥醉又睡眠中에行ᄒᆞᆷ을知ᄒᆞᆫ理由로其申提ᄅᆞᆯ無効로ᄒᆞ야契約을成立치아니ᄒᆞᄂᆞᆫ意味가아님은明白ᄒᆞᆫ바ㅣ라故로能力喪失이라ᄒᆞᆷ은要ᄒᆞ건ᄃᆡ法律에特別히定ᄒᆞᆫ能力喪失即禁治產、準禁治產、婚姻及心神喪失ᄒᆞᆫ境遇ᄅᆞᆯ指ᄒᆞᆫ者ㅣ오心神喪失及禁治產의境遇ᄂᆞᆫ總히財產上契約을締結ᄒᆞ기不能ᄒᆞ나準禁治產及婚姻境遇ᄂᆞᆫ保佐人及夫의同意ᄅᆞᆯ要ᄒᆞᄂᆞᆫ境遇에만其適用이有ᄒᆞᆫ者ㅣ로ᄃᆡ（未成年者ᄂᆞᆫ能力喪失者中에包含치아니ᄒᆞᆷ을注意ᄒᆞᆷ이可ᄒᆞᆷ）오직心神喪失과其他境遇의相異ᄒᆞᆫ바ᄂᆞᆫ即甲은契約이全히成立치아니ᄒᆞ

하므로, 권리능력의 상실은 이른바 능력 상실 안에 포함되지 않는 것이다. 저 실종선고 같은 것은 행위능력을 상실한 경우를 말할 것 같으나, 사망한 것으로 간주되는 결과 권리능력을 상실한 것이다. 그러므로 사망에 속하고 능력 상실에 속하지 않는다. 그런데 행위능력 상실에 대하여는 법률이 특별히 무능력자로 한 경우 및 사실상 무능력, 곧 의사능력이 없는 경우를 상상하게 된다. 이른바 의사능력이 없는 경우에서 가장 두드러진 것을 들면 곧 금치산선고를 받은 뇌전증 환자이고, 이론상으로 말하면 만취자 또는 수면 중에 있는 사람 또한 능력상실자인 것 같다. 그러나 능력 상실이란 문자는 이와 같은 광의를 가지는 것이 아니고 따라서 만취 또는 수면 중에 한 것을 알았다는 이유로 그 청약을 무효로 하여 계약을 성립시키지 않는 의미가 아님은 명백한 것이다. 그러므로 능력상실이란 요컨대 법률에 특별히 정한 능력 상실, 곧 금치산, 준금치산, 혼인 및 심신상실의 경우를 가리키는 것이다. 심신상실 및 금치산의 경우는 모두 재산상 계약을 체결할 수 없으나, 준금치산 및 혼인의 경우는 보좌인 및 남편[夫]의 동의가 필요한 경우에만 적용되는 것이다(미성년자는 능력상실자 중에 포함되지 않음을 주의하여야 함). 다만 심신상실과 그 밖의 경우가 다른 점은, 곧 전자는 계약이 완전히 성립하지 않고乙은單히撤消홈을得ᄒᆞᄂᆞᆫ一點에在ᄒᆞᆫ바ㅣ니此에關ᄒᆞ야日本新民法은其第五百二十五條에「第九十七條第二項의規定은申提者가反對의意思를表示ᄒᆞ거나又ᄂᆞᆫ其相對者가死亡或은能力喪失ᄒᆞᆫ事實을知ᄒᆞᆫ境遇에ᄂᆞᆫ此를適用치아니홈」이라規定ᄒᆞᆫ바ㅣ라

最終에至ᄒᆞ야一言홀바ㅣ尙有ᄒᆞ니即契約에就ᄒᆞ야ᄂᆞᆫ日本新民法第五百二十五條에反對의意思表示의效力을認ᄒᆞ야도同民法總則第九十七條에ᄂᆞᆫ如此ᄒᆞᆫ文字가無ᄒᆞᆫ故로裏面으로브터觀홀진ᄃᆡ契約以外의境遇에ᄂᆞᆫ反對의意思表示를許容치아니홈으로解釋치아니홈이不可ᄒᆞᆫ바ㅣ是라即契約以外에도意思를表示홈에當ᄒᆞ야其通知가相對者의게到達ᄒᆞ기前에表意者가死亡ᄒᆞ거나又ᄂᆞᆫ能力을喪失ᄒᆞᆫ時ᄂᆞᆫ其意思表示를無効로홀旨意를附言ᄒᆞ야도妨害됨이毫無홀지로ᄃᆡ但實際上으로브터言ᄒᆞ면契約以外의法律行爲에就ᄒᆞ야如此ᄒᆞᆫ意思表示를附홈은極稀홈으로信ᄒᆞ노니假令單獨行爲된催告或은追認을行홈에當ᄒᆞ야其通知가相對者의게到達ᄒᆞ기前에死亡又ᄂᆞᆫ能力喪失ᄒᆞᆫ事實이有ᄒᆞᆫ時ᄂᆞᆫ此를無効로홈이可ᄒᆞᆫ旨를附言홈과如홈은殆히想像ᄒᆞ기不能ᄒᆞᆫ바ㅣ오오즉契約

고 후자는 단순히 취소할 수 있다는 한 가지에 있다. 따라서 이에 관하여 일본 신민법은 제525조에서 "제97조 제2항의 규정은 청약자가 반대의 의사를 표시하거나 또는 그 상대방이 사망 또는 능력을 상실한 사실을 안 경우에는 이를 적용하지 않음"이라고 규정한 것이다.

마지막으로 한마디 할 것이 더 있다. 곧 계약에 대하여는 일본 신민법 제525조에서 반대의 의사표시에 효력을 인정하여도 일본 신민법 총칙 제97조에서는 이와 같은 문자가 없다. 그러므로 이면으로부터 보면 계약 이외의 경우에는 반대의 의사표시를 허용하지 않는다고 해석할 수밖에 없다는 것이다. 곧 계약 이외의 경우에도 의사를 표시할 때 그 통지가 상대방에게 도달하기 전에 표의자가 사망하거나 능력을 상실한 때에는 그 의사표시를 무효로 한다는 취지를 덧붙여도 방해될 일이 전혀 없을 것이다. 그러나 실제로 말하면 계약 이외의 법률행위에 대하여 이와 같은 의사표시를 붙이는 일은 극히 드물다고 생각한다. 가령 단독행위인 최고 또는 추인을 할 때, 그 통지가 상대방에게 도달하기 전에 사망 또는 능력 상실 사실이 있는 때에는 이를 무효로 할 수 있다는 취지를 덧붙여 말하는 것 같은 일은 거의 상상할 수 없다. 다만 계약

에在ᄒᆞ야ᄂᆞᆫ其種類에因ᄒᆞ야如此ᄒᆞᆫ意思表示ᄅᆞᆯ附ᄒᆞᆷ이絶無치아니ᄒᆞᄂᆞ니假令
病中에在ᄒᆞᆫ者가自己衣服을注文ᄒᆞᆫ境遇에死亡ᄒᆞᆷ을慮ᄒᆞ야承諾의通知前不幸
이死亡ᄒᆞ면申提ᄅᆞᆯ無効로ᄒᆞᆯ旨意ᄅᆞᆯ附言ᄒᆞᆷ이不無ᄒᆞᆫ바ㅣ라故로契約에就ᄒᆞ야
ᄂᆞᆫ特히反對의意思ᄅᆞᆯ表示ᄒᆞᆫ境遇ᄅᆞᆯ規定ᄒᆞ고總則에ᄂᆞᆫ此規定을置치아니ᄒᆞᆷ이
라

以上에申提의說明을終了ᄒᆞᆫ故로次에承諾에就ᄒᆞ야說明코져ᄒᆞ노라

承諾에就ᄒᆞ야發信主義ᄅᆞᆯ取ᄒᆞᆷ은旣히說明ᄒᆞᆫ바ㅣ라故로再述ᄒᆞᆯ必要가無ᄒᆞ나
以下에說明코ᄌᆞᄒᆞᆷ은即承諾의期間을附ᄒᆞ야申提ᄒᆞᆫ境遇ㅣ니此에關ᄒᆞ야日本
新民法은申提撤消의延着에就ᄒᆞ야規定을設ᄒᆞᆷ과同一ᄒᆞᆫ精神에基因ᄒᆞ야規定
을設ᄒᆞ얏시니其第五百二十二條에「承諾의通知가前條의期間後에到達ᄒᆞ야
도通常境遇에ᄂᆞᆫ其期間內에到達ᄒᆞᆷ이可ᄒᆞᆫ時에發ᄒᆞᆷ을知得ᄒᆞᆫ時ᄂᆞᆫ申提者ᄂᆞᆫ遲
滯업시相對者에對ᄒᆞ야其延着의通知ᄅᆞᆯ發ᄒᆞᆷ을要ᄒᆞᆷ但其到達前에遲延의通知
ᄅᆞᆯ發ᄒᆞᆫ時ᄂᆞᆫ此限에在치아니ᄒᆞᆷ」이라ᄒᆞ고其第二項에「申提者가前項에通知ᄅᆞᆯ
懈怠히ᄒᆞᆫ時ᄂᆞᆫ承諾의通知ᄂᆞᆫ延着지아니ᄒᆞᆫ者로看做ᄒᆞᆷ」이라規定ᄒᆞ얏시니是

에서는 그 종류에 따라 이와 같은 의사표시를 붙이는 것이 전혀 없지는 않다. 가령 병중에 있는 사람이 자기 의복을 주문한 경우에 사망할 것을 생각하여 승낙 통지 전에 불행히 사망하면 청약을 무효로 하는 취지를 덧붙여 말하는 일이 없지 않다. 그러므로 계약에 대하여는 특별히 반대의 의사를 표시한 경우를 규정하고 총칙에는 이 규정을 두지 않은 것이다.

이상에서 청약의 설명을 마쳤으므로 다음에 승낙에 대하여 설명하고자 한다.

승낙에 대하여 발신주의를 취한 것은 이미 설명한 바이다. 그러므로 다시 서술할 필요가 없으나, 이하에서 설명하고자 하는 것은 곧 승낙의 기간을 붙여 청약한 경우이다. 여기에 관하여 일본 신민법은 청약 취소의 연착에 대하여 규정을 마련한 것과 동일한 정신에 기반하여 규정을 마련하였다. 제522조에서 "승낙의 통지가 전조의 기간 뒤에 도달하여도 통상의 경우에는 그 기간 내에 도달할 수 있는 때에 발송하였음을 안 때에는 청약자는 지체 없이 상대방에 대하여 그 연착의 통지를 발송하여야 함. 그러나 그 도달 전에 지연의 통지를 발송한 때에는 그러하지 않음"이라고 하였고 제2항에서 "청약자가 전항의 통지를 게을리 한 때에는 승낙의 통지는 연착되지 않은 것으로 간주함"이라고 규정하였다. 이는申提의承諾期間을定ᄒᆞᆫ境遇에其期間內에承諾이有ᄒᆞ야도其通知가期間內에到達치아니ᄒᆞᆫ時는契約은成立치아니ᄒᆞ나然이나其通知는延着ᄒᆞᆷ을因ᄒᆞ야期間內에到達치아니ᄒᆞᆫ者ㅣ오通常期間內에到達ᄒᆞᆷ이可ᄒᆞᆫ時에發送ᄒᆞᆫ者ㅣ되는時는承諾者는契約이成立ᄒᆞᆷ으로信ᄒᆞᆷ이當然ᄒᆞᆫ지라故로其延着을承諾者의게知케ᄒᆞ지아니ᄒᆞ면承諾者는契約履行에着手ᄒᆞᆷ으로知ᄒᆞᆷ이可ᄒᆞ고此를通知ᄒᆞᆷ은申提者에就ᄒᆞ야는實로容易ᄒᆞᆫ節次오承諾者에就ᄒᆞ야는利益이頗有ᄒᆞᆫ故로法律은其通知ᄒᆞᆷ이可ᄒᆞᆫ事를申提者의게命令ᄒᆞᆫ바ㅣ라然而若其通知를懈怠히ᄒᆞᆫ時는制裁로申提者를拘束ᄒᆞ야承諾의期間內에到達ᄒᆞᆫ者로看做ᄒᆞ야其承諾을有効로ᄒᆞ되唯此境遇中日本新民法第五百二十七條와相異ᄒᆞᆫ바는本條第一項의但書ㅣ니其第五百二十七條의境遇에在ᄒᆞ야는承諾者가承諾의通知를發ᄒᆞᆫ後에申提撤消의通知가到達ᄒᆞᆫ事를通知치아니ᄒᆞ면申提의撤消가延着ᄒᆞᆷ을申提者의게知케ᄒᆞ기不能ᄒᆞᆫ故로承諾者는반다시此를通知치아니ᄒᆞᆷ이不可ᄒᆞ나同第五百二十二條의境遇에在ᄒᆞ야는元來承諾期間을定ᄒᆞᆫ故로其期間을經過ᄒᆞ야도承諾의通知를接受치아니ᄒᆞᆫ時는申提者는承諾의通知가無ᄒᆞᆷ을因

는, 청약의 승낙기간을 정한 경우에 그 기간 내에 승낙이 있어도 그 통지가 기간 내에 도달하지 않은 때에는 계약은 성립하지 않는다. 그러나 그 통지는 연착함에 따라 기간 내에 도달하지 않은 것이고 통상 기간 내에 도달할 수 있는 때에 발송한 것인 때에는 승낙자는 계약이 성립한 것으로 믿는 것이 당연하다. 그러므로 그 연착을 승낙자에게 알게 하지 않으면 승낙자는 계약 이행에 착수한 것으로 아는 것이 마땅하다. 그리고 이를 통지하는 것은 청약자에게는 실로 용이한 절차이고 승낙자에게는 자못 이익이 되므로 법률은 그 통지를 하여야 마땅하다는 것을 청약자에게 명령한 것이다. 그런데 만약 그 통지를 게을리 한 때에는 제재로 청약자를 구속하여 승낙의 기간 내에 도달한 것으로 간주하여 그 승낙을 유효로 하되, 다만 이 경우 가운데 일본 신민법 제527조와 다른 점은 본조 제1항 단서이다. 일본 신민법 제527조의 경우에는 승낙자가 승낙의 통지를 발송한 후에 청약 취소의 통지가 도달한 것을 통지하지 않으면 청약의 취소가 연착되었음을 청약자에게 알게 할 수 없으므로 승낙자는 반드시 이를 통지하지 않을 수 없다. 그러나 같은 법 제525조의 경우에는 원래 승낙기간을 정한 것이므로 그 기간을 경과하여도 승낙의 통지를 받지 않은 때에는 청약자는 승낙의 통지가 없는 데 따

ᄒᆞ야申提ᄂᆞᆫ無効에遂歸ᄒᆞᄂᆞᆫ旨意로相對者의게通知ᄒᆞᄂᆞᆫ事ㅣ有ᄒᆞᆯ지니此境遇에ᄂᆞᆫ縱令承諾의通知ᄅᆞᆯ發ᄒᆞᆫ後에到達ᄒᆞ야도更히通知ᄒᆞᆷ을要치아니ᄒᆞᄂᆞ니假令漢城의甲으로브터釜山의乙에對ᄒᆞ야五日間에承諾ᄒᆞᆷ이可ᄒᆞᆫ旨意ᄅᆞᆯ附ᄒᆞ야申提ᄒᆞ고乙은三日을經過ᄒᆞᆫ後에承諾의通知ᄅᆞᆯ發ᄒᆞᆫ지라然而通常遲延ᄒᆞ야도其翌日에ᄂᆞᆫ到達ᄒᆞᆯ豫定됨에不拘ᄒᆞ고故障을因ᄒᆞ야滿期翌日에至ᄒᆞ야到達ᄒᆞ고其到達前에甲은承諾의通知가無ᄒᆞᆷ을因ᄒᆞ야申提가無効에歸ᄒᆞᆫ旨意로通知ᄅᆞᆯ發ᄒᆞ얏다ᄒᆞᆯ진대此境遇에ᄂᆞᆫ再度延着의通知ᄅᆞᆯ發ᄒᆞᆷ을要치아니ᄒᆞᄂᆞᆫ바ㅣ라以上에說明ᄒᆞᆫ바ᄂᆞᆫ承諾의關ᄒᆞᆫ一般事項이나尙且遲延ᄒᆞᆫ承諾에就ᄒᆞ야一言ᄒᆞᆯ者ㅣ有ᄒᆞ니前述ᄒᆞᆷ과如히承諾의期間을定ᄒᆞ야申提ᄒᆞ고承諾의通知가期間內에到達치아니ᄒᆞᆫ時ᄂᆞᆫ其通知ᄂᆞᆫ原則으로何等의効力을生치아니ᄒᆞ나申提者ᄂᆞᆫ期間이經過ᄒᆞᆫ後에도尙其意思ᄅᆞᆯ繼續ᄒᆞᆷ이有ᄒᆞᄂᆞ니此境遇에在ᄒᆞ야假令何等의規定이無ᄒᆞᆯ진ᄃᆡ申提者ᄂᆞᆫ更히新ᄒᆞᆫ申提ᄅᆞᆯ行ᄒᆞ고此에對ᄒᆞ야相對者로브터更히承諾의通知ᄅᆞᆯ發치아니ᄒᆞ면契約은成立ᄒᆞᆷ이無ᄒᆞᆯ바ㅣ라然이나是ᄂᆞᆫ無益ᄒᆞᆫ節次오承諾者에就ᄒᆞ야도旣히承諾의通知ᄅᆞᆯ發ᄒᆞᆫ以上은契約을締結코ᄌᆞᄒᆞ

라 청약이 무효가 되는 취지로 상대방에게 통지하는 경우가 있을 것이다. 이 경우에는 설령 승낙자의 통지가 발송된 뒤에 도달하여도 다시 통지할 필요가 없다. 가령 서울의 甲으로부터 부산의 乙에 대하여 닷새 동안에 승낙하여야 한다는 취지를 붙여 청약하고 乙은 사흘이 지난 뒤에 승낙의 통지를 발송하였다. 그런데 통상 지연되어도 그 다음날에는 도달할 예정임에도 불구하고 장애로 인하여 만기 다음날이 돼서야 도달하고, 그 도달 전에 甲은 승낙의 통지가 없는 데 따라 청약이 무효가 되었다는 취지로 통지를 발송하였다고 하자. 이 경우에는 다시 연착의 통지를 발송할 필요가 없는 것이다. 이상에서 설명한 것은 승낙에 관한 일반사항이나, 오히려 지연된 승낙에 대하여 한마디 할 것이 있다. 앞서 서술한 것과 같이 승낙의 기간을 정하여 청약하고 승낙의 통지가 기간 내에 도달하지 않은 때에는 그 통지는 원칙적으로 어떠한 효력도 생기지 않으나, 청약자는 기간이 경과한 뒤에도 여전히 그 의사를 계속하는 경우가 있다. 이 경우 가령 어떠한 규정도 없다면 청약자는 다시 새로운 청약을 하고 이에 대하여 상대방으로부터 다시 승낙의 통지를 발송하지 않으면 계약은 성립하지 않을 것이다. 그러나 이는 무익한 절차이고 승낙자에 대하여도 이미 승낙의 통지를 발송한 이상 계약을 체결하고자 하는意思가有ᄒᆞᆷ이明白ᄒᆞᆫ故로寧히此를新ᄒᆞᆫ申提로看做ᄒᆞ고此에對ᄒᆞ야承諾을與ᄒᆞ야써契約을成立케ᄒᆞᆷ을得ᄒᆞ는者ㅣ라云ᄒᆞᆯ진대雙方의利益됨이頗大ᄒᆞ고當事者意思에도適合ᄒᆞᆯ지라故로日本新民法은其第五百二十三條에「遲延ᄒᆞᆫ承諾은申提者가此를新ᄒᆞᆫ申提로看做ᄒᆞᆷ을得ᄒᆞᆷ」이라規定ᄒᆞ얏시니即法律上其承諾을新ᄒᆞᆫ申提로看做ᄒᆞ야申提에關ᄒᆞᆫ規定을適用ᄒᆞᆫ다云ᄒᆞᆷ이아니오惟其申提者로ᄒᆞ야곰此를新ᄒᆞᆫ申提로看做ᄒᆞᆷ을得케ᄒᆞ는者ㅣ라ᄒᆞᆷ에不過ᄒᆞᆫ바ㅣ라

最後에至ᄒᆞ야申提와異ᄒᆞᆫ承諾을表示ᄒᆞᆫ境遇에就ᄒᆞ야一言코ᄌᆞᄒᆞ노니實際에在ᄒᆞ야는申提를變更치아니ᄒᆞ고承諾ᄒᆞᆷ은寧히例外오此에多少變更을加ᄒᆞ야써承諾ᄒᆞᆷ이常例니假令賣買에就ᄒᆞ야見ᄒᆞᆯ진ᄃᆡ或物을代價千圓으로賣却코ᄌᆞᄒᆞ는申提에對ᄒᆞ야九百圓으로減ᄒᆞ면買受ᄒᆞᆯ旨意로荅ᄒᆞᆷ과如ᄒᆞᆷ은即去來上의常態라云ᄒᆞᆷ이可ᄒᆞ고又는時或條件을附ᄒᆞ야承諾ᄒᆞᆷ이有ᄒᆞ니假令他處로브터同一ᄒᆞᆫ申提를受ᄒᆞ고此에多少變更을加ᄒᆞ야承諾ᄒᆞᆫ故로他處에서此를承諾ᄒᆞ면貴下의申提를拒絕ᄒᆞ고만일承諾지아니ᄒᆞ는時는買下의申提를承諾ᄒᆞ리라云ᄒᆞᆷ과如ᄒᆞ니如此히申提의變更을加ᄒᆞ거나又는條件을附ᄒᆞ야承諾ᄒᆞᆫ境遇에

는 의사가 있음이 명백하다. 그러므로 오히려 이를 새로운 청약으로 간주하고 이에 대하여 승낙을 줌으로써 계약을 성립시킬 수 있는 것이라고 하면 쌍방의 이익이 자못 크고 당사자 의사에도 적합할 것이다. 그러므로 일본 신민법은 제523조에서 "지연된 승낙은 청약자가 이를 새로운 청약으로 간주할 수 있음"이라고 규정하였다. 곧 법률상 그 승낙을 새로운 청약으로 간주하여 청약에 관한 규정을 적용한다는 것이 아니라, 다만 그 청약자로 하여금 이를 새로운 청약으로 간주할 수 있게 하는 것이라는 데 불과하다.

마지막으로 청약과 다른 승낙을 표시한 경우에 대하여 한마디 하고자 한다. 실제로는 청약을 변경시키지 않고 승낙하는 것은 오히려 예외이고, 청약에 다소 변경을 가하여 승낙하는 것이 보통이다. 가령 매매에 대하여 보면 어떤 물건을 대가 1천원으로 매각하고자 하는 청약에 대하여 900원으로 깎으면 매수하겠다는 취지로 답하는 것 같은 일은 곧 거래상 통상의 형태라고 할 수 있다. 때로는 조건을 붙여 승낙하는 경우도 있다. 가령 다른 곳으로부터 동일한 청약을 받고 여기에 다소 변경을 가하여 승낙하였으므로 다른 곳에서 이를 승낙하면 귀하*의 청약을 거절하고 만일 승낙하지 않는 때에는 귀하의 청약을 승낙하리라고 말하는 것과 같다. 이와 같이 청약에 변경을 가하거나 또는 조건을 붙여 승낙한 경우에

* 역자 주: 원문의 '買下'는 오자임.

는雙方의意思가合致치아니혼故로新히承諾者의希望에合혼申提를行ᄒᆞ고更히承諾을得지아니ᄒᆞ면契約은成立지아니홈과如ᄒᆞ나是亦實際에無益혼節次오申提者가承諾者의希望혼代價로써賣却ᄒᆞ거나或은其條件을附ᄒᆞ야賣買ᄒᆞ고ᄌᆞᄒᆞ면契約은直時成立홈을得혼다云홈이便利혼故로日本新民法은其第五百二十八條에「承諾者가申提에條件을附ᄒᆞ거나其他變更을加ᄒᆞ야此를承諾혼時는其申提의拒絶과共히新혼申提를行혼者로看做홈」이라規定ᄒᆞ얏시니即前의申提는拒絶혼者로視홈과同時에新히承諾者로브터申提혼者로看做ᄒᆞ는故로此에對ᄒᆞ야前의申提者로브터承諾혼時는契約이成立ᄒᆞ는바ㅣ라然而此境遇는遲延혼承諾의境遇와異ᄒᆞ야申提者가新혼申提로看做홈을得홈이아니오法律上當然히新혼申提로看做ᄒᆞᄂᆞ니是는法律이當事者의意思를解釋ᄒᆞ야如此히區別을設혼者ㅣ오遲延혼承諾의境遇에在ᄒᆞ야는承諾者는承諾을表示혼意思오申提를表示혼意思는아니며又申提者에在ᄒᆞ야도期間을經過혼承諾은效力이無혼者ㅣ라云ᄒᆞ는意思로써申提혼者ㅣ니因ᄒᆞ야遲延혼承諾을絶對的新혼申提로看做홀時는往往當事者意思에違反됨이有혼故로唯其便宜法

는 쌍방의 의사가 합치하지 않았으므로 새로이 승낙자의 희망에 맞는 청약을 하고 다시 승낙을 얻지 않으면 계약은 성립하지 않을 것 같다. 그러나 이 또한 실제로 무익한 절차이고 청약자가 승낙자가 희망한 대가로 매각하거나 또는 그 조건을 붙여 매매하고자 하면 계약은 곧바로 성립할 수 있다고 하는 것이 편리하다. 그러므로 일본 신민법은 제528조에서 "승낙자가 청약에 조건을 붙이거나 기타 변경을 가하여 이를 승낙한 때에는 그 청약의 거절과 함께 새로운 청약을 한 것으로 간주함"이라고 규정하였다. 곧 앞의 청약은 거절한 것으로 봄과 동시에 새로이 승낙자로부터 청약한 것으로 간주하므로, 이에 대하여 앞의 청약자가 승낙한 때에는 계약이 성립하는 것이다. 그런데 이 경우에는 지연된 승낙의 경우와 달리 청약자가 새로운 청약으로 간주할 수 있는 것이 아니고 법률상 당연히 새로운 청약으로 간주된다. 이는 법률이 당사자의 의사를 해석하여 이와 같이 구별을 마련한 것이다. 그리고 지연된 승낙의 경우에는 승낙자는 승낙을 표시한 의사이고 청약을 표시한 의사는 아니며, 또 청약자로서도 기간을 경과한 승낙은 효력이 없는 것이라고 하는 의사로 청약한 것이다. 따라서 지연된 승낙을 절대적으로 새로운 청약으로 간주할 때에는 종종 당사자 의사에 어긋날 때가 있으므로 다만 편의적인 방법으로當事者가新ᄒᆞᆫ申提로看做ᄒᆞᆷ을得케ᄒᆞᆫ다云ᄒᆞᆯ뿐이로ᄃᆡ申提에變更을加ᄒᆞ야承諾ᄒᆞᆫ境遇ᄂᆞᆫ此를新ᄒᆞᆫ申提로看做ᄒᆞᆷ이恒常當事者意思에適合ᄒᆞᆯ지니即千圓에賣却ᄒᆞᆫ다云ᄒᆞᆷ에對ᄒᆞ야九百圓에買受ᄒᆞᆫ다云ᄒᆞᆷ은千圓의申提를拒絶ᄒᆞ고九百圓의申提를表示ᄒᆞᆷ과同一ᄒᆞᆫ故로法律은此를新ᄒᆞᆫ申提로看做ᄒᆞᄂᆞᆫ바ㅣ라

以上에申提及承諾에關ᄒᆞᆫ說明을終了ᄒᆞᆫ故로次에廣告에就ᄒᆞ야說明코ᄌᆞᄒᆞ노라

廣告의性質에就ᄒᆞ야ᄂᆞᆫ學說이紛紜ᄒᆞ나此를大別ᄒᆞ면三種이有ᄒᆞ니第一은單獨行爲說이라稱ᄒᆞᄂᆞᆫ者ㅣ라蓋廣告ᄂᆞᆫ一種單獨行爲에屬ᄒᆞ야獨立으로効力이生ᄒᆞᄂᆞᆫ者ㅣ오契約에ᄂᆞᆫ何等關係가無ᄒᆞᆫ行爲니假令廣告者의所有에係ᄒᆞᆫ某手帋를持來ᄒᆞᄂᆞᆫ者ᄂᆞᆫ金幾許를與ᄒᆞᆯ旨意로廣告ᄒᆞᆫ時ᄂᆞᆫ即一種單獨行爲오契約에ᄂᆞᆫ關係가無ᄒᆞᆫ다云ᄒᆞᄂᆞᆫ바ㅣ라獨逸民法은懸賞廣告에就ᄒᆞ야此說을採用ᄒᆞ얏시며第二ᄂᆞᆫ申提說이라前例와如ᄒᆞᆫ行爲의內容을定ᄒᆞ야廣告ᄒᆞᆫ時ᄂᆞᆫ此를申提로看做ᄒᆞ고此에對ᄒᆞ야承諾ᄒᆞᆫ時ᄂᆞᆫ契約이直時成立ᄒᆞᄂᆞᆫ者ㅣ라云ᄒᆞᆷ이니卽何人을不問ᄒᆞ고其手帋를持來ᄒᆞᆫ時ᄂᆞᆫ此를因ᄒᆞ야契約이成立ᄒᆞᆷ이라日本新民法

으로 당사자가 새로운 청약으로 간주할 수 있게 한다고 할 뿐이다. 청약에 변경을 가하여 승낙한 경우에는 이를 새로운 청약으로 간주하는 것이 항상 당사자의 의사에 적합할 것이다. 곧 1천원에 매각한다는 것에 대하여 900원에 매수한다는 것은 1천원의 청약을 거절하고 900원의 청약을 표시하는 것과 동일하다. 그러므로 법률은 이를 새로운 청약으로 간주하는 것이다.

이상에서 청약 및 승낙에 관한 설명을 마쳤으므로 다음에 광고에 대하여 설명하고자 한다.

광고*의 성질에 대하여는 학설이 분분하나 이를 대별하면 세 가지가 있다. 첫째는 단독행위설이라 일컫는 것이다. 일반적으로 광고는 일종의 단독행위에 속하여 독립적으로 효력이 생기는 것이고 계약과는 어떠한 관계도 없는 행위이다. 가령 광고자의 소유인 수대(手袋)**를 가져오는 사람은 돈 얼마를 주겠다는 취지로 광고한 때에는 곧 일종의 단독행위이고 계약과는 관계가 없다는 것이다. 독일 민법은 현상광고에 대하여 이 설을 취하였다. 둘째는 청약설이다. 앞선 예와 같은 행위의 내용을 정하여 광고한 때에는 이를 청약으로 간주하고 이에 대하여 승낙한 때에는 계약이 곧바로 성립하는 것이라고 한다. 곧 누구를 막론하고 그 수대를 가져온 때에는 이로 인하여 계약이 성립한다. 일본 신민법

* 역자 주: 우리 민법상 현상광고는 계약각론에 위치하나 일본 민법은 계약총칙에서 규율하고 있음.
** 역자 주: 손에 들고 다니는 작은 가방.

은此說을採用ᄒᆞ얏고第三은申提誘引說이라卽廣告란者ᄂᆞᆫ申提가아니오申提ᄅᆞᆯ誘引ᄒᆞᄂᆞᆫ方法이니假令某賣物이有ᄒᆞ다廣告ᄒᆞᆫ時ᄂᆞᆫ此ᄅᆞᆯ一覽ᄒᆞᆫ後에契約의申提ᄅᆞᆯ行ᄒᆞᄂᆞᆫ者ㅣ오廣告ᄂᆞᆫ申提가아니라云ᄒᆞᆷ이라然而此說은廣告의種類에因ᄒᆞ야採用ᄒᆞᆯ者ㅣ不無ᄒᆞ니假令貸家의廣告와如ᄒᆞᆷ은縱令間數와家賃을記載ᄒᆞ야도契約의內容全部ᄅᆞᆯ表示ᄒᆞᆫ者ㅣ라謂ᄒᆞᆷ을得지못ᄒᆞᆯ지로ᄃᆡ此와反ᄒᆞ야土地或은家屋의賣買에在ᄒᆞ야ᄂᆞᆫ苟其處所가一定ᄒᆞ고坪數가確定ᄒᆞ면此ᄅᆞᆯ實見치아니ᄒᆞ고買受ᄒᆞᄂᆞᆫ意思ᄅᆞᆯ決定ᄒᆞᆷ이有ᄒᆞ고賣主도自己가定ᄒᆞᆫ代價ᄅᆞᆯ支撥ᄒᆞᄂᆞᆫ者ㅣ有ᄒᆞ면何人을不問ᄒᆞ고此ᄅᆞᆯ賣却ᄒᆞᆷ이常例니是卽賣買에在ᄒᆞ야ᄂᆞᆫ通常其人을理由로定ᄒᆞ야契約의効力을左右ᄒᆞᆷ을不許ᄒᆞᄂᆞᆫ所以라然而家屋의賃貸借와如ᄒᆞᆷ은借主ᄂᆞᆫ實際其家屋을覽치아니ᄒᆞ고間數及家賃의廣告에만依ᄒᆞ야此ᄅᆞᆯ借受ᄒᆞᄂᆞᆫ事ㅣ非無ᄒᆞ나家主ᄂᆞᆫ廣告外에或은家賃의支撥時期ᄅᆞᆯ定ᄒᆞ거나保證人을置케ᄒᆞ거나修繕의一部ᄅᆞᆯ借主가負擔ᄒᆞᄂᆞᆫ等諸種의條欵으로ᄡᅥ契約을締結치아니ᄒᆞ면家屋을貸與치아니ᄒᆞᆷ이常例오又況如斯ᄒᆞᆫ契約은一定或은不定期間을繼續ᄒᆞᄂᆞᆫ者ㅣ라故로借主가每月或은每年延滯치아니ᄒᆞ고借賃을

은 이 설을 취하였다. 셋째는 청약유인설이다. 곧 광고란 것은 청약이 아니고 청약을 유인하는 방법으로, 가령 어느 매물이 있다고 광고한 때에는 이를 한번 본 뒤에 계약 청약을 하는 것이고 광고는 청약이 아니라는 것이다. 그러나 이 학설은 광고의 종류에 따라 취할 것이 없지 않다. 가령 가옥 임대 광고 같으면 설령 칸 수와 집세를 기재하여도 계약 내용의 전부를 표시한 것이라고 말하지 못할 것이다. 그렇지만 이와 반대로 토지 또는 가옥의 매매에서는 진실로 그 장소가 일정하고 평수가 확정되어 있으면 이를 실제로 보지 않고 매수하겠다는 의사를 결정할 수 있고, 매도인도 자기가 정한 대가를 지급하는 사람이 있으면 누구를 막론하고 이를 매각하는 것이 보통이다. 이는 곧 매매에서는 통상 그 사람을 이유로 정하여 계약의 효력을 좌우하는 것을 허용하지 않기 때문이다. 그런데 가옥의 임대차 같으면 임차인은 실제 그 가옥을 보지 않고 칸수 및 집세의 광고만에 따라 빌리는 일도 없지는 않다. 그러나 집주인은 광고 외에 더러는 집세의 지급 시기를 정하거나 보증인을 두게 하거나 수선의 일부를 임차인이 부담하게 하는 등 여러 가지 조항을 두고 계약을 체결하지 않으면 가옥을 대여하지 않는 것이 보통이다. 더구나 이러한 계약은 일정한 기간, 또는 기간을 정하지 않고 계속하는 것이다. 그러므로 임차인이 매월 또는 매년 연체하지 않고 차임을

支撥홀人되는與否와又는此에住居ᄒᆞ는者가家屋을損傷치아니ᄒᆞ고使用홀人되는與否와或은借主가修繕을負擔홀境遇에는其修繕을懈怠히ᄒᆞ지아니홀人되는與否及其他諸種의事情을調査홀後가아니면此를貸與치아니홈이普通이라故로間數、借賃等을記載ᄒᆞ야新聞紙에貸家홈을廣告ᄒᆞ야도此로써契約의申提라홈을不得홀지니要ᄒᆞ건ᄃᆡ廣告의實質如何를依ᄒᆞ야一般히如何ᄒᆞᆫ學說을採用홈이可ᄒᆞ다斷言ᄒᆞ기不能ᄒᆞ나右와如히契約의內容이確定치아니ᄒᆞᆫ境遇는寧히申提의誘引에不過ᄒᆞ다云홈이穩當ᄒᆞ고此와反ᄒᆞ야旣其內容이悉皆確定ᄒᆞᆫ境遇는契約의申提라云홈으로써穩當ᄒᆞ다ᄒᆞ노라

玆에廣告와類似ᄒᆞᆫ者에就ᄒᆞ야說明홀바ㅣ有ᄒᆞ니其一은定價表를附ᄒᆞᆫ商品이라是亦契約의申提와同視치아니홈이不可호ᄃᆡ但定價表를附ᄒᆞᆫ商品中에도店頭에陳列치아니ᄒᆞᆫ者는오ᄌᆞᆨ代價를記憶홈에便利ᄒᆞ기爲ᄒᆞ거나或은顧客으로ᄒᆞ야곰一見ᄒᆞ면其代價를知得케ᄒᆞ기爲홈에不過ᄒᆞᆫ者ㅣ니此等은契約의申提가아니라然이나果物을一枚에一錢價額으로積置홈과如홈은分明ᄒᆞᆫ申提니何人됨을不問ᄒᆞ고其價額을支撥ᄒᆞ는者에對ᄒᆞ야此를賣却홀意思를表示ᄒᆞᆫ者ㅣ

지급할 사람인지 여부와 또는 여기에 거주하는 사람이 가옥을 손상시키지 않고 사용할 사람인지 여부, 또는 임차인이 수선을 부담할 경우에는 그 수선을 게을리하지 않을 사람인지 여부 및 기타 여러 가지 사정을 조사한 뒤가 아니면 이를 대여하지 않는 것이 보통이다. 그러므로 칸수, 차임 등을 기재하여 신문지에 가옥 대여를 광고하여도 이로써 계약의 청약이라고 할 수 없을 것이다. 요컨대 광고의 실질이 어떠한지에 따라 일반적으로 어떠한 학설을 취하여야 한다고 단언할 수 없다. 그러나 위와 같이 계약 내용이 확정되지 않은 경우는 오히려 청약의 유인에 불과하다고 하는 것이 타당하다. 이와 반대로 그 내용이 모두 확정된 경우에는 계약의 청약이라고 말하면 타당하다고 하겠다.

여기서 광고와 유사한 것에 대하여 설명할 것이 있다. 하나는 정가표(定價表)를 붙인 상품이다. 이 또한 계약의 청약과 동일하다고 할 수밖에 없다. 다만 정가표를 붙인 상품 중에도 가게 앞에 진열하지 않은 것은 다만 대가를 기억하는 데 편리하기 위하거나 고객이 한번 보면 그 대가를 알 수 있게 하기 위하는 데 불과한 것이다. 이들은 계약의 청약이 아니다. 그러나 과일을 하나에 1전이라는 값으로 쌓아 둔 것 같은 것은 분명한 청약이다. 누구를 막론하고 그 가액을 지급하는 사람에 대하여 이를 매각할 의사를 표시한 것이라故로假令路人이此를買ᄒᆞᆷ에當ᄒᆞ야貴下의게는賣却ᄒᆞᆯ意思가無ᄒᆞ다ᄒᆞ야此를拒絶ᄒᆞᆷ을不得ᄒᆞᆯ바ㅣ오第二는停車場에揭示ᄒᆞᆫ鐵道의賃金及時間表의申提되는與否라是亦議論이頗有ᄒᆞ나余는申提로信ᄒᆞ노니其理由는即其契約의內容이總히確定ᄒᆞᆫ所以라故로旅客의何人됨을不問ᄒᆞ고苟其警察上規定에犯觸지아니ᄒᆞᆫ限에는車票의賣却을拒絶ᄒᆞᆷ을得지못ᄒᆞ나然이나其申提됨이一定ᄒᆞᆫ時刻에一定ᄒᆞᆫ列車로發ᄒᆞ야써乘車케ᄒᆞᆷ을申提ᄒᆞᆷ에止ᄒᆞᆯ뿐이오旅客의希望에依ᄒᆞ야幾輛이라도發車ᄒᆞᆷ을申提ᄒᆞᆷ이아니니故로第一의列車가만일滿員된時는第二의列車를乘치아니ᄒᆞᆷ을得치못ᄒᆞᆯ바ㅣ오唯其旅客의何人됨을理由로定ᄒᆞ야乘車를拒絶ᄒᆞᆷ을得지못ᄒᆞᆯ뿐이니因ᄒᆞ야其賃金을支撥ᄒᆞ고乘車ᄒᆞᆷ을提出ᄒᆞ는者ㅣ有ᄒᆞᆫ時는此에契約이成立ᄒᆞᆷ이라此等諸點은皆議論이頗有ᄒᆞ나余는以上과如히信ᄒᆞ는바ㅣ오此外에廣告와類似ᄒᆞᆫ者ㅣ尙多ᄒᆞ나上述ᄒᆞᆫ바를依ᄒᆞ야推知ᄒᆞᆷ을可得ᄒᆞᆯ바ㅣ라

以上은廣告一般에關ᄒᆞᆫ事項을論述ᄒᆞ얏시니以下에는懸賞廣告에就ᄒᆞ야說明코ᄌᆞᄒᆞ노라

다. 그러므로 가령 길거리의 사람이 이를 살 때 귀하에게는 매각할 의사가 없다고 하여 이를 거절할 수 없을 것이다. 둘째는 정거장에 게시한 철도 운임 및 시각표가 청약인지 여부이다. 이 또한 자못 논의가 많으나 나는 청약으로 생각한다. 그 이유는 곧 계약의 내용이 모두 확정되었기 때문이다. 그러므로 여객이 누구인지를 막론하고 진실로 그가 경찰상 규정에 저촉되지 않는 한 차표의 매각을 거절하지 못한다. 그러나 그 청약은 일정한 시각에 출발하는 일정한 열차에 승차하게 하는 것을 청약이라고 하는 데 그치고, 여객의 희망에 따라 몇 차량이라도 출발시키는 것을 청약이라고 하는 것이 아니다. 그러므로 첫째 열차가 만일 만원이 된 때에는 둘째 열차를 타지 않을 수 없을 것이다. 다만 그 여객이 누구인지를 이유로 정하여 승차를 거절할 수 없을 뿐이다. 따라서 운임을 지급하고 승차하려 하는 사람이 있는 때에는 계약이 성립하는 것이다. 이들 몇 가지 점은 모두 자못 논의가 있으나, 나는 이상과 같이 생각하는 바이다. 그리고 이 밖에 광고와 유사한 것이 여전히 많으나 위에 서술한 바에 따라 미루어 알아낼 수 있을 것이다.

이상은 광고 일반에 관한 사항을 논하였으므로 이하에서는 현상광고에 대하여 설명하고자 한다.

上述홈과 如히廣告란者는其目的이確定혼以上은此로써契約의申提라ᄒᆞ나然이나懸賞廣告란者는其性質이一種特別혼者ㅣ오各種疑問이生ᄒᆞ는故로法律은此에關ᄒᆞ야詳細혼規定을設홈이可혼바ㅣ라

懸賞廣告에는各種이有ᄒᆞ니今에二三의例를擧홀진대假令飼犬을失혼境遇에此를捕來ᄒᆞ는者ㅣ有ᄒᆞ면若干의謝金을與홀旨意로廣告홈이有ᄒᆞ고又는時或前例境遇에犬의所在處를通報ᄒᆞ는者ㅣ有ᄒᆞ면報酬를與홀旨意로廣告홈이有혼바ㅣ라然而如此혼廣告는人에就ᄒᆞ야도往往히見ᄒᆞ는바ㅣ니假令或者의所在處를知得ᄒᆞ기爲ᄒᆞ야其人의居所를通報ᄒᆞ는者ㅣ有ᄒᆞ면若干의謝金을與홀旨意로廣告홈은其例가不尠혼바ㅣ오或은一定혼條件으로써詞藻를募集ᄒᆞ야優等者가有ᄒᆞ면賞金或其他賞品等을與홀旨意로廣告홈이有ᄒᆞ고又는或目的을爲ᄒᆞ야最便利혼物을發明혼者가有ᄒᆞ면賞金或은金牌를與홀旨意로廣告홈이有ᄒᆞ니此等廣告는畢竟都給契約의申提에不外ᄒᆞ나其意思表示의方法이普通境遇와相異혼故로都給契約의一般規定을適用홈을不得홀지니獨逸民法과如홈은此를一種特別혼法律行爲로規定혼바ㅣ라

위에 서술한 것과 같이 광고란 것은 그 목적이 확정된 이상 계약의 청약이라고 한다. 그러나 현상광고란 것은 그 성질이 일종의 특별한 것이고 갖가지 의문이 생겨나므로 법률은 이에 관하여 상세한 규정을 마련하여야 하는 것이다.

현상광고에는 여러 가지가 있는데 이제 두세 가지 예를 들면, 가령 반려견을 잃어버린 경우에 이를 잡아오는 사람이 있으면 약간의 사례금을 주겠다는 취지로 광고하는 경우가 있다. 때로는 앞선 예에서 개가 어디 있는지 알려주는 사람이 있으면 보수를 주겠다는 취지로 광고할 수 있는 것이다. 그런데 이와 같은 광고는 사람에 대하여도 종종 보인다. 가령 누구의 소재지를 알기 위하여 그 사람의 거소를 알려주는 사람이 있으면 약간의 사례금을 주겠다는 취지로 광고하는 예가 적지 않은 것이다. 더러는 일정한 조건으로 사조(詞藻)*를 공모하여 우수자가 있으면 상금이나 기타 상품 등을 주겠다는 취지로 광고하는 경우가 있다. 또는 어떤 목적을 위하여 가장 편리한 물건을 발명한 사람이 있으면 상금이나 금패(金牌)를 주겠다는 취지로 광고하는 경우가 있다. 이들 광고는 결국 도급**계약의 청약일 뿐이지만 그 의사표시의 방법이 보통의 경우와 다르다. 그러므로 도급계약의 일반규정을 적용할 수 없을 것인데 독일 민법 같으면 이를 일종의 특별한 법률행위로 규정한 것이다.

---

* 역자 주: 시가와 문장 또는 문학작품.

** 역자 주: 원문도 '都給'이라고 표현하고 있으며, 다만 '請負'로 가필한 흔적이 있음.

懸賞廣告는前述ᄒᆞᆷ과如히其性質이契約의申提됨에不拘ᄒᆞ고普通境遇와多少其趣旨가相異ᄒᆞᆫ故로直其契約成立에關ᄒᆞᆫ一般規定을適用ᄒᆞᆷ을不得ᄒᆞᆯ지니卽廣告는對話者間의行爲될가將又隔地者間의行爲될가ᄒᆞᆷ에就ᄒᆞ야疑問이生ᄒᆞ는지라然而其相對者가何人되며何地에在ᄒᆞᆷ이一定치아니ᄒᆞᆫ故로普通의對話者間又는隔地者間의行爲가아님은勿論이나對面ᄒᆞ야談話ᄒᆞᆷ이아닌故로理論上此를隔地者間의行爲로視ᄒᆞᆯ지라도不可ᄒᆞᆷ이無ᄒᆞᆯ바ㅣ라然이나其相對者가一定치아니ᄒᆞᆫ故로假令承諾의期間을定치아니ᄒᆞ고隔地者의게對ᄒᆞ야行ᄒᆞᆫ申提는相當期間內에는撤消치못ᄒᆞᆫ다云ᄒᆞ는規定은此에適用ᄒᆞᆷ을不得ᄒᆞᆯ바ㅣ오唯其承諾의通知를發ᄒᆞᆫ時에契約이成立ᄒᆞᆫ다云ᄒᆞ는規定은理論上適用ᄒᆞᆷ을得ᄒᆞᆯ境遇가非無ᄒᆞ나實際에는其適用이殆無ᄒᆞ니何故오懸賞廣告란者는此에對ᄒᆞ야單히承諾의通知를發ᄒᆞᆯ뿐으로써足ᄒᆞᆫ者ㅣ아니니假令其搜索ᄒᆞᆫ飼犬을捕來ᄒᆞ거나又는或者의居所를通報ᄒᆞ거나其他契約의履行을行ᄒᆞ는同時에承諾의意思를表示ᄒᆞᆫ者ㅣ라ᄒᆞᆷ이可ᄒᆞ고單히承諾의通知를發ᄒᆞᆷ과如ᄒᆞᆷ은實際慣習上에도絕無ᄒᆞᆷ으로信ᄒᆞ는바ㅣ라故로寧히日本新民法第五百二十六條第二

현상광고는 앞서 서술한 바와 같이 그 성질이 계약의 청약임에도 불구하고 보통의 경우와 다소 그 취지가 다르다. 그러므로 바로 계약 성립에 관한 일반규정을 적용할 수 없을 것이다. 곧 광고는 대화자 간의 행위인가, 아니면 격지자 간의 행위인가 하는 데 대하여 의문이 생기는 것이다. 그런데 그 상대방이 누구이며 어디에 있는지가 일정하지 않으므로 보통의 대화자 간 또는 격지자 간의 행위가 아님은 물론이다. 그러나 대면하여 대화하는 것이 아니므로 이론상 이를 격지자 간의 행위로 볼지라도 안 될 것이 없다. 그러나 그 상대방이 일정하지 않으므로 가령 승낙의 기간을 정하지 않고 격지자에 대하여 한 청약은 상당한 기간 내에는 취소하지 못한다는 규정을 여기에 적용할 수 없을 것이다. 다만 그 승낙 통지를 발송한 때에 계약이 성립한다는 규정은 이론상 적용할 수 있는 경우가 있으나 실제로는 적용이 거의 없다. 왜냐하면 현상광고란 것은 이에 대하여 단순히 승낙 통지를 발송하는 것만으로 충분한 것이 아니다. 가령 찾아낸 반려견을 잡아오거나 어떤 사람의 거소를 알려주거나 그밖에 계약의 이행을 하는 동시에 승낙의 의사를 표시한 것이라고 해야 하고, 단순히 승낙의 통지를 발송한 것 같은 것은 실제 관습상으로도 절대 없다고 생각한다. 그러므로 오히려 일본 신민법 제526조 제2

項과如히申提者의意思表示又는去來上의慣習을依ᄒᆞ야承諾의通知를發홈을必要치아니ᄒᆞ는境遇에는契約은承諾의意思表示로認홈이可ᄒᆞᆫ事實이有ᄒᆞᆫ時에成立홈이라云ᄒᆞ는規定을適用홈이有ᄒᆞ다謂홈을可得ᄒᆞᆯ지니此를要ᄒᆞ건대意思表示의方法이普通境遇와大異ᄒᆞᆫ故로法律은特別히規定홈이必要ᄒᆞᆫ바ㅣ라日本新民法은懸賞廣告에關ᄒᆞᆫ原則으로其第五百二十九條에「或行爲를行ᄒᆞᆫ者의게一定ᄒᆞᆫ報酬를與ᄒᆞᆯ旨意로廣告ᄒᆞᆫ者는其行爲를行ᄒᆞᆫ者에對ᄒᆞ야其報酬를與ᄒᆞᆯ義務를負홈」이라規定ᄒᆞ얏시니此規定을同民法上都給契約의定義와對照ᄒᆞᆯ진대以上의說明ᄒᆞᆫ바에就ᄒᆞ야解得ᄒᆞᆯ바ㅣ有ᄒᆞᆯ지라即都給契約에就ᄒᆞ야는日本新民法第六百三十二條에「都給은當事者의一方이或事를完成홈을約ᄒᆞ고相對者가其事를完成ᄒᆞᆫ結果에對ᄒᆞ야此에報酬를與홈을約홈에因ᄒᆞ야其效力이生홈」이라規定ᄒᆞ얏시니即同新民法第五百二十九條에「或行爲를行ᄒᆞᆫ者」ㅣ라云홈은其第六百三十二條에「或事를完成홈을約홈」이라云홈에該當ᄒᆞᆫ지라何故오或行爲를行ᄒᆞᆫ者의게一定ᄒᆞᆫ報酬를與홈은畢竟或事를完成ᄒᆞᆫ結果에對ᄒᆞ야報酬를與홈에不外ᄒᆞ고其意思表示에對ᄒᆞ야相對者가其行爲

항과 같이 청약자의 의사표시 또는 거래상의 관습에 의하여 승낙의 통지를 발송할 필요가 없는 경우에는 계약은 승낙의 의사표시로 인정할 수 있는 사실이 있은 때에 성립한다는 규정을 적용하는 경우가 있다고 말할 수 있다. 요컨대 의사표시의 방법이 보통의 경우와 크게 다르므로 법률은 특별히 규정할 필요가 있는 것이다. 일본 신민법은 현상광고에 관한 원칙으로 제529조에서 "어떤 행위를 한 자에게 일정한 보수를 줄 취지로 광고한 자는 그 행위를 한 자에 대하여 그 보수를 줄 의무를 짐"이라고 규정하였다. 이 규정을 일본 신민법상 도급계약의 정의와 대조하면 이상에서 설명한 바에 대하여 이해할 수 있을 것이다. 곧 도급계약에 대하여는 일본 신민법 제632조에서 "도급은 당사자 일방이 어떤 일을 완성할 것을 약정하고 상대방이 그 일을 완성한 결과에 대하여 보수를 줄 것을 약정함으로써 그 효력이 생김"이라고 규정하였다. 곧 일본 신민법 제529조에서 "어떤 행위를 한 자"란 제632조에서 "어떤 일을 완성할 것을 약정함"이라는 것에 해당한다. 왜냐하면 어떤 행위를 한 자에게 일정한 보수를 주는 것은 결국 어떤 일을 완성한 결과에 대하여 보수를 주는 것일 뿐이고, 그 의사표시에 대하여 상대방이 그 행위를行ᄒᆞᆫ時ᄂᆞᆫ是即承諾을行ᄒᆞᆷ이오此에對ᄒᆞ야報酬를支撥ᄒᆞᆯ義務를生ᄒᆞᄂᆞᆫ者ㅣ라故로先述ᄒᆞᆫ日本新民法第五百二十六條第二項과如ᄒᆞᆫ規定을適用ᄒᆞᆷ이有ᄒᆞ다ᄒᆞ야도妨害됨이少無ᄒᆞᆯ지로다

懸賞廣告에就ᄒᆞ야普通境遇에在ᄒᆞ야ᄂᆞᆫ困難ᄒᆞᆫ問題가生치아니ᄒᆞᄂᆞ니假令逃走ᄒᆞᆫ飼犬을捕來ᄒᆞᄂᆞᆫ者ᄂᆞᆫ金十圜을與ᄒᆞᆯ旨意로廣告ᄒᆞᆫ境遇에此를捕來ᄒᆞᄂᆞᆫ者ㅣ有ᄒᆞᆫ時ᄂᆞᆫ其人에對ᄒᆞ야金十圜을與ᄒᆞ면足ᄒᆞᆫ바ㅣ라然이나法律은各種困難ᄒᆞᆫ境遇에就ᄒᆞ야規定ᄒᆞᄂᆞ니即第一에만일廣告者가其意思를變更ᄒᆞᆫ時ᄂᆞᆫ其廣告를繳消ᄒᆞᆷ을得ᄒᆞᄂᆞᆫ與否에就ᄒᆞ야疑問이生ᄒᆞᄂᆞᆫ바ㅣ라余ᄂᆞᆫ廣告로써申提라ᄒᆞᄂᆞᆫ故로一定ᄒᆞᆫ條件으로써此를繳消ᄒᆞᆷ을得지아니ᄒᆞᆷ이不可ᄒᆞᆷ으로信ᄒᆞ나然而廣告境遇에在ᄒᆞ야ᄂᆞᆫ一定ᄒᆞᆫ相對者가無ᄒᆞᆫ故로此를繳消ᄒᆞᆷ에就ᄒᆞ야普通境遇와同一ᄒᆞᆫ制限을設ᄒᆞᆯ理由가無ᄒᆞᄂᆞ니普通境遇에在ᄒᆞ야承諾의期間을定ᄒᆞᆫ時ᄂᆞᆫ其期間內에申提를繳消ᄒᆞᆷ을不得ᄒᆞ나其期間을經過ᄒᆞᆫ時ᄂᆞᆫ申提ᄂᆞᆫ當然히其効力을失ᄒᆞᄂᆞᆫ바ㅣ오又承諾의期間을定치아니ᄒᆞᆫ境遇에在ᄒᆞ야도申提者가承諾의通知를受ᄒᆞᆷ에相當ᄒᆞᆫ期間은其申提를繳消ᄒᆞᆷ을不得ᄒᆞᆯ바ㅣ라然而是ᄂᆞᆫ

를 한 때에는 곧 승낙을 한 것이며 이에 대하여 보수를 지급할 의무를 발생시키는 것이다. 그러므로 앞서 서술한 일본 신민법 제526조 제2항과 같은 규정을 적용하는 경우가 있다고 하여도 방해될 일이 거의 없을 것이다.

현상광고에 대하여 보통의 경우에는 곤란한 문제가 생기지 않는다. 가령 도망친 반려견을 잡아오는 사람은 돈 10원을 주겠다는 취지로 광고한 경우에 개를 잡아온 사람이 있는 때에는 그 사람에 대하여 돈 10원을 주면 충분하다. 그러나 법률은 갖가지 곤란한 경우에 대하여 규정하였다. 곧 첫째, 만일 광고자가 그 의사를 변경한 때에는 그 광고를 취소할 수 있는지 여부에 대하여 의문이 생기는 것이다. 나는 광고를 청약이라고 하므로 일정한 조건으로 이를 취소할 수 있다고 생각한다. 그런데 광고의 경우에는 일정한 상대방이 없으므로 이를 취소하는 데 대하여 보통의 경우와 동일한 제한을 마련할 이유가 없다. 보통의 경우에 승낙 기간을 정한 때에는 그 기간 내에 청약을 취소할 수 없으나, 그 기간을 경과한 때에는 청약은 당연히 그 효력을 잃는 것이다. 또 승낙의 기간을 정하지 않은 경우에도 청약자가 승낙의 통지를 받는 데 상당한 기간은 그 청약을 취소할 수 없는 것이다. 그러나 이는

大槪一定ᄒᆞᆫ相對者가有ᄒᆞᆫ境遇에만必要ᄒᆞᆫ制限이오廣告와如히相對者가一定치아니ᄒᆞᆫ境遇에在ᄒᆞ야ᄂᆞᆫ同一ᄒᆞᆫ必要가無ᄒᆞᄂᆞ니何故오或人에對ᄒᆞ야申提ᄒᆞᆫ境遇에ᄂᆞᆫ相對者가承諾ᄒᆞᆷ을豫期ᄒᆞᆫ바ㅣ로대廣告境遇에ᄂᆞᆫ此에應ᄒᆞᆯ者ㅣ有ᄒᆞᆫ與否가아직未定에屬ᄒᆞᆫ者ㅣ니縱令此에應ᄒᆞᄂᆞᆫ者ㅣ有ᄒᆞ야도何人이此에應ᄒᆞᆯ가ᄒᆞᆷ은豫知ᄒᆞᆷ을不得ᄒᆞᆯ지라故로普通境遇와如ᄒᆞᆫ制限을設ᄒᆞᆯ必要가無ᄒᆞᄂᆞ니是以로獨逸民法과如ᄒᆞᆷ은廣告로써獨立ᄒᆞᆫ行爲로看做ᄒᆞᆷ에不拘ᄒᆞ고此를撤消ᄒᆞᆷ을許ᄒᆞᆫ지라然而其撤消方法에就ᄒᆞ야ᄂᆞᆫ多少困難ᄒᆞᆫ問題가生ᄒᆞᄂᆞ니無他라廣告란者ᄂᆞᆫ各種方法에依ᄒᆞ야行ᄒᆞᄂᆞᆫ者ㅣ니或은紙片을貼ᄒᆞ야廣告ᄒᆞ고或은新聞紙에揭載ᄒᆞ고或은官報에揭載ᄒᆞᄂᆞᆫ等方法을枚擧ᄒᆞ기不遑ᄒᆞ나特히新聞紙와如ᄒᆞᆷ은其種類가幾千이有ᄒᆞᆷ으로써甲新聞紙에廣告ᄒᆞᆷ과乙新聞紙에廣告ᄒᆞᆷ은元來同一ᄒᆞᆫ지라故로廣告에依ᄒᆞ야契約의申提를行ᄒᆞᆫ者ᄂᆞᆫ此를撤消ᄒᆞᆷ에도亦廣告로써其意思를表示ᄒᆞᆷ을要ᄒᆞᆯ가又廣告로써撤消ᄒᆞᆷ을要ᄒᆞᄂᆞᆫ者ㅣ라云ᄒᆞᆯ진대果然如何ᄒᆞᆫ廣告方法을取ᄒᆞᆷ이可ᄒᆞᆯ가是ᄂᆞᆫ廣告撤消에關ᄒᆞᆫ一個問題오第二에立法者ᄂᆞᆫ單히承諾의意思를表示ᄒᆞᆷ이可ᄒᆞᆫ期間을定ᄒᆞ고廣告에ᄂᆞᆫ實際

대개 일정한 상대방이 있는 경우에만 필요한 제한이고 광고와 같이 상대방이 일정하지 않은 경우에는 동일한 필요가 없다. 왜냐하면 어떤 사람에 대하여 청약한 경우에는 상대방이 승낙할 것을 예상한 것이지만 광고의 경우에는 여기에 응할 사람이 있을지 여부가 아직 정해지지 않은 것이다. 따라서 설령 여기에 응하는 사람이 있어도 누가 여기에 응할지는 미리 알 수 없을 것이다. 그러므로 보통의 경우와 같은 제한을 마련한 필요가 없다. 그리하여 독일 민법 같으면 광고를 독립한 행위로 간주함에도 불구하고 이를 취소하는 것을 허용하였다. 그런데 그 취소 방법에 대하여는 다소 곤란한 문제가 생긴다. 다름이 아니라 광고란 것은 갖가지 방법에 의하여 하는 것으로, 더러는 종이를 붙여 광고하고 더러는 신문지에 게재하고 더러는 관보에 게재하는 등의 방법을 낱낱이 들 겨를이 없다. 특히 신문지 같은 것은 그 종류가 수천 개 있으므로 甲 신문지에 광고하는 것과 乙 신문지에 광고하는 것은 원래 동일하다. 그러므로 광고에 의하여 계약의 청약을 한 사람은 이를 취소할 때도 또한 광고로 그 의사를 표시하여야 하는가, 또 광고로 취소하여야 한다면 과연 어떠한 광고방법을 취하여야 하는가? 이는 광고 취소에 관한 하나의 문제이다. 둘째, 입법자는 단순히 승낙의 의사를 표시할 수 있는 기간을 정하고 광고에서는 실제

絶無ᄒᆞᆫ故로規定을設치아니ᄒᆞ얏시니만일如此ᄒᆞᆫ境遇가生ᄒᆞᆫ時ᄂᆞᆫ同新民法第五百二十一條에承諾의期間을定ᄒᆞ고行ᄒᆞᆫ契約의申提ᄂᆞᆫ此ᄅᆞᆯ撤消ᄒᆞᆷ을不得ᄒᆞᆷ이라云ᄒᆞᆫ規定을適用ᄒᆞᆷ에不外ᄒᆞ나其行爲ᄅᆞᆯ行ᄒᆞᆯ期間을定ᄒᆞᆷ은常例라然而此境遇에도承諾의期間을定ᄒᆞᆫ境遇와同一히視ᄒᆞᆷ이可ᄒᆞᆯ가云ᄒᆞᆷ이亦一個問題니日本新民法은以上二個問題에關ᄒᆞ야其第五百三十條에「前條의境遇에廣告者ᄂᆞᆫ其指定ᄒᆞᆫ行爲ᄅᆞᆯ完了ᄒᆞᄂᆞᆫ者ㅣ無ᄒᆞᆫ間은前廣告와同一ᄒᆞᆫ方法에依ᄒᆞ야其廣告ᄅᆞᆯ撤消ᄒᆞᆷ을得ᄒᆞᆷ但其廣告中에撤消치아니ᄒᆞᆯ旨意ᄅᆞᆯ表示ᄒᆞᆫ時ᄂᆞᆫ此限에在치아니ᄒᆞᆷ」이라ᄒᆞ고其第二項에「前項에定ᄒᆞᆫ方法에依ᄒᆞ야撤消ᄒᆞ기不能ᄒᆞᆫ境遇에ᄂᆞᆫ他方法에依ᄒᆞ야此ᄅᆞᆯ行ᄒᆞᆷ을得ᄒᆞᆷ但其撤消ᄂᆞᆫ此ᄅᆞᆯ知ᄒᆞᆫ者에對ᄒᆞ야만其効力을有ᄒᆞᆷ」이라ᄒᆞ고其第三項에「廣告者가其指定ᄒᆞᆫ行爲ᄅᆞᆯ行ᄒᆞᆷ이可ᄒᆞᆫ期間을定ᄒᆞᆫ時ᄂᆞᆫ其撤消權을抛棄ᄒᆞᆫ者로推定ᄒᆞᆷ」이라規定ᄒᆞ얏스니要컨ᄃᆡ撤消의方法은當初에廣告ᄒᆞᆷ과同一ᄒᆞᆫ方法에依ᄒᆞᆷ을要호ᄃᆡ만일同一ᄒᆞᆫ方法으로써撤消ᄒᆞ기不能ᄒᆞᆫ時ᄂᆞᆫ他方法에依ᄒᆞᆷ을得ᄒᆞᆯ바ㅣ라卽同一ᄒᆞᆫ方法이라ᄒᆞᆷ은假令紙片을貼附ᄒᆞ야廣告ᄒᆞᆫ境遇에ᄂᆞᆫ此ᄅᆞᆯ撤消ᄒᆞᆷ에도亦貼紙로써行ᄒᆞᄂᆞᆫ類가是오

승낙이* 전혀 없으므로 규정을 마련하지 않았다. 따라서 만일 이와 같은 경우가 생긴 때에는 일본 신민법 제521조에 승낙의 기간을 정하고 한 계약의 청약은 이를 취소하지 못한다는 규정을 적용할 뿐이나, 그 행위를 할 기간을 정하는 것은 보통이다. 그런데 이 경우에도 승낙의 기간을 정한 경우와 동일하게 볼 수 있는가 하는 것이 또 하나의 문제이다. 일본 신민법은 이상의 두 문제에 관하여 제530조에서 "전조의 경우에 광고자는 그 지정한 행위를 완료한 자가 없는 동안에는 앞의 광고와 동일한 방법에 의하여 그 광고를 취소할 수 있음. 그러나 그 광고 중에 취소하지 않는다는 취지를 표시한 때에는 그러하지 않음"이라고 하고, 제2항에서 "전항에 정한 방법에 의하여 취소할 수 없는 경우에는 다른 방법에 의하여 이를 취소할 수 있음. 그러나 그 취소는 이를 안 자에 대하여만 그 효력이 있음"이라고 하고, 제3항에서 "광고자가 지정한 행위를 행할 수 있는 기간을 정한 때에는 그 취소권을 포기한 것으로 추정함"이라고 규정하였다. 요컨대 취소의 방법은 당초에 광고한 것과 동일한 방법에 의하여야 하되, 만일 동일한 방법으로 취소할 수 없는 때에는 다른 방법에 의할 수 있을 것이다. 곧 동일한 방법이란 가령 종이를 붙여 광고한 경우에는 이를 취소할 때에도 또한 종이를 붙임으로써 하는 것이 그것이고,

* 역자 주: 원문에는 이 단어가 없으나 문맥상 삽입하였음.

尙其貼紙ᄂᆞᆫ如何ᄒᆞᆫ處所에貼附ᄒᆞ야도可ᄒᆞ다謂ᄒᆞᆷ을不得ᄒᆞᆯ지니假令甲處所에貼紙ᄒᆞ야廣告ᄒᆞ고乙處所에貼紙ᄒᆞ야繳消ᄒᆞᆷ은同一ᄒᆞᆫ方法이아니로ᄃᆡ但前에貼紙ᄒᆞᆫ處所에ᄂᆞᆫ既히貼紙ᄒᆞᆷ을禁ᄒᆞ거나或은前에貼紙ᄒᆞᆫ家屋이既히存在치아니ᄒᆞᆫ境遇에ᄂᆞᆫ同一ᄒᆞᆫ方法으로써繳消ᄒᆞᆷ을不得ᄒᆞᆯ바ㅣ오又新聞紙에廣告ᄒᆞᆫ境遇에도最初에廣告ᄅᆞᆯ揭載ᄒᆞᆫ新聞紙가既히廢刊되거나又ᄂᆞᆫ發行이禁止된時ᄂᆞᆫ是亦同一ᄒᆞᆫ方法으로써繳消ᄒᆞᆷ을不得ᄒᆞᆯ지니如此ᄒᆞᆫ境遇에ᄂᆞᆫ他方法에依ᄒᆞ야繳消ᄒᆞᆷ이可ᄒᆞᆫ바ㅣ라然而만일其廣告中에繳消치아니ᄒᆞᆯ旨意ᄅᆞᆯ表示ᄒᆞᆫ時ᄂᆞᆫ繳消ᄒᆞᆷ을不得ᄒᆞᆷ은勿論이오且同一ᄒᆞᆫ方法에依ᄒᆞᆷ을不得ᄒᆞᆯ境遇ᄅᆞᆯ論ᄒᆞᆯ진대廣告ᄅᆞᆯ覽ᄒᆞᆫ者ᄂᆞᆫ其行爲에着手ᄒᆞ거나或은其準備ᄅᆞᆯ行ᄒᆞᆷ이多ᄒᆞᆯ지로대其行爲가完了ᄒᆞ기前에其廣告ᄅᆞᆯ繳消ᄒᆞᆷ을許ᄒᆞᆫ以上은行爲者가直時此ᄅᆞᆯ知得ᄒᆞᆯ方法으로써行치아니ᄒᆞᆷ이不可ᄒᆞ니即前과同一ᄒᆞᆫ方法을用ᄒᆞᆷ이可ᄒᆞᆫ者ㅣ라假令鍾路에紙片을貼附ᄒᆞ야廣告ᄒᆞᆷ을覽ᄒᆞᆫ者가此에應코ᄌᆞᄒᆞᄂᆞᆫ境遇에又同一ᄒᆞᆫ處所에貼紙ᄒᆞ야繳消ᄒᆞᆫ時ᄂᆞᆫ其廣告의繳消ᄒᆞᆷ을知ᄒᆞ기可得ᄒᆞᆯ바ㅣ오又甲新聞紙의廣告ᄅᆞᆯ覽ᄒᆞ고此에應코ᄌᆞᄒᆞᄂᆞᆫ者ᄂᆞᆫ同一ᄒᆞᆫ新聞紙에此ᄅᆞᆯ繳消ᄒᆞᆫ時ᄂᆞᆫ其繳消ᄅᆞᆯ知

더구나 그 종이 광고는 어떠한 장소에 붙여도 된다고 할 수 없을 것이다. 가령 甲 장소에 종이를 붙여 광고하고 乙 장소에 종이를 붙여 취소하는 것은 동일한 빙법이 아니다. 다만 앞에 종이를 붙인 장소에서는 이미 종이를 붙이는 행위를 금지하거나, 또는 앞에 종이를 붙인 가옥이 이미 존재하지 않게 된 경우에는 동일한 방법으로 취소할 수 없는 것이다. 또 신문지에 광고한 경우에도 최초에 광고를 게재한 신문지가 이미 폐간되거나 또는 발행이 금지된 때에는 또한 동일한 방법으로 취소할 수 없다. 이와 같은 경우에는 다른 방법에 의하여 취소할 수 있는 것이다. 그러나 만일 그 광고 중에 취소하지 않는다는 취지를 표시한 때에는 취소할 수 없음은 물론이다. 또 동일한 방법에 의할 수 없는 경우를 논하면 광고를 본 사람은 그 행위에 착수하거나 또는 그 준비를 하는 경우가 많을 텐데, 그 행위가 완료되기 전에 그 광고를 취소하는 것을 허용한 이상 행위자가 곧바로 이를 알 수 있는 방법으로 하여야 하는 것이다. 곧 전과 동일한 방법을 써야 하는 것이다. 가령 종로에 종이를 붙여 광고한 것을 본 사람이 이에 응하고자 하는 경우에, 또 같은 장소에 종이를 붙여 취소한 때에는 그 광고의 취소를 알 수 있는 것이다. 또 甲 신문지에서 광고를 보고 이에 응하고자 하는 사람은 동일한 신문지에서 이를 취소한 때에는 그 취소를 알

ᄒᆞ기可得ᄒᆞᆯ바ㅣ라然而同一ᄒᆞᆫ方法을用ᄒᆞ기不能ᄒᆞᆫ時ᄂᆞᆫ他方法에依ᄒᆞᆷ을許치아니ᄒᆞᆷ이不可ᄒᆞ나此境遇에在ᄒᆞ야ᄂᆞᆫ前廣告ᄅᆞᆯ覽ᄒᆞᆫ者ᄂᆞᆫ반다시繳消의廣告ᄅᆞᆯ覽ᄒᆞᆷ을期圖치못ᄒᆞᆯ지라故로唯其繳消ᄅᆞᆯ知ᄒᆞᆫ者에만對ᄒᆞ야効力이有ᄒᆞᆫ者ㅣ오其繳消ᄅᆞᆯ知치못ᄒᆞᆷ을因ᄒᆞ야指定ᄒᆞᆫ行爲ᄅᆞᆯ行ᄒᆞᆫ者ㅣ有ᄒᆞᆫ時ᄂᆞᆫ此에對ᄒᆞ야報酬ᄅᆞᆯ支給ᄒᆞᆯ義務ᄅᆞᆯ免ᄒᆞᆷ을不得ᄒᆞᆯ지로ᄃᆡ但此規定도元來反對의意思表示ᄅᆞᆯ許ᄒᆞᆫ者ㅣ라云ᄒᆞᆷ이可ᄒᆞᆯ지니假令貼紙로써廣告ᄒᆞᆷ에當ᄒᆞ야此ᄅᆞᆯ繳消ᄒᆞᆯ境遇에ᄂᆞᆫ新聞紙로써廣告ᄒᆞᆯ旨意ᄅᆞᆯ附記ᄒᆞ거나又甲新聞紙로써廣告ᄒᆞᆫ境遇에도此ᄅᆞᆯ繳消ᄒᆞᆯ時ᄂᆞᆫ他新聞紙에揭載ᄒᆞᆯ旨意ᄅᆞᆯ附記ᄒᆞᆫ時ᄂᆞᆫ是即公益을害ᄒᆞᆷ이無ᄒᆞᆫ故로其意思ᄅᆞᆯ從치아니ᄒᆞᆷ이不可ᄒᆞᆫ바ㅣ라

日本新民法第五百三十條第三項에「廣告者가其指定ᄒᆞᆫ行爲ᄅᆞᆯ行ᄒᆞᆯ期間을定ᄒᆞᆫ時ᄂᆞᆫ其繳消權을抛棄ᄒᆞᆫ者로推定ᄒᆞᆷ」이라規定ᄒᆞ얏시니即此規定은現實이推定이라言ᄒᆞᆫ故로反對의意思表示ᄅᆞᆯ許ᄒᆞᆷ이極히明瞭ᄒᆞᆫ바ㅣ오其大體에ᄂᆞᆫ同新民法第五百二十一條와同一ᄒᆞᆫ精神에出ᄒᆞᆫ者ㅣ라旣述ᄒᆞᆷ과如히日本新民法은懸賞廣告의境遇에在ᄒᆞ야ᄂᆞᆫ其指定ᄒᆞᆫ行爲ᄅᆞᆯ行ᄒᆞᄂᆞᆫ同時에承諾을表示ᄒᆞᆫ者

수 있을 것이다. 그러나 동일한 방법을 쓸 수 없는 때에는 다른 방법에 의할 것을 허용하지 않을 수 없지만 이 경우에는 전 광고를 본 사람이 반드시 취소의 광고를 보도록 할 수 없을 것이다. 그러므로 다만 그 취소를 안 사람에 대하여만 효력이 있는 것이고 그 취소를 알지 못한 데 따라 지정한 행위를 한 사람이 있는 때에는 이에 대하여 보수를 지급할 의무를 면할 수 없다. 다만 이 규정도 원래 반대의 의사표시를 허용한 것이라고 하여야 한다. 가령 종이를 붙여 광고할 때 이를 취소할 경우에는 신문지로 광고하겠다는 취지를 덧붙여 적거나, 또는 甲 신문지로 광고한 경우에도 이를 취소할 때에는 다른 신문지에 게재하겠다는 취지를 덧붙여 적은 때에는 곧 공익을 해하지 않으므로 그 의사를 따라야 하는 것이다.

일본 신민법 제530조 제3항은 "광고자가 지정한 행위를 행할 기간을 정한 때에는 그 취소권을 포기한 것으로 추정함"이라고 규정하였다. 곧 이 규정은 현실이 추정이라고 말하였으므로 반대의 의사표시를 허용함이 극히 명료하다. 대체적으로는 일본 신민법 제521조와 동일한 정신에서 나온 것이다. 이미 서술한 것과 같이 일본 신민법은 현상광고의 경우에는 그 지정한 행위를 하는 동시에 승낙을 표시한 것

ㅣ라ᄒᆞᄂᆞᆫ主義를取ᄒᆞᆫ故로行爲를行ᄒᆞᆯ期間을定ᄒᆞᆫ時ᄂᆞᆫ普通契約에在ᄒᆞ야承諾의期間을定ᄒᆞᆷ과同一히視ᄒᆞᆯ지니因ᄒᆞ야反對의意思表示가無ᄒᆞᆫ限에ᄂᆞᆫ繳消權을抛棄ᄒᆞᆫ者ㅣ오期間內에指定ᄒᆞᆫ行爲를行ᄒᆞᆫ時ᄂᆞᆫ契約이成立ᄒᆞ고此를行치아니ᄒᆞᆫ時ᄂᆞᆫ契約은當然히成立치아니ᄒᆞᆫ者로推定ᄒᆞᆯ지라然이나是ᄂᆞᆫ오직推定에不過ᄒᆞ고廣告者가反對의意思를表示ᄒᆞᆷ이不無ᄒᆞᄂᆞ니假令何日ᄭᆞ지或行爲를行ᄒᆞᆫ者에對ᄒᆞ야某賞品을給與ᄒᆞ되但此廣告ᄂᆞᆫ何時든지繳消ᄒᆞᆷ이可ᄒᆞᆫ者ㅣ라云ᄒᆞᆷ과如ᄒᆞᆫ意思를表示ᄒᆞᆷ이卽是라

尙且一個問題가有ᄒᆞ니抑廣告란者ᄂᆞᆫ一定ᄒᆞᆫ人에對ᄒᆞ야申提ᄒᆞᆷ이아니오因ᄒᆞ야承諾ᄒᆞᆫ者도數人이有ᄒᆞᆫ事ㅣ不無ᄒᆞᆷ이라假令飼犬을捕來ᄒᆞᄂᆞᆫ者의게金十圜을給與ᄒᆞᆫ다云ᄒᆞᄂᆞᆫ境遇와如ᄒᆞᆷ은此를捕來ᄒᆞᄂᆞᆫ者ㅣ通常數人되ᄂᆞᆫ事ㅣ無ᄒᆞ나然이나稀有ᄒᆞᆫ境遇를想像ᄒᆞ면數人이同時에此를發見ᄒᆞ야捕來ᄒᆞᄂᆞᆫ事ㅣ不無ᄒᆞ고就中人의居所를通知케ᄒᆞᄂᆞᆫ境遇와如ᄒᆞᆷ은其居所를通知ᄒᆞᄂᆞᆫ者ㅣ多數됨이通常이오又小說을著作ᄒᆞ고機械를發明ᄒᆞᆷ과如ᄒᆞᆫ境遇에도數人이此를著作或發明ᄒᆞᄂᆞᆫ事ㅣ不無ᄒᆞ니如此ᄒᆞᆫ境遇에廣告者ᄂᆞᆫ如何히其義務를履行ᄒᆞᆷ이可

이라는 태도를 취하였다. 그러므로 행위를 할 기간을 정한 때에는 보통의 계약에서 승낙 기간을 정한 것과 동일하게 볼 것이다. 따라서 반대의 의사표시가 없는 한 취소권을 포기한 것이고, 기간 내에 지정한 행위를 한 때에는 계약이 성립하고 이를 하지 않은 때에는 계약은 당연히 성립하지 않는 것으로 추정할 것이다. 그러나 이는 다만 추정에 불과하고 광고자가 반대의 의사를 표시하는 경우도 없지 않다. 가령 며칠까지 어떤 행위를 한 사람에 대하여 어느 상품을 주되 다만 이 광고는 언제든지 취소할 수 있는 것이라고 말하는 것 같은 의사를 표시하는 것이 곧 그것이다.

또한 하나의 문제가 있다. 무릇 광고란 것은 일정한 사람에 대하여 청약하는 것이 아니고 따라서 승낙한 사람도 여러 명일 경우가 없지 않다. 가령 반려견을 잡아오는 사람에게 금 10원을 주겠다는 경우 같으면 이 개를 잡아오는 사람이 통상 여러 명일 수는 없으나, 드문 경우를 상상하면 여러 명이 동시에 이 개를 발견하여 잡아오는 일도 없지 않다. 그리고 그 드문 경우 가운데 특히 사람의 거소를 알려주게 하는 경우 같으면 그 거소를 알려주는 사람이 다수인 것이 통상이다. 또 소설을 쓰고 기계를 발명하는 것 같은 경우에도 여럿이 이를 쓰거나 발명하는 일이 없지 않다. 이와 같은 경우에 광고자는 어떻게 그 의무를 이행하여야

ᄒᆞᆯ가即其行爲를行ᄒᆞᆫ者에對ᄒᆞ야各各約定ᄒᆞᆫ報酬를給與ᄒᆞᆷ이可ᄒᆞᆯ가或은其中一人의게賞品全部를給與ᄒᆞᆷ이可ᄒᆞᆯ가將又其數人의게報酬를分配ᄒᆞᆷ이可ᄒᆞᆯ가廣告者의意思ᄂᆞᆫ境遇를依ᄒᆞ야同一치아니ᄒᆞᆷ으로信ᄒᆞ나然이나其意思가分明치아니ᄒᆞᆫ境遇에ᄂᆞᆫ此를如何히ᄒᆞᆷ이可ᄒᆞᆯ가此點에就ᄒᆞ야日本新民法은其第五百三十一條의規定이有ᄒᆞ니其第一項에「廣告에定ᄒᆞᆫ行爲를行ᄒᆞᆫ者ㅣ數人이有ᄒᆞᆫ時ᄂᆞᆫ最初에其行爲를行ᄒᆞᆫ者만報酬를受ᄒᆞᆯ權利가有ᄒᆞᆷ」이라ᄒᆞ고其第二項에「數人이同時에右의行爲를行ᄒᆞᆫ境遇에ᄂᆞᆫ各平等의分割로써報酬를受ᄒᆞᆯ權利가有ᄒᆞᆷ但報酬가其性質上分割ᄒᆞ기不便ᄒᆞᆫ時又ᄂᆞᆫ廣告에一人만此를受ᄒᆞᆷ이可ᄒᆞᆫ者ㅣ라ᄒᆞᆫ時ᄂᆞᆫ抽籤으로써此를受ᄒᆞᆷ이可ᄒᆞᆫ者를定ᄒᆞᆷ」이라規定ᄒᆞ얏시니即廣告者의意思가分明치아니ᄒᆞᆫ境遇에在ᄒᆞ야ᄂᆞᆫ數人中一人의게報酬全部를與ᄒᆞᆷ이可ᄒᆞ고此를與ᄒᆞᆫ一人은最先其行爲를完了ᄒᆞᆫ者ㅣ라盖如斯히一人의게報酬全部를與ᄒᆞᆷ이可ᄒᆞᆫ主義를取ᄒᆞᆫ以上은반다시最初에其行爲를行ᄒᆞᆫ者의게此를與ᄒᆞᆷ이可ᄒᆞᆷ은當然ᄒᆞᆫ順序라然而法律이此主義를取ᄒᆞᆷ은畢竟廣告者의意思를推測ᄒᆞᆷ이니即或行爲를行ᄒᆞᆫ者의게報酬를給與ᄒᆞᆯ旨意를廣告ᄒᆞᆫ境遇에

하는가? 곧 그 행위를 한 사람에 대하여 각각 약정한 보수를 주어야 하는가, 또는 그 중 한 사람에게 상품 전부를 주어야 하는가, 아니면 여러 사람에게 보수를 분배하여야 하는가? 광고자의 의사는 경우에 따라 동일하지 않다고 생각한다. 그러나 그 의사가 분명하지 않은 경우에는 어떻게 하여야 하는가? 이 점에 대하여 일본 신민법은 제531조에 규정이 있다. 제1항은 "광고에 정한 행위를 한 자가 여러 명 있는 때에는 최초에 그 행위를 한 자만 보수를 받을 권리가 있음"이라고 하고, 제2항은 "여러 명이 동시에 위의 행위를 한 경우에는 각 평등하게 분할하여 보수를 받을 권리가 있음. 그러나 보수가 그 성질상 분할하기 불편한 때, 또는 광고에 한 명만 이를 받을 수 있는 것이라고 한 때에는 추첨으로 이를 받을 자를 정함"이라고 규정하였다. 곧 광고자의 의사가 분명하지 않은 경우에는 여러 명 중 한 명에게 보수 전부를 주어야 하고, 보수를 줄 한 명은 가장 먼저 그 행위를 완료한 사람이다. 일반적으로 이렇게 한 명에게 보수 전부를 주어야 한다는 태도를 취한 이상 반드시 가장 먼저 그 행위를 한 사람에게 보수를 줌이 마땅한 것은 당연한 순서이다. 그런데 법률이 이러한 태도를 취하는 것은 결국 광고자의 의사를 추측한 것이다. 곧 어떤 행위를 한 사람에게 보수를 주겠다는 취지를 광고한 경우에

在ᄒᆞ야ᄂᆞᆫ廣告者의意思ᄂᆞᆫ其行爲ᄅᆞᆯ行ᄒᆞᆫ者幾人이有ᄒᆞ야도各各其報酬ᄅᆞᆯ給與ᄒᆞᆯ意思가無ᄒᆞᆷ이普通이라何故오만일如此ᄒᆞᆫ意思가有ᄒᆞ다ᄒᆞ면自己의負擔ᄒᆞᆷ이可ᄒᆞᆫ金額은無限ᄒᆞᆯ지니縱令其報酬ᄅᆞᆯ十圜으로定ᄒᆞ야도만일此ᄅᆞᆯ行ᄒᆞᆫ者十人이有ᄒᆞᆫ時ᄂᆞᆫ結局百圜이되ᄂᆞᆫ故로苟其別段의意思表示가無ᄒᆞᆫ限에ᄂᆞᆫ如此히際限이無ᄒᆞᆫ義務ᄅᆞᆯ負ᄒᆞᄂᆞᆫ者로視ᄒᆞᆷ을不得ᄒᆞᆯ바ㅣ오多數境遇에在ᄒᆞ야ᄂᆞᆫ最初에其行爲ᄅᆞᆯ行ᄒᆞᆫ者一人이有ᄒᆞᆫ時ᄂᆞᆫ廣告者의目的은旣히達ᄒᆞᆫ者ㅣ나然而其目的을達ᄒᆞᆫ後에至ᄒᆞ야同一ᄒᆞᆫ行爲ᄅᆞᆯ行ᄒᆞᆫ者에對ᄒᆞ야도同一ᄒᆞᆫ報酬ᄅᆞᆯ與ᄒᆞᆯ진ᄃᆡ廣告ᄒᆞᆫ趣旨에違反될지라故로原則으로ᄂᆞᆫ最初에其行爲ᄅᆞᆯ行ᄒᆞᆫ者에對ᄒᆞ야其全部ᄅᆞᆯ與ᄒᆞᆯ主義ᄅᆞᆯ取ᄒᆞ되時或同時에數人이其行爲ᄅᆞᆯ行ᄒᆞᆷ이有ᄒᆞᄂᆞ니如此ᄒᆞᆫ境遇에ᄂᆞᆫ行爲에先後ᄅᆞᆯ分ᄒᆞᆷ을不得ᄒᆞᆯ바ㅣ오廣告者로ᄡᅥ二倍或三倍의報酬ᄅᆞᆯ負擔케ᄒᆞ면廣告의趣旨에違反될지라故로不得已平等의分割로ᄡᅥ報酬ᄅᆞᆯ分配ᄒᆞᆷ이可ᄒᆞᆫ者ㅣ라然이나報酬ᄂᆞᆫ時或此ᄅᆞᆯ分割ᄒᆞ기不得ᄒᆞᆯ者ㅣ有ᄒᆞ니假令金牌와如ᄒᆞᆷ은此ᄅᆞᆯ分割ᄒᆞᆷ을不得ᄒᆞ고因ᄒᆞ야此ᄅᆞᆯ一人의게與ᄒᆞᄂᆞᆫ外에ᄂᆞᆫ他道가無ᄒᆞᆫ바ㅣ오又或廣告에在ᄒᆞ야數人이同時에其行爲ᄅᆞᆯ行ᄒᆞ야도其中一人의게만

는 광고자의 의사는 그 행위를 한 사람이 몇 명이 있어도 각각 보수를 줄 의사가 없는 것이 보통이다. 왜냐하면 만일 이와 같은 의사가 있다고 하면 자기가 부담하여야 할 금액이 무한히 커진다. 따라서 설령 그 보수를 10원으로 정하여도 만일 이를 한 사람이 열 명 있는 때에는 결국 100원이 된다. 그러므로 진실로 별도의 의사표시가 없는 한 이와 같이 제한 없는 의무를 지는 것으로 볼 수 없는 것이다. 그리고 많은 경우 최초에 그 행위를 한 한 명이 있는 때에는 광고자의 목적은 이미 달성한 것이다. 그러나 그 목적을 달성한 뒤에 이르러 동일한 행위를 한 사람에 대하여도 동일한 보수를 준다면 광고를 한 취지에 어긋날 것이다. 그러므로 원칙적으로는 최초에 그 행위를 한 사람에 대하여 그 전부를 주는 태도를 취하되, 때로는 동시에 여러 명이 그 행위를 할 수도 있으므로 이와 같은 경우에는 행위의 선후를 나눌 수 없을 것이다. 이때 광고자가 두 배 또는 세 배의 보수를 부담하게 하면 광고의 취지에 어긋날 것이다. 그러므로 부득이 평등하게 분할하여 보수를 분배함이 마땅한 것이다. 그러나 보수는 때로는 분할하지 못할 것이 있다. 가령 금패 같은 것은 나눌 수 없고 따라서 이를 한 사람에게 줄 수밖에 다른 방도가 없다. 또 어떤 광고에서 여러 명이 동시에 그 행위를 하더라도 그 중 한 사람에게만

報酬全部를與홀旨意를附記홈이不無ᄒᆞᄂᆞ니如此ᄒᆞᆫ境遇에는如何히홈이可홀가盖如斯히廣告ᄒᆞᆫ者는其方法에就ᄒᆞ야도豫定ᄒᆞᆫ바ㅣ有홈이常例로대만일此를定치아니ᄒᆞᆫ時는不得已廣告者의普通意思를推測ᄒᆞ야抽籤의方法에依케ᄒᆞ고反對의意思表示를許홈이可ᄒᆞᆫ지라故로日本新民法第五百三十一條第三項에「前二項의規定은廣告中에此와異ᄒᆞᆫ意思를表示ᄒᆞᆫ時는此를適用치아니홈」이라規定ᄒᆞᆫ바ㅣ라

數人이廣告에定ᄒᆞᆫ行爲를行ᄒᆞᆫ境遇에其中優等者를選擇ᄒᆞ야此에報酬를與홈이有ᄒᆞᄂᆞ니此境遇에在ᄒᆞ야는一個問題가又生ᄒᆞ는바ㅣ라卽其優等者는何人으로定홀가又何時ᄭᆞ지其行爲를行ᄒᆞᆫ者에對ᄒᆞ야優等者를定홀가만일其行爲를行홈에就ᄒᆞ야期限을定치아니ᄒᆞᆫ時는廣告者는何時든지報酬를與홈이可ᄒᆞ나然而行爲를行ᄒᆞᆫ者가此를督促ᄒᆞ는時는尙且優等者를待ᄒᆞᆫ다ᄒᆞ고徒然히時日을遷延홈이不無홀지니如此ᄒᆞᆫ境遇에는法律은廣告者가報酬를與홀意思가無ᄒᆞᆫ者로看做홀가右의二個事項에就ᄒᆞ야日本新民法은其第五百三十二條第一項에「廣告에定ᄒᆞᆫ行爲를行ᄒᆞᆫ者가數人이有ᄒᆞᆫ境遇에其優等者만報酬를與

보수 전부를 주겠다는 취지를 덧붙여 쓰는 경우도 없지 않다. 이와 같은 경우에는 어떻게 하여야 하는가? 일반적으로 이렇게 광고한 사람은 그 방법에 대하여도 미리 정하는 것이 보통이다. 그런데 만일 이를 정하지 않은 때에는 부득이 광고자의 보통의 의사를 추측하여 추첨의 방법에 따르게 하고 반대의 의사표시를 허용함이 마땅한 것이다. 그러므로 일본 신민법 제531조 제3항은 "전2항의 규정은 광고 중에 이와 다른 의사를 표시한 때에는 이를 적용하지 않음"이라고 규정한 것이다.

여러 명이 광고에 정한 행위를 한 경우에 그 중 우수자를 선택하여 이 우수자에게 보수를 주는 경우도 있다. 이 경우에는 하나의 문제가 또 발생한다. 곧 그 우수자는 누구로 정할까, 또 언제까지 그 행위를 한 사람에 대하여 우수자를 정할까? 만일 그 행위를 하는 데 대하여 기한을 정하지 않은 때에는 광고자는 언제든지 보수를 줄 수 있다. 그런데 행위를 한 사람이 이를 독촉하는 때에는 아직 우수자를 기다린다고 하고 공연히 시간을 지연시킬 수도 있을 것이다. 이와 같은 경우에는 법률은 광고자가 보수를 줄 의사가 없는 것으로 간주할 것인가? 위의 두 사항에 대하여 일본 신민법은 제532조 제1항에서 "광고에서 정한 행위를 한 자가 여러 명 있는 경우에 그 우수자만 보수를 주

ᄒᆞᆷ이可ᄒᆞᆫ時ᄂᆞᆫ其廣告ᄂᆞᆫ應募期間을定ᄒᆞᆫ時에限ᄒᆞ야其効力이有ᄒᆞᆷ」이라規定ᄒᆞ야以上第二의問題ᄅᆞᆯ解決ᄒᆞ고次에第一의問題ᄂᆞᆫ同條第二項及第三項에規定ᄒᆞ얏시니其第二項에「前項境遇에在ᄒᆞ야應募者中何人의行爲가優等될가ᄒᆞᆷ은廣告中에定ᄒᆞᆫ者가此ᄅᆞᆯ判定ᄒᆞᆷ廣告中에判定者ᄅᆞᆯ定치아니ᄒᆞᆫ時ᄂᆞᆫ廣告者가此ᄅᆞᆯ別定ᄒᆞᆷ」이라ᄒᆞ고其第三項에「應募者ᄂᆞᆫ前項의判定에對ᄒᆞ야異議ᄅᆞᆯ述ᄒᆞᆷ을不得ᄒᆞᆷ」이라規定ᄒᆞ얏시나此에就ᄒᆞ야ᄂᆞᆫ或은反對의意思ᄅᆞᆯ表示ᄒᆞᆷ이不無ᄒᆞᄂᆞ니何故오廣告者가判定을行ᄒᆞ야도應募者가此에服從치아니ᄒᆞᆯ가ᄒᆞ야不服ᄒᆞᄂᆞᆫ者ᄂᆞᆫ此ᄅᆞᆯ提出ᄒᆞᆷ이可ᄒᆞ고其提出이有ᄒᆞᆫ時ᄂᆞᆫ別노判定者ᄅᆞᆯ定ᄒᆞ야判定케ᄒᆞᆫ다云ᄒᆞᆷ과如히廣告ᄒᆞᆷ이有ᄒᆞᆫ所以라然이나如此ᄒᆞᆫ事ᄂᆞᆫ極히稀有ᄒᆞᆫ故로法律은特히反對意思에關ᄒᆞᆫ規定을設치아니ᄒᆞᄂᆞᆫ바ㅣ라

日本新民法第五百三十二條第四項에「數人의行爲가同等으로判定된時ᄂᆞᆫ前條第二項의規定을準用ᄒᆞᆷ」이라規定ᄒᆞ얏시니假令二人以上의成績이同等으로其中優等者ᄅᆞᆯ定ᄒᆞ기不能ᄒᆞᆫ境遇에ᄂᆞᆫ同新民法第五百三十一條의境遇와同一ᄒᆞ야原則으로ᄂᆞᆫ平等의分割로써報酬ᄅᆞᆯ與ᄒᆞᆷ이可ᄒᆞᄂᆞ니即新聞紙에募集ᄒᆞ

어야 하는 때에는 그 광고는 응모기간을 정한 때에 한하여 효력이 있음"이라고 규정하여 이상의 둘째 문제를 해결하였다. 그리고 다음에 첫째 문제는 같은 조 제2항 및 제3항에 규정하였다. 제2항에서 "전항의 경우에 응모자 중 누구의 행위가 우수한지는 광고 중에 정한 자가 판정함. 광고 중에 판정자를 정하지 않은 때에는 광고자가 이를 따로 정함"이라고 하였고, 제3항에서 "응모자는 전항의 판정에 대하여 이의를 제기하지 못함"이라고 규정하였다. 그러나 이에 대하여는 더러는 반대의 의사를 표시할 수도 있을 것이다. 왜냐하면 광고자가 판정을 하여도 응모자가 여기에 승복하지 않을까 하여 불복하는 사람은 이를 제출하게 함이 마땅하고 그 제출이 있는 때에는 따로 판정자를 정하여 판정하게 하는 것과 같이 광고하는 경우가 있기 때문이다. 그러나 이와 같은 일은 극히 드물다. 그러므로 법률은 특별히 반대의사에 관한 규정을 마련하지 않은 것이다.

일본 신민법 제532조 제4항에서 "여러 명의 행위가 동등하다고 판정된 때에는 전조 제2항의 규정을 준용함"이라고 규정하였다. 가령 두 명 이상의 성적이 동등하고 그 중 우수자를 정할 수 없는 경우에는 일본 신민법 제531조의 경우와 마찬가지로 원칙적으로는 평등하게 분할하여 보수를 주어야 한다. 곧 신문지에서 모집하

ᄂᆞᆫ小說과如히甲乙이同等되ᄂᆞᆫ時ᄂᆞᆫ千圓의報酬를與ᄒᆞᆫ다云ᄒᆞᆫ境遇에此를二分ᄒᆞ야各各五百圓을與ᄒᆞᄂᆞᆫ者ㅣ니是ᄂᆞᆫ極히普通意思에適合ᄒᆞᆷ으로信ᄒᆞᄂᆞᆫ바ㅣ오其他金牌와如히分ᄒᆞ기不得ᄒᆞᆯ者ㅣ되ᄂᆞᆫ時又ᄂᆞᆫ廣告中에其中一人의게全部를與ᄒᆞᆯ旨意를明言ᄒᆞᆫ時ᄂᆞᆫ抽籤을依ᄒᆞ야此를定ᄒᆞ며特히此에注意ᄒᆞᆯ바ᄂᆞᆫ優等者를自初로一人만定치아니ᄒᆞ고二等或三等의優等者의게各別히報酬를與ᄒᆞᆷ을定ᄒᆞᆷ이有ᄒᆞ니如此ᄒᆞᆫ境遇에ᄂᆞᆫ勿論同等이아닌故로右의規定을適用ᄒᆞ기不能ᄒᆞᆫ대但一等二人이有ᄒᆞ고又ᄂᆞᆫ二等、三等이亦二人式有ᄒᆞᆫ境遇에ᄂᆞᆫ右의規定을準ᄒᆞ야此를分配ᄒᆞᄂᆞ니假令一等二百圓、二等百圓、三等五十圓으로定ᄒᆞᆫ境遇에一等賞二人이有ᄒᆞᆫ時ᄂᆞᆫ二百圓을二分ᄒᆞ야各各百圓을與ᄒᆞᆷ이可ᄒᆞ나如此ᄒᆞᆫ境遇에ᄂᆞᆫ一層詳細히廣告ᄒᆞᆷ이有ᄒᆞᄂᆞ니然즉此ᄂᆞᆫ當事者의意思를從ᄒᆞᆷ이可ᄒᆞᆫ바ㅣ라

第二章　契約의効力

契約은當事者間에在ᄒᆞ야法律과同一ᄒᆞᆫ効力을有ᄒᆞ다云ᄒᆞᆷ은從來學者의一般히唱道ᄒᆞᄂᆞᆫ바ㅣ로대其意義에就ᄒᆞ야ᄂᆞᆫ誤解ᄒᆞ기容易ᄒᆞᆫ故로最히注意치아니

는 소설과 같이 甲, 乙이 동등한 때에는 1천원의 보수를 준다고 한 경우에 이를 둘로 나누어 각각 500원을 주는 것이다. 이는 극히 보통의 의사에 적합하다고 생각한다. 그밖에 금패와 같이 나누지 못할 것인 때, 또는 광고 중에 그 중 한 사람에게 전부를 주겠다는 취지를 밝힌 때에는 추첨에 따라 이를 정한다. 특히 여기서 주의할 점은, 우수자를 처음부터 한 명만 정하지 않고 2등 또는 3등의 우수자에게 각각 다르게 보수를 주겠다고 정하는 경우가 있다. 이와 같은 경우에는 물론 동등이 아니므로 위 규정을 적용할 수 없다. 다만 1등이 두 명 있고 또는 2등, 3등이 또 두 명씩 있는 경우에는 위 규정에 준하여 이를 분배한다. 가령 1등 200원, 2등 100원, 3등 50원으로 정한 경우에 1등상이 두 명 있는 때에는 200원을 둘로 나누어 각각 100원을 줌이 마땅하다. 그러나 이와 같은 경우에는 한층 상세히 광고할 수 있는데, 그렇다면 이는 당사자의 의사에 따름이 마땅한 것이다.

제2장 계약의 효력

계약은 당사자 간에 법률과 동일한 효력을 가진다는 것은 종래 학자들이 일반적으로 주장하는 바인데, 그 의의에 대하여는 오해하기 쉬우므로 가장 주의하

ᄒᆞᆷ이不可ᄒᆞᆫ바ㅣ라抑當事者間에効力을有ᄒᆞ다云ᄒᆞᆷ은其裏面으로第三者에對ᄒᆞ야ᄂᆞᆫ効力을有치아니ᄒᆞᆫ意義니故로契約으로브터生ᄒᆞᄂᆞᆫ義務ᄂᆞᆫ原則으로第三者가負擔ᄒᆞᆷ이無ᄒᆞ고又契約으로브터生ᄒᆞᄂᆞᆫ權利ᄂᆞᆫ第三者의利益이되지아니ᄒᆞᆷ이原則이라然而所謂當事者中에ᄂᆞᆫ承繼人도包含ᄒᆞᆷ을注意치아니ᄒᆞᆷ이不可ᄒᆞᄂᆞ니承繼人이라ᄒᆞᆷ은權利義務를承繼ᄒᆞᆫ者를謂ᄒᆞᆷ이오承繼人中에ᄂᆞᆫ包括承繼人과特定承繼人의二種이有ᄒᆞ니包括承繼人은或人의財産上權利義務를一括ᄒᆞ야其全部又ᄂᆞᆫ一部를承繼ᄒᆞᄂᆞᆫ者를云ᄒᆞᆷ이니假令余가現有ᄒᆞᆫ財産의全部를擧ᄒᆞ야他人을與ᄒᆞ야도余의債務ᄂᆞᆫ依然히余의負擔에屬ᄒᆞᆫ境遇에ᄂᆞᆫ其贈與를受ᄒᆞᆫ者ᄂᆞᆫ包括承繼人이아니오特定承繼人이로대但包括承繼人은恒常財産의全部를承繼ᄒᆞᄂᆞᆫ者ㅣ아니니一人의相續人이被相續人의財産全部를相續ᄒᆞ거나或은遺産相續境遇에在ᄒᆞ야被相續人이生前에遺言ᄒᆞᆷ을因ᄒᆞ야財産全部를或人의게遺贈ᄒᆞᆫ時ᄂᆞᆫ其相續人又ᄂᆞᆫ受遺者ᄂᆞᆫ絶對的包括承繼人이라然이나權利義務의一部分을承繼ᄒᆞᄂᆞᆫ者도亦包括承繼人이니日本新民法에ᄂᆞᆫ遺産相續에在ᄒᆞ야ᄂᆞᆫ相續人二人以上이有ᄒᆞᆷ이不尠ᄒᆞ나然이나其遺産의二分一又

여야 한다. 무릇 당사자 간에 효력을 가진다는 것은 그 이면으로 제3자에 대하여는 효력을 갖지 않는다는 뜻이다. 그러므로 계약으로부터 발생하는 의무는 원칙적으로 제3자가 부담하지 않고, 또 계약으로부터 발생하는 권리는 제3자의 이익이 되지 않는 것이 원칙이다. 그런데 이른바 당사자 중에는 승계인도 포함됨을 주의하여야 한다. 승계인이란 권리의무를 승계한 자를 말하고, 승계인 중에는 포괄승계인과 특정승계인의 두 가지가 있다. 포괄승계인은 어떤 사람의 재산상 권리의무를 일괄하여 그 전부 또는 일부를 승계하는 자를 말한다. 가령 내가 지금 가진 재산 전부를 들어 타인에게 주어도 내 채무가 여전히 내 부담에 속한 경우에는 그 증여를 받은 자는 포괄승계인이 아니고 특정승계인이다. 다만 포괄승계인은 항상 재산의 전부를 승계하는 것이 아니다. 한 명의 상속인이 피상속인의 재산 전부를 상속하거나 유산상속에서 피상속인이 생전에 유언함에 따라 재산 전부를 어떤 자에게 유증한 때에는 그 상속인 또는 수유자(受遺者)는 절대적 포괄승계인이다. 그러나 권리의무의 일부분을 상속하는 사람 또한 포괄승계인이다. 일본 신민법에서 유산상속에서는 상속인이 두 명 이상 있는 경우도 적지 않다. 그러나 그 유산의 2분의 1 또는

는三分一을相續ᄒᆞ는者도亦二分一의包括承繼人又는三分一의包括承繼人이오特定承繼人은아니니家督相續境遇에在ᄒᆞ야도被相續人이遺言으로써其權利義務를包括ᄒᆞᆫ財團의二分一을或人의게與ᄒᆞᆷ과如ᄒᆞᆫ境遇에는二人의包括承繼人이有ᄒᆞ며或은家督相續人外에包括受遺者二人이有ᄒᆞ야各其遺産의三分一을承繼ᄒᆞᆷ이有ᄒᆞ니是亦包括承繼人이라然而包括承繼人은原則으로當事者와無異ᄒᆞᆫ故로當事者가死亡ᄒᆞᆫ境遇에는前의當事者即死亡者가契約에因ᄒᆞ야取得ᄒᆞᆫ權利及契約에因ᄒᆞ야負擔ᄒᆞᆫ義務는承繼人이其承繼의比例로써此를承繼ᄒᆞ는故로假令二分一을承繼ᄒᆞᆫ者는其權利의二分一을取得ᄒᆞ는同時에其義務의二分一을負擔치아니ᄒᆞᆷ이不可ᄒᆞ며次에特定承繼人即一定ᄒᆞᆫ權利又는義務를承繼ᄒᆞ는人에就ᄒᆞ야는注意를要ᄒᆞᆯ者ㅣ有ᄒᆞ니無他라特定承繼人은或特定ᄒᆞᆫ事項에就ᄒᆞ야는承繼人이라云ᄒᆞᆷ을得ᄒᆞ나此와同時에第三者됨이有ᄒᆞ니即其問題되는法律關係의如何ᄒᆞᆷ을因ᄒᆞ야其資格을異히ᄒᆞᄂᆞ니假令契約으로生ᄒᆞᆫ債權을讓受ᄒᆞᆫ者는原則으로其債權의特定承繼人이오又其結果로其債權에附隨ᄒᆞᆫ契約의條項은讓與人과同樣으로此를遵守치아니ᄒᆞᆷ이不可ᄒᆞᄂᆞ此讓

3분의 1을 상속하는 사람 또한 2분의 1의 포괄승계인, 또는 3분의 1의 포괄승계인이지 특정승계인은 아니다. 가독(家督)* 상속의 경우에도 피상속인이 유언으로 그 권리 의무를 포괄한 재단의 2분의 1을 어떤 사람에게 주는 것 같은 경우에는 두 명의 포괄승계인이 있으며, 또는 가독 상속인 외에 포괄수유자 두 명이 있어 각 그 유산의 3분의 1을 승계하기도 하는데 이 또한 포괄승계인이다. 그런데 포괄승계인은 원칙적으로 당사자와 다를 것이 없으므로 당사자가 사망한 경우에는 전의 당사자, 곧 사망자가 계약으로 인하여 취득한 권리 및 계약으로 인하여 부담한 의무는 승계인이 그 승계한 비율로 이를 승계한다. 그러므로 가령 2분의 1을 승계한 사람은 그 권리의 2분의 1을 취득하는 동시에 그 의무의 2분의 1을 부담하여야 한다. 다음으로 특정승계인, 곧 일정한 권리 또는 의무를 승계하는 자에 대하여는 주의하여야 할 것이 있다. 다름이 아니라, 특정승계인은 어떤 특정한 사항에 대하여는 승계인이라고 할 수 있으나, 이와 동시에 제3자인 경우가 있다. 곧 그 문제되는 법률관계가 어떠한지에 따라 그 자격을 달리한다. 가령 계약으로 발생한 채권을 양수한 사람은 원칙적으로 그 채권의 특정승계인이고, 또 그 결과로 그 채권에 부수하는 계약 조항은 양도인과 마찬가지로 이를 준수하여야 한다. 그러나 이 양

---

* 역자 주: 우리의 과거 '호주'에 대응하던 일본의 제도.

受人은時或第三者의地位에在ᄒᆞᆫ境遇가有ᄒᆞ니其最著ᄒᆞᆫ者ᄅᆞᆯ擧ᄒᆞᆯ진ᄃᆡ假令甲이乙의게債權을讓與ᄒᆞᆫ後更히其債權을丙의게讓與ᄒᆞ얏시면丙은甲의承繼人이라故로甲의權利보다多ᄒᆞᆫ權利ᄅᆞᆯ取得지못ᄒᆞᄂᆞ니然則此境遇에ᄂᆞᆫ甲은既히乙의게其債權을讓與ᄒᆞᆫ故로甲은乙에向ᄒᆞ야自己가債權者됨을主張ᄒᆞᆷ을不得ᄒᆞᆷ에不拘ᄒᆞ고甲으로브터其權利ᄅᆞᆯ讓受ᄒᆞᆫ丙은自己가債權者됨을主張ᄒᆞᆷ을得ᄒᆞᆯ境遇가有ᄒᆞ니即甲으로브터其債務者에對ᄒᆞ야其債權을丙의게讓與ᄒᆞᆷ을通知ᄒᆞ얏시나其乙의게讓與ᄒᆞᆷ을通知치아니ᄒᆞᆫ時ᄂᆞᆫ承繼人은當事者와同一ᄒᆞᆷ으로써原則이라ᄒᆞᄃᆡ如此ᄒᆞᆫ境遇에ᄂᆞᆫ丙은第三者오其讓受ᄅᆞᆯ乙의게對抗ᄒᆞᆷ을得ᄒᆞᆯ지니何者오甲乙間의讓與行爲가他者에對ᄒᆞ야效力을生ᄒᆞᆷ에ᄂᆞᆫ讓與人으로브터此ᄅᆞᆯ其債務者의게通知ᄒᆞ고又ᄂᆞᆫ債務者의承諾을得ᄒᆞᆷ을必要ᄒᆞ며甲乙間의行爲에干與치아니ᄒᆞᆫ者ᄂᆞᆫ皆其行爲에就ᄒᆞ야第三者됨이라故로甲乙間의行爲ᄂᆞᆫ此ᄅᆞᆯ第三者된丙의게對抗ᄒᆞᆷ을不得ᄒᆞᄃᆡ此와反ᄒᆞ야甲丙間의行爲에就ᄒᆞ야ᄂᆞᆫ其節次ᄅᆞᆯ踐ᄒᆞᆫ故로此ᄅᆞᆯ其行爲의第三者된乙의게對抗ᄒᆞᆷ을得ᄒᆞᆯ지니是ᄂᆞᆫ單히一例ᄅᆞᆯ示ᄒᆞᆷ에不過ᄒᆞ나如此ᄒᆞᆫ境遇ᄂᆞᆫ其例極多ᄒᆞᆫ바ㅣ라故로特定承繼

수인은 때로는 제3자의 지위에 있는 경우가 있다. 가장 두드러진 것을 들면 가령 甲이 乙에게 채권을 양도한 뒤에 다시 그 채권을 丙에게 양도하였다면, 丙은 甲의 승계인이다. 그러므로 甲의 권리보다 많은 권리를 취득하지 못한다. 그렇다면 이 경우에는 甲은 이미 乙에게 그 채권을 양도하였으므로 甲은 乙에 대하여 자기가 채권자임을 주장하지 못하는데도 불구하고 甲으로부터 그 권리를 양수한 丙은 자기가 채권자임을 주장할 수 있는 경우가 있다. 곧 甲으로부터 그 채무자에 대하여 그 채권을 丙에게 양도하였음을 통지하였으나 채권을 乙에게 양도하였음을 통지하지 않은 때에는 승계인은 당사자와 동일하다는 것을 원칙이라고 하면 이와 같은 경우에는 丙은 제3자이고 그 양수로 乙에게 대항할 수 있을 것이다. 왜냐하면 甲과 乙 사이의 양도행위가 다른 사람에 대하여 효력이 발생하려면 양도인으로부터 이를 채무자에게 통지하고 또는 채무자의 승낙을 얻어야 한다. 그리고 甲과 乙 사이의 행위에 간여하지 않은 사람은 모두 그 행위에 대하여 제3자가 된다. 그러므로 甲과 乙 사이의 행위는 제3자인 丙에게 대항할 수 없는데, 이와 반대로 甲과 丙 사이의 행위에 대하여는 채무자에 대한 통지 절차를 밟았다. 그러므로 이를 그 행위의 제3자인 乙에게 대항할 수 있으 것이다. 이는 단순히 하나의 예를 보인 데 불과하지만 이와 같은 경우는 그 예가 극히 많다. 그러므로 특정승계

人은問題의如何홈을因ᄒᆞ야或은承繼人의地位에在ᄒᆞ고或은第三者의地位에在ᄒᆞᄂᆞ니即以上境遇에在ᄒᆞ야丙이甲의權利를讓受ᄒᆞᆫ點으로브터見ᄒᆞᆯ진ᄃᆡ其承繼人됨은論을不竢ᄒᆞᆯ바ㅣ오因ᄒᆞ야甲의有ᄒᆞᆫ權利를有ᄒᆞᆫ同時에其權利에伴ᄒᆞᄂᆞᆫ義務가有ᄒᆞᆫ時ᄂᆞᆫ其義務를幷히承繼치아니홈이不可ᄒᆞᆫ바ㅣ라假令其讓受ᄒᆞᆫ權利가賃借權되ᄂᆞᆫ時ᄂᆞᆫ此에伴ᄒᆞᄂᆞᆫ借賃支撥의義務도亦承繼치아니홈이不可ᄒᆞᆫ故로其賃貸人은丙에게向ᄒᆞ야其借賃의支撥을請求홈을得ᄒᆞᄃᆡ甲乙間에在ᄒᆞᆫ他法律行爲에就ᄒᆞ야ᄂᆞᆫ第三者ㅣ되ᄂᆞᆫ故로其行爲를認치아니홈을得ᄒᆞᄂᆞᆫ바ㅣ라要ᄒᆞᆫ건ᄃᆡ法律은問題되ᄂᆞᆫ法律關係로브터觀察ᄒᆞ야第三者되ᄂᆞᆫ時ᄂᆞᆫ他法律關係에在ᄒᆞ야承繼人되고否홈을不問ᄒᆞ고第三者로此를保護ᄒᆞᄂᆞ니是ᄂᆞᆫ最히注意ᄒᆞᆯ要點이오契約이當事者間에效力이有ᄒᆞ다云홈은承繼人도包含ᄒᆞᆫ者ㅣ나以上境遇에甲乙間의契約이丙에對ᄒᆞ야效力을有치못ᄒᆞ고丙은第三者로其效力을受치아니ᄒᆞᄂᆞᆫ바ㅣ라

上述홈과如히契約은當事者及其承繼人間에만效力이有ᄒᆞᆫ者ㅣ오第三者ᄂᆞᆫ其契約에因ᄒᆞ야權利를得ᄒᆞ고又ᄂᆞᆫ義務를負ᄒᆞᄂᆞᆫ事ㅣ無홈으로本則이라ᄒᆞ고義

인은 문제가 어떠한지에 따라 더러는 승계인의 지위에 있고 더러는 제3자의 지위에 있다. 곧 이상의 경우에 丙이 甲의 권리를 양수한 점으로부터 보면, 그가 승계인임은 더 논할 것도 없다. 따라서 甲이 가진 권리를 갖는 동시에 그 권리에 수반하는 의무가 있는 때에는 그 의무를 함께 승계하여야 하는 것이다. 가령 그가 양수한 권리가 임차권인 때에는 이에 수반하는 차임지급의무 또한 승계하여야 한다. 그러므로 그 임대인은 丙에 대하여 그 차임지급을 청구할 수 있다. 그런데 丙은* 甲과 乙 사이에서의 다른 법률행위에 대하여는 제3자이므로 그 행위를 인정하지 않을 수 있는 것이다. 요컨대 법률은 문제되는 법률관계로부터 관찰하여 제3자인 때에는 다른 법률관계에서 승계인이고 아니고를 묻지 않고 제3자로 이를 보호한다. 이는 가장 주의할 요점이고 계약이 당사자 사이에서 효력을 가진다는 것은 승계인도 포함한 것이지만, 이상의 경우에 甲과 乙 사이의 계약이 丙에 대하여 효력을 갖지 못하고 丙은 제3자로 그 효력을 받지 않는 것이다.

위에 서술한 것과 같이 계약은 당사자 및 그 승계인 간에만 효력이 있는 것이고 제3자는 그 계약으로 인하여 권리를 얻거나 의무를 지는 일이 없는 것이 원칙이고, 의

* 역자 주: 원문에는 없으나 문맥상 삽입함.

務에就ᄒᆞ야ᄂᆞᆫ例外가無ᄒᆞᄂᆞ니假令甲乙間의契約에因ᄒᆞ야丙으로其義務를負케ᄒᆞᆷ을不得ᄒᆞ되唯其相續人과如히當事者의權利義務를全然承繼ᄒᆞᄂᆞᆫ者ᄂᆞᆫ格別ᄒᆞᆫ바ㅣ라然이나苟其第三者된以上은他人間의契約에因ᄒᆞ야義務를負ᄒᆞᆷ이決無ᄒᆞᄂᆞ니昔時法律이幼穉ᄒᆞ든時代에在ᄒᆞ야ᄂᆞᆫ自己權力下에在ᄒᆞᆫ者에對ᄒᆞ야法律上義務를負擔케ᄒᆞᆷ을得ᄒᆞᄂᆞᆫ境遇가有ᄒᆞ얏시나今日에在ᄒᆞ야ᄂᆞᆫ如此ᄒᆞᆫ事를認치아니ᄒᆞᄂᆞ니假令親의行爲에因ᄒᆞ야子가義務를負ᄒᆞᆷ과如ᄒᆞᆫ境遇가無ᄒᆞ고唯其親權者ᄂᆞᆫ未成年의子를代ᄒᆞ야法律行爲를行ᄒᆞᄂᆞᆫ權限을有ᄒᆞᆫ故로代理關係에因ᄒᆞ야親權者의行爲가未成年의子로써義務를負케ᄒᆞᆷ이有ᄒᆞᆯ뿐이오又成年者라도代理關係에因ᄒᆞ야他人이行ᄒᆞᆫ行爲의結果를受ᄒᆞᆷ이有ᄒᆞᆷ은論을不竢ᄒᆞᆯ바ㅣ라然이나代理關係以外에假令甲乙間의行爲에因ᄒᆞ야全히關係가無ᄒᆞᆫ丙의게義務를負케ᄒᆞᆷ과如ᄒᆞᆷ은決無ᄒᆞ고但多少類似ᄒᆞᆫ境遇가有ᄒᆞ니假令甲乙이相約ᄒᆞ고丙으로써或事를行케ᄒᆞᆷ에盡力ᄒᆞᆫ다云ᄒᆞᆷ과如ᄒᆞᆫ境遇에在ᄒᆞ야ᄂᆞᆫ其盡力ᄒᆞᆷ을元來當事者의行爲라故로其契約의有効ᄒᆞᆷ은勿論이나만일丙이承諾지아니ᄒᆞᆫ時ᄂᆞᆫ何等의効力이無ᄒᆞ며又假令甲이乙에對ᄒᆞ야丙이乙을爲ᄒᆞ

무에 대하여는 예외가 없다. 가령 甲과 乙 사이의 계약에 따라 丙에게 의무를 부담하게 하지 못한다. 다만 상속인과 같이 당사자의 권리의무를 완전히 승계하는 사람은 특별하다. 그러나 진실로 그가 제3자인 이상 타인 간의 계약에 따라 의무를 부담하는 일은 결코 없다. 옛날 법률이 수준 낮던 시대에는 자기 권력 하에 있던 사람에 대하여 법률상 의무를 부담하게 할 수 있는 경우가 있었다. 그러나 오늘날에는 이와 같은 일을 인정하지 않는다. 가령 부모의 행위로 인하여 자녀가 의무를 지는 것과 같은 경우가 없고, 다만 그 친권자는 미성년 자녀를 대신하여 법률행위를 할 권한을 갖는다. 그러므로 대리관계로 인하여 친권자의 행위가 미성년 자녀에게 의무를 부담시키는 경우가 있을 뿐이다. 또 성년자라도 대리관계로 인하여 타인이 한 행위의 결과를 받을 수 있음은 더 논할 것도 없다. 그러나 대리관계 이외에 가령 甲과 乙 사이의 행위에 따라 전혀 관계가 없는 丙에게 의무를 부담시키는 것과 같은 것은 결코 없다. 다만 다소 유사한 경우가 있다. 가령 甲과 乙이 서로 약정하기를 丙에게 어떤 일을 힘을 다해 하게 한다는 것 같은 경우, 일에 힘쓰는 것은 원래 당사자의 행위이다. 그러므로 그 계약이 유효함은 물론이나 만일 丙이 승낙하지 않은 때에는 어떠한 효력도 없다. 또 가령 甲이 乙에 대하여 丙이 乙을 위하야或行爲를行ᄒᆞᆷ을保證ᄒᆞ고만일丙이其行爲를行치아니ᄒᆞᆫ時ᄂᆞᆫ損害賠償의責任을負ᄒᆞᆯ旨意로約束ᄒᆞᆫ境遇와如ᄒᆞᆷ은其契約은元來有効ᄒᆞᆫ바ㅣ로ᄃᆡ此等은第三者의게義務를負케ᄒᆞᄂᆞᆫ契約이아니오第三者ᄂᆞᆫ此를因ᄒᆞ야何等의義務를負치아니ᄒᆞᆷ이라然이나만일甲이第三者가承諾ᄒᆞᆷ을保證ᄒᆞ고乙은甲의言을信ᄒᆞ야契約履行에關ᄒᆞᆫ準備를行ᄒᆞ고其他財産上의損害를受ᄒᆞᆫ境遇가或有ᄒᆞᆯ지니此境遇에在ᄒᆞ야甲이其損害를賠償ᄒᆞᆷ을約束ᄒᆞᆷ은何國의法律을勿論ᄒᆞ고有効히認ᄒᆞᄂᆞᆫ바ㅣ오日本舊民法은特히此를明言ᄒᆞ얏시나是ᄂᆞᆫ元來法典에規定ᄒᆞᆯ必要가無ᄒᆞ고此와反ᄒᆞ야權利에就ᄒᆞ야ᄂᆞᆫ古代法律은第三者로써權利를得케ᄒᆞᄂᆞᆫ契約은絶對的無効라ᄒᆞ얏시나余의信ᄒᆞᄂᆞᆫ바를依ᄒᆞ면契約의効力으로直時第三者를爲ᄒᆞ야權利를生ᄒᆞᆷ과如ᄒᆞᆷ은法理上當然히有ᄒᆞᆫ者ㅣ라云ᄒᆞᆷ을不得ᄒᆞᆯ바ㅣ오立法者가公益上必要를因ᄒᆞ야此를認ᄒᆞᆷ은반다시妨害됨이無ᄒᆞᆯ지나理論上으로ᄂᆞᆫ當然히此를認ᄒᆞᆷ을不得ᄒᆞᆯ바ㅣ라然이나如此ᄒᆞᆫ契約이當事者間에在ᄒᆞ야尙且無効된다云ᄒᆞᆷ에至ᄒᆞ야ᄂᆞᆫ其理由를發見ᄒᆞ기難ᄒᆞ니假令甲이乙의게向ᄒᆞ야丙의게其生存中每年金千圓式을與ᄒᆞᆷ을依賴ᄒᆞ고乙이此를承諾ᄒᆞᆫ

여 어떤 해위를 할 것을 보증하고 만일 丙이 그 행위를 하지 않은 때에는 손해배상책임을 지우는 취지로 약속한 경우 같으면, 그 계약은 원래 유효하지만 이들은 제3자에게 의무를 지게 하는 계약이 아니다. 제3자는 이로 인하여 어떠한 의무도 부담하지 않는다. 그러나 만일 甲이 제3자가 승낙할 것을 보증하고 乙은 甲의 말을 믿어 계약 이행에 관한 준비를 하고, 그밖에 재산상 손해를 받은 경우가 더러 있을 것이다. 이 경우에 甲이 그 손해를 배상할 것을 약속하는 일은 어느 나라의 법률을 막론하고 유효로 인정한다. 일본 구민법은 특별히 이를 명문으로 규정하였으나 이는 원래 법전에 규정할 필요가 없다. 이와 반대로 권리에 대하여는 고대 법률은 제3자에게 권리를 취득하게 하는 계약은 절대적 무효라고 하였으나, 내가 생각하는 바에 따르면 계약의 효력으로 곧바로 제3자를 위하여 권리를 위하여 권리를 발생시키는 것 같은 일은 법리상 당연히 있다고 하지는 못할 것이다. 그리고 입법자가 공익상 필요에 따라 이를 인정하는 것은 반드시 방해가 되지는 않겠으나 이론상으로는 당연히 이를 인정하지는 못할 것이다. 그러나 이와 같은 계약이 당사자 간에 여전히 무효가 된다는 것은 그 이유를 발견하기 어렵다. 가령 甲이 乙에 대하여 丙에게 그가 생존한 동안 매년 금 1천원 씩을 줄 것을 의뢰하고 乙이 이를 승낙한

境遇에甲乙間에在ᄒᆞᆫ契約이無効라云ᄒᆞᆷ은甘服ᄒᆞ기不能ᄒᆞᆫ바ㅣ오乙이其契約에基因ᄒᆞ야丙의게金千圓을與ᄒᆞ고丙이此를承諾ᄒᆞᆫ時는公益上毫末도妨害됨이無ᄒᆞᆯ바ㅣ라然而反對論者는曰利益이無ᄒᆞ면訴權이無ᄒᆞ다ᄒᆞᆷ은古來의格言이오訴權이無ᄒᆞᆫ時는權利가無ᄒᆞᆷ과同一ᄒᆞᄂᆞ니今에第三者의게利益을與ᄒᆞᆯ契約은當事者間에在ᄒᆞ야는毫末도利益이無ᄒᆞ고金錢을支撥ᄒᆞᆫ者는오ᄌᆞᆨ不利益을被ᄒᆞᆯ뿐이오其相對者도亦利益을受ᄒᆞᆷ이毫無ᄒᆞᆫ故로만일前境遇에乙이其契約을履行치아니ᄒᆞᆫ時는甲은此에對ᄒᆞ야起訴ᄒᆞᆷ을不得ᄒᆞ고因ᄒᆞ야第三者로써權利를得케ᄒᆞ는契約은無効됨이라云ᄒᆞᆫ지라是는從來로汎博히行ᄒᆞᆫ學說이오日本舊民法과如ᄒᆞᆷ은明文으로此를規定ᄒᆞ얏시니即日本舊民法財産編第三百二十二條에는先述ᄒᆞᆫ第三者의義務에關ᄒᆞᆫ契約을規定ᄒᆞ고第三百二十三條에는第三者의權利에關ᄒᆞᆫ契約을規定ᄒᆞ얏시니同條第一項에「要約者가合意에就ᄒᆞ야金錢으로槪算ᄒᆞᆷ을得ᄒᆞᆯ正當ᄒᆞᆫ利益이有치아니ᄒᆞ면其合意는原因이無ᄒᆞᆷ을因ᄒᆞ야無効됨」이라ᄒᆞ고第二項에「第三者의利益을爲ᄒᆞ야要約ᄒᆞ고且此에過怠約欵을加치아니ᄒᆞᆫ時는其要約은此를要約者의게金錢으로槪算ᄒᆞᆷ을得

경우에, 甲과 乙 사이에서 계약이 무효라는 것은 달게 받아들일 수 없다. 그리고 乙이 그 계약에 기인하여 丙에게 금 1천원을 주고 丙이 이를 승낙한 때에는 공익상 털끝만큼도 방해가 없다. 그런데 반대론자는, 이익이 없으면 소권이 없다는 것은 예로부터 격언이고, 소권이 없는 때에는 권리가 없는 것과 같으므로 이제 제3자에게 이익을 줄 계약은 당사자 사이에서는 털끝만큼도 이익이 없고 금전을 지급한 사람은 오직 불이익을 입을 뿐이며, 상대방 또한 이익을 받는 것이 전혀 없다. 그러므로 만일 앞의 경우에 乙이 그 계약을 이행하지 않은 때에는 甲은 이에 대하여 소를 제기하지 못하고, 따라서 제3자가 권리를 취득하게 하는 계약은 무효라고 말한다. 이는 종래 널리 지지받던 학설이고 일본 구민법 같은 것은 명문으로 이를 규정하였다. 곧 일본 구민법 재산편 제322조에서는 앞서 서술한 제3자의 의무에 관한 계약을 규정하고 제323조에서는 제3자의 권리에 관한 계약을 규정하였다. 같은 조 제1항에서 "요약자(要約者)가 합의에 대하여 금전으로 개산(概算)할 수 있는 정당한 이익을 갖지 않으면 그 합의는 원인* 이 없음으로 인하여 무효가 됨"이라고 하였고, 제2항에서 "제3자의 이익을 위하여 요약(要約)하고 또 이에 과태약관(過怠約款)** 을 더하지 않은 때에는 그 요약은 요약자에게 금전으로 개산할 수

---

* 역자 주: 프랑스 민법상 'cause'에 해당하는 것으로 프랑스 민법전은 2016년 개정에서 'cause'를 삭제함.

** 역자 주: 프랑스 민법의 'clause pénale'에 대응하는 것으로 위약금 약정을 말함.

ᄒᆞᆯ利益이有치아니ᄒᆞᆫ者로看做」ᄒᆞᆷ이라規定ᄒᆞ얏시니即要約者ㅣ라ᄒᆞᆷ은前境遇에甲을指稱ᄒᆞᆷ이오其丙의게金錢을與ᄒᆞᆷ은金錢으로概算ᄒᆞᆷ을得ᄒᆞᆯ正當ᄒᆞᆫ利益이有ᄒᆞᆫ者ㅣ라云ᄒᆞᆷ을不得ᄒᆞᆯ바ㅣ오因ᄒᆞ야右와如ᄒᆞᆫ契約은原因이無ᄒᆞᆫ故로無效된다云ᄒᆞᆷ이라然이나是ᄂᆞᆫ日本舊民法에原因을契約의要素로認ᄒᆞᆫ結果오同新民法에ᄂᆞᆫ原因을必要로認치아니ᄒᆞᆫ故로元來其適用이無ᄒᆞᆯ뿐아니라余亦此에甘服ᄒᆞ기不能ᄒᆞᆫ者ㅣ라第三者로써權利ᄅᆞᆯ得케ᄒᆞᆷ은直接으로金錢上利益되지아니ᄒᆞᆷ이明瞭ᄒᆞᄂᆞ니何故오其契約의表面에現出ᄒᆞᆫ利益은金錢上의利益이라云ᄒᆞᆷ을不得ᄒᆞᆯ바ㅣ라然이나苟其狂人이아닌限에ᄂᆞᆫ無故히契約을締結ᄒᆞᄂᆞᆫ事ㅣ無ᄒᆞᆯ지니故로반다시自己의게利益이有ᄒᆞᆫ者ㅣ라謂치아니ᄒᆞᆷ이不可ᄒᆞ고其利益은縱令金錢上利益이아니라云ᄒᆞᆯ지라도一層高尙ᄒᆞᆫ利益이有ᄒᆞ다可謂ᄒᆞᆯ지니假令丙이甲의親族又ᄂᆞᆫ親友된時或은赤貧者된時ᄂᆞᆫ甲은自己가金錢上利益을受치아니ᄒᆞ야도親族又ᄂᆞᆫ親友ᄅᆞᆯ爲ᄒᆞ야利益을計圖ᄒᆞ고或은貧困者ᄅᆞᆯ爲ᄒᆞ야利益을計圖ᄒᆞᆷ은精神上一種快樂을受ᄒᆞᄂᆞᆫ等반다시無形의利益이有ᄒᆞᆷ은勿論이오又間接으로ᄂᆞᆫ金錢上利益이不無ᄒᆞᄂᆞ니設或金錢上利益이無ᄒᆞ

있는 이익이 없는 것으로 간주"한다고 규정하였다. 곧 요약자란 앞의 경우에 甲을 가리킨 것이고 丙에게 금전을 주는 것은 금전으로 개산할 수 있는 정당한 이익이 있다고 말할 수 없는 것이다. 따라서 위와 같은 계약은 원인이 없으므로 무효가 된다는 것이다. 그러나 이는 일본 구민법에서 원인을 계약의 요소로 인정한 결과이고, 일본 신민법에서는 원인을 필요하다고 인정하지 않으므로 원래 그 적용이 없다. 나 또한 이를 달게 받아들일 수 없는 것이다. 제3자가 권리를 취득하게 하는 것은 직접 금전적 이익이 되지 않음이 명료하다. 왜냐하면 그 계약의 표면에 나타난 이익은 금전적 이익이라고 하지 못할 것이다. 그러나 진실로 미친 사람이 아닌 한 아무 까닭 없이 계약을 체결하는 일은 없을 것이므로 반드시 자기에게 이익이 있는 것이라고 말하지 않을 수 없다. 그리고 그 이익은 설령 금전적 이익이 아니라 할지라도 한층 고상한 이익이 있다고 말할 수 있다. 가령 丙이 甲의 친족 또는 친구인 때, 또는 몹시 가난한 사람인 때에는 甲은 자기가 금전적 이익을 받지 않더라도 친족 또는 친구를 위하여 이익을 도모하고, 더러는 빈곤자를 위하여 이익을 도모하는 것이 정신적으로 일종의 즐거움을 받는 등 반드시 무형의 이익이 있음은 물론이고 또 간접적으로는 금전적 이익이 없지 않다. 설령 금전적 이익이 없다ᄒᆞ야 도或은慈善心을實行ᄒᆞ고或은愛情을滿足케ᄒᆞᄂᆞᆫ等少ᄒᆞ야도直接으로無形의利益을受ᄒᆞᄂᆞᆫ者ㅣ오如此ᄒᆞᆫ利益은公益을害치아니ᄒᆞᆫ者ㅣ될뿐아니라時或金錢上利益에比ᄒᆞ야一層社會에必要ᄒᆞᆫ故로法律이此를保護치아니ᄒᆞᆯ理由가毫無ᄒᆞ고假令利益이無ᄒᆞ면訴權이無ᄒᆞ다云ᄒᆞᆷ으로써正當ᄒᆞ다ᄒᆞᆯ지라도此境遇에在ᄒᆞ야ᄂᆞᆫ無形의利益이有ᄒᆞᆫ故로訴權을與ᄒᆞᆷ이可ᄒᆞᆫ바ㅣ니是ᄂᆞᆫ多數學者의是認ᄒᆞᄂᆞᆫ바ㅣ라蓋從來로反對論을取ᄒᆞᄂᆞᆫ學者의殆히一致ᄒᆞᄂᆞᆫ點을擧ᄒᆞᆯ진ᄃᆡ其一은假令甲乙兩人이自己의利益될契約을締結ᄒᆞ고此에附隨ᄒᆞ야丙의게利益될事項을定ᄒᆞᆫ境遇에ᄂᆞᆫ其契約은有効ᄒᆞ다云ᄒᆞᆷ이是라即甲乙間에贈與又ᄂᆞᆫ有償契約及其他有効ᄒᆞᆫ契約을締結ᄒᆞ고其附隨事項으로丙의게利益을與ᄒᆞᆯ契約을締結ᄒᆞᆫ時ᄂᆞᆫ其契約은有効ᄒᆞ다云ᄒᆞᆷ이라然이나是ᄂᆞᆫ甚히解得ᄒᆞ기難ᄒᆞᆫ바ㅣ니何故오甲乙間의契約은甲或은乙의利益될範圍內에在ᄒᆞ야有効ᄒᆞᆫ故로만일乙이其契約을履行치아니ᄒᆞᄂᆞᆫ境遇에至ᄒᆞ야甲이自己의利益範圍內에在ᄒᆞ야其履行을求ᄒᆞᆷ을得ᄒᆞᆷ은元來當然ᄒᆞᆫ事ㅣ라然이나苟其利益이無ᄒᆞ면訴權이無ᄒᆞ다云ᄒᆞᆫ以上은第三者의利益은自己의利益이아니니故로第三者의

다고 하여도 더러는 자선의 마음을 실천하고 사랑의 정을 만족시키는 등 적어도 직접적으로 무형의 이익을 받는 것이다. 이와 같은 이익은 공익을 해치지 않는 것일 뿐 아니라 때로는 금전적 이익에 비하여 한층 사회에 필요하다. 그러므로 법률이 이를 보호하지 않을 이유가 전혀 없다. 그리고 가령 이익이 없으면 소권이 없다는 것을 타당하다고 할지라도 이 경우에는 무형의 이익이 있으므로 소권을 줌이 마땅한 것이다. 이는 다수 학자들이 시인하는 바이다. 일반적으로 종래 반대론을 취하는 학자들이 거의 일치하는 점을 들면, 첫째는 가령 甲과 乙 두 사람이 자기의 이익이 될 계약을 체결하고 여기에 부수하여 丙에게 이익이 될 사항을 정한 경우에는 그 계약은 유효하다는 것이다. 곧 甲과 乙 사이에 증여 또는 유상계약 및 기타 유효한 계약을 체결하고 그에 부수된 사항으로 丙에게 이익을 줄 계약을 체결한 때에는 그 계약은 유효하다는 것이다. 그러나 이는 매우 이해하기 어렵다. 왜냐하면 甲과 乙 사이의 계약은 甲 또는 乙의 이익이 되는 범위 내에서 유효하므로, 만일 乙이 그 계약을 이행하지 않는 경우에 甲이 자기의 이익 범위 내에서 그 이행을 청구할 수 있음은 원래 당연한 일이다. 그러나 진실로 그 이익이 없으면 소권이 없다고 한 이상 제3자의 이익은 자기의 이익이 아니므로 제3자의

利益에就ᄒᆞ야ᄂᆞᆫ訴權이無ᄒᆞ다云치아니ᄒᆞᆷ이不可ᄒᆞᆫ바ㅣ라만일右와如ᄒᆞᆫ境遇에第三者의利益에就ᄒᆞ야訴權이有ᄒᆞ다云ᄒᆞᆯ진ᄃᆡ單獨으로第三者의利益을爲ᄒᆞ야契約을締結ᄒᆞᆫ境遇에도同一히論치아니ᄒᆞᆷ이不可ᄒᆞᆯ지니其附隨事項됨을因ᄒᆞ야有効ᄒᆞ다云ᄒᆞᆷ은甚히事理에違反되ᄂᆞᆫ바ㅣ라卽不能ᄒᆞᆫ事項은此를他에附隨ᄒᆞ야도同一히不能될지니만일他에附隨ᄒᆞᆫ故로可能이라云ᄒᆞᆯ진ᄃᆡ單獨의境遇에도亦可能이라云치아니ᄒᆞᆷ이不可ᄒᆞᆷ으로信ᄒᆞ며其二ᄂᆞᆫ假令甲乙間에在ᄒᆞ야單히丙의利益될契約을締結ᄒᆞ고만일乙이丙에對ᄒᆞ야約定ᄒᆞᆫ行爲를行치아니ᄒᆞᆫ時ᄂᆞᆫ甲은過怠金을請求ᄒᆞᆷ을得ᄒᆞᆯ旨意를定ᄒᆞᆫ境遇에ᄂᆞᆫ其契約은有効ᄒᆞ다云ᄒᆞᆷ이是라然而其論據ᄒᆞᄂᆞᆫ바ᄂᆞᆫ甲은其過怠約欵에就ᄒᆞ야利益을有ᄒᆞ다云ᄒᆞᆷ에在ᄒᆞ니是亦頗히解得ᄒᆞ기難ᄒᆞᆯ바ㅣ라何故오만일丙의利益될事項을目的ᄒᆞᄂᆞᆫ契約이有効ᄒᆞ다云ᄒᆞᆯ진ᄃᆡ其契約의履行을確實케ᄒᆞᄂᆞᆫ過怠約欵도亦有効ᄒᆞᆯ지니卽過怠約欵은約契의目的이아니오다만契約을履行치아니ᄒᆞᄂᆞᆫ境遇의制裁라故로主된契約으로有効ᄒᆞᆫ以上은其從된過怠約欵도亦有効ᄒᆞᆷ은勿論이라然이나主된契約이無効됨에不拘ᄒᆞ고其從된契約에因ᄒᆞ야主된契約ᄭᆞ지有

이익에 대하여는 소권이 없다고 할 수밖에 없다. 만일 위와 같은 경우에 제3자의 이익에 대하여 소권이 있다고 하면 단독으로 제3자의 이익을 위하여 계약을 체결한 경우에도 마찬가지로 논할 수밖에 없을 것이다. 그런데 부수사항이라는 데 따라 유효하다고 하는 것은 매우 사리에 어긋난다. 곧 불능인 사항은 다른 데에 부수시켜도 마찬가지로 불능이 될 것이다. 만일 다른 데 부수하였으므로 가능하다고 하면 단독으로 한 경우에도 또한 가능하다고 하여야 한다고 생각한다. 둘째는 가령 甲과 乙 사이에 단순히 丙의 이익이 될 계약을 체결하고 만일 乙이 丙에 대하여 약정한 행위를 하지 않은 때에는 甲은 과태금(過怠金)을 청구할 수 있다는 취지를 정한 경우에는 그 계약은 유효하다는 것이다. 그런데 그 논거는 甲은 과태약관에 대하여 이익을 갖는다는 데 있으니 이 또한 자못 이해하기 어렵다. 왜냐하면 만일 丙에게 이익이 될 사항을 목적으로 하는 계약이 유효하다고 하면 그 계약의 이행을 확실하게 하는 과태약관 또한 유효할 것이다. 곧 과태약관은 계약의 목적이 아니고 다만 계약을 이행하지 않는 경우의 제재이다. 그러므로 주된 계약이 유효한 이상 종된 과태약관 또한 유효함은 물론이다. 그러나 주된 계약이 무효가 됨에도 불구하고 종된 계약에 따라 주된 계약까지 유

効ᄒᆞ다謂ᄒᆞᆷ은不可ᄒᆞᄂᆞ니日本舊民法에ᄂᆞᆫ主된者가無効되ᄂᆞᆫ時ᄂᆞᆫ從된者도亦無効됨으로規定ᄒᆞᆫ境遇가頗多ᄒᆞᆷ에不拘ᄒᆞ고以上境遇에在ᄒᆞ야ᄂᆞᆫ全히反對의規定을設ᄒᆞᆫ지라是ᄂᆞᆫ畢竟利益이無ᄒᆞ면訴權이無ᄒᆞ다云ᄒᆞᄂᆞᆫ陳腐ᄒᆞᆫ學說에拘束된者ㅣ니因ᄒᆞ야第三者의利益될事項을契約ᄒᆞᆷ은無効라ᄒᆞᄂᆞᆫ原則을認ᄒᆞ야도實際에頗히適合치아니ᄒᆞᆫ故로此를有効케ᄒᆞ고ᄌᆞᄒᆞ야如此ᄒᆞᆫ姑息의規定을置ᄒᆞᆷ에至ᄒᆞᆫ者ㅣ라是以로獨逸民法과如ᄒᆞᆷ은第三者를爲ᄒᆞ야行ᄒᆞᆫ契約의有効ᄒᆞᆷ을認ᄒᆞ얏시니만일日本舊民法及其他從來에一般히行ᄒᆞ든學說을依ᄒᆞ야極端의境遇를示ᄒᆞᆯ진ᄃᆡ金一錢을贈與ᄒᆞ고此에附隨ᄒᆞ야他日에第三者의게金千圓을給與ᄒᆞᆷ을約ᄒᆞ야도有効ᄒᆞ다可謂ᄒᆞᆯ바ㅣ오又或은價格의少ᄒᆞᆫ物을賣買ᄒᆞ고此에附隨ᄒᆞ야第三者의게巨額의金錢을給與ᄒᆞᆯ事를約ᄒᆞ야도亦有効ᄒᆞ다謂ᄒᆞᆷ이니是ᄂᆞᆫ殆히價値가無ᄒᆞᆫ學說이라可謂ᄒᆞᆯ지로다

上述ᄒᆞᆫ바를依ᄒᆞᆯ진ᄃᆡ第三者의利益을目的ᄒᆞᆫ契約을縱令單獨으로第三者의利益을目的ᄒᆞ거나又ᄂᆞᆫ他契約에附隨事項으로此를行ᄒᆞᆫ境遇에도總히有効ᄒᆞ고當事者間에在ᄒᆞ야ᄂᆞᆫ他契約과同一히此를履行ᄒᆞᆷ을要ᄒᆞᄂᆞ니만일當事者의一

효하다고 말할 수는 없다. 일본 구민법에서는 주된 것이 무효인 때에는 종된 것 또한 무효가 된다고 규정한 경우가 제법 많음에도 불구하고 이상의 경우에는 완전히 반대의 규정을 마련한 것이다. 이는 결국 이익이 없으면 소권이 없다는 진부한 학설에 얽매인 것이다. 따라서 제3자에게 이익이 될 사항을 계약하는 것이 무효라는 원칙을 인정하여도 실제로 자못 적합하지 않다. 그러므로 이를 유효하게 하고자 하여 이와 같은 고식적인 규정을 두기에 이른 것이다. 그리하여 독일 민법 같으면 제3자를 위하여 한 계약의 유효성을 인정하였다. 그런데 만일 일본 구민법 및 그밖에 종래 일반적으로 지지받던 학설에 따라 극단적인 경우를 보인다면 금 1전을 증여하고 이에 부수하여 다른 날에 제3자에게 금 1천원을 주기로 약정하여도 유효하다고 말할 수 있고, 또는 가치가 적은 물건을 매매하고 이에 부수하여 제3자에게 거액의 금전을 주기로 약정하여도 또한 유효하다고 말할 것이다. 이는 거의 가치가 없는 학설이라고 말할 수 있을 것이다.

위에 서술한 바에 따르면 제3자의 이익을 목적으로 한 계약은 설령 단독으로 제3자의 이익을 목적으로 하거나 또는 다른 계약에 부수된 사항으로 한 경우에도 모두 유효하고, 당사자 사이에서는 다른 계약과 마찬가지로 이행하여야 한다. 만일 당사자 일

方이契約을履行치아니ᄒᆞᄂᆞᆫ時ᄂᆞᆫ相對者ᄂᆞᆫ此ᄅᆞᆯ强制ᄒᆞᆷ을得ᄒᆞᆷ은殆히無疑ᄒᆞᆫ바ㅣ오日本新民法에도此主義ᄅᆞᆯ採用ᄒᆞᆫ바ㅣ라然而다만問題되ᄂᆞᆫ바ᄂᆞᆫ卽契約의目的되ᄂᆞᆫ第三者의利益이直時第三者의權利로發生ᄒᆞᆷ이可ᄒᆞᆯ가云ᄒᆞᆷ에在ᄒᆞ니卽前例에就ᄒᆞ야言ᄒᆞᆯ진ᄃᆡ甲乙間에在ᄒᆞ야ᄂᆞᆫ其契約은有効ᄒᆞ고直時權利義務ᄅᆞᆯ發生ᄒᆞ야甲은乙로써丙의게年金千圓을支撥케ᄒᆞᆯ權利ᄅᆞᆯ有ᄒᆞ고乙은甲에對ᄒᆞ야丙의게金千圓을支撥ᄒᆞᆯ義務ᄅᆞᆯ負ᄒᆞᆷ은勿論이로ᄃᆡ丙이其千圓을領受ᄒᆞᆯ權利ᄅᆞᆯ直時取得ᄒᆞᆯ가云ᄒᆞᆷ이一種問題되ᄂᆞᆫ바ㅣ라盖純然ᄒᆞᆫ理論上으로言ᄒᆞᆯ진ᄃᆡ第三者卽前例境遇에丙이其權利ᄅᆞᆯ取得ᄒᆞᆷ에ᄂᆞᆫ新行爲ᄅᆞᆯ行치아니ᄒᆞᆷ이不可ᄒᆞᄂᆞ니多數境遇에在ᄒᆞ야ᄂᆞᆫ丙과乙間에第二에契約이成立ᄒᆞᆷ을要ᄒᆞ고不然ᄒᆞᆫ境遇에在ᄒᆞ야도甲과丙間에第二의契約이成立ᄒᆞᆷ이라假令甲이自己의權利ᄅᆞᆯ丙의게與치아니ᄒᆞ면乙과丙間에効力이發生치아니ᄒᆞᄂᆞ니換言ᄒᆞ면契約은當事者間의關係됨으로써無關係ᄒᆞᆫ第三者가權利ᄅᆞᆯ取得ᄒᆞ고義務ᄅᆞᆯ負擔ᄒᆞᆷ이無ᄒᆞᆯ지로ᄃᆡ便宜法으로ᄂᆞᆫ寧히第三者가權利ᄅᆞᆯ取得ᄒᆞᄂᆞᆫ者ㅣ라云ᄒᆞᆷ으로써無用의節次ᄅᆞᆯ省ᄒᆞ고實際의利益이有ᄒᆞ다信ᄒᆞ노니何故오苟其甲乙間의契約을有効

방이 계약을 이행하지 않는 때에는 상대방은 이를 강제할 수 있음은 거의 의심할 바 없고, 일본 신민법에서도 이 태도를 취한 것이다. 그런데 다만 문제되는 것은 곧 계약의 목적인 제3자의 이익이 곧바로 제3자의 권리로 발생할 수 있는가에 있다. 곧 앞의 예에 대하여 말하면, 甲과 乙 사이에서는 그 계약은 유효하고 곧바로 권리의무를 발생시켜 甲은 乙에 대하여 丙에게 1년에 금 1천원을 지급하게 할 권리를 갖고 乙은 甲에 대하여 丙에게 금 1천원을 지급할 의무를 짐은 물론이다. 그런데 丙이 그 1천원을 수령할 권리를 곧바로 취득하는가 하는 것이 하나의 문제인 것이다. 일반적으로 순전히 이론상으로 말하면 제3자, 곧 앞선 예에서 丙이 그 권리를 취득하려면 새로운 행위를 하여야 한다. 많은 경우 丙과 乙 사이에 제2의 계약이 성립하여야 하고 그렇지 않은 경우에도 甲과 丙 사이에 제2의 계약이 성립하여야 한다. 가령 甲이 자기의 권리를 丙에게 주지 않으면 乙과 丙 사이에 효력이 발생하지 않는다. 바꾸어 말하면 계약은 당사자 간의 관계이므로 관계가 없는 제3자가 권리를 취득하고 의무를 부담하지 않을 것이다. 그런데 편의적으로는 오히려 제3자가 권리를 취득한다고 함으로써 쓸모없는 절차를 줄이고 실제로 이익이 있다고 믿는다. 왜냐하면 진실로 甲과 乙의 계약을 유효

ᄒᆞᆷ으로認ᄒᆞᆫ以上은其契約을速히履行케ᄒᆞᆷ은當事者間에在ᄒᆞ야도元來希望ᄒᆞᄂᆞᆫ바ㅣ오法律도亦然ᄒᆞᆫ지라然而是ᄂᆞᆫ第三者의게義務ᄅᆞᆯ負케ᄒᆞᄂᆞᆫ問題가아니오第三者의게權利ᄅᆞᆯ取得케ᄒᆞᄂᆞᆫ者ㅣ니通常第三者에就ᄒᆞ야도利益이有ᄒᆞ고損害ᄂᆞᆫ無ᄒᆞᆫ故로第三者가其利益을受ᄒᆞᆯ意思ᄅᆞᆯ表示ᄒᆞᆫ時ᄂᆞᆫ直時權利ᄅᆞᆯ取得케ᄒᆞᆷ이可ᄒᆞ고更히契約을締結케ᄒᆞᆷ을不要ᄒᆞᆯ지니是以로日本新民法에ᄂᆞᆫ以上과如히便宜主義ᄅᆞᆯ採用ᄒᆞᆫ바ㅣ라

尙且一個問題가有ᄒᆞ니即何國法律에在ᄒᆞ든지第三者가不欲ᄒᆞᆷ을不拘ᄒᆞ고强制로權利ᄅᆞᆯ取得ᄒᆞᄂᆞᆫ者ㅣ아니오因ᄒᆞ야第三者가其利益을受ᄒᆞᆷ을不欲ᄒᆞᄂᆞᆫ旨意ᄅᆞᆯ表示ᄒᆞᆫ時ᄂᆞᆫ其契約은第三者의利益이되지아니ᄒᆞᄂᆞᆫ바ㅣ라然즉此境遇에在ᄒᆞ야如何ᄒᆞᆫ結果가發生ᄒᆞᆯ가即其契約에因ᄒᆞ야第三者가直時其權利ᄅᆞᆯ取得ᄒᆞᄃᆡ오ᄌᆞᆨ後日에此ᄅᆞᆯ拒絶ᄒᆞᆷ을得ᄒᆞᆯ가將又第三者가其利益을受ᄒᆞᆯ意思ᄅᆞᆯ表示ᄒᆞᆫ時에其權利가始生ᄒᆞᆯ가云ᄒᆞᆷ에就ᄒᆞ야議論이有ᄒᆞᄂᆞ니獨逸民法과如ᄒᆞᆷ은第一主義ᄅᆞᆯ取ᄒᆞ야甲乙間에契約이成立ᄒᆞᄂᆞᆫ同時에第三者ᄂᆞᆫ其權利ᄅᆞᆯ取得ᄒᆞᄃᆡ만일第三者가此ᄅᆞᆯ不欲ᄒᆞᄂᆞᆫ意思ᄅᆞᆯ表示ᄒᆞᄂᆞᆫ時ᄂᆞᆫ其權利ᄂᆞᆫ消滅ᄒᆞᄂᆞᆫ者ㅣ라云

하다고 인정한 이상 그 계약을 빨리 이행하게 하는 것이 당사자 간에도 원래 바라던 바이고 법률 또한 그러하다. 그런데 이는 제3자에게 의무를 부담하게 하는 문제가 아니고 제3자에게 권리를 취득하게 하는 것이다. 따라서 통상 제3자에 대하여도 이익이 있고 손해는 없으므로 제3자가 그 이익을 받을 의사를 표시한 때에는 곧바로 권리를 취득하게 함이 마땅하고, 다시 계약을 체결하게 할 것을 요하지 않게 한다. 그리하여 일본 신민법에서는 이상과 같이 편의주의를 취한 것이다.

또 하나의 문제가 있다. 곧 어느 나라 법률에 따르든 제3자가 원하지 않는데도 불구하고 강제로 권리를 취득하는 것이 아니다. 따라서 제3자가 그 이익을 받기를 원하지 않는 취지를 표시한 때에는 그 계약은 제3자에의 이익이 되지 않는 것이다. 그렇다면 이 경우에 어떠한 결과가 발생하는가? 곧 그 계약에 따라 제3자가 곧바로 그 권리를 취득하되 다만 뒷날 이를 거절할 수 있는가, 아니면 제3자가 그 이익을 받을 의사를 표시한 때에 그 권리가 비로소 발생하는가 하는 데 대하여 논의가 있다. 독일 민법 같으면 첫째의 태도를 취하여, 甲과 乙 사이에 계약이 성립하는 동시에 제3자는 그 권리를 취득하되 만일 제3자가 이를 원하지 않는 의사를 표시하는 때에는 그 권리는 소멸하는 것이라고

ᄒᆞᆷ이니是ᄂᆞᆫ時或多少의利害가件在ᄒᆞᄂᆞᆫ者ㅣ라假令所有權의移轉을目的ᄒᆞᄂᆞᆫ境遇에在ᄒᆞ야ᄂᆞᆫ所有者가되ᄂᆞᆫ時日을異히ᄒᆞ고此ᄅᆞᆯ因ᄒᆞ야各種의結果가生ᄒᆞ며又果實等에就ᄒᆞ야도別段의親定이無ᄒᆞᆫ時ᄂᆞᆫ權利ᄅᆞᆯ取得ᄒᆞᄂᆞᆫ日로브터果實上의權利ᄂᆞᆫ元物의權利者의게屬ᄒᆞᄂᆞᆫ바ㅣ라故로契約이成立ᄒᆞᄂᆞᆫ時로브터權利가發生ᄒᆞᆫ다云ᄒᆞᆷ이第三者가意思ᄅᆞᆯ表示ᄒᆞᆫ時로브터權利가發生ᄒᆞᆫ다云ᄒᆞᆷ에比ᄒᆞ면其結果가大異ᄒᆞᄂᆞ니故로此問題ᄂᆞᆫ卽一個空論이아니오實際上利益이頗大ᄒᆞᆫ問題라然而日本新民法에ᄂᆞᆫ第三者가承諾의意思ᄅᆞᆯ表示ᄒᆞᆫ時로브터其權利가發生ᄒᆞᄂᆞᆫ者ㅣ라規定ᄒᆞ얏시니是ᄂᆞᆫ穩當ᄒᆞᆫ規定이라可謂ᄒᆞᆯ바ㅣ라何故오元來甲乙間의契約에因ᄒᆞ야第三者된丙으로써權利ᄅᆞᆯ取得케ᄒᆞᆷ은一個變則이니卽正則으로言ᄒᆞᆯ진ᄃᆡ甲或은乙과丙間에第二의契約이成立지아니ᄒᆞ면丙의게權利가發生치아니ᄒᆞᄂᆞᆫ者ㅣ라云치아니ᄒᆞᆷ이不可ᄒᆞᆫ바ㅣ라然而便宜上新히契約을締結ᄒᆞᆷ을必要치아니ᄒᆞ고單히第三者가利益을受ᄒᆞᆯ意思ᄅᆞᆯ表示ᄒᆞ면足ᄒᆞ다云ᄒᆞᆯ지니獨逸民法과如히第三者가何等의意思ᄅᆞᆯ表示치아니ᄒᆞᆷ에不拘ᄒᆞ고契約과同時에權利ᄅᆞᆯ取得ᄒᆞᆯ진ᄃᆡ他人間의契約에因ᄒᆞ야自己의知치못ᄒᆞᆫ

한다. 이는 때로는 다소 이해관계가 함께 존재하는 것이다. 가령 소유권의 이전을 목적으로 하는 경우에는 소유자가 되는 시일을 달리하고 이로 인하여 갖가지 결과가 발생하며, 또 과실(果實) 등에 대하여도 따로 규정이 없는 때에는 권리를 취득하는 날부터 과실의 권리가 원물의 권리자에게 속하는 것이다. 그러므로 계약이 성립하는 때부터 권리가 발생한다는 것은 제3자가 의사를 표시한 때부터 권리가 발생한다는 것과 비교하면 그 결과가 매우 다르다. 그러므로 이 문제는 곧 하나의 쓸모없는 논의가 아니고 실제 이익이 자못 큰 문제이다. 그러나 일본 신민법에서는 제3자가 승낙의 의사를 표시한 때부터 그 권리가 발생하는 것이라고 규정하였는데 이는 타당한 규정이라고 할 것이다. 왜냐하면 원래 甲과 乙 사이의 계약에 따라 제3자인 丙이 권리를 취득하게 하는 것은 하나의 예외이다. 곧 원칙으로 말하면 甲 또는 乙과 丙 사이에 제2의 계약이 성립하지 않으면 丙에게 권리가 발생하지 않는 것이라고 할 수밖에 없다. 그런데 편의상 새로이 계약을 체결할 필요 없이 단순히 제3자가 이익을 받을 의사를 표시하면 충분하다고 할 것이다. 독일 민법과 같이 제3자가 어떠한 의사도 표시하지 않았음에도 불구하고 계약과 동시에 권리를 취득하게 하면 타인 간의 계약으로 인하여 자기가 알지 못한

間에權利者될과如홈은頗히極端에失ᄒᆞᄂᆞᆫ者ㅣ라謂치아니홈이不可ᄒᆞᄂᆞ니故로第三者가承諾ᄒᆞ기ᄭᆞ지權利가發生치못ᄒᆞᄂᆞᆫ者ㅣ라云홈이穩當ᄒᆞ고만일此를因ᄒᆞ야果實及其他點에就ᄒᆞ야當事者의希望ᄒᆞᆫ結果에反ᄒᆞᄂᆞᆫ時ᄂᆞᆫ特히其旨를附加ᄒᆞ면足ᄒᆞᆫ바ㅣ라是即日本新民法이獨逸法의主義를取치아니ᄒᆞ고以上第二主義를採用ᄒᆞᆫ所以니同民法五百三十七條에「契約에依ᄒᆞ야當事者의一方이第三者에對ᄒᆞ야或給付를行홈을約ᄒᆞᆫ時ᄂᆞᆫ其第三者ᄂᆞᆫ債務者에對ᄒᆞ야直接으로其給付를請求ᄒᆞᆯ權利가有홈」其第二項에「前項境遇에在ᄒᆞ야第三者의權利ᄂᆞᆫ其第三者가債務者에對ᄒᆞ야契約의利益을享受ᄒᆞᆯ意思를表示ᄒᆞᆫ時에發生홈」이라規定ᄒᆞᆫ바ㅣ라

此를依ᄒᆞ야觀ᄒᆞᆯ진ᄃᆡ甲乙間의契約은第三者가其契約의利益을受코ᄌᆞᄒᆞᄂᆞᆫ意思를表示ᄒᆞᄂᆞᆫ時에至ᄒᆞ야始其第三者로써權利를取得케ᄒᆞᄂᆞᆫ者ㅣ니即其時에至ᄒᆞ야第三者ᄂᆞᆫ始其債權者가되고其結果로所有權을目的ᄒᆞᄂᆞᆫ契約에在ᄒᆞ야ᄂᆞᆫ其所有權이直時移轉ᄒᆞᄂᆞᆫ바ㅣ라然而其意思表示ᄂᆞᆫ債務者에對ᄒᆞ야行홈을規定ᄒᆞ얏시니是ᄂᆞᆫ元來契約이아닌故로立法者가如何ᄒᆞᆫ規定을設ᄒᆞ든지其隨

사이에 권리자가 되는 것은 대단히 극단에 빠진 것이라고 하지 않을 수 없다. 그러므로 제3자가 승낙할 때까지 권리가 발생하지 못하는 것이라고 함이 타당하다. 그리고 만일 이로 인하여 과실 기타 다른 점에 대하여 당사자가 희망한 결과에 어긋난 때에는 특별히 그 취지를 덧붙이면 충분한 것이다. 곧 일본 신민법이 독일법의 태도를 취하지 않고 이상의 두 번째 태도를 취한 까닭이다. 일본 신민법 제537조는 “계약에 의하여 당사자 일방이 제3자에 대하여 어떤 급부를 할 것을 약정한 때에는 그 제3자는 채무자에 대하여 직접 그 급부를 청구할 권리가 있음”, 제2항은 “전항의 경우에 제3자의 권리는 그 제3자가 채무자에 대하여 계약의 이익을 향수(享受)할 의사를 표시한 때에 발생함”이라고 규정한 것이다.

이에 따라 보면 甲과 乙 사이의 계약은 제3자가 그 계약의 이익을 받고자 하는 의사를 표시한 때에 비로소 그 제3자가 그 권리를 취득하게 하는 것이다. 곧 그때에 이르러 제3자가 비로소 채권자가 되고 그 결과로 소유권을 목적으로 하는 계약에서는 그 소유권이 직접 이전하는 것이다. 그런데 그 의사표시는 채무자에 대하여 할 것을 규정하였는데, 이는 원래 계약이 아니므로 입법자가 어떠한 규정을 마련하든지 그 마음

意라云ᄒᆞᆷ을得ᄒᆞᆯ바ㅣ라然이나畢竟契約의利益을受코ᄌᆞᄒᆞᄂᆞᆫ者로브터當事者의一方或雙方에對ᄒᆞ야其意思ᄅᆞᆯ表示ᄒᆞᆷ이可ᄒᆞᆷ은容疑ᄒᆞᆯ바ㅣ無ᄒᆞᄂᆞ니即壁에向ᄒᆞ야其意思ᄅᆞᆯ表示ᄒᆞ야도何等의効力이生치아니ᄒᆞᆷ은勿論이로ᄃᆡ其雙方에對ᄒᆞ야此ᄅᆞᆯ行ᄒᆞᆷ이可ᄒᆞᆯ가或은債權者에對ᄒᆞ야此ᄅᆞᆯ行ᄒᆞᆷ이可ᄒᆞᆯ가又或은債務者에對ᄒᆞ야此ᄅᆞᆯ行ᄒᆞᆷ이可ᄒᆞᆯ가雙方中何者든지其一方에만對ᄒᆞ야行ᄒᆞ면可ᄒᆞ다云ᄒᆞᆯ가此에關ᄒᆞ야多少疑問이有ᄒᆞᆫ바ㅣ라近來新進ᄒᆞᆫ法典에在ᄒᆞ야ᄂᆞᆫ最便利ᄒᆞᆫ主義ᄅᆞᆯ取ᄒᆞ야債務者에對ᄒᆞ야其意思ᄅᆞᆯ表示ᄒᆞᆷ이可ᄒᆞᆷ으로定ᄒᆞ얏시니盖第三者가承諾ᄒᆞᆫ結果로第三者ᄂᆞᆫ債務者의債權者가되고債務者ᄂᆞᆫ第三者의債務者가되며其法律關係ᄂᆞᆫ債務者와第三者間에生ᄒᆞᄂᆞᆫ者ㅣ라故로今日은相對者가아니로ᄃᆡ將來에相對者될債務者에對ᄒᆞ야其意思ᄅᆞᆯ表示ᄒᆞᆷ이最便利ᄒᆞ고又ᄂᆞᆫ最穩當ᄒᆞᆷ으로信ᄒᆞᄂᆞᆫ바ㅣ라然이나是ᄂᆞᆫ契約이아닌故로債務者가第三者에對ᄒᆞ야務約의申提ᄅᆞᆯ行ᄒᆞᆷ이아니오又第三者가債務者에對ᄒᆞ야申提ᄅᆞᆯ行ᄒᆞᆷ도아니오單獨行爲에因ᄒᆞ야權利ᄅᆞᆯ生ᄒᆞᄂᆞᆫ者ㅣ됨을注意ᄒᆞᆷ이可ᄒᆞᆯ지니日本舊民法에ᄂᆞᆫ先述ᄒᆞᆷ과如히他契約에附隨事項된境遇又ᄂᆞᆫ此에過怠約欵을附ᄒᆞᆫ境

대로라고 할 수 있을 것이다. 그러나 결국 계약의 이익을 받고자 하는 사람으로부터 당사자 일방 또는 쌍방에 대하여 그 의사를 표시함이 마땅하다는 데는 의심할 바가 없다. 곧 벽에 대고 그 의사를 표시하여도 어떠한 효력이 발생하지 않음은 물론인데, 쌍방에 대하여 의사를 표시하여야 하는가, 채권자에 대하여 이를 하여야 하는가, 또는 채무자에 대하여 이를 하여야 하는가, 쌍방 가운데 누구든지 그 일방에 대하여만 하면 되는가? 이에 관하여 다소 의문이 있는 것이다. 근래 새로 등장하는 법전에서는 가장 편리한 태도를 취하여, 채무자에 대하여 그 의사를 표시하여야 한다고 규정하였다. 일반적으로 제3자가 승낙한 결과 제3자는 채무자의 채권자가 되고 채무자는 제3자의 채무자가 되며, 그 법률관계는 채무자와 제3자 사이에 발생하는 것이다. 그러므로 오늘은 상대방이 아니지만 장래에 상대방이 될 채무자에 대하여 그 의사를 표시하는 것이 가장 편리하고 또 가장 타당하다고 생각한다. 그러나 이는 계약이 아니므로 채무자가 제3자에 대하여 계약의 청약을 하는 것이 아니고, 또 제3자가 채무자에 대하여 청약을 하는 것도 아니고 단독행위로 인하여 권리가 생기는 것임을 주의하여야 한다. 일본 구민법에서는 앞서 서술한 것과 같이 다른 계약에 부수된 사항인 경우, 또는 여기에 과태약관을 붙인 경

遇에其契約의有効홈을認혼지라然이나同舊民法財産編第三百二十三條에는要約者卽債權者와債務者間에在혼關係만定홀뿐이오第三者의權利에就호야는何等의規定을設치아니호고오작同編第三百二十五條에在호야間接의規定을設혼지라然이나畢竟第三者가如何혼權利를取得홈이可홀가홈은分明치아니호니此에關호야法國學者等의主張호는바를據홀진디此境遇에在호야는甲과丙間에贈與가成立호ᄂᆞ니卽甲이丙의게或贈與를行홈에就호야其履行을乙의게委託혼者ㅣ라云호고不然즉事務管理로此를說明호는지라然이나第一로其行爲의贈與되는與否를觀홀진디決코贈與가아니니何者오贈與는一種契約이라故로其成立홈에當호야는申提及此에對혼承諾이有홈을必要호ᄂᆞ니然즉甲이乙에對호야金千圓을丙의게與홈을依賴홈은丙에對혼申提가아니오因호야縱令第三者卽丙이乙에對호야其契約의利益을受홀意思를表示호야도贈與는成立지아니호며且假令贈與가成立혼다홀진디丙의意思表示는반다시甲에對호야此를行치아니홈이不可혼故로此說은到底히首肯홈을不得홀바ㅣ오次에事務管理라云호는說에就호야도元來事務管理가發生홈에는他人을爲호야우에 그 계약의 유효성을 인정하였다. 그러나 일본 구민법 재산편 제323조에서는 요약자, 곧 채권자와 채무자 사이에서의 관계만 정할 뿐이고 제3자의 권리에 대하여는 어떠한 규정도 마련하지 않았다. 다만 재산편 제325조에서 간접적으로 규정을 마련하였으나 결국 제3자가 어떠한 권리를 취득할 수 있는지는 분명하지 않다. 이에 관하여 프랑스 학자들이 주장하는 바를 들면, 이 경우에는 甲과 丙 사이에 증여가 성립하는데, 곧 甲이 丙에게 어떤 증여를 하는 데 대하여 그 이행을 乙에게 위탁한 것이라고 하고, 아니면 사무관리로 설명한다. 그러나 첫째 그 행위가 증여인지의 여부를 보면 결코 증여가 아니다. 왜냐하면 증여는 일종의 계약이다. 그러므로 증여가 성립하려면 청약 및 이에 대한 승낙이 반드시 있어야 한다. 그렇다면 甲이 乙에 대하여 금 1천원을 丙에게 줄 것을 의뢰하는 것은 丙에 대한 청약이 아니고, 따라서 설령 제3자, 곧 丙이 乙에 대하여 그 계약의 이익을 받을 의사를 표시하여도 증여는 성립하지 않는다. 또 가령 증여가 성립한다고 하면 丙의 의사표시는 반드시 甲에 대하여 행하여야 하므로 이 학설은 도저히 수긍하지 못할 것이다. 다음으로 사무관리라고 하는 학설에 대하여도, 원래 사무관리가 발생하려면 타인을 위하여

或事務를管理ᄒᆞᄂᆞᆫ意思가無ᄒᆞᆷ이不可ᄒᆞᄂᆞ니即少ᄒᆞ야도他人을爲ᄒᆞ야其代理人됨과同一ᄒᆞᆫ意思로써其行爲를行치아니ᄒᆞᆷ이不可ᄒᆞᆫ바ㅣ라然즉以上境遇에在ᄒᆞ야ᄂᆞᆫ如此ᄒᆞᆫ意思가無ᄒᆞ고本人은其利益을受ᄒᆞᄂᆞᆫ與否가아즉判然치아니ᄒᆞᆫ지라故로甲은丙을代ᄒᆞ야乙로써丙의게金錢을支撥케ᄒᆞᄂᆞᆫ契約을締結ᄒᆞᆯ意思가無ᄒᆞ고오즉甲이自己의慈善心又ᄂᆞᆫ愛情에因ᄒᆞ야如此ᄒᆞᆫ依賴를行ᄒᆞᆫ者ㅣ라故로事務管理의要素를俱備치아니ᄒᆞᆫ者ㅣ니因ᄒᆞ야以上境遇ᄂᆞᆫ民法規定을依ᄒᆞ야効力을生ᄒᆞᆯ一種特別行爲라故로丙의意思表示ᄂᆞᆫ반다시甲에對ᄒᆞ야行ᄒᆞᆷ을要치아니ᄒᆞ고債務者即乙에對ᄒᆞ야行ᄒᆞᆷ이可ᄒᆞᆫ바ㅣ라

以上에述ᄒᆞᆫ바ᄂᆞᆫ第三者가契約의利益을受ᄒᆞᆯ意思를表示ᄒᆞᆫ境遇에만關ᄒᆞᆫ者ㅣ로ᄃᆡ此와反ᄒᆞ야第三者가其利益을受ᄒᆞᆷ을拒絶ᄒᆞᆫ境遇에ᄂᆞᆫ果然如何ᄒᆞᆫ結果를生ᄒᆞᆯ가蓋此種契約은其性質이第三者의利益을目的ᄒᆞᄂᆞᆫ者ㅣ라故로第三者가其利益을受치아니ᄒᆞᄂᆞᆫ境遇에債權者가其利益을受코ᄌᆞᄒᆞᄂᆞᆫ意思가有ᄒᆞᆫ者로視ᄒᆞᆷ을不得ᄒᆞᆯ바ㅣ오因ᄒᆞ야第三者가此를拒絶ᄒᆞᆫ時ᄂᆞᆫ其契約은當然히効力을失ᄒᆞᄂᆞᆫ者ㅣ라云ᄒᆞᆷ이當事者의意思에副合ᄒᆞᆯ지며만일當事者가反對意思를有

어떤 사무를 관리할 의사가 있어야 한다. 곧 적어도 타인을 위하여 그 대리인인 것과 마찬가지의 주의로 그 행위를 하여야 하는 것이다. 그런데 이상의 경우에는 이와 같은 의사가 없고, 본인은 그 이익을 받을지 여부가 아직 명확하지 않다. 그러므로 甲은 丙을 갈음하여 乙로 하여금 丙에게 금전을 지급하게 하는 계약을 체결할 의사가 없고, 다만 甲이 자기 자선의 마음 또는 사랑의 정으로 인하여 이와 같은 의뢰를 한 것이다. 그러므로 사무관리의 요소를 갖추지 않은 것이다. 따라서 이상의 경우에는 민법 규정에 따라 효력이 생기는 하나의 특별한 행위이다. 그러므로 丙의 의사표시는 반드시 甲에 대하여 행할 필요 없이 채무자, 곧 乙에 대하여 행함이 마땅한 것이다.

이상에서 서술한 바는 제3자가 계약의 이익을 받을 의사를 표시한 경우에 관한 것만이다. 이와 반대로 제3자가 그 이익을 받기를 거절한 경우에는 과연 어떠한 결과를 낳는가? 일반적으로 이러한 계약은 그 성질이 제3자의 이익을 목적으로 하는 것이다. 그러므로 제3자가 그 이익을 받지 않는 경우에 채권자가 그 이익을 받고자 하는 의사가 있는 것으로 볼 수 없을 것이다. 따라서 제3자가 이를 거절한 때에는 그 계약은 당연히 효력을 잃는 것이라고 함이 당사자의 의사에 부합할 것이다. 만일 당사자가 반대의 의사를 가

ᄒᆞᆫ時ᄂᆞᆫ特히此ᄅᆞᆯ明言ᄒᆞᆷ이可ᄒᆞ니假令甲이乙에向ᄒᆞ야丙의게金千圓을與ᄒᆞᆯ事ᄅᆞᆯ依賴ᄒᆞᆷ과同時에丙이此ᄅᆞᆯ領收ᄒᆞᆷ을不肯ᄒᆞᄂᆞᆫ時ᄂᆞᆫ自己의게送付ᄒᆞᆯ旨ᄅᆞᆯ附言ᄒᆞᆷ과如ᄒᆞᆫ者ㅣ라故로만일反對의意思ᄅᆞᆯ表示치아니ᄒᆞᆫ境遇에在ᄒᆞ야ᄂᆞᆫ契約의目的은다만丙의게金錢을與ᄒᆞᆷ에在ᄒᆞᆫ故로丙이此ᄅᆞᆯ不肯ᄒᆞᄂᆞᆫ時ᄂᆞᆫ契約은當然히其効力을失ᄒᆞᆷ으로信ᄒᆞᄂᆞᆫ바ㅣ라

以上에論ᄒᆞᆫ바에依ᄒᆞᆯ진ᄃᆡ第三者가契約의利益을受ᄒᆞᆯ意思ᄅᆞᆯ表示ᄒᆞᆫ時ᄂᆞᆫ第三者ᄅᆞᆯ爲ᄒᆞ야權利가發生ᄒᆞᄂᆞᆫ故로當事者間關係ᄅᆞᆯ因ᄒᆞ야第三者의權利ᄅᆞᆯ左右ᄒᆞᆷ을不得ᄒᆞᆷ은容疑ᄒᆞᆯ바ㅣ無ᄒᆞ고日本新民法은特히此ᄅᆞᆯ明言ᄒᆞ얏스니同法第五百三十八條에「前條의規定을依ᄒᆞ야第三者의權利가發生ᄒᆞᆫ後ᄂᆞᆫ當事者ᄂᆞᆫ此ᄅᆞᆯ變更ᄒᆞ거나又ᄂᆞᆫ消滅케ᄒᆞᆷ을不得ᄒᆞᆷ」이라規定ᄒᆞ얏시니此ᄅᆞᆯ由ᄒᆞ야裏面으로ᄂᆞᆫ第三者가其意思ᄅᆞᆯ表示ᄒᆞ기ᄭᆞ지ᄂᆞᆫ當事者ᄂᆞᆫ其契約을變更ᄒᆞ거나又ᄂᆞᆫ消滅케ᄒᆞᆷ을得ᄒᆞᄂᆞᆫ意義ᄅᆞᆯ暗示ᄒᆞᆫ바ㅣ니是固當然ᄒᆞᆫ事ㅣ라然이나一朝에當事者間契約을全然有効케ᄒᆞᆫ以上은如斯ᄒᆞᆫ規定을設ᄒᆞ야此에關ᄒᆞᆫ疑問을解決ᄒᆞᆷ이穩當ᄒᆞᆷ으로信ᄒᆞ노라

진 때에는 특별히 이를 밝히는 것이 마땅하다. 가령 甲이 乙에 대하여 丙에게 금 1천원을 줄 것을 의뢰함과 동시에 丙이 이를 받기를 원하지 않는 때에는 자기에게 송부하도록 하는 취지를 덧붙인 것과 같은 것이다. 그러므로 만일 반대의 의사를 표시하지 않은 경우에는 계약의 목적은 丙에게 금전을 주는 데에만 있으므로 丙이 이를 원하지 않는 때에는 계약은 당연히 그 효력을 잃는다고 생각한다.

이상에서 논한 바에 따르면 제3자가 계약의 이익을 받을 의사를 표시한 때에는 제3자를 위하여 권리가 발생하므로 당사자 간의 관계로 인하여 제3자의 권리를 좌우하지 못함은 의심할 바 없다. 일본 신민법은 특별히 이를 밝혔는데, 같은 법 제538조에서 "전조의 규정에 따라 제3자의 권리가 발생한 뒤에는 당사자는 이를 변경하거나 소멸하게 하지 못함"이라고 규정하였다. 이로 말미암아 이 면으로는 제3자가 그 의사를 표시할 때까지는 당사자는 그 계약을 변경하거나 소멸하게 할 수 있다는 뜻을 암시한 것이다. 이는 참으로 당연한 것이다. 그러나 하루아침에 당사자 사이의 계약을 완전히 유효하게 한 이상 이러한 규정을 마련하여 이에 관한 의문을 해결함이 타당하다고 생각한다.

最終에一言ᄒᆞᆯ바는第三者의權利는當事者間契約에因ᄒᆞ야生ᄒᆞᆫ權利됨을忘却ᄒᆞᆷ이不可ᄒᆞᄂᆞ니即其權利의內容은當事者間契約에因ᄒᆞ야定ᄒᆞ고其權利의範圍도亦其契約에因ᄒᆞ야定ᄒᆞᆯ뿐아니라만일其契約이無能力及其他瑕疵에因ᄒᆞ야繳消ᄒᆞᆷ을得ᄒᆞᆯ者로當事者一方이此를繳消ᄒᆞᆫ時는其結果로第三者의權利도亦消滅ᄒᆞᄂᆞᆫ者ㅣ오又當事者間契約에在ᄒᆞ야第三者가利益을受ᄒᆞᆷ에는反對給付를必要로ᄒᆞᆫ時假令甲乙間에在ᄒᆞ야乙의所有에係ᄒᆞᆫ不動産을丙의게賣却ᄒᆞᆷ을約ᄒᆞᆫ境遇에右代價를一萬圜으로定ᄒᆞᆫ時는丙은一萬圜을出給치아니ᄒᆞ면其不動産을買受ᄒᆞᆷ을不得ᄒᆞᄂᆞ니換言ᄒᆞ면新ᄒᆞᆫ契約으로써此를買收ᄒᆞᆷ은格別ᄒᆞᆫ者ㅣ오甲乙間의契約에基因ᄒᆞ야其不動産을買收ᄒᆞᆷ을不得ᄒᆞᄂᆞᆫ바ㅣ라日本新民法은此趣旨를明確케ᄒᆞ기爲ᄒᆞ야其第五百三十九條에「第五百三十七條에揭ᄒᆞᆫ契約에基因ᄒᆞᆫ抗辯은債務者가此로써其契約의利益을受ᄒᆞᆯ第三者의게對抗ᄒᆞᆷ을得ᄒᆞᆷ」이라規定ᄒᆞᆫ바ㅣ라

以上에述ᄒᆞᆫ바로써契約의効力에關ᄒᆞᆫ第一點即契約은當事者間에만効力이有ᄒᆞᆷ을說明ᄒᆞᆫ지라自此로第二點即契約은法律과同一ᄒᆞ다云ᄒᆞᄂᆞᆫ事에就ᄒᆞ야說

마지막으로 한마디 할 것은, 제3자의 권리는 당사자 사이의 계약에 따라 생긴 권리임을 망각해서는 안 된다는 것이다. 곧 그 권리의 내용은 당사자 사이의 계약에 따라 정해지고 그 권리의 범위 또한 그 계약에 따라 정해진다. 뿐만 아니라, 만일 그 계약이 무능력 및 기타 하자로 인하여 취소할 수 있는 것으로 당사자 일방이 이를 취소한 때에는 그 결과 제3자의 권리도 또한 소멸하는 것이다. 또 당사자 간의 계약에서 제3자가 이익을 받으려면 반대급부가 필요한 때, 가령 甲과 乙 사이에서 乙이 소유한 부동산을 丙에게 매각하기로 약정한 경우에 위 대가를 1만원으로 정한 때에는 丙은 1만원을 지급하여 주지 않으면 그 부동산을 매수하지 못한다. 바꾸어 말하면 새로운 계약으로 이를 매수하는 것은 다른 것이고, 甲과 乙 사이의 계약에 기인하여 그 부동산을 매수할 수는 없다. 일본 신민법은 이 취지를 명확히 하기 위하여 제539조에서 "제537조에 적은 계약에 기인한 항변은 채무자가 이로써 그 계약의 이익을 받을 제3자에게 대항할 수 있음"이라고 규정한 것이다.

이상에 서술한 것으로써 계약의 효력에 관한 첫째 논점, 곧 계약은 당사자 사이에만 효력이 있음을 설명하였다. 이제부터 둘째 논점, 곧 계약은 법률과 동일하다는 것에 관하여 설

明코ᄌᆞᄒᆞ노라

抑契約은法律과同一ᄒᆞ다云ᄒᆞᄂᆞᆫ語ᄂᆞᆫ從來로幾多의誤解ᄅᆞᆯ致ᄒᆞᆫ者ㅣ오甚至於契約은法律과同一ᄒᆞᆷ으로契約의解釋을誤ᄒᆞᆷ은畢竟法律의解釋을誤ᄒᆞᄂᆞᆫ者ㅣ오現今法國에在ᄒᆞ야ᄂᆞᆫ破毀의原因된判決이有ᄒᆞ얏시니其基因ᄒᆞᆫ바ᄂᆞᆫ法國民法에契約은當事者間에在ᄒᆞ야法律과同一ᄒᆞᆫ効力을有ᄒᆞ다規定ᄒᆞᆷ을因ᄒᆞᆷ이라故로容易히此語ᄅᆞᆯ襲用ᄒᆞᆷ이不當ᄒᆞ나然이나此ᄂᆞᆫ從來로廣行ᄒᆞ든바ㅣ오頗히簡便ᄒᆞᆯ뿐아니라詳細히說明ᄒᆞᆯ時ᄂᆞᆫ誤解ᄒᆞᆷ이無ᄒᆞᆯ지라故로姑此襲用코ᄌᆞᄒᆞᆷ이라然而此語의眞正ᄒᆞᆫ意義ᄅᆞᆯ案ᄒᆞᆯ진ᄃᆡ契約은法律의保護ᄒᆞᄂᆞᆫ者ㅣ오法律은반다시契約을履行ᄒᆞᆷ을命ᄒᆞᄂᆞ니是ᄂᆞᆫ法律이直接으로或義務ᄅᆞᆯ負케ᄒᆞᆫ境遇와相異ᄒᆞᆷ이毫無ᄒᆞᆫ故로契約에定ᄒᆞᆫ義務ᄂᆞᆫ法律에定ᄒᆞᆫ義務와同一히此ᄅᆞᆯ恪守치아니ᄒᆞᆷ이不可ᄒᆞ다云ᄒᆞᆷ에在ᄒᆞ니因ᄒᆞ야契約違背即契約의履行을懈怠히ᄒᆞᆫ者ᄂᆞᆫ法律에違背ᄒᆞᆫ者即不法ᄒᆞᆫ者로法律의制裁ᄅᆞᆯ受치아니ᄒᆞᆷ이不可ᄒᆞᆫ바ㅣ라此點에在ᄒᆞ야만契約은法律과同一ᄒᆞᆫ者ㅣ오敢히契約은法律과全然相異ᄒᆞᆷ이無ᄒᆞ다云ᄒᆞᆷ은아니니特히契約은一個事實에不過ᄒᆞᆷ으로써此ᄅᆞᆯ解釋ᄒᆞᆷ은元來事實

명하고자 한다.

무릇 계약은 법률과 동일하다는 말은 종래 수많은 오해를 가져왔고 심지어 계약은 법률과 동일하므로 계약의 해석을 그르침은 결국 법률의 해석을 그르친 것이다. 오늘날 프랑스에서는 파기의 원인이 된 판결이 있었다. 그 원인은 프랑스 민법에서 계약은 당사자 사이에 법률과 동일한 효력을 가진다고 규정하였기 때문이다. 그러므로 이 말을 쓰던 대로 쉽게 써서는 안 되겠지만 이는 종래부터 널리 써오던 것이고 자못 간편할 뿐 아니라 상세히 설명할 때에는 오해가 없을 것이다. 그러므로 우선 여기서는 그대로 쓰고자 한다. 그런데 이 말의 진정한 뜻을 생각하면, 계약은 법률이 보호하는 것이고 법률은 반드시 계약을 이행하기를 명한다. 이는 법률이 직접 어떤 의무를 지게 한 경우와 전혀 다를 것이 없다. 그러므로 계약에서 정한 의무는 법률에서 정한 의무와 동일하게 이를 삼가 지켜야 한다는 데 있다. 따라서 계약 위반, 곧 계약의 이행을 게을리 한 사람은 법률을 위반한 사람, 곧 불법한 자로 법률의 제재를 받아야 하는 것이다. 이 점에서만 계약은 법률과 동일한 것이고, 감히 계약은 법률과 완전히 다를 것이 없다는 말은 아니다. 특히 계약은 하나의 사실에 불과하여 이를 해석하는 것은 원래 사실

問題에屬ᄒᆞ고決코法律問題ᄂᆞᆫ아니라此를要ᄒᆞ건ᄃᆡ契約의當事者間에ᄂᆞᆫ總히契約의定ᄒᆞᆫ바에依ᄒᆞ야權利를得ᄒᆞ고義務를負ᄒᆞᄂᆞᆫ故로契約의正當ᄒᆞᆫ解釋에從ᄒᆞ야此를履行치아니ᄒᆞᆷ이不可ᄒᆞᄂᆞ니其結果로브터言ᄒᆞᆯ진ᄃᆡ契約으로브터生ᄒᆞᆫ權利ᄂᆞᆫ法律이直接으로與ᄒᆞᆫ權利와同一ᄒᆞᆫ故로絶對的으로此를主張ᄒᆞᆷ을得ᄒᆞ고又契約으로브터生ᄒᆞᆫ義務ᄂᆞᆫ法律이直接으로命ᄒᆞᆫ義務와相異ᄒᆞᆷ이無ᄒᆞᆫ故로반다시此를履行치아니ᄒᆞᆷ이不可ᄒᆞ며雙務契約境遇에在ᄒᆞ야ᄂᆞᆫ雙方에義務가生ᄒᆞᄂᆞᆫ同時에雙方에權利가生ᄒᆞ나其一方의權利或은義務가他一方의權利或은義務의條件된者ㅣ아니오因ᄒᆞ야一方의權利가消滅ᄒᆞ야도他一方의權利ᄂᆞᆫ消滅치아니ᄒᆞ며又一方의義務가消滅ᄒᆞ야도他一方의義務에影響을不及ᄒᆞᆷ이原則이로ᄃᆡ法律은公平을維持ᄒᆞ기爲ᄒᆞ야此에對ᄒᆞᆫ例外를設ᄒᆞ얏시니此를以下에畧說코ᄌᆞᄒᆞ노라

其一은同時履行이니雙務契約에在ᄒᆞ야ᄂᆞᆫ當事者의一方이其義務를履行ᄒᆞ고他一方은其義務를履行치아니ᄒᆞᄂᆞᆫ時ᄂᆞᆫ同一ᄒᆞᆫ契約으로브터生ᄒᆞᆫ義務로一方은履行을懈怠히ᄒᆞᆷ에不拘ᄒᆞ고他一方은其義務를盡ᄒᆞᆫ故로甚히不公平ᄒᆞᆫ結果

문제에 속하고 결코 법률문제는 아니다. 요컨대 계약의 당사자 사이에서는 모두 계약이 정한 바에 따라 권리를 취득하고 의무를 부담하므로 계약의 정당한 해석에 따라 이를 이행하여야 한다. 그 결과로 말하면 계약으로부터 발생한 권리는 법률이 직접 부여한 권리와 동일하므로 절대적으로 이를 주장할 수 있다. 또 계약으로부터 발생한 의무는 법률이 직접 명한 의무와 다를 것이 없으므로 반드시 이를 이행하여야 한다. 쌍무계약의 경우에는 쌍방에게 의무가 발생하는 동시에 쌍방에게 권리가 발생하나, 일방의 권리 또는 의무가 다른 일방의 권리 또는 의무의 조건이 된 것이 아니다. 따라서 일방의 권리가 소멸하여도 다른 일방의 권리는 소멸하지 않는다. 또 일방의 의무가 소멸하여도 다른 일방의 의무에 영향을 미치지 않는 것이 원칙이다. 그렇지만 법률은 공평을 유지하기 위하여 이에 대한 예외를 마련하였는데, 이를 이하에 간략히 설명하고자 한다.

첫째는 동시이행이다. 쌍무계약에서는 당사자 일방이 그 의무를 이행하고 다른 일방은 그 의무를 이행하지 않는 때에는 동일한 계약으로부터 발생한 의무로 일방은 이행을 게을리하는데도 불구하고 다른 일방은 그 의무를 다하므로 매우 불공평한 결과가生홀지라然而不履行에因ᄒᆞ야義務가消滅홈이無혼故로普通의節次를依ᄒᆞ야此를請求홈을得홀지로ᄃᆡ債務者가任意로履行치아니혼境遇에在ᄒᆞ야ᄂᆞᆫ結局裁判所에起訴ᄒᆞ거나又ᄂᆞᆫ公正證書가有혼境遇에도强制執行의方法을取치아니홈이不可홈으로써頗히節次를要ᄒᆞ고且時間을費ᄒᆞ며費用을出홀지니然즉任意로履行혼一方은甚히不利益혼地位에在홀바ㅣ오況强制執行의方法을取ᄒᆞ야도債務者가履行홀資力이無혼時ᄂᆞᆫ債權者ᄂᆞᆫ履行을受치못ᄒᆞ고兼ᄒᆞ야費用도負擔홈이有홀지니故로極히不公平혼結果에陷홀지라故로法律은如此혼結果를生치아니케ᄒᆞ기爲ᄒᆞ야各種方法을設定ᄒᆞᄂᆞ니即此에論述홀者外에彼留置權과如홈도其一이니留置權은반다시雙務契約境遇에만適用ᄒᆞᄂᆞᆫ者ㅣ아니로ᄃᆡ雙務契約境遇에其適用이最大혼바ㅣ라假令賣買境遇에在ᄒᆞ야賣買의目的物은既히買主의所有로移轉ᄒᆞ얏시나買主가其代金을支撥치아니ᄒᆞᄂᆞᆫ時ᄂᆞᆫ賣主ᄂᆞᆫ其目的物을留置ᄒᆞ고代金支撥이有ᄒᆞ기ᄭᆞ지其傳授를拒絕홈을得ᄒᆞ며又解除權이란者를認ᄒᆞ야當事者의一方이其義務를履行치아니ᄒᆞᄂᆞᆫ時ᄂᆞᆫ他一方은契約을解除ᄒᆞ야自己의義務를免홈을得ᄒᆞᄂᆞᆫ바ㅣ라是亦雙務契約에

가 발생할 것이다. 그런데 불이행으로 인하여 의무가 소멸하지는 않으므로 보통의 절차에 따라 이를 청구할 수 있겠지만, 채무자가 임의로 이행하지 않은 경우에는 결국 재판소에 소를 제기하거나 또는 공정증서가 있는 경우에도 강제집행을 할 수밖에 없다. 이는 대단히 절차가 필요하고 시간을 소비하며 비용을 발생시킨다. 그렇다면 임의로 이행한 일방은 매우 불이익한 지위에 있게 된다. 더구나 강제집행을 하여도 채무자가 이행할 자력이 없는 때에는 채권자가 이행을 받지 못하고 아울러 비용도 부담하는 경우가 있어 극히 불공평한 결과에 빠질 것이다. 그러므로 법률은 이와 같은 결과가 나오지 않게 하기 위하여 갖가지 방법을 마련해두었다. 곧 여기에 서술할 것 외에 저 유치권 같은 것도 그 하나이다. 유치권은 반드시 쌍무계약의 경우에만 적용되는 것이 아니지만 쌍무계약에 가장 많이 적용되는 것이다. 가령 매매의 경우 매매의 목적물은 이미 매수인의 소유로 이전되었으나 매수인이 그 대금을 지급하지 않는 때에는, 매도인은 그 목적물을 유치(留置)하고 대금 지급이 있을 때까지 그 인도를 거절할 수 있다. 또 해제권이란 것을 인정하여 당사자 일방이 그 의무를 이행하지 않는 때에는 다른 일방은 계약을 해제하여 자기 의무를 면할 수 있는 것이다. 이 또한 쌍무계약에

就ᄒᆞ야만適用ᄒᆞᆷ이아니로ᄃᆡ特히雙務契約에就ᄒᆞ야其適用이最多ᄒᆞ고且日本新民法은此等規定과同一ᄒᆞᆫ精神에基因ᄒᆞ야雙務契約의同時履行에關ᄒᆞᆫ原則을規定ᄒᆞ얏시니同新民法第五百三十三條에「雙務契約當事者의一方은相對者가其債務履行을提供ᄒᆞ기ᄭᆞ지自己의債務履行을拒絶ᄒᆞᆷ을得ᄒᆞᆷ但相對者의債務가辨償期에在치아니ᄒᆞᆫ時ᄂᆞᆫ此限에不在ᄒᆞᆷ」이라云ᄒᆞᆫ지라此ᄅᆞᆯ賣買에就ᄒᆞ야言ᄒᆞᆯ진ᄃᆡ買主가代金을提供ᄒᆞ기ᄭᆞ지ᄂᆞᆫ賣主ᄂᆞᆫ物品을傳授ᄒᆞᆷ을不要ᄒᆞ며又賣主가物品을傳授ᄒᆞ기ᄭᆞ지ᄂᆞᆫ買主ᄂᆞᆫ代金을支撥ᄒᆞᆷ을不要ᄒᆞᆷ이라或이云果然ᄒᆞ면結局履行이無ᄒᆞᆷ에至치아니ᄒᆞᆯ가假令賣買境遇에在ᄒᆞ야物品傳授의處所와代金支撥의處所가相異ᄒᆞᆫ時ᄂᆞᆫ賣主ᄂᆞᆫ甲處所에서物品을携帶ᄒᆞ고買主ᄂᆞᆫ乙處所에서代金을携帶ᄒᆞ야互相相對者로브터履行의提供이無ᄒᆞᆫ者ㅣ라ᄒᆞ야履行치아니ᄒᆞᆷ에至ᄒᆞᆷ이有ᄒᆞᆯ바ㅣ오特히債務履行은原則으로債權者의住所에서行ᄒᆞᆷ이可ᄒᆞᆫ者ㅣ라故로雙務契約境遇에在ᄒᆞ야ᄂᆞᆫ其履行의處所ᄅᆞᆯ異히ᄒᆞᄂᆞᆫ故로一方이履行의提供을行ᄒᆞ기ᄭᆞ지他一方은自己의履行을拒絶ᄒᆞᆷ을得ᄒᆞᆫ다云ᄒᆞᆯ진ᄃᆡ一方은汝의債務履行을提供ᄒᆞ면我의債務ᄅᆞᆯ履行ᄒᆞᆫ다唱道ᄒᆞ고他一

대하여만 적용되는 것이 아니지만 특히 쌍무계약에 대하여 가장 많이 적용된다. 또 일본 신민법은 이들 규정과 동일한 정신에 기인하여 쌍무계약의 동시이행에 관한 원칙을 규정하였다. 일본 신민법 제533조에서 "쌍무계약의 당사자 일방은 상대방이 그 채무 이행을 제공할 때까지 자기 채무의 이행을 거절할 수 있음. 그러나 상대방의 채무가 변제기에 있지 않은 때에는 그러하지 않음"이라고 한 것이다. 이를 매매에 대하여 말하면 매수인이 대금을 제공할 때까지는 매도인은 물품을 인도할 필요가 없으며, 또 매도인이 물품을 인도할 때까지는 매수인은 대금을 지급할 필요가 없다. 누군가는 말하기를, 과연 그렇다면 결국 이행이 없게 되지 않을까? 가령 매매의 경우에 물품 인도장소와 대금 지급 장소가 서로 다른 때에는 매도인은 甲 장소에서 물품을 가지고 매수인은 乙 장소에서 대금을 가지고서 서로 상대방으로부터 이행의 제공이 없었다고 하여 이행하지 않게 될 수 있는 것이다. 특히 채무 이행은 원칙적으로 채권자의 주소에서 행하여야 하는 것이다. 그러므로 쌍무계약의 경우에는 그 이행 장소를 달리하므로 일방이 이행의 제공을 할 때까지 다른 일방은 자기의 이행을 거절할 수 있다고 하면, 너의 채무이행을 제공하면 나의 채무를 이행한다고 주장하고, 다른 일

方도亦汝의債務履行을提供ᄒᆞ면我의債務를履行ᄒᆞ리라唱道ᄒᆞ야互相履行치아니홈에至ᄒᆞᆯ處慮가有ᄒᆞ다云ᄒᆞᆫ지라然이나實際의在ᄒᆞ야ᄂᆞᆫ如此ᄒᆞᆫ境遇가生치아니ᄒᆞᄂᆞ니몬저賣買에就ᄒᆞ야言ᄒᆞᆯ진ᄃᆡ日本新民法은其第五百七十四條에「賣買의目的物을傳授홈과同時에代金을支撥홈이可ᄒᆞᆫ時ᄂᆞᆫ其傳授ᄒᆞᄂᆞᆫ處所에셔此를支撥홈을要홈」이라規定ᄒᆞ얏시니是ᄂᆞᆫ元來反對의契約을許ᄒᆞᆫ者ㅣ로ᄃᆡ如此ᄒᆞᆫ特約을行홈은極稀ᄒᆞ고因ᄒᆞ야多數境遇에在ᄒᆞ야ᄂᆞᆫ辨償에關ᄒᆞᆫ一般規定을適用홈이無ᄒᆞ며又ᄂᆞᆫ此規定은一切有償契約에準用홈이可ᄒᆞᆫ故로以上과如ᄒᆞᆫ境遇ᄂᆞᆫ實際에殆無ᄒᆞᄂᆞ니卽賣買에在ᄒᆞ야도賣主가履行을急히ᄒᆞᄂᆞᆫ境遇에ᄂᆞᆫ旣히傳授의準備를整理ᄒᆞ야써至急히代金을持來ᄒᆞᆯ듸로督促ᄒᆞ고又買主가履行을急히ᄒᆞᄂᆞᆫ境遇에ᄂᆞᆫ傳授ᄒᆞᄂᆞᆫ處所에代金을持來ᄒᆞ야其傳授를求ᄒᆞᄂᆞᆫ故로通常先述홈과如ᄒᆞᆫ境遇가生치아니ᄒᆞ되반다시絕無ᄒᆞ다云ᄒᆞ기不能ᄒᆞ고又特約이有ᄒᆞᆫ境遇를想像ᄒᆞ기容易ᄒᆞᆫ지라假令賣買에在ᄒᆞ야도時或目的物이無ᄒᆞᄂᆞ니所有權의賣買와如홈은반다시目的物이有ᄒᆞ되債權의賣買와如홈은目的物이無ᄒᆞ고因ᄒᆞ야目的物의傳授가無ᄒᆞ며其他目的物의傳授를不要

방 또한 너의 채무 이행을 제공하면 나의 채무를 이행하리라고 주장하여 서로 이행하지 않게 될 우려가 있다고 말하는 것이다. 그러나 실제로는 이와 같은 경우가 발생하지 않는다. 먼저 매매에 대하여 말하면, 일본 신민법은 제574조에서 "매매의 목적물을 인도함과 동시에 대금을 지급하여야 하는 때에는 이를 인도하는 장소에서 대금을 지급하여야 함"이라고 규정하였다. 이는 원래 반대의 계약을 허용한 것이지만 이와 같은 특약을 하는 경우는 극히 드물다. 따라서 많은 경우에는 변제에 관한 일반규정을 적용하는 경우가 없다. 또 이 규정은 일체의 유상계약에 준용할 수 있으므로 이상과 같은 경우는 실제로 거의 없다. 곧 매매에서도 매도인이 이행을 급히 하는 경우에는 이미 인도할 준비를 마침으로써 급히 대금을 가져오라는 취지로 독촉하고, 또 매수인이 이행을 급히 하는 경우에는 인도하는 장소에 대금을 가지고 와 그 인도를 청구한다. 그러므로 통상 앞서 서술한 것과 같은 경우가 발생하지 않지만 반드시 전혀 없다고 할 수 없고, 특약이 있는 경우를 쉽게 상상할 수 있다. 가령 매매에서도 때로는 목적물이 없는데,* 소유권 매매 같으면 반드시 목적물이 있지만 채권의 매매 같은 경우 목적물이 없고, 따라서 목적물의 인도가 없으며 그밖에 목적물의 인도가 필요하지 않

* 역자 주: 유형의 물건이 아니라는 의미임.

ᄒᆞ는賣買가不少ᄒᆞᆯ뿐아니라賣買以外에在ᄒᆞ야는目的物의傳授를不要ᄒᆞ는契約이極多ᄒᆞᆫ바ㅣ라蓋日本新民法第五百三十三條의規定은自己의義務를履行치아니ᄒᆞ고相對者의義務를履行케ᄒᆞᆷ을不許ᄒᆞ는趣旨라故로相對者로ᄒᆞ야곰速히履行케ᄒᆞ고져ᄒᆞ는者는縱令自己의住所에셔履行ᄒᆞᆯ境遇라도相對者의履行을催促ᄒᆞ기爲ᄒᆞ야相對者의住所에至ᄒᆞ야履行의提供을行ᄒᆞᆫ時는相對者에就ᄒᆞ야도結局利益이되는故로此를拒絕ᄒᆞ는事ㅣ無ᄒᆞᄂᆞ니是以로此規定은實際上先述ᄒᆞᆷ과如ᄒᆞᆫ結果가不生ᄒᆞ는바ㅣ라假令相對者로브터物品의給付를受ᄒᆞ고此에對ᄒᆞ야一定ᄒᆞᆫ金錢을支撥ᄒᆞᆯ境遇에金錢을持來ᄒᆞ고物品의傳授를請求ᄒᆞ는時는相對者는通常此를拒絕ᄒᆞᆷ을不得ᄒᆞ며又相對者가物品을持來ᄒᆞ고金錢의支撥을求ᄒᆞᆫ時는亦此를拒絕ᄒᆞᆷ을不得ᄒᆞᄂᆞ니何故오蓋債權者의住所에셔履行ᄒᆞᆷ이可ᄒᆞᆫ者ㅣ라ᄒᆞᆷ은畢竟債權者의利益을爲ᄒᆞ야設ᄒᆞᆫ規定이라故로債權者가其利益을拋棄ᄒᆞ고債務者의住所에셔履行을受코져ᄒᆞ는以上은債務者는異議를述ᄒᆞᆷ을得지못ᄒᆞ는所以라然而相對者의債務가辦償期에在치아니ᄒᆞᆫ時는此限에不在ᄒᆞᄂᆞ니是는先述ᄒᆞᆫ留置權에取ᄒᆞ야도適用ᄒᆞᆷ이有ᄒᆞ고又解除

은 매매가 적지 않다. 뿐만 아니라 매매 이외에서는 목적물의 인도가 필요 없는 계약이 극히 많다. 일반적으로 일본 신민법 제533조의 규정은 자기의 의무를 이행하지 않고 상대방의 의무를 이행하게 하는 것을 허용하지 않는 취지이다. 그러므로 상대방으로 하여금 빨리 이행하게 하고자 하는 사람은 설령 자기 주소에서 이행하여야 할 경우라도 상대방의 이행을 촉구하기 위하여 상대방의 주소에 가서 이행의 제공을 한 때에는 상대방에 대하여도 결국 이익이 되므로 이를 거절하는 일이 없다. 그리하여 이 규정은 실제로 앞서 서술한 것과 같은 결과가 발생하지 않는 것이다. 가령 상대방으로부터 물품의 급부를 받고 이에 대하여 일정한 금전을 지급할 경우에, 금전을 가져오고 물품의 인도를 청구하는 때에는 상대방은 통상 이를 거절하지 못한다. 또 상대방이 물품을 가져오고 금전의 지급을 청구한 때에는 또한 이를 거절하지 못한다. 왜냐하면 일반적으로 채권자의 주소에서 이행하여야 한다는 것이란 결국 채권자의 이익을 위하여 마련한 규정이다. 그러므로 채권자가 그 이익을 포기하고 채무자의 주소에서 이행을 받고자 하는 이상 채무자는 이의를 달지 못하기 때문이다. 그러나 상대방의 채무가 변제기에 있지 않은 때에는 그렇지 않다. 이는 앞서 서술한 유치권에 대하여도 적용되고 또 해제

權의境遇에도同一ᄒᆞᄂᆞ니元來契約의解除ᄂᆞᆫ相對者가履行치아니ᄒᆞᄂᆞᆫ境遇에此ᄅᆞᆯ行ᄒᆞᆷ을得ᄒᆞᄂᆞᆫ者ㅣ라故로相對者의債務가旣히辨償期에在ᄒᆞᆫ事ᄅᆞᆯ前提로ᄒᆞᄂᆞ니是以로同時履行에就ᄒᆞ야도此條件을必要ᄒᆞᆷ은元來當然ᄒᆞᆫ바ㅣ라即相對者의債務가아즉辨償期에在치아니ᄒᆞᆷ에不拘ᄒᆞ고其履行의提供이有ᄒᆞ기ᄭᆞ지自己의債務履行을拒絶ᄒᆞᆷ을得ᄒᆞᆫ다云ᄒᆞᆯ진대頗히不公平ᄒᆞᆯ지니公平을目的ᄒᆞ야設ᄒᆞᆫ規定은反히不公平ᄒᆞᆫ結果가生ᄒᆞᆷ에至ᄒᆞᆯ바ㅣ오且相對者의債務가期限이到來치아니ᄒᆞᆷ을不拘ᄒᆞ고其履行이有ᄒᆞ기ᄭᆞ지自己의債務ᄅᆞᆯ履行치아니ᄒᆞᆷ을得ᄒᆞᆫ다云ᄒᆞᆯ진대相對者가辨償期에至ᄒᆞ야其債務ᄅᆞᆯ履行ᄒᆞ고始其自己의債權辨償을得ᄒᆞᄂᆞᆫ時ᄂᆞᆫ請求ᄅᆞᆯ受ᄒᆞᆫ者ᄂᆞᆫ元來期限의利益이有치아니ᄒᆞᆷ을不拘ᄒᆞ고間接으로期限의利益을受ᄒᆞᆷ에至ᄒᆞᆯ바ㅣ오此와反ᄒᆞ야相對者가期限의利益을抛棄ᄒᆞ고自己의債權辨償을得ᄒᆞᄂᆞᆫ時ᄂᆞᆫ相對者ᄂᆞᆫ其期限의利益을失ᄒᆞᄂᆞᆫ結果에至ᄒᆞᆯ지니是ᄂᆞᆫ元來不許ᄒᆞᄂᆞᆫ바ㅣ니辨償期ᄅᆞᆯ定ᄒᆞᆫ境遇에在ᄒᆞ야ᄂᆞᆫ期限의利益을有치아니ᄒᆞᆫ當事者ᄂᆞᆫ반다시直時履行치아니ᄒᆞᆷ이不可호대만일此ᄅᆞᆯ不欲ᄒᆞᄂᆞᆫ時ᄂᆞᆫ自初로同一ᄒᆞᆫ期限을定ᄒᆞ거나或은相對者의게期限의利益을與

권의 경우에도 동일하다. 원래 계약의 해제는 상대방이 이행하지 않는 경우에 할 수 있는 것이다. 그러므로 상대방의 채무가 이미 변제기에 있을 것을 전제로 한다. 그리하여 동시이행에 대하여도 이 조건이 필요함은 원래 당연한 것이다. 곧 상대방의 채무가 아직 변제기에 있지 않은데도 불구하고 그 이행 제공이 있을 때까지 자기 채무의 이행을 거절할 수 있다고 하면 대단히 불공평할 것이다. 공평을 목적으로 마련한 규정이 도리어 불공평한 결과를 낳게 될 것이다. 또 상대방의 채무가 기한이 도래하지 않았음에도 불구하고 그 이행이 있을 때까지 자기 채무를 이행하지 않을 수 있다고 하면, 상대방이 변제기에 이르러 그 채무를 이행하고 비로소 자기 채권의 변제를 얻는 때에는 청구를 받은 사람은 원래 기한의 이익이 없었음에도 불구하고 간접적으로 기한의 이익을 받게 된다. 이와 반대로 상대방이 기한의 이익을 포기하고 자기 채권의 변제를 얻는 때에는 상대방은 그 기한의 이익을 잃는 결과가 된다. 이는 원래 허용되지 않는 것이므로, 변제기를 정한 경우에는 기한의 이익을 갖지 않는 당사자는 반드시 곧바로 이행하여야 한다. 만일 이를 원하지 않는 때에는 처음부터 동일한 기한을 정하거나, 또는 상대방에게 기한의 이익을 주치아니ᄒᆞᆷ이可ᄒᆞᄂᆞ니自己가有치아니ᄒᆞᆫ期限의利益을得ᄒᆞᆫ다云ᄒᆞᆷ은穩當치아니ᄒᆞᆫ바ㅣ라然而附條件境遇ᄂᆞᆫ如何ᄒᆞᆫ問題가生ᄒᆞᆯ가盖附條件債務境遇에在ᄒᆞ야ᄂᆞᆫ아즉其債務가發生치아니호대此와反ᄒᆞ야附期限債務境遇ᄂᆞᆫ其債務ᄂᆞᆫ旣히發生ᄒᆞ고唯其辨償期가到來치아니ᄒᆞᆷ이니即旣히債務가發生ᄒᆞᆫ境遇에在ᄒᆞ야도其辨償期가到來치아니ᄒᆞᆷ을因ᄒᆞ야同時履行의規定을適用ᄒᆞᆷ을不得ᄒᆞᆫ다云ᄒᆞᆯ진대아즉債務가發生치아니ᄒᆞᆫ境遇에ᄂᆞᆫ此ᄅᆞᆯ適用ᄒᆞᆷ을不得ᄒᆞᆷ은勿論이라

以上에契約은法律과同一ᄒᆞᆫ効力을有ᄒᆞᆷ이라云ᄒᆞᄂᆞᆫ原則에關ᄒᆞᆫ第一點即同時履行의問題ᄅᆞᆯ說明ᄒᆞᆫ지라次에其第二點되ᄂᆞᆫ所謂危險問題ᄅᆞᆯ說明코ᄌᆞᄒᆞ노라

抑危險問題란者ᄂᆞᆫ雙務契約으로브터生ᄒᆞᄂᆞᆫ債務中一方의債務가履行不能된境遇에在ᄒᆞ야他一方의債務가消滅ᄒᆞᄂᆞᆫ與否의問題ᄅᆞᆯ云ᄒᆞᆷ이오尙且一步ᄅᆞᆯ進ᄒᆞ야此ᄅᆞᆯ論ᄒᆞᆯ진대다만現在의債務만消滅되ᄂᆞᆫ與否의問題가아니오契約의結果로生ᄒᆞᆫ一方의義務가全然히發生치아니ᄒᆞᆫ者와如히看做ᄒᆞᄂᆞᆫ與否에在ᄒᆞᆫ바ㅣ니是ᄂᆞᆫ賣買에就ᄒᆞ야其適用이最多ᄒᆞᆫ바ㅣ라假令甲이其所有家屋을乙의게賣却ᄒᆞ고其代金의支撥을아즉領受치아니ᄒᆞ고且其傳授ᄅᆞᆯ行ᄒᆞ기前에近鄰으

지 않음이 마땅하다. 자기가 갖지 않은 기한의 이익을 얻는다는 것은 타당하지 않은 것이다. 그런데 조건을 붙인 경우에는 어떠한 문제가 발생하는가? 일반적으로 조건부채무의 경우에는 아직 그 채무가 발생하지 않지만 이와 반대로 기한부채무의 경우에는 그 채무는 이미 발생하였고, 다만 그 변제기가 도래하지 않은 것이다. 곧 이미 채무가 발생한 경우에도 그 변제기가 도래하지 않은 데 따라 동시이행의 규정을 적용하지 못한다고 하면 아직 채무가 발생하지 않은 경우에는 이를 적용하지 못함은 물론이다.

이상에서 계약은 법률과 동일한 효력을 가진다는 원칙에 관한 첫째 논점, 곧 동시이행의 문제를 설명하였다. 다음에는 그 둘째 논점인 이른바 위험부담 문제를 설명하고자 한다.

무릇 위험부담의 문제란 것은 쌍무계약으로부터 발생하는 채무 가운데 일방의 채무가 이행불능이 된 경우에, 다른 일방의 채무가 소멸하는지 여부의 문제를 말한다. 한 걸음 더 나아가 이를 논하면, 다만 현재의 채무만 소멸되는지 여부의 문제가 아니고, 계약의 결과로 발생한 일방의 의무가 완전히 발생하지 않은 것과 같이 간주되는지 여부에 있다. 이는 매매에 대하여 가장 그 적용이 많다. 가령 甲이 그가 소유하던 가옥을 乙에게 매각하고 그 대금 지급을 아직 받지 않고 가옥을 인도하기 전에 이웃이로브터失火ᄒᆞ야其家屋이燒燼ᄒᆞᆫ時ᄂᆞᆫ賣主ᄂᆞᆫ其傳授ᄅᆞᆯ行ᄒᆞᆷ을不得ᄒᆞᆯ지니此境遇에在ᄒᆞ야買主ᄂᆞᆫ其代金을支撥ᄒᆞᆷ을要ᄒᆞᆯ가否ᄒᆞᆯ가更히一步ᄅᆞᆯ進ᄒᆞ야買主가旣히其代金을支撥ᄒᆞᆫ時ᄂᆞᆫ其代金을還推ᄒᆞᆷ을得ᄒᆞᆯ가是ᄂᆞᆫ古來로有名ᄒᆞᆫ危險問題오此에關ᄒᆞᆫ主義가亦一樣이아니니羅馬法에就ᄒᆞ야도旣히論議가有ᄒᆞᆫ바ㅣ오現在各國法律에在ᄒᆞ야도其主義가同一치아니ᄒᆞ고學說도亦不一ᄒᆞᆫ지라今에其主義ᄅᆞᆯ大別ᄒᆞ면凡三主義가有ᄒᆞ니第一은「危險이債權者에在ᄒᆞ다」云ᄒᆞᄂᆞᆫ說이라此說을據ᄒᆞᆯ진대債權者即物에關ᄒᆞᆫ債權者、賣買에就ᄒᆞ야言ᄒᆞᆯ진대買主ᄂᆞᆫ賣買의目的物이天災에因ᄒᆞ야滅失ᄒᆞ야履行不能이된時ᄂᆞᆫ其物의傳授ᄅᆞᆯ受치아니ᄒᆞᆷ에不拘ᄒᆞ고代金을支撥ᄒᆞᆷ이可ᄒᆞ며或은旣히代金을支撥ᄒᆞᆫ時ᄂᆞᆫ此ᄅᆞᆯ還推ᄒᆞᆷ을不得ᄒᆞᆷ이오第二ᄂᆞᆫ「危險이所有者에在ᄒᆞ다」云ᄒᆞᄂᆞᆫ說이니此主義ᄅᆞᆯ依ᄒᆞᆯ진대前例境遇에在ᄒᆞ야其家屋의所有權이買主의게移轉ᄒᆞᆫ與否ᄅᆞᆯ依ᄒᆞ야此問題ᄅᆞᆯ決定치아니ᄒᆞᆷ이不可ᄒᆞ니日本新民法은原則으로所有權은契約의成立과同時에移轉ᄒᆞᄂᆞᆫ者ㅣ라故로多數境遇에在ᄒᆞ야ᄂᆞᆫ買主가危險을負擔ᄒᆞᄂᆞ니即支撥치아니ᄒᆞᆫ代金은支撥ᄒᆞᆷ을要ᄒᆞ고旣히支撥ᄒᆞᆫ代金은還推ᄒᆞᆷ을不

실화(失火)를 하여 그 가옥이 전소된 때에는 매도인은 그 가옥을 인도하지 못할 것이다. 이 경우에 매수인은 그 대금을 지급하여야 하는가, 아닌가? 다시 한 걸음 나아가 매수인이 이미 그 대금을 지급한 때에는 그 대금을 돌려받을* 수 있는가? 이는 예로부터 유명한 위험부담 문제이고, 이에 관한 태도가 또한 하나같지 않다. 로마법에서도 이미 논의가 있었던 바이고 오늘날 각국 법률에서도 그 태도가 동일하지 않고 학설 또한 하나가 아니다. 이제 그 태도를 대별하면 모두 세 가지가 있다. 첫째는 "위험이 채권자에게 있다"는 학설이다. 이 설에 따르면 채권자, 곧 물건에 관한 채권자, 매매에 대하여 말하면 매수인은 매매의 목적물이 천재지변으로 인하여 멸실되어 이행불능이 된 때에는 그 물건의 인도를 받지 않았음에도 불구하고 대금을 지급하여야 하며, 또는 이미 대금을 지급한 때에는 이를 돌려받지 못한다. 둘째는 "위험이 소유자에게 있다"는 학설이다. 이 태도에 따르면 앞선 예에서 그 가옥의 소유권이 매수인에게 이전하였는지 여부에 따라 이 문제가 결정되어야 한다. 일본 신민법은 원칙적으로 소유권은 계약의 성립과 동시에 이전하는 것이다. 그러므로 많은 경우에는 매수인이 위험을 부담한다. 곧 지급되지 않은 대금은 지급하여야 하고 이미 지급한 대금은 돌려받지 못

* 역자 주: '반환'으로 번역할 수도 있으나, 반환이라는 용어를 별도로 쓰고 있음을 고려하였음.

得ᄒᆞᄂᆞᆫ바ㅣ라然이나此說과第一說이相異ᄒᆞᆫ바ᄂᆞᆫ假令特約으로써所有權을直時移轉치아니ᄒᆞ고傳授ᄒᆞᄂᆞᆫ時又ᄂᆞᆫ或期日에移轉ᄒᆞ기로約定ᄒᆞᆫ時ᄂᆞᆫ第一主義ᄅᆞᆯ依ᄒᆞᆯ진대其所有權의移轉前에在ᄒᆞ야家屋이火災에罹ᄒᆞᆯ지라도買主가其危險을負擔ᄒᆞ고代金을支撥ᄒᆞᆷ을要ᄒᆞᄂᆞ니故로旣히支撥ᄒᆞᆫ代金은還推ᄒᆞᆷ을不得호대第二主義ᄅᆞᆯ依ᄒᆞᆯ진ᄃᆡ買主ᄂᆞᆫ代金을支撥ᄒᆞᆷ을不要ᄒᆞ고又ᄂᆞᆫ旣히支撥ᄒᆞᆫ代金은還推ᄒᆞᆷ을得ᄒᆞ며第三은「危險이債務者에在ᄒᆞ다」云ᄒᆞᄂᆞᆫ主義니前例에就ᄒᆞ야言ᄒᆞᆯ진ᄃᆡ賣主가危險을負擔ᄒᆞᆷ이可ᄒᆞ다云ᄒᆞᆷ에在ᄒᆞᆫ바ㅣ라即此主義ᄂᆞᆫ目的物의傳授ᄅᆞᆯ完了ᄒᆞᆫ後ᄂᆞᆫ賣主의債務가全히消滅ᄒᆞᄂᆞᆫ故로如斯ᄒᆞᆫ問題가生치아니호대其傳授ᄅᆞᆯ完了ᄒᆞ기ᄭᆞ지ᄂᆞᆫ縱令所有權이移轉ᄒᆞ야도買主ᄂᆞᆫ危險을負擔치아니ᄒᆞ고恒常賣主가此ᄅᆞᆯ負擔치아니ᄒᆞᆷ이不可ᄒᆞᆫ者ㅣ라云ᄒᆞᆷ이라以上第一主義ᄂᆞᆫ多少論議가有ᄒᆞᆫ바ㅣ로대古代羅馬에在ᄒᆞ야採用ᄒᆞᆫ主義오法國에在ᄒᆞ야도亦此ᄅᆞᆯ採用ᄒᆞ고日本은新舊民法上共히此ᄅᆞᆯ採用ᄒᆞ얏시며第二主義ᄂᆞᆫ英國法의採用ᄒᆞᆫ主義라英國에在ᄒᆞ야ᄂᆞᆫ日本民法과如히다만契約成立에만因ᄒᆞ야權利가移轉ᄒᆞᄂᆞᆫ者ㅣ라云치아니ᄒᆞᄂᆞᆫ故로其適用에至ᄒᆞ야ᄂᆞᆫ反히第三主

하는 것이다. 그러나 이 학설과 첫째 학설이 다른 점은, 가령 특약으로 소유권을 곧바로 이전하지 않고 인도하는 때, 또는 어떤 기일에 이전하기로 약정한 때에는 첫째 태도에 따르면 그 소유권 이전 전에 가옥이 화재를 입을지라도 매수인이 그 위험을 부담하고 대금을 지급하여야 한다. 그러므로 이미 지급한 대금은 돌려받지 못한다. 그런데 둘째 태도에 따르면 매수인은 대금을 지급할 필요가 없고, 또는 이미 지급한 대금은 돌려받을 수 있다. 셋째는 "위험이 채무자에게 있다"는 태도이다. 앞선 예에 대하여 말하면 매도인이 위험을 부담하여야 한다는 데 있다. 곧 이 태도는 목적물의 인도를 완료한 뒤에는 매도인의 채무가 완전히 소멸하므로 이러한 문제가 발생하지 않지만, 인도를 완료할 때까지는 설령 소유권이 이전하더라도 매수인은 위험을 부담하지 않고 항상 매도인이 이를 부담하여야 한다는 것이다. 이상에서 첫째 태도는 다소 논의가 있지만 고대 로마에서 취하던 것이고 프랑스에서도 또한 이를 취하였고 일본은 신구민법 모두 이를 취하였다. 둘째 태도는 영국법이 채용하였다. 영국에서는 일본 민법과 같이 다만 계약 성립만에 따라 권리가 이전하는 것이라고 하지 않는다. 그러므로 그 적용에서는 오히려 셋째 태

義에近ᄒᆞ니第三主義ᄂᆞᆫ獨逸法의採用ᄒᆞᆫ者로不動産賣買에就ᄒᆞ야ᄂᆞᆫ登記가有ᄒᆞ기ᄭᆞ지危險이債務者에在ᄒᆞ다云ᄒᆞᄂᆞᆫ바ㅣ라

以上三主義中余ᄂᆞᆫ債權者主義로써最히其當을得ᄒᆞᆫ者로信ᄒᆞ노니今에其理由를暫述ᄒᆞᆯ진대最先注意ᄒᆞᆷ이可ᄒᆞᆫ點이二個가有ᄒᆞ니第一은危險問題ᄂᆞᆫ決코公益問題가아닌故로危險은債權者가負擔ᄒᆞ야도此를因ᄒᆞ야公益에影響을及ᄒᆞᄂᆞᆫ바ㅣ아니며此에關ᄒᆞᆫ規定은强制的規定이아니오唯其當事者의意思가不分明ᄒᆞᆫ境遇에만此를適用ᄒᆞᄂᆞᆫ者ㅣ라因ᄒᆞ야日本民法에ᄂᆞᆫ危險이債權者에在ᄒᆞᆫ旨를規定ᄒᆞ얏시나特約으로써危險이債務者에在ᄒᆞᆷ을定ᄒᆞ기不得ᄒᆞᆷ은勿論이오第二ᄂᆞᆫ有名ᄒᆞᆫ危險問題ᄂᆞᆫ殆히特定物에關ᄒᆞᆫ物權의移轉을目的ᄒᆞᄂᆞᆫ雙務契約에就ᄒᆞ야만存在ᄒᆞᆫ者ㅣ라云ᄒᆞᆷ이是라通常此問題가生ᄒᆞᆷ은特定物의所有權移轉을目的ᄒᆞᄂᆞᆫ雙務契約에限ᄒᆞᆷ과如히論ᄒᆞ나敢히所有權에만限ᄒᆞᄂᆞᆫ者ㅣ아니오오즉物權의移轉을目的ᄒᆞᄂᆞᆫ雙務契約이아니면其適用이無ᄒᆞᆯᄲᅮᆫ이라故로危險이債權者에在ᄒᆞ다云ᄒᆞᆷ은特定物의所有權及其他物權（動産에就ᄒᆞ야ᄂᆞᆫ所有權以外의物權에關ᄒᆞ야問題될者ㅣ無ᄒᆞ다云ᄒᆞᆷ이可호대不動産에就ᄒᆞ야

도에 가깝다. 셋째 태도는 독일법이 취한 것으로, 부동산 매매에 대하여는 등기가 있을 때까지 위험이 채무자에게 있다고 한다.

이상 세 가지 태도 가운데 나는 채권자주의가 가장 타당하다고 생각한다. 이제 그 이유를 잠깐 서술할 것인데, 우선 주의하여야 할 점이 두 가지 있다. 첫째는 위험부담의 문제는 결코 공익의 문제가 아니므로 위험은 채권자가 부담하여도 이로 인하여 공익에 영향을 미치는 것이 아니다. 이에 관한 규정은 강제적 규정이 아니고, 다만 당사자의 의사가 불분명한 경우에만 적용하는 것이다. 따라서 일본 민법에서는 위험이 채권자에게 있다는 취지를 규정하였으나 특약으로 위험이 채무자에게 있다고 정할 수 없음은 물론이다.* 둘째는 유명한 위험부담 문제는 거의 특정물에 관한 물권의 이전을 목적으로 하는 쌍무계약에 대하여만 존재하는 것이라는 점이다. 통상 이 문제가 생기는 것은 특정물의 소유권 이전을 목적으로 하는 쌍무계약에 한하는 것 같이 논하는데, 소유권에만 한하는 것이 아니다. 다만 물권의 이전을 목적으로 하는 쌍무계약이 아니면 그 적용이 없을 뿐이다. 그러므로 위험이 채권자에게 있다는 것은 특정물의 소유권 및 기타 물권(동산에 대하여는 소유권 이외의 물권에 관하여 문제될 것이 없다고 할 수 있지만 부동산에 대하여

* 역자 주: 문맥상 "정할 수 있다"라고 하여야 할 것으로 보이나, 원문대로 번역하였음.

ᄂᆞᆫ假令地上權、永小作權과如ᄒᆞᆷ은同一히問題됨이有ᄒᆞ고唯其適用이極稀ᄒᆞᆯᄲᅮᆫ이라)을取得ᄒᆞᄂᆞᆫ債權을有ᄒᆞᆫ者(此ᄅᆞᆯ買賣의境遇에就ᄒᆞ야言ᄒᆞᆯ진ᄃᆡ買主ᄂᆞᆫ物에關ᄒᆞᆫ債權者ㅣ라故로買主)가危險을負擔ᄒᆞᆷ을謂ᄒᆞᆷ이라

日本新民法에危險이債權者에在ᄒᆞ다云ᄒᆞᄂᆞᆫ主義ᄅᆞᆯ採用ᄒᆞ고又羅馬法에在ᄒᆞ야도此主義가行ᄒᆞ얏시며且今日에至ᄒᆞ야도外國多數立法例에此主義ᄅᆞᆯ採用ᄒᆞᆷ은極히簡單ᄒᆞᆫ理由에基因ᄒᆞᆫ者ㅣ니即「利益이歸ᄒᆞᄂᆞᆫ바에損害가亦歸」ᄒᆞᆫ다云ᄒᆞᆷ에不外ᄒᆞᆫ바ㅣ라盖契約當事者가特別ᄒᆞᆫ意思ᄅᆞᆯ表示치아니ᄒᆞᆫ限에ᄂᆞᆫ結約者雙方이公平ᄒᆞᆫ地位에在코져ᄒᆞᄂᆞᆫ者로視치아니ᄒᆞᆷ이不可ᄒᆞᄂᆞ니然즉特定物의所有權及其他物權의移轉을目的ᄒᆞᄂᆞᆫ境遇에在ᄒᆞ야ᄂᆞᆫ만일物의價格이增加ᄒᆞᆫ時ᄂᆞᆫ債務者의利益이되지아니ᄒᆞ고債權者의利益에歸ᄒᆞᆷ이勿論이니即其特定物의所有權을取得ᄒᆞᆷ이可ᄒᆞᆫ者가利得ᄒᆞᄂᆞᆫ故로物의價格이減少ᄒᆞᆫ境遇에在ᄒᆞ야도亦債務者의損失이되지아니ᄒᆞ고債權者의損失에歸ᄒᆞᄂᆞᆫ者ㅣ라云ᄒᆞᆷ이穩當ᄒᆞᄂᆞ니此說은如何ᄒᆞᆫ主義ᄅᆞᆯ採用ᄒᆞᄂᆞᆫ國에在ᄒᆞ든지又如何ᄒᆞᆫ說을取ᄒᆞᄂᆞᆫ學者ᄅᆞᆯ不問ᄒᆞ고皆一致ᄒᆞᄂᆞᆫ바ㅣ오更히一步ᄅᆞᆯ進ᄒᆞ야物自體의增減된境遇에

는 가령 지상권, 영소작권 같으면 마찬가지로 문제될 수 있다. 다만 그 적용이 극히 드물 뿐이다)을 취득하는 채권을 가진 사람(이를 매매의 목적에 대하여 말하면 매수인은 물건에 관한 채권자이므로 매수인)이 위험을 부담하는 것을 말한다.

일본 신민법에서는 위험이 채권자에게 있다는 태도를 취하고, 또 로마법에서도 이 태도를 취하였으며 또 오늘날에 와서도 외국의 다수 입법례가 이 태도를 취한 것은 극히 간단한 이유에서 기인한다. 곧 "이익이 귀속되는 것에 손해 또한 귀속"된다는 것일 뿐이다. 일반적으로 계약당사자가 특별한 의사를 표시하지 않는 한 계약자 쌍방이 공평한 지위에 있고자 하는 것으로 보아야 한다. 그렇다면 특정물의 소유권 기타 물권 이전을 목적으로 하는 경우에는, 만일 물건의 가치가 증가한 때에는 채무자의 이익이 되지 않고 채권자의 이익이 됨은 물론이다. 곧 그 특정물의 소유권을 취득할 수 있는 사람이 이득을 얻는다. 그러므로 물건의 가치가 감소한 경우에도 또한 채무자의 손실이 되지 않고 채권자의 손실이 되게 하는 것이 타당하다. 이 학설은 어떠한 태도를 취하는 나라에 있든지, 또 어떠한 학설을 취하는 학자인지를 막론하고 모두 일치하는 바이다. 다시 한 걸음 나아가 물건 자체가 증가하거나 감소한 경우에

就ᄒᆞ야此ᄅᆞᆯ觀察ᄒᆞᆯ진대物의增加ᄂᆞᆫ生物에就ᄒᆞ야常見ᄒᆞᄂᆞᆫ바ㅣ니動物은漸次成長ᄒᆞ고樹木도亦日益長大ᄒᆞᄂᆞᆫ者ㅣ오其成長은大概價格을增加ᄒᆞᄂᆞᆫ바ㅣ라然즉此ᄅᆞᆯ因ᄒᆞ야生ᄒᆞᆫ利益은決코債務者에歸치아니ᄒᆞᄂᆞ니假令生木을賣買ᄒᆞᆫ境遇에在ᄒᆞ야契約當時ᄂᆞᆫ其木의高가一間됨으로써代價十圓으로契約ᄒᆞ얏시나傳授時에至ᄒᆞ야一間半에成長ᄒᆞᆫ故로代金十五圓을受치아니ᄒᆞ면傳授치아니ᄒᆞᆫ다云ᄒᆞᆷ을不得ᄒᆞᆯ지라故로其利益은結局債權者의게可歸ᄒᆞᆯ지니果然ᄒᆞ면物의減少된境遇에도債務者가其損失을受치아니ᄒᆞ고債權者가其損失을負擔ᄒᆞᆷ이可ᄒᆞᆷ은理의當然ᄒᆞᆫ바ㅣ라謂ᄒᆞᆯ지니即物의減少에ᄂᆞᆫ各種原因이有호대其顯著ᄒᆞᆫ境遇ᄂᆞᆫ天災ᄅᆞᆯ因ᄒᆞ야物의一部가毀損ᄒᆞᆫ境遇라假令暴風雨ᄅᆞᆯ因ᄒᆞ야建物의一部가破損ᄒᆞᆫ境遇或은近隣에서失火ᄒᆞ야家屋의一部가燒燼ᄒᆞᆫ境遇와如ᄒᆞᆫ者ㅣ니此等境遇에在ᄒᆞ야其減少ᄒᆞᆫ結果ᄂᆞᆫ何人의負擔에歸ᄒᆞᆯ가物의增加ᄒᆞᆫ境遇에在ᄒᆞ야利益을受ᄒᆞᆷ이可ᄒᆞᆫ者ᄂᆞᆫ此境遇에在ᄒᆞ야損失도亦負擔치아니ᄒᆞᆷ이不可ᄒᆞᄂᆞ니不然ᄒᆞ면公平을失ᄒᆞᆯ지라故로損失負擔者ᄂᆞᆫ債務者가아니오債權者ㅣ라云ᄒᆞᆯ지니果然如斯ᄒᆞᆯ진대物의減少ᄒᆞᆫ極度即全部滅失ᄒᆞᆫ境遇에在ᄒᆞ

대하여 이를 관찰하면, 물건의 증가는 생물에게는 언제나 보이는 바이다. 동물은 점차 성장하고 수목도 날이 갈수록 커지는 것이다. 그 성장은 대개 가치를 증가시킨다. 그렇다면 이에 따라 발생한 이익은 결코 채무자에게 돌아가지 않는다. 가령 생목(生木)을 매매한 경우에 계약 당시에는 그 나무의 키가 한 칸이어서 대가가 10원으로 계약하였는데, 인도시에 이르러 한 칸 반으로 성장하였으므로 대금 15원을 받지 않으면 인도하지 않겠다고 말하지 못할 것이다. 그러므로 그 이익은 결국 채권자에게 돌아가야 한다. 과연 그렇다면 물건이 감소한 경우에도 채무자가 그 손실을 받지 않고 채권자가 그 손실을 부담함이 마땅하는 당연한 이치라고 말할 것이다. 곧 물건의 감소에는 갖가지 원인이 있지만 가장 두드러진 경우는 천재지변으로 물건의 일부가 훼손된 경우이다. 가령 폭풍우로 인하여 건물 일부가 파손된 경우, 또는 이웃이 실화를 하여 가옥 일부가 타버린 경우 같은 것이다. 이들 경우에 그 감소된 결과는 누구의 부담이 되는가? 물건이 증가한 경우에 이익을 받을 수 있는 사람은 이 경우에 손실 또한 부담하여야 하는 것이다. 그렇지 않으면 공평을 잃을 것이다. 그러므로 손실의 부담자는 채무자가 아니고 채권자라고 할 것이다. 과연 이러하다면 물건이 극도로 감소, 곧 전부 멸실된 경우에

야도亦其損失을負擔ᄒᆞᄂᆞᆫ者ᄂᆞᆫ債務者가아니오債權者ㅣ라謂치아니ᄒᆞᆷ이不可ᄒᆞᆫ바ㅣ라盖物의減少와滅失이라ᄒᆞᆷ은다만數量의差異ᄅᆞᆯ云ᄒᆞᆷ이오其實質에在ᄒᆞ야ᄂᆞᆫ毫末도相異ᄒᆞᆫ바ㅣ無ᄒᆞᄂᆞ니假令火災에因ᄒᆞ야家屋이半燒ᄒᆞᆷ에止치아니ᄒᆞ고全部燒失ᄒᆞ거나或은暴風雨ᄅᆞᆯ因ᄒᆞ야家屋이一部毁損에止치아니ᄒᆞ고全部破壞ᄒᆞᆫ境遇에ᄂᆞᆫ其損失은債務者의負擔에歸치아니ᄒᆞ고債權者가此ᄅᆞᆯ負擔ᄒᆞᆷ이可ᄒᆞᄂᆞ니此理論은極히明白ᄒᆞᆫ者ㅣ오毫末도容疑ᄒᆞᆯ餘地가無ᄒᆞᆫ바ㅣ로대此에反對ᄒᆞᄂᆞᆫ學說은畢竟人情에拘泥ᄒᆞᆫ癖論됨에不過ᄒᆞᆯ지니卽反對者의意思ᄅᆞᆯ忖度ᄒᆞ면買主가아즉目的物을受取ᄒᆞ기前에其物이滅失ᄒᆞᆷ에不拘ᄒᆞ고代金全部ᄅᆞᆯ支撥케ᄒᆞᆷ은頗히苛酷ᄒᆞ다云ᄒᆞᆷ에在ᄒᆞ나此ᄂᆞᆫ一顧ᄒᆞᆯ價値가無ᄒᆞᆫ俗說됨은可知ᄒᆞᆯ바ㅣ라然而世間에往々危險이債權者에在ᄒᆞ다云ᄒᆞᄂᆞᆫ主義ᄅᆞᆯ取치아니ᄒᆞᄂᆞᆫ者ㅣ有ᄒᆞ니現今立法例로ᄂᆞᆫ英獨의法律이此와異ᄒᆞ고又此主義ᄅᆞᆯ反駁ᄒᆞᄂᆞᆫ者의理由ᄒᆞᄂᆞᆫ바ᄂᆞᆫ價格의增減에就ᄒᆞ야債權者가其利益을收取ᄒᆞ고其損失을負擔ᄒᆞᆷ을因ᄒᆞ야物의減少或은全滅ᄒᆞᆫ境遇에도債權者가其損失을負擔ᄒᆞᆷ이可ᄒᆞ다云ᄒᆞᆯ理가無ᄒᆞᆯ지니價格의增減과物의減滅은比較ᄒᆞᆯ事項이아니라

도 또한 그 손실을 부담하는 사람은 채무자가 아니고 채권자라고 말하여야 한다. 일반적으로 물건의 감소와 멸실이란 다만 수량의 차이를 말하고 그 실질은 털끝만큼도 다를 바 없다. 가령 화재로 인하여 가옥이 반쯤 탄 데 그치지 않고 전부 소실되거나, 또는 폭풍우로 인하여 가옥이 일부 훼손되는 데 그치지 않고 전부 파괴된 경우에는 그 손실은 채무자의 부담이 되지 않고 채권자가 이를 부담하여야 한다. 이 이론은 극히 명백한 것이고 털끝만큼도 의심할 여지가 없다. 이에 반대하는 학설은 결국 인정에 얽매여 치우친 학설일 뿐이다. 곧 반대자의 의사를 헤아려보면, 매수인이 아직 목적물을 수령하기 전에 그 물건이 멸실되었음에도 불구하고 대금 전부를 지급하게 하는 것은 대단히 가혹하다는 데 있다. 그러나 이는 일고의 가치가 없는 저급한 학설임을 알 수 있다. 그런데 세간에서 종종 위험이 채권자에게 있다는 태도를 취하지 않는 것이 있다. 오늘날 입법례로는 영국과 독일의 입법이 이와 다르다. 또 이 태도를 반박하는 사람이 이유로 드는 것은 가치의 증감에 대하여 채권자가 그 이익을 받고 그 손실을 부담함에 따라 물건이 감소 또는 전부멸실한 경우에도 채권자가 그 손실을 부담하여야 한다고 할 이유가 없다. 가치의 증감과 물건의 감소 또는 멸실은 비교할 사항이 아니라

云ᄒᆞᆷ에在ᄒᆞᆫ지라然이나是ᄂᆞᆫ畢竟從來로債權者主義를主張ᄒᆞᄂᆞᆫ學者가其說明에拙ᄒᆞᆫ結果로如此ᄒᆞᆫ駁論을受ᄒᆞᆷ에至ᄒᆞᆫ바ㅣ니卽從來學者가價格의減少로써直其物의滅失을論ᄒᆞ고法國의著書에도大槪如此ᄒᆞᆫ論法을取ᄒᆞᆫ지라然이나余의觀察ᄒᆞᆫ바의依ᄒᆞᆯ진대是ᄂᆞᆫ頗히論理에適合치아니ᄒᆞᆫ者ㅣ니即物의價格의增減으로써直其物의滅失에論及ᄒᆞ야價格이增加ᄒᆞᆫ境遇에其利益을受ᄒᆞᄂᆞᆫ故로物의滅失ᄒᆞᆫ境遇에ᄂᆞᆫ其損失을負擔치아니ᄒᆞᆷ이不可ᄒᆞ다云ᄒᆞᆷ은推論의順序를誤謬ᄒᆞᆫ者ㅣ니宜當히物自體의增加된時에其利益을受ᄒᆞᄂᆞᆫ故로物의減少된時及滅少의極度된全滅ᄒᆞᆫ境遇에도其損失을受치아니ᄒᆞᆷ이不可ᄒᆞ다結論ᄒᆞᆷ이可ᄒᆞᆫ지라換言ᄒᆞ면價格의增減은一個譬喩로論ᄒᆞᆷ이可ᄒᆞ고此를物自體의增減과混同ᄒᆞᆷ은誤謬됨이라

物의增加ᄒᆞᄂᆞᆫ境遇를擧ᄒᆞᆯ진대假令動物의成長과植物의繁茂ᄒᆞᆷ과如ᄒᆞ니此를因ᄒᆞ야生ᄒᆞᄂᆞᆫ利益은債權者에歸ᄒᆞᄂᆞᆫ故로動物이老衰ᄒᆞ야價格이減少ᄒᆞ거나樹木이枯死코ᄌᆞᄒᆞ야價格이減少ᄒᆞᆫ境遇에도同一히債權者가其損失을負擔치아니ᄒᆞᆷ이不可ᄒᆞ고尙且一步를進ᄒᆞ야樹木이結局枯死ᄒᆞᆫ境遇에至ᄒᆞ야도亦債

는 데 있다. 그러나 이는 결국 종래 채권자주의를 주장하는 학자가 그 설명을 잘못한 결과 이와 같은 반박을 받게 된 것이다. 곧 종래 학자가 가치의 감소를 가지고 바로 그 물건의 멸실을 논하고 프랑스의 저서에서도 대개 이와 같은 논법을 취하였다. 그러나 내가 관찰한 바에 따르면 이는 대단히 논리에 적합하지 않은 것이다. 곧 물건의 가치 증감을 가지고 바로 그 물건의 멸실을 논하여 가치가 증가한 경우에 그 이익을 받으므로 물건이 멸실된 경우에는 그 손실을 부담하여야 한다는 것은 추론의 순서를 그르친 것이다. 마땅히 물건 자체가 증가된 때에 그 이익을 받으므로 물건이 감소된 때, 및 극도로 감소된 전부 멸실의 경우에도 그 손실을 받아야 한다고 결론짓는 것이 옳은 것이다. 바꾸어 말하면 가치의 증감은 하나의 비유로 논하는 것이 마땅하고, 이를 물건 자체의 증감과 혼동하는 것은 잘못이다.

물건이 증가하는 경우를 들면, 가령 동물의 성장과 식물의 번성과 같다. 이에 따라 생기는 이익은 채권자에게 돌아가므로 동물이 노쇠하여 가치가 감소하거나 수목이 고사하려고 하여 가치가 감소한 경우에도 마찬가지로 채권자가 그 손실을 부담하여야 한다. 또 한 걸음 나아가 수목이 결국 고사한 경우에도 또한 채

權者가其損失을被치아니ᄒᆞᆷ을不得ᄒᆞᆯ바ㅣ라此에關ᄒᆞ야日本新民法은其第五百三十四條第一項에「特定物에關ᄒᆞᆫ物權의設定又ᄂᆞᆫ移轉으로써雙務契約의目的을定ᄒᆞᆫ境遇에其物이債務者의게歸責지못ᄒᆞᆯ事由에因ᄒᆞ야滅失又ᄂᆞᆫ毁損된時ᄂᆞᆫ其滅失又ᄂᆞᆫ毁損은債權者의負擔에歸ᄒᆞᆷ」이라規定ᄒᆞᆫ바ㅣ라此主義ᄂᆞᆫ上述ᄒᆞᆫ바에依ᄒᆞ야明瞭ᄒᆞᆯ바ㅣ나更히適切ᄒᆞᆫ例를擧ᄒᆞ야此를說明ᄒᆞᆯ진대假令甲이乙로브터其所有ᄒᆞᆫ或家屋、動物或은植物卽特定物의所有權을買受ᄒᆞᄂᆞᆫ契約을締結ᄒᆞ얏다ᄒᆞᆯ진대普通境遇에ᄂᆞᆫ其所有權은直時甲의게移轉ᄒᆞᆯ지로대債權者主義에在ᄒᆞ야ᄂᆞᆫ所有權이直時移轉ᄒᆞ고否ᄒᆞᆷ은危險問題에何等의影響을及지아니ᄒᆞᄂᆞᆫ故로所有權移轉時期를論ᄒᆞᆯ必要가無ᄒᆞ고唯其傳授前이라假定ᄒᆞ면足ᄒᆞᆫ바ㅣ라然而其代金은一定ᄒᆞ야도아주此를支撥ᄒᆞ기前에其家屋이燒失ᄒᆞ거나動物이死亡ᄒᆞ거나植物이枯凋ᄒᆞᄂᆞᆫ等其原因이全히天災오債務者된賣主의게毫末도過失이無ᄒᆞᆫ時ᄂᆞᆫ債權者된買主ᄂᆞᆫ家屋、動物或植物을受取ᄒᆞᆷ을不得호대其殘留ᄒᆞᆫ礎石類及其他動物의屍骸、植物의枯木과如ᄒᆞᆷ은買主가此를收取ᄒᆞᆯ權利가有ᄒᆞᆷ에不過ᄒᆞ고因ᄒᆞ야約定ᄒᆞᆫ代金을支撥치아니ᄒᆞᆷ이不

권자가 그 손실을 입지 않을 수 없다. 이에 관하여 일본 신민법은 제534조 제1항에서 "특정물에 관한 물권의 설정 또는 이전을 쌍무계약의 목적으로 정한 경우에 그 물건이 채무자에게 책임을 돌리지 못할 사유로 인하여 멸실 또는 훼손된 때에는 그 멸실 또는 훼손은 채권자의 부담이 됨"이라고 규정한 것이다. 이러한 태도는 위에 서술한 바에 의하여 명료할 것이다. 그러나 다시 적절한 예를 들어 이를 설명한다면 가령 甲이 乙로부터 그가 소유한 어떤 가옥, 동물 또는 식물, 곧 특정물의 소유권을 매수하는 계약을 체결하였다고 하자. 보통의 경우에는 그 소유권은 곧바로 甲에게 이전되겠지만 채권자주의에서는 소유권이 곧바로 이전되고 아니고는 위험부담 문제에 어떠한 영향도 미치지 않는다. 그러므로 소유권 이전 시기를 논할 필요가 없고, 다만 그 인도 전이라 가정하면 충분하다. 그런데 그 대금은 일정하여도 아직 이를 지급하기 전에 그 가옥이 소실되거나 동물이 사망하거나 식물이 말라 시드는 등 그 원인이 전부 천재지변이고 채무자인 매도인에게 털끝만큼도 과실이 없는 때에는, 채권자인 매수인은 가옥, 동물 또는 식물을 수령하지 못한다. 그 남은 주춧돌 및 기타 동물의 사체, 죽은 나무 같은 것은 매수인이 수령할 권리가 있는 데 불과하고 따라서 약정한 대금을 지급하여야 한

可ᄒᆞᄂᆞ니旣히此를支撥ᄒᆞᆫ境遇에ᄂᆞᆫ還推ᄒᆞᆷ을不得ᄒᆞ며又物의全滅ᄒᆞᆫ境遇가아니오一部滅失ᄒᆞᆫ境遇에在ᄒᆞ야도반다시代金全部를支撥치아니ᄒᆞᆷ이不可ᄒᆞ며且或代金의一部를支撥ᄒᆞᆫ境遇에ᄂᆞᆫ物이全滅됨에不拘ᄒᆞ고其殘額全部를支撥치아니ᄒᆞᆷ이不可ᄒᆞᆫ바ㅣ라

反對論者中物의一部滅失ᄒᆞᆫ境遇에在ᄒᆞ야ᄂᆞᆫ買主ᄂᆞᆫ代金全部를支撥치아니ᄒᆞᆷ이不可ᄒᆞ되物의全部滅失ᄒᆞᆫ境遇에在ᄒᆞ야ᄂᆞᆫ一厘도支撥ᄒᆞᆷ이不可ᄒᆞ다論ᄒᆞᄂᆞᆫ者ㅣ有ᄒᆞ니此說을唱道ᄒᆞᄂᆞᆫ者ᄂᆞᆫ曰物의傳授或은所有權의移轉은物의存在를前提로ᄒᆞᄂᆞᆫ者ㅣ오雙務契約에在ᄒᆞ야ᄂᆞᆫ物의存在ᄂᆞᆫ代金支撥의條件이되ᄂᆞᆫ者ㅣ라故로物이全部滅失ᄒᆞᆫ時ᄂᆞᆫ代金支撥의義務도亦自消滅ᄒᆞ되此와反ᄒᆞ야一部滅失ᄒᆞᆫ境遇에ᄂᆞᆫ物의一部가殘存ᄒᆞᆫ故로代金全部를支撥치아니ᄒᆞᆷ이不可ᄒᆞ다云ᄒᆞᆯ지라然而是ᄂᆞᆫ誤論됨을難免ᄒᆞᆯ지니雙務契約으로브터生ᄒᆞᄂᆞᆫ雙方의義務ᄂᆞᆫ其發生ᄒᆞᆯ際에ᄂᆞᆫ其一方의義務가他一方의義務의條件이되ᄂᆞᆫ者ㅣ라云ᄒᆞᆷ을可得ᄒᆞᆯ지로되旣히其義務가發生ᄒᆞᆫ以上은各其獨立ᄒᆞᆫ債務라故로物의存在與否ᄂᆞᆫ單히何人이損失을負擔ᄒᆞᆯ가云ᄒᆞᄂᆞᆫ問題될뿐이오此를因ᄒᆞ야契約의効

다. 이미 이를 지급한 경우에는 돌려받지 못한다. 또 물건이 전부 멸실된 경우가 아니라 일부 멸실된 경우에도 반드시 대금 전부를 지급하여야 하며, 또는 대금의 일부를 지급한 경우에는 물건이 전부 멸실되었음에도 불구하고 그 잔액 전부를 지급하여야 하는 것이다.

반대론자 가운데 물건이 일부 멸실된 경우에는 매수인은 대금 전부를 지급하여야 하지만 물건이 전부 멸실된 경우에는 한 푼도 지급해서는 안 된다고 논하는 사람이 있다. 이 학설을 주장하는 사람은, 인도 또는 소유권 이전은 물건의 존재를 전제로 하는 것이고, 쌍무계약에서는 물건의 존재는 대금 지급의 조건이 되는 것이다. 그러므로 물건이 전부 멸실된 때에는 대금지급의무 또한 저절로 소멸하는데, 이와 반대로 일부 멸실된 경우에는 물건의 일부가 잔존하므로 대금 전부를 지급하여야 한다고 말한다. 그러나 이는 잘못된 이론이다. 쌍무계약으로부터 발생하는 쌍방의 의무는 그 발생시에는 일방의 의무가 다른 일방의 의무의 조건이 되는 것이라고 말할 수 있다. 그런데 이미 그 의무가 발생한 이상 각기 독립한 채무이다. 그러므로 물건의 존재 여부는 단순히 누가 손실을 부담할지라는 문제일 뿐이고, 이로 인하여 계약의 효

力을左右ᄒᆞᆷ이不可ᄒᆞᄂᆞ니物의損失에就ᄒᆞ야全部滅失ᄒᆞᆫ境遇에買主ᄂᆞᆫ毫末도損失을受치아니ᄒᆞᆷ이可ᄒᆞ다云ᄒᆞᆯ진ᄃᆡ其一部滅失ᄒᆞᆫ境遇에도一部의損失을免除치아니ᄒᆞ면理論을慣徹ᄒᆞ기不能ᄒᆞᆫ지라故로獨逸法에ᄂᆞᆫ一部滅失ᄒᆞᆫ境遇에ᄂᆞᆫ其比例에應ᄒᆞ야代金의減少ᄅᆞᆯ請求ᄒᆞᆷ을得ᄒᆞᆫ다云ᄒᆞ얏시니是ᄂᆞᆫ寧히條理에合ᄒᆞᆫ者ㅣ라云ᄒᆞᆯ지로ᄃᆡ此와如ᄒᆞ면益益히買主의利益만되고余輩의主義와一層背馳ᄒᆞᄂᆞᆫ者ㅣ라可謂ᄒᆞᆯ지로라

以上은雙務契約의危險問題에關ᄒᆞᆫ原則이라然而만일當事者가反對의特約을締結ᄒᆞᆫ境遇에ᄂᆞᆫ元來當事者의意思ᄅᆞᆯ從치아니ᄒᆞᆷ이不可ᄒᆞ며又契約의性質上當事者의意思가分明ᄒᆞᆫ境遇가有ᄒᆞ니如此ᄒᆞᆫ境遇에在ᄒᆞ야ᄂᆞᆫ其意思에依치아니ᄒᆞᆷ이不可ᄒᆞᆫ바ㅣ라假令地上權、永小作權等의設定을目的ᄒᆞᄂᆞᆫ雙務契約과如ᄒᆞᆷ은多數境遇에ᄂᆞᆫ此適用을受치아니ᄒᆞᆷ으로信ᄒᆞ노니何故오地上權或은永小作權을設定ᄒᆞᄂᆞᆫ境遇에ᄂᆞᆫ多數ᄂᆞᆫ契約當時에地代或은小作料ᄅᆞᆯ定ᄒᆞ고他對價가無ᄒᆞᆷ이普通이라然而其地代ᄂᆞᆫ大概定期撥되ᄂᆞᆫ者ㅣ오小作料와如ᄒᆞᆷ은반다시定期撥되ᄂᆞᆫ者ㅣ라此境遇에在ᄒᆞ야其地代或은小作料ᄅᆞᆯ定期撥이라云ᄒᆞᆷ

력을 좌우할 수는 없다. 물건의 손실에 대하여 전부 멸실된 경우에 매수인은 털끝만큼도 손실을 받아서는 안 된다고 하면, 물건이 일부 멸실된 경우에도 일부의 손실을 면제하지 않으면 이론을 관철할 수 없는 것이다. 그러므로 독일 법에서는 일부 멸실된 경우에는 그 비율에 따라 대금 감소를 청구할 수 있다고 하였다. 이는 차라리 조리에 합당하다고 하겠지만, 이와 같으면 더더욱 매수인의 이익만 되고 우리의 태도와 한층 배치되는 것이라고 말할 수 있다.

이상은 쌍무계약의 위험부담 문제에 관한 원칙이다. 그런데 만일 당사자가 반대의 특약을 체결한 경우에는 원래 당사자의 의사를 따라야 하며, 또 계약의 성질상 당사자의 의사가 분명한 경우가 있다. 이와 같은 경우에는 그 의사에 따라야 하는 것이다. 가령 지상권, 영소작권 등의 설정을 목적으로 하는 쌍무계약 같은 것은 많은 경우에는 이 규정을 적용받지 않는다고 생각한다. 왜냐하면 지상권 또는 영소작권을 설정하는 경우에는 많은 경우 계약 당시에 지료 또는 소작료를 정하고 다른 대가는 없는 것이 보통이다. 그런데 그 지료는 대개 정기적으로 지급되는 것이고 소작료 같으면 반드시 정기적으로 지급되는 것이다. 이 경우에 그 지료 또는 소작료를 정기급이라고 하는 것은一時에全額을支撥홈을避코자ᄒᆞ야此를分割ᄒᆞᄂᆞᆫ者ㅣ아니오當事者의意思或은慣習을因ᄒᆞ야各期間에對ᄒᆞᆫ使用의對價로支撥ᄒᆞᄂᆞᆫ者ㅣ니一年을使用ᄒᆞᄂᆞᆫ時ᄂᆞᆫ此에對ᄒᆞᆫ一年分의地代又ᄂᆞᆫ小作料를支撥ᄒᆞ고二年을使用ᄒᆞᄂᆞᆫ時ᄂᆞᆫ此에對ᄒᆞᆫ二年分의地代又ᄂᆞᆫ小作料를支撥ᄒᆞᆯ意思가有홈이勿論이라是ᄂᆞᆫ學者가往往此種의權利를繼續權이라稱ᄒᆞᄂᆞᆫ所以니其意義ᄂᆞᆫ一時에權利全部가發生홈이아니오每期間에其權利가發生ᄒᆞᄂᆞᆫ者ㅣ라云홈에在ᄒᆞ니現今法國에서도此說을主張ᄒᆞᄂᆞᆫ者ㅣ有ᄒᆞ고特히獨逸에在ᄒᆞ야ᄂᆞᆫ此說을取ᄒᆞᄂᆞᆫ者ㅣ頗多ᄒᆞᆫ지라故로危險問題에就ᄒᆞ야도物을傳授ᄒᆞ기前에其物이滅失ᄒᆞᆫ時ᄂᆞᆫ毫末도其土地를使用치아니홈에不拘ᄒᆞ고豫定ᄒᆞᆫ期間의地代或은小作料를支撥치아니홈이不可ᄒᆞ다云홈은當事者의意思가아님이明白ᄒᆞᆫ바ㅣ오(設定日로브터滅失日ᄭᆞ지日數로써支撥홈이可ᄒᆞᆫ與否ᄂᆞᆫ當事者意思解釋에屬홈)或은旣히一年間此를使用ᄒᆞ고此에對ᄒᆞᆫ地代或은小作料를支撥ᄒᆞᆫ後第二年初에至ᄒᆞ야其物이滅失ᄒᆞᆫ境遇에ᄂᆞᆫ更히其地代或은使用料를支撥치아니홈으로써當事者식最明白ᄒᆞᆫ意思로視치아니홈이不可ᄒᆞᆫ바ㅣ라盖土地ᄂᆞᆫ殆히滅失ᄒᆞᄂᆞᆫ事ㅣ無ᄒᆞᄃᆡ

은 일시에 전액을 지급하지 않게 하고자 이를 분할하는 것이 아니고, 당사자의 의사 또는 관습에 따라 각 기간에 대한 사용의 대가로 지급하는 것이다. 1년을 사용하는 때에는 이에 대한 1년분의 지료 또는 소작료를 지급하고 2년을 사용하는 때에는 이에 대한 2년분의 지료 또는 소작료를 지급할 의사가 있음은 물론이다. 이는 학자들이 종종 이런 종류의 권리를 계속권이라 일컫는 까닭으로, 그 의의는 일시에 권리 전부가 발생하는 것이 아니라 기간마다 그 권리가 발생하는 것이라는 데 있다. 이제 프랑스에서도 이 학설을 주장하는 사람이 있고, 특히 독일에서는 이 학설을 취하는 사람이 제법 많다. 그러므로 위험부담 문제에 대하여도, 물건을 인도하기 전에 그 물건이 멸실된 때에는 털끝만큼도 그 토지를 사용하지 않았음에도 불구하고 예정된 기간의 지료 또는 소작료를 지급하여야 한다는 것은 당사자의 의사가 아님이 명백한 것이다(설정일부터 멸실일까지의 날수로 지급하여야 하는지 여부는 당사자 의사 해석에 속한다). 또는 이미 1년간 이를 사용하고 이에 대한 지료 또는 소작료를 지급한 뒤 2년째 초에 이르러 그 물건이 멸실된 경우에는 다시 그 지료 또는 사용료를 지급하지 않는 것을 당사자의 가장 명백한 의사라고 보아야 할 것이다. 일반적으로 토지는 거의 멸실되는 일이 없지만,

時或大洪水를因ᄒᆞ야流失홈과如ᄒᆞᆫ境遇ᄂᆞᆫ반다시全無ᄒᆞ다云ᄒᆞ기不能ᄒᆞᄂᆞ니如此ᄒᆞᆫ境遇에在ᄒᆞ야ᄂᆞᆫ危險問題에關ᄒᆞᆫ原則을適用ᄒᆞ기不能홈으로信ᄒᆞ나然이나其適用이全無ᄒᆞ다云홈은不可ᄒᆞᄂᆞ니假令地上權도設定ᄒᆞᆯ際에一時其對價를支撥ᄒᆞᄂᆞᆫ事ㅣ不無ᄒᆞᄂᆞ니如斯ᄒᆞᆫ境遇에ᄂᆞᆫ所有權移轉ᄒᆞᄂᆞᆫ境遇와毫末도無異ᄒᆞ고特히甲의有ᄒᆞᆫ地上權을乙로브터讓受ᄒᆞᆫ境遇와如홈은相當ᄒᆞᆫ代金을支撥홈이普通이니如此ᄒᆞᆫ境遇에在ᄒᆞ야ᄂᆞᆫ傳授前에其土地가滅失ᄒᆞ야도一朝에支撥ᄒᆞᆫ代金을還推홈을不得ᄒᆞᄂᆞᆫ바ㅣ라

以上은特定物上에設定ᄒᆞᆫ物權移轉에關ᄒᆞᆫ雙務契約의危險問題를說明ᄒᆞᆫ지라此에附加ᄒᆞ야一言ᄒᆞᆯ者ㅣ有ᄒᆞ니卽不特定物에關ᄒᆞᆫ雙務契約의境遇라不特定物을目的ᄒᆞᄂᆞᆫ契約에在ᄒᆞ야도其契約을履行홈에ᄂᆞᆫ반다시特定物을傳授치아니홈이不可ᄒᆞᄂᆞ니此에關ᄒᆞ야日本新民法第四百一條에「前項境遇에在ᄒᆞ야債務者가物의給付를行홈에必要ᄒᆞᆫ行爲를完了ᄒᆞ거나又債權者의同意를得ᄒᆞ야其給付ᄒᆞᆯ物을指定ᄒᆞᆫ時ᄂᆞᆫ爾後其物로써債權의目的物이라홈」이라規定ᄒᆞ얏시며此結果로同民法第五百三十四條第二項에「不特定物에關ᄒᆞᆫ契約에就

때로는 대홍수로 인하여 유실되는 것 같은 경우가 반드시 없다고 할 수는 없다. 이와 같은 경우에는 위험부담 문제에 관한 원칙을 적용할 수 없다고 생각한다. 그러나 그 적용이 아예 없다고 할 수는 없다. 가령 지상권도 설정할 때에 일시 그 대가를 지급하는 경우가 있는데, 이러한 경우에는 소유권을 이전하는 경우와 털끝만큼도 다를 것이 없다. 특히 甲이 어떤 지상권을 乙로부터 양수하는 경우* 같으면 상당한 대금을 지급하는 것이 보통이다. 이와 같은 경우에는 인도 전에 그 토지가 멸실되어도 하루아침에 지급한 대금을 돌려받지 못하는 것이다.

이상은 특정물 위에 설정된 물권 이전에 관한 쌍무계약의 위험부담 문제를 설명하였다. 여기에 덧붙여 한마디 할 것이 있다. 곧 불특정물에 관한 쌍무계약의 경우이다. 불특정물을 목적으로 하는 계약에서도 그 계약을 이행하려면 반드시 특정물을 인도하여야 한다. 이에 관하여 일본 신민법 제401조에서 “전항의 경우에 채무자가 물건의 급부를 하는 데 필요한 행위를 완료하거나 또는 채권자의 동의를 얻어 급부할 물건을 지정한 때에는 이후 그 물건을 채권의 목적물이라고 함”이라고 규정하였다. 또 그 결과 일본 신민법 제534조 제2항에서 “불특정물에 관한 계약에 대

* 역자 주: 원문 그대로 번역하면 “甲이 가진 지상권을 乙로부터 양수한 경우”.

ᄒᆞ야ᄂᆞᆫ第四百一條第二項의規定에依ᄒᆞ야其物이確定ᄒᆞᆫ時로브터前項의規定을適用ᄒᆞᆷ」이라規定ᄒᆞ얏시니即不特定物에關ᄒᆞᆫ契約境遇에在ᄒᆞ야假令賣主가其物品을汽車又ᄂᆞᆫ汽船便에依ᄒᆞ야付送ᄒᆞᆫ時ᄂᆞᆫ其物은旣히特定된故로만일天災에因ᄒᆞ야途中에서滅失ᄒᆞ야도買主ᄂᆞᆫ其代金을支撥치아니ᄒᆞᆷ이不可ᄒᆞ고又旣히代金을支撥ᄒᆞᆫ時ᄂᆞᆫ此ᄅᆞᆯ還推ᄒᆞᆷ을不得ᄒᆞ며且債務者가債權者의同意ᄅᆞᆯ得ᄒᆞ고物을指定ᄒᆞᆫ境遇假令米百石을給付ᄒᆞᆯ境遇에契約當時에ᄂᆞᆫ單히上米로만約定ᄒᆞ고아직如何ᄒᆞᆫ米ᄅᆞᆯ給付ᄒᆞᆷ은定치아니ᄒᆞ얏다가後日에至ᄒᆞ야自己의倉庫에在ᄒᆞᆫ一定ᄒᆞᆫ米로써給付ᄒᆞᆷ을債權者의게申告ᄒᆞ야債權者가此에同意ᄒᆞᆫ時ᄂᆞᆫ其傳授前에火災ᄅᆞᆯ因ᄒᆞ야其米가燒燼ᄒᆞ고兼ᄒᆞ야債務者ᄂᆞᆫ毫末도過失이無ᄒᆞᆫ時ᄂᆞᆫ債權者ᄂᆞᆫ其代金을支撥ᄒᆞᆷ을要ᄒᆞ고又其一部가滅失ᄒᆞ야도亦代金全部ᄅᆞᆯ支撥치아니ᄒᆞᆷ이不可ᄒᆞ며旣히支撥ᄒᆞᆫ代金은還推ᄒᆞᆷ을不得ᄒᆞᄂᆞᆫ바ㅣ라

以上에說明ᄒᆞᆫ바ᄂᆞᆫ卽雙務契約의無條件ᄒᆞᆫ境遇로ᄃᆡ만일此에條件을附ᄒᆞᆫ時ᄂᆞᆫ如何ᄒᆞᆯ가條件에ᄂᆞᆫ停止條件과解除條件의二種이有ᄒᆞ니停止條件을附ᄒᆞᆫ境遇假令余가或人에對ᄒᆞ야貴下가만일來年에死亡ᄒᆞ면貴下의家屋을一萬圜에買

하여는 제401조 제2항의 규정에 의하여 그 물건이 확정된 때로부터 전항의 규정을 적용함"이라고 규정하였다. 곧 불특정물에 관한 계약의 경우, 가령 매도인이 그 물품을 기차 또는 기선(汽船) 편으로 송부한 때에는 그 물건은 이미 특정되었으므로 만일 천재지변으로 인하여 도중에서 멸실되어도 매수인은 그 대금을 지급하여야 하고 또 이미 대금을 지급한 때에는 이를 돌려받지 못한다. 또 채무자가 채권자의 동의를 얻고 물건을 지정한 경우, 가령 쌀 백 섬을 급부할 경우에 계약 당시에는 단순히 상등미로만 약정하고 아직 어떠한 쌀을 급부할지는 정하지 않았다가 뒷날에 와서 자기 창고에 있는 일정한 쌀을 급부하기로 채권자에게 이야기하여 채권자가 이에 동의하였다고 하자. 이때에는, 그 인도 전에 화재로 인하여 그 쌀이 불타고 아울러 채무자가 털끝만큼도 과실이 없다면 채권자는 그 대금을 지급하여야 하고, 또 그 일부가 멸실되어도 또한 대금 전부를 지급하여야 하며 이미 지급한 대금은 돌려받지 못하는 것이다.

이상에서 설명한 것은 곧 쌍무계약에서 조건 없는 경우인데, 만일 여기에 조건을 붙인 때에는 어떠한가? 조건에는 정지조건과 해제조건의 두 가지가 있다. 정지조건을 붙인 경우, 가령 내가 어떤 사람에 대하여 귀하가 만일 내년에 사망하면 귀하의 가옥을 1만원에 매

收ᄒᆞ리라契約ᄒᆞᆫ時ᄂᆞᆫ相對者가來年에死亡ᄒᆞ고否ᄒᆞᆷ은아직不確定ᄒᆞᆫ故로是ᄂᆞᆫ附條件契約이라云ᄒᆞᄂᆞᆫ바ㅣ라此境遇에在ᄒᆞ야相對者의生存中家屋이天災에因ᄒᆞ야滅失ᄒᆞ고又ᄂᆞᆫ相對者가豫定ᄒᆞᆫ期間內에死亡ᄒᆞ야條件이成就된時ᄂᆞᆫ余ᄂᆞᆫ其代金을支撥ᄒᆞᆷ을要ᄒᆞᆯ가余의信ᄒᆞᄂᆞᆫ바에依ᄒᆞᆯ진ᄃᆡ元來此ᄅᆞᆯ支撥치아니ᄒᆞᆷ이不可ᄒᆞᆫ바ㅣ라盖特定物의賣買에在ᄒᆞ야ᄂᆞᆫ物의價格이增加ᄒᆞᆫ時ᄂᆞᆫ買主ᄂᆞᆫ其利益을取得ᄒᆞ고物의價格이減少ᄒᆞᆫ時ᄂᆞᆫ其損失을負擔ᄒᆞ며又物의增殖은반다시買主의利益이되ᄂᆞᆫ故로其減滅도亦買主의損失에歸ᄒᆞᆷ은當然ᄒᆞᆫ바ㅣ라然而日本新民法은原則으로危險이債權者에在ᄒᆞᆷ을不拘ᄒᆞ고右境遇에就ᄒᆞ야ᄂᆞᆫ例外ᄅᆞᆯ設ᄒᆞ얏시니是ᄂᆞᆫ畢竟先述ᄒᆞᆫ바人情論에拘泥ᄒᆞᆫ結果오其論據ᄒᆞᄂᆞᆫ바ᄂᆞᆫ如此ᄒᆞᆫ契約은結局効力이生ᄒᆞᄂᆞᆫ與否가判然치아니ᄒᆞᆫ지라即買主ᄂᆞᆫ結局買主되ᄂᆞᆫ與否가不確定ᄒᆞ고因ᄒᆞ야代金을負擔ᄒᆞᄂᆞᆫ與否도亦未定에屬ᄒᆞᆫ바ㅣ니其不確定ᄒᆞᆫ間에目的物이滅失ᄒᆞᆫ後條件이成就ᄒᆞ야도買主ᄂᆞᆫ所有權을得ᄒᆞ기不能ᄒᆞᆫ故로其代金에就ᄒᆞ야도義務ᄅᆞᆯ負擔ᄒᆞᆷ이不可ᄒᆞ다云ᄒᆞ고因ᄒᆞ야同民法第五百三十五條第一項에「前條의規定은停止條件을附ᄒᆞᆫ雙務契約의目的物이條

수하리라고 계약한 때에는, 상대방이 내년에 사망할지 말지는 아직 불확정적이다. 그러므로 이는 조건부계약이라고 한다. 이 경우에 상대방 생존 중에 가옥이 천재지변으로 인하여 멸실되거나, 또는 상대방이 예정된 기간 안에 사망하여 조건위 성취된 때에는 나는 그 대금을 지급하여야 하는가? 내가 생각하는 바에 따르면 원래 이를 지급하여야 하는 것이다. 일반적으로 특정물 매매에서는 물건의 가치가 증가한 때에는 매수인은 그 이익을 취득하고 물건의 가치가 감소한 때에는 그 손실을 부담하며, 또 물건의 증식은 반드시 매수인의 이익이 되므로 그 감소 또는 멸실 또한 매수인의 손실이 되는 것은 당연하다. 그런데 일본 신민법은 원칙적으로 위험이 채권자에게 있음에도 불구하고 위 경우에 대하여는 예외를 마련하였다. 이는 결국 앞서 서술한 것과 같이 인정론에 얽매인 결과이다. 그 논거는 이와 같은 계약은 결국 효력이 발생하는지 여부가 분명하지 않다는 것이다. 곧 매수인은 결국 매수인인지 여부가 불확정적이고 따라서 대금을 부담하는지 여부 또한 정해지지 않은 것이어서, 그 불확정적인 동안에 목적물이 멸실된 뒤 조건이 성취되어도 매수인은 소유권을 취득할 수 없으므로 그 대금에 대하여도 의무를 부담해서는 안 된다는 것이다. 따라서 일본 신민법 제535조 제1항에서 "전조의 규정은 정지조건을 붙인 쌍무계약의 목적물이 조

件의成否未定ᄒᆞᆫ間에滅失ᄒᆞᆫ境遇에ᄂᆞᆫ此ᄅᆞᆯ適用치아니ᄒᆞᆷ」이라規定ᄒᆞ얏시니余ᄂᆞᆫ此規定이歐洲에在ᄒᆞ야도多數로存在ᄒᆞ고日本舊民法에도亦如斯ᄒᆞᆫ規定을設ᄒᆞᆷ은畢竟人情論으로브터出ᄒᆞᆫ者ㅣ됨으로信ᄒᆞᄂᆞᆫ바ㅣ라然이나同條第二項에「物이債務者의責에歸치못ᄒᆞᆯ事由에因ᄒᆞ야毁損ᄒᆞᆫ時ᄂᆞᆫ其毁損은債權者의負擔에歸ᄒᆞᆷ」이라規定ᄒᆞ얏시니是即法理上理由에基因ᄒᆞᆫ者ㅣ라可謂ᄒᆞᆯ지로ᄃᆡ此ᄂᆞᆫ立法上一大缺點됨을難免ᄒᆞᆯ바ㅣ라何故오假令物이全部滅失ᄒᆞᆫ境遇에在ᄒᆞ야ᄂᆞᆫ債權者ᄂᆞᆫ毫末도其損失을負擔치아니호ᄃᆡ一部滅失ᄒᆞᆫ境遇에ᄂᆞᆫ對價의全部ᄅᆞᆯ辨償치아니ᄒᆞᆷ이不可ᄒᆞᆫ所以라然而歐洲多數立法例에ᄂᆞᆫ是와相異ᄒᆞ야全部滅失ᄒᆞᆫ境遇에毫末도其代價ᄅᆞᆯ辨償ᄒᆞᆷ을不要호ᄃᆡ一部滅失ᄒᆞᆫ境遇에ᄂᆞᆫ對價의減少ᄅᆞᆯ請求ᄒᆞᆷ을得ᄒᆞᆫ다規定ᄒᆞᆷ이頗多ᄒᆞ고日本舊民法에ᄂᆞᆫ一個奇怪ᄒᆞᆫ主義ᄅᆞᆯ取ᄒᆞ얏시니同法財産編第四百十九條에ᄂᆞᆫ物의價格의全部又ᄂᆞᆫ其過半이喪失ᄒᆞᆫ時ᄂᆞᆫ債權者ᄂᆞᆫ對價에就ᄒᆞ야義務ᄅᆞᆯ全免호ᄃᆡ만일其價格의喪失이半에超過치아니ᄒᆞᄂᆞᆫ時ᄂᆞᆫ契約은完全히効力을生ᄒᆞᄂᆞᆫ者ㅣ라規定ᄒᆞ얏시니是ᄂᆞᆫ以上의多數立法例及學說의中間主義ᄅᆞᆯ取ᄒᆞᆫ者ㅣ오此ᄅᆞᆯ嚴正히評論ᄒᆞ면頗

건의 성취 여부가 정해지지 않은 동안에 멸실된 경우에는 적용하지 않음"이라고 규정하였다. 나는 이 규정이 유럽에서도 다수 존재하고 일본 구민법에 또한 이러한 규정을 마련한 것은 결국 인정론에서 나온 것이라고 생각한다. 그러나 같은 조 제2항에서는 "물건이 채무자의 책임 없는 사유로 인하여 훼손된 때에는 그 훼손은 채권자의 부담이 됨"이라고 규정하였다. 이는 곧 법리적인 이유에 기인한 것이라고 말할 수 있지만 입법적으로 하나의 큰 결점이다. 왜냐하면 가령 물건이 전부 멸실된 경우에는 채권자는 털끝만큼도 그 손실을 부담하지 않지만 일부 멸실된 경우에는 대가 전부를 변제하여야 하기 때문이다. 그런데 유럽의 다수 입법례에서는 이와 달리 전부 멸실된 경우에 털끝만큼도 그 대가를 변제하기를 요하지 않지만 일부멸실된 경우에는 대가의 감소를 청구할 수 있다고 규정한 것이 제법 많다. 그리고 일본 구민법에서는 하나의 기이한 태도를 취하였는데, 같은 법 재산편 제419조에서는 물건 가치의 전부 또는 그 과반이 상실된 때에는 채권자는 대가에 대하여 의무를 완전히 면하되, 만일 그 가치의 상실이 절반을 초과하지 않는 때에는 계약은 완전히 효력을 가지는 것이라고 규정하였다. 이는 이상의 다수 입법례 및 학설의 중간적 태도를 취한 것이다. 이를 엄격히 평가하면 자못

히小策을弄ᄒᆞᆫ者ㅣ라可謂ᄒᆞᆯ지니即物의半이存在ᄒᆞᆫ時ᄂᆞᆫ全部存在ᄒᆞᆫ者로看做ᄒᆞ고半以上이喪失ᄒᆞᆫ時ᄂᆞᆫ全部喪失ᄒᆞᆫ者로看做ᄒᆞᄂᆞᆫ者ㅣ오且同新民法의主義ᄂᆞᆫ其結果로브터言ᄒᆞ면一層極端에陷ᄒᆞᄂᆞᆫ者ㅣ라可謂ᄒᆞᆯ지니何故오物의十中八九가滅失ᄒᆞ야도多少其形體가殘留ᄒᆞᆫ時ᄂᆞᆫ對價의全部를支撥ᄒᆞᆷ을要호ᄃᆡ만일全部가滅失ᄒᆞᆫ時ᄂᆞᆫ此를全然支撥ᄒᆞᆷ을不要ᄒᆞᄂᆞᆫ所以라故로是ᄂᆞᆫ甚히不公平ᄒᆞ다謂치아니ᄒᆞᆷ이不可ᄒᆞ니今에其理由를案ᄒᆞᆯ진ᄃᆡ附條件契約은條件成就ᄒᆞᄂᆞᆫ時로브터其効力이始生ᄒᆞᄂᆞᆫ者ㅣ라故로契約이効力을生ᄒᆞᆯ時期即條件成就ᄒᆞᄂᆞᆫ時에在ᄒᆞ야法律行爲의要素를具備치아니ᄒᆞᆷ이不可ᄒᆞ니假令賣買에在ᄒᆞ야ᄂᆞᆫ條件이成就ᄒᆞᄂᆞᆫ時에賣買의目的物이存在ᄒᆞᆷ을要ᄒᆞᄂᆞᆫ바ㅣ라換言ᄒᆞ면其目的物이存在치아니ᄒᆞ면代金支撥의義務도生치아니ᄒᆞᄂᆞ니故로만일其要素의一을缺ᄒᆞᆫ時ᄂᆞᆫ賣買ᄂᆞᆫ自初로効力을生ᄒᆞᆷ을不得호ᄃᆡ其目的物의減少가如何ᄒᆞᆫ程度에達ᄒᆞ든지苟其形體가殘存ᄒᆞᆫ以上은其物이存在ᄒᆞᆷ으로認ᄒᆞᆷ을可得ᄒᆞᆯ바ㅣ오因ᄒᆞ야法律行爲의要素가缺欠ᄒᆞᆫ바ㅣ無ᄒᆞᆷ으로其効力이生ᄒᆞᆫ다云ᄒᆞᆫ지라然이나是ᄂᆞᆫ一大誤論이라可謂ᄒᆞᆯ지니蓋附條件行爲의効力은條件成就ᄒᆞ

얕은 꾀를 쓴 것이라고 말할 수 있다. 곧 물건의 반이 존재한 때에는 전부 존재한 것으로 간주하고 반 이상이 상실된 때에는 전부 상실된 것으로 간주하는 것이다. 또 일본 신민법의 태도는 결과적으로 말하면 한층 더 극단에 빠진 것이라고 말할 수 있다. 왜냐하면 물건의 80~90%* 가 멸실되어도 다소 그 형체가 남아 있는 때에는 대가 전부를 지급하여야 하는데, 만일 전부가 멸실된 때에는 이를 전혀 지급하지 않아도 되기 때문이다. 그러므로 이는 매우 불공평하다고 말할 수밖에 없다. 이제 그 이유를 생각해보면, 조건부계약은 조건이 성취된 때부터 비로소 그 효력이 생기는 것이다. 그러므로 계약이 효력을 발생하는 시기, 곧 조건이 성취되는 때에 법률행위의 요소를 구비하여야 한다. 가령 매매에서는 조건이 성취되는 때에 매매의 목적물이 존재하여야 하는 것이다. 바꾸어 말하면 그 목적물이 존재하지 않으면 대금지급의무도 발생하지 않는 것이다. 그러므로 만일 그 요소 중 하나가 빠진 때에는 매매는 처음부터 효력이 생길 수 없다. 그런데 그 목적물의 감소가 어떠한 정도이든 진실로 그 형체가 잔존한 이상 그 물건이 존재한다고 인정할 수 있는 것이다. 따라서 법률행위의 요소가 흠결되지 않았으므로 그 효력이 생긴다는 것이다. 그러나 이는 크게 잘못된 논의라고 할 수 있다. 일반적으로 조건부행위의 효력은 조건이 성취된

* 역자 주: 원문은 '十中八九'임.

ᄂᆞᆫ時로브터生ᄒᆞᆷ은勿論이로ᄃᆡ其行爲의成立은行爲當時에在ᄒᆞᆫ者ㅣ오條件成就ᄒᆞᄂᆞᆫ時에至ᄒᆞ야其効力이生ᄒᆞᆷ은畢竟既히成立ᄒᆞᆫ法律行爲의効果됨에不外ᄒᆞᄂᆞ니因ᄒᆞ야其法律行爲가成立ᄒᆞᄂᆞᆫ當時에法律行爲의要素를具備ᄒᆞᆫ以上은其行爲ᄂᆞᆫ完全히成立ᄒᆞ고後日條件의成否以外의事實에因ᄒᆞ야其効力을左右ᄒᆞᄂᆞᆫ事ㅣ無ᄒᆞᆫ지라故로條件이成就ᄒᆞᄂᆞᆫ時에至ᄒᆞ야賣買의目的物이存在치아니ᄒᆞᆷ은附期限賣買에在ᄒᆞ야期限前에其物이存在치아니ᄒᆞᆷ과恰似ᄒᆞ야其性質이相異ᄒᆞᆫ바ㅣ無ᄒᆞᄂᆞ니是로由ᄒᆞ야觀ᄒᆞᆯ진ᄃᆡ右와如ᄒᆞᆫ理由ᄂᆞᆫ畢竟條件이成就ᄒᆞᆷ을因ᄒᆞ야其物을受取치못ᄒᆞᆷ에不拘ᄒᆞ고代金을支撥치아니ᄒᆞᆷ이不可ᄒᆞ다ᄒᆞᆯ진ᄃᆡ債權者에就ᄒᆞ야ᄂᆞᆫ極히難堪ᄒᆞᆯ바ㅣ라云ᄒᆞᄂᆞᆫ人情論에基因ᄒᆞᆫ者ㅣ오法理論은아니라故로此主義ᄂᆞᆫ多數學說의採用치아니ᄒᆞᄂᆞᆫ바ㅣ오余ᄂᆞᆫ此主義로써理論에不適ᄒᆞ고且實際에在ᄒᆞ야極히不公平ᄒᆞᆫ者로信ᄒᆞ노니即其價格의九分을喪失ᄒᆞ거나又ᄂᆞᆫ家屋에就ᄒᆞ야言ᄒᆞᆯ진ᄃᆡ百間의家屋이九十間ᄭᆞ지燒燼ᄒᆞ고僅히十間이存在ᄒᆞᆷ을不拘ᄒᆞ고家屋의代金全部를支撥ᄒᆞᆷ이可ᄒᆞ며其全部가燒燼ᄒᆞᆫ時ᄂᆞᆫ毫末도代金을支撥ᄒᆞᆷ을不要ᄒᆞᆫ다云ᄒᆞᆯ진ᄃᆡ實로不公平ᄒᆞᆫ者로思量ᄒᆞ

때부터 생기는 것은 물론이다. 그런데 그 행위의 성립은 행위 당시에 있는 것이고, 조건이 성취된 때에 와서 그 효력이 생기는 것은 결국 이미 성립된 법률행위의 효과일 뿐이다. 따라서 그 법률행위가 성립할 당시에 법률행위의 요소를 구비한 이상 그 행위는 완전히 성립하고, 뒷날 조건 성취 여부 이외의 사실로 인하여 그 효력이 좌우되는 것이 아니다. 그러므로 조건이 성취된 때에 이르러 매매의 목적물이 존재하지 않는 것은 기한부매매에서 기한 전에 그 물건이 존재하지 않는 것과 흡사하여 그 성질이 다를 것이 없다. 여기서부터 보면, 위와 같은 이유는 결국 조건이 성취됨에 따라 그 물건을 수령하지 못하는데도 불구하고 대금을 지급하여야 한다면 채권자에게는 극히 난감할 것이라는 인정론에 기인한 것이지 법리론은 아니다. 그러므로 이 태도는 다수 학설이 취하지 않는 것이고, 나는 이 태도를 이론에도 적합하지 않고 또 실제로도 극히 불공평한 것이라고 생각한다. 곧 그 가치의 90%*를 상실하거나 또는 가옥에 대하여 말하면 백 칸이 가옥이 아흔 칸까지 소실되고 겨우 열 칸만 존재함에도 불구하고 가옥 대금 전부를 지급하여야 하며, 그 전부가 소실된 때에는 털끝만큼도 대금을 지급하지 않아도 된다고 하면 실로 불공평한 것으로 생각하

* 역자 주: 원문은 '九分'임.

ᄂᆞᆫ바ㅣ라

尙且一言ᄒᆞᆯ者ㅣ有ᄒᆞ니日本新民法第五百三十五條第三項에「物이債務者의責에可歸ᄒᆞᆯ事由에因ᄒᆞ야毁損ᄒᆞᆫ時ᄂᆞᆫ債權者ᄂᆞᆫ條件成就ᄒᆞᄂᆞᆫ境遇에其選擇에從ᄒᆞ야契約의履行又ᄂᆞᆫ其解除ᄅᆞᆯ請求ᄒᆞᆷ을得ᄒᆞᆷ但損害賠償의請求ᄅᆞᆯ妨害치아니ᄒᆞᆷ」이라規定ᄒᆞ얏시니是ᄂᆞᆫ殆히明文을不要ᄒᆞᆯ者ㅣ어ᄂᆞᆯ畢竟立法者의老婆心으로브터出ᄒᆞᆫ者로信ᄒᆞᄂᆞᆫ바ㅣ라蓋以上에述ᄒᆞᆫ바ᄂᆞᆫ物이債務者의過失이無ᄒᆞ고滅失ᄒᆞᆫ境遇ᄅᆞᆯ想像ᄒᆞᆫ者ㅣ오又純然ᄒᆞᆫ危險問題ᄅᆞᆯ生ᄒᆞᆷ도亦此境遇에限ᄒᆞᄂᆞᆫ者ㅣ라然而만일債務者의過失을因ᄒᆞ야物이滅失ᄒᆞᆫ時ᄂᆞᆫ契約解除의問題가生ᄒᆞ며且契約을解除ᄒᆞ고否ᄒᆞᆷ을不拘ᄒᆞ고過失이有ᄒᆞᆫ債務者ᄂᆞᆫ恒常損害賠償의責을負치아니ᄒᆞᆷ이不可ᄒᆞᄂᆞ니假令無條件ᄒᆞᆫ契約에就ᄒᆞ야觀ᄒᆞᆯ진대甲이乙로브터或家屋을買受ᄒᆞ고아직其傳授ᄅᆞᆯ受ᄒᆞ기前에賣主의過失에因ᄒᆞ야失火ᄒᆞ야其家屋이燒燼ᄒᆞᆫ境遇에在ᄒᆞ야ᄂᆞᆫ債權者卽甲은旣히消滅ᄒᆞᆫ家屋의傳授ᄅᆞᆯ求ᄒᆞᆷ을不得ᄒᆞᆷ은勿論이오物의滅失에因ᄒᆞ야所有權도亦喪失ᄒᆞ얏시나債務者되賣主ᄂᆞᆫ不履行의責任을負치아니ᄒᆞᆷ이不可ᄒᆞᆫ바ㅣ라何故오自己의過失에因

는 바이다.

또 한마디 할 것이 있다. 일본 신민법 제535조 제3항은 "물건이 채무자의 책임 있는 사유로 인하여 훼손된 때에는 채권자는 조건이 성취되는 경우에 그 선택에 따라 계약의 이행 또는 그 해제를 청구할 수 있음. 그러나 손해배상의 청구를 방해하지 않음"이라고 규정하였다. 이는 거의 명문규정이 필요 없는 것인데, 결국 입법자의 노파심에서 나온 것이라고 생각한다. 대개 이상에서 서술한 것은 물건이 채무자의 과실 없이 멸실된 경우를 상상한 것이고, 또 순전한 위험부담 문제를 발생시키는 것 또한 이 경우에 한정되는 것이다. 그런데 만일 채무자의 과실로 인하여 물건이 멸실된 때에는 계약 해제의 문제가 생기며, 또 계약을 해제할지 말지와 관계없이 과실이 있는 채무자는 항상 손해배상책임을 져야 한다. 가령 조건 없는 계약에 대하여 보면 甲이 乙로부터 어떤 가옥을 매수하고 아직 그 인도를 받기 전에 매도인의 과실로 인한 실화로 그 가옥이 소실된 경우에는 채권자, 곧 甲은 이미 소멸한 가옥의 인도를 구하지 못함은 물론이고 물건의 멸실로 인하여 소유권 또한 상실하였다. 그러나 채무자인 매도인은 불이행의 책임을 지지 않을 수 없는 것이다. 왜냐하면 자기의 과실로 인

ᄒᆞ야債務ᄅᆞᆯ履行치못ᄒᆞᆫ者ㅣ됨으로不履行에因ᄒᆞᆫ損害賠償의責任을免ᄒᆞᆷ을不得ᄒᆞᄂᆞᆫ所以오且賣主ᄂᆞᆫ解除權을有ᄒᆞᆫ故로不履行의境遇에在ᄒᆞ야ᄂᆞᆫ債權者된買主ᄂᆞᆫ其契約을解除ᄒᆞ야自己가負擔ᄒᆞᆫ義務ᄅᆞᆯ免除ᄒᆞ고又或自己의義務ᄅᆞᆯ履行ᄒᆞᆫ後된時ᄂᆞᆫ其履行ᄒᆞ기爲ᄒᆞ야給付ᄒᆞᆫ物의返還을求ᄒᆞᆷ을可得ᄒᆞ며尙且損害賠償도請求ᄒᆞᆷ을可得ᄒᆞᆯ바ㅣ라此等點에就ᄒᆞ야ᄂᆞᆫ契約解除章에至ᄒᆞ야詳述ᄒᆞᆯ者ㅣ니故로解除의規定或은不履行에因ᄒᆞᆫ損害賠償의規定이存在ᄒᆞᆫ以上은玆에特別히規定ᄒᆞᆷ을不要ᄒᆞᆯ바ㅣ오又此ᄂᆞᆫ元來危險問題가아니니附條件法律行爲의境遇에도亦同一ᄒᆞᆫ바ㅣ로대다만玆에物이債務者의責에歸치못ᄒᆞᆯ事由에因ᄒᆞ야毁損ᄒᆞᆫ境遇에其毁損은債權者의負擔에歸ᄒᆞᆷ을規定ᄒᆞᆫ故로其債務者의責에可歸ᄒᆞᆯ事由에因ᄒᆞ야毁損ᄒᆞᆫ境遇에就ᄒᆞ야도亦規定ᄒᆞᆷ에不過ᄒᆞᆫ바ㅣ라蓋此境遇에在ᄒᆞ야ᄂᆞᆫ條件成就에至ᄒᆞ기ᄭᆞ지ᄂᆞᆫ所有權을移轉ᄒᆞᆯ義務가有ᄒᆞ다云ᄒᆞᆷ을不得ᄒᆞᆯ바ㅣ오又況物의傳授ᄅᆞᆯ行ᄒᆞᆯ義務ᄂᆞᆫ아즉發生치아니ᄒᆞᆫ故로條件成就에至ᄒᆞ기ᄭᆞ지ᄂᆞᆫ其不履行의責任이無ᄒᆞᆫ바ㅣ로대一朝에條件이成就ᄒᆞᆫ時ᄂᆞᆫ債權者ᄂᆞᆫ一部毁損ᄒᆞᆫ境遇에在ᄒᆞ야ᄂᆞᆫ猶其契約의履行을求ᄒᆞᆷ을得ᄒᆞᄂᆞᆫ故로其

하여 채무를 이행하지 못한 것이므로 불이행에 따른 손해배상책임을 면하지 못하기 때문이다. 또 매도인은 해제권을 가지므로 불이행의 경우에는 채권자인 매수인은 그 계약을 해제하여 자기가 부담한 의무를 면하거나, 또는 자기 의무를 이행한 뒤인 때에는 그것을 이행하기 위하여 급부한 물건의 반환을 구할 수 있으며 또 손해배상도 청구할 수 있을 것이다. 이들 논점에 대하여는 계약 해제의 장에서 상세히 서술할 것이다. 그러므로 해제의 규정 또는 불이행으로 인한 손해배상의 규정이 존재하는 이상 여기에 특별히 규정할 필요가 없을 것이다. 또 이는 원래 위험부담 문제가 아닌데, 조건부 법률행위의 경우에도 또한 동일하다. 다만 여기서 물건이 채무자의 책임 없는 사유로 인하여 훼손된 경우에 그 훼손은 채권자의 부담이 된다고 규정하였으므로, 채무자의 책임 있는 사유로 인하여 훼손된 경우에 대하여도 또한 규정한 데 불과하다. 일반적으로 이 경우에는 조건이 성취될 때까지는 소유권을 이전할 의무가 없고, 더구나 물건을 인도할 의무는 아직 발생하지 않는다. 그러므로 조건이 성취될 때까지는 그 불이행책임이 없다. 그런데 하루아침에 조건이 성취된 때에는 채권자는 일부 훼손된 경우에는 오히려 그 계약 이행을 청구할 수 있으므로 그

殘存ᄒᆞᆫ部分의傳授ᄅᆞᆯ受ᄒᆞ고오직此에因ᄒᆞ야生ᄒᆞᆫ損害ᄅᆞᆯ賠償케ᄒᆞᆷ을得ᄒᆞᆷ은勿論이라然이나毁損ᄒᆞᆫ物을不欲ᄒᆞᄂᆞᆫ時ᄂᆞᆫ契約을解除ᄒᆞ거나唯其損害賠償만請求ᄒᆞᆷ을可得ᄒᆞᄂᆞᆫ바ㅣ라

以上은停止條件을附ᄒᆞᆫ雙務契約의境遇ㅣ니自此로解除條件을附ᄒᆞᆫ雙務契約의境遇ᄅᆞᆯ說明코ᄌᆞᄒᆞ노라

日本新民法에ᄂᆞᆫ解除條件을附ᄒᆞᆫ契約에關ᄒᆞᆫ規定을揭載치아니ᄒᆞ얏시니是ᄂᆞᆫ特히規定을必要치아니ᄒᆞᄂᆞᆫ所以라然이나果然如何ᄒᆞᆫ理由로써規定을必要치아니ᄒᆞᆫ가此에關ᄒᆞ야ᄂᆞᆫ學說이岐分ᄒᆞ야或者ᄂᆞᆫ危險問題에關ᄒᆞᆫ原則을全然適用ᄒᆞᆷ을得ᄒᆞᄂᆞᆫ故로特別規定을必要치아니ᄒᆞᆷ이라云ᄒᆞᆫ지라然이나日本新民法第五百三十四條危險問題에關ᄒᆞᆫ原則의規定은解除條件을附ᄒᆞᆫ契約境遇에適用ᄒᆞᆯ者ㅣ아니니今에其理由ᄅᆞᆯ一言ᄒᆞᆯ진대解除條件을附ᄒᆞᆫ契約에就ᄒᆞ야問題ᄅᆞᆯ生ᄒᆞᆷ은條件이아즉應就치아니ᄒᆞ고契約의目的物이滅失ᄒᆞᆫ境遇에後日條件이成就ᄒᆞ얏다假定ᄒᆞᆯ진대如何ᄒᆞᆫ結果가生ᄒᆞᆯ가云ᄒᆞᄂᆞᆫ點에在ᄒᆞᆫ바ㅣ라然而其適用은賣買에就ᄒᆞ야最多ᄒᆞᄂᆞ니故로假令甲이乙로브터解除條件을附ᄒᆞᆫ物을

잔존부분의 인도를 받고, 다만 이로 인하여 발생한 손해를 배상하게 할 수 있음은 물론이다. 그러나 훼손된 물건을 원하지 않는 때에는 계약을 해제하거나 다만 그 손해배상만 청구할 수 있는 것이다.

이상은 정지조건을 붙인 쌍무계약의 경우이다. 이제부터는 해제조건을 붙인 쌍무계약의 경우를 설명하고자 한다.

일본 신민법에는 해제조건을 붙인 계약에 관한 규정을 적지 않았다. 이는 특별히 규정이 필요하지 않기 때문이다. 그러나 과연 어떠한 이유에서 규정이 필요하지 않은가? 이에 관하여는 학설이 여러 갈래로 나뉘어, 혹자는 위험부담 문제에 관한 원칙을 완전히 적용할 수 있으므로 특별규정이 필요 없다고 말한다. 그러나 일본 신민법 제534조 위험부담 문제에 관한 원칙 규정은 해제조건을 붙인 계약의 경우에 적용할 것이 아니다. 이제 그 이유를 한마디 말하면, 해제조건을 붙인 계약에 대하여 문제가 생기는 것은 조건이 아직 성취되지 않고 계약의 목적물이 멸실된 경우에 뒷날 조건이 성취되었다고 가정하면 어떠한 결과가 생기는가 하는 점에 있다. 그런데 그 적용은 매매에 대하여 가장 많다. 그러므로 가령 甲이 乙로부터 해제조건을 붙인 물건을

買受ᄒᆞ야其傳授를受ᄒᆞ고代金을支撥ᄒᆞᆫ境遇에條件成就前其物이火災에因ᄒᆞ야滅失(一部毁損ᄒᆞᆫ時도亦同ᄒᆞᆷ)ᄒᆞᆫ後條件이成就ᄒᆞ얏다云ᄒᆞᆯ진대賣主ᄂᆞᆫ買主에對ᄒᆞ야代金을返還ᄒᆞᆷ을要ᄒᆞᆯ가云ᄒᆞᆷ이是라或은此境遇에在ᄒᆞ야日本新民法第五百三十五條附停止條件契約에關ᄒᆞᆫ規定을適用ᄒᆞᆫ다云ᄒᆞᄂᆞᆫ者ㅣ有ᄒᆞ니是ᄂᆞᆫ即附解除條件契約을依ᄒᆞ야附停止條件權利가生ᄒᆞᄂᆞᆫ所以라即前例에在ᄒᆞ야買主ᄂᆞᆫ賣主에對ᄒᆞ야附停止條件으로其物의所有權을移轉ᄒᆞᆯ義務를負ᄒᆞ고賣主ᄂᆞᆫ同一條件으로써買主에對ᄒᆞ야代金을返還ᄒᆞᆯ義務를負ᄒᆞᄂᆞ니此等義務ᄂᆞᆫ其裏面으로觀ᄒᆞᆯ진대附停止條件權利라故로日本新民法第五百三十五條附停止條件契約에關ᄒᆞᆫ規定을適用치아니ᄒᆞᆷ이不可ᄒᆞ다云ᄒᆞᄂᆞᆫ지라然이나是ᄂᆞᆫ誤謬ᄒᆞᆫ學說이니何故오同新民法은明白히附停止條件雙務契約이라云ᄒᆞ고附停止條件義務又ᄂᆞᆫ權利라云치아니ᄒᆞᆫ所以라然즉右境遇ᄂᆞᆫ解除條件을附ᄒᆞᆫ契約이오條件成就의結果로附停止條件權利又ᄂᆞᆫ義務를生ᄒᆞᆷ에不過ᄒᆞᄂᆞ니故로此境遇에同新民法第五百三十五條의法文을適用코저ᄒᆞᆷ은不能에屬ᄒᆞᆫ바ㅣ오又文字上으로브터言ᄒᆞᆯ진대同新民法第五百三十四條危險問題에關ᄒᆞᆫ原則을

매수하여 그 인도를 받고 대금을 지급한 경우에, 조건 성취 전 그 물건이 화재로 인하여 멸실(일부 훼손된 때에도 또한 같다)된 뒤 조건이 성취되었다고 하자. 그러면 매도인은 매수인에 대하여 대금을 반환하여야 하는가 하는 것이다. 더러는 이 경우에 일본 신민법 제535조 정지조건부 계약에 관한 규정을 적용한다고 말하는 사람이 있다. 이는 곧 해제조건부 계약에 따라 정지조건부 권리가 생기기 때문이다. 곧 앞선 예에서 매수인은 매도인에 대하여 정지조건부로 그 물건의 소유권을 이전할 의무를 지고, 매도인도 정지조건부로 매수인에 대하여 대금을 반환할 의무를 진다. 따라서 이들 의무는 그 이면으로 보면 정지조건부 권리이므로 일본 신민법 제535조 정지조건부 계약에 관한 규정을 적용하여야 한다는 것이다. 그러나 이는 그릇된 학설이다. 왜냐하면 일본 신민법은 명백히 정지조건부 쌍무계약이라고 말하고, 정지조건부 의무 또는 권리라고 말하지 않기 때문이다. 그렇다면 위 경우는 해제조건을 붙인 계약이고, 조건 성취의 결과로 정지조건부 권리 또는 의무가 생기는 데 불과하다. 그러므로 이 경우에 일본 신민법 제535조 법문을 적용할 수는 없는 것이다. 또 문자로부터 말하면 일본 신민법 제534조 위험부담 문제에 관한 원칙을

適用ᄒᆞᆷ이可ᄒᆞ다云ᄒᆞᄂᆞᆫ者ㅣ有ᄒᆞ니即解除條件을附ᄒᆞᆫ境遇에在ᄒᆞ야ᄂᆞᆫ契約은直時其効力을生ᄒᆞᆷ이無條件ᄒᆞᆫ境遇와無異ᄒᆞᆫ故로賣買에就ᄒᆞ야言ᄒᆞᆯ진대債權者即買主가危險을負擔치아니ᄒᆞᆷ이不可ᄒᆞᄂᆞ니其結果로解除條件이成就ᄒᆞ야도賣主ᄂᆞᆫ代金을返還ᄒᆞᆷ이不可ᄒᆞᆫ지라換言ᄒᆞ면物의滅失은買主의損失에歸ᄒᆞᆷ이可ᄒᆞᆫ者ㅣ라謂ᄒᆞᄂᆞ니是ᄂᆞᆫ文字上으로브터言ᄒᆞᆯ진대前說에比ᄒᆞ야多少根據가有ᄒᆞᆷ과如ᄒᆞ나此亦同一히誤謬됨을難免ᄒᆞᆯ지니盖附解除條件契約에在ᄒᆞ야ᄂᆞᆫ契約은無條件으로成立ᄒᆞ야도唯其解除가條件에係ᄒᆞᆫ바ㅣ니故로物의傳授를完了ᄒᆞ기前에其物이滅失ᄒᆞᆫ時ᄂᆞᆫ危險問題의原則을適用ᄒᆞᆷ이無疑ᄒᆞᆫ바ㅣ라即賣主가其目的物을買主의게傳授ᄒᆞ기前에其物이滅失ᄒᆞᆫ時ᄂᆞᆫ此에關ᄒᆞᆫ債權者即買主가損失을負擔ᄒᆞ고其代金을支撥치아니ᄒᆞᆷ이不可ᄒᆞᄂᆞ니만일代金을既히支撥ᄒᆞᆫ時ᄂᆞᆫ此를還推ᄒᆞᆷ을不得ᄒᆞᆫ다云ᄒᆞᄂᆞᆫ點에在ᄒᆞ야ᄂᆞᆫ危險問題에關ᄒᆞᆫ原則을適用ᄒᆞᆷ이有ᄒᆞᆯ지로대契約이既히全部履行이된時ᄂᆞᆫ更히債權者及債務者ㅣ라云ᄒᆞᆯ者ㅣ無ᄒᆞᆫ지라即債權債務의關係가消滅ᄒᆞᆷ이니物의所有權을移轉ᄒᆞ야其傳授를既히終了ᄒᆞᆷ에不拘ᄒᆞ고尙且買主ᄂᆞᆫ債權者ㅣ라云ᄒᆞᆷ을不得ᄒᆞᆯ바

적용함이 마땅하다고 말하는 사람도 있다. 곧 해제조건을 붙인 경우에는 계약은 곧바로 그 효력이 생기는 것이 조건 없는 경우와 다를 것이 없다. 그러므로 매매에 대하여 말하면 채권자, 곧 매수인이 위험을 부담하여야 하고 그 결과 해제조건이 성취되어도 매도인은 대금을 반환할 수 없다는 것이다. 바꾸어 말하면 물건의 멸실은 매수인의 손실이 되어야 한다는 것이라고 말한다. 이는 문자로부터 말하면 앞의 학설에 비하여 다소 근거가 있는 것 같지만 마찬가지로 그릇된 학설이다. 일반적으로 해제조건부 계약에서는 계약은 조건 없이 성립하고 다만 그 해제가 조건에 매여 있다. 그러므로 물건의 인도를 완료하기 전에 그 물건이 멸실된 때에는 위험부담 문제의 원칙을 적용하는 데 의문이 없다. 곧 매도인이 그 목적물을 매수인에게 인도하기 전에 물건이 멸실된 때에는 이에 관한 채권자, 곧 매수인이 손실을 부담하고 그 대금을 지급하여야 한다. 만일 대금을 이미 지급한 때에는 이를 돌려받지 못한다는 점에서는 위험부담 문제에 관한 원칙을 적용할 수 있다. 그런데 계약이 이미 전부 이행된 때에는 다시 채권자 및 채무자라고 말할 사람이 없다. 곧 채권채무관계가 소멸한다. 물건의 소유권을 이전하여 그 인도를 이미 종료하였는데도 불구하고 여전히 매수인이 채권자라고 말할 수는 없는 것

ㅣ라故로危險問題의原則을右境遇에適用ᄒᆞ기不能ᄒᆞᄂᆞ니換言ᄒᆞ면右境遇에在ᄒᆞ야ᄂᆞᆫ附解除條件賣買ᄂᆞᆫ既히履行되고買主ᄂᆞᆫ其物을受取ᄒᆞ며所有權도亦買主의게移轉ᄒᆞ대唯其條件成就前에其物이滅失ᄒᆞᆫ者ㅣ라故로是ᄂᆞᆫ即債權者의利得又ᄂᆞᆫ損失問題가아니오所有者의損失或은利得의問題됨에不過ᄒᆞᄂᆞ니因ᄒᆞ야日本新民法第五百三十四條의規定以外의境遇에屬ᄒᆞ고唯其解除의効力에就ᄒᆞ야新問題를生ᄒᆞᆯ뿐이라

以上에論ᄒᆞᆫ바에依ᄒᆞᆯ진대日本新民法第五百三十四條危險問題에關ᄒᆞᆫ原則과同第五百三十五條附停止條件雙務契約의規定은到底히此境遇에適用ᄒᆞᆷ을不得ᄒᆞᆯ지니果然ᄒᆞᆯ진대一般原則에依ᄒᆞ야此를解決ᄒᆞᆯ外에ᄂᆞᆫ他良法이無ᄒᆞᆫ바ㅣ라是ᄂᆞᆫ極히明白ᄒᆞᆫ問題로信ᄒᆞ노니即此境遇에在ᄒᆞ야ᄂᆞᆫ一般히解除條件의成就ᄒᆞᆫ結果如何를一考ᄒᆞ면足ᄒᆞᆫ바ㅣ라抑解除條件成就의結果ᄂᆞᆫ特約이無ᄒᆞᆫ境遇에在ᄒᆞ야ᄂᆞᆫ其成就時로브터既生ᄒᆞᆫ契約의効力을消滅케ᄒᆞᄂᆞᆫ者ㅣ오從來所有權된者ᄂᆞᆫ解除條件成就를因ᄒᆞ야所有權을失ᄒᆞ고更히前의賣主가其所有者ㅣ되며買主의支撥ᄒᆞᆫ代金은賣主가此를返還ᄒᆞᆯ義務를負ᄒᆞᄂᆞ니換言ᄒᆞ면解除

이다. 그러므로 위험부담 문제의 원칙을 위 경우에 적용할 수 없다. 바꾸어 말하면 위 경우에는 해제조건부 매매는 이미 이행되고 매수인은 그 물건을 수령하였으며 소유권 또한 매수인에게 이전되었다. 그런데 다만 그 조건 성취 전에 그 물건이 멸실된 것이다. 그러므로 이는 곧 채권자의 이득 또는 손실 문제가 아니라 소유자의 손실 또는 이득 문제에 불과하다. 따라서 일본 신민법 제534조의 규정 밖의 경우이고, 다만 해제의 효력에 대하여 새로운 문제가 생길 뿐이다.

이상에서 논한 바에 따르면 일본 신민법 제534조 위험부담 문제에 관한 원칙과 일본 신민법 제535조 정지조건부 쌍무계약의 규정은 이 경우에 도저히 적용하지 못할 것이다. 과연 그렇다면 일반원칙에 따라 이를 해결하는 것 말고는 다른 좋은 방법이 없다. 이는 극히 명백한 문제라고 생각한다. 곧 이 경우에는 일반적으로 해제조건 성취의 결과가 어떠한지를 한번 생각해보면 충분하다. 무릇 해제조건 성취의 결과는 특약이 없는 경우에는 그 성취시부터 이미 발생한 계약의 효력을 소멸시키는 것이다. 종래의 소유권자는 해제조건 성취로 인하여 소유권을 잃고, 다시 전 매도인이 그 소유자가 되며 매수인이 지급한 대금은 매도인이 반환할 의무를 진다. 바꾸어 말하면 해제

條件이成就ᄒᆞᆫ時ᄂᆞᆫ契約前狀態에回復지아니ᄒᆞᆷ이不可ᄒᆞᆫ바ㅣ라今에解除條件이成就ᄒᆞ기前에其物이滅失ᄒᆞ얏다云ᄒᆞᆯ진대만일物이存在ᄒᆞᆫ時ᄂᆞᆫ其所有權도亦存ᄒᆞ고所有權이存在ᄒᆞᆫ時ᄂᆞᆫ賣主ᄂᆞᆫ將來其所有者될地位에在호대存在치아니ᄒᆞᆷ을因ᄒᆞ야스ᄉᆞ로消滅ᄒᆞᆫ者ㅣ라故로此點에在ᄒᆞ야ᄂᆞᆫ解除條件이成就ᄒᆞ야도法律上의結果를生치아니ᄒᆞ며物은其前에消滅ᄒᆞᆫ故로賣主ᄂᆞᆫ所有權을回復ᄒᆞ기不能ᄒᆞᆫ바ㅣ라然이나其代金의返還은决코不能ᄒᆞᆷ이아니니買主로브터賣主가受取ᄒᆞᆫ代金은條件이成就ᄒᆞ면此를返還치아니ᄒᆞᆷ이不可ᄒᆞᆫ바ㅣ라即物의所有權을移轉ᄒᆞᆯ義務ᄂᆞᆫ履行不能에因ᄒᆞ야消滅ᄒᆞ야도其代金의返還은不能이아닌故로其義務가消滅치아니ᄒᆞᄂᆞᆫ者ㅣ라云ᄒᆞᆷ이當然ᄒᆞᆷ으로信ᄒᆞᄂᆞᆫ바ㅣ라或은人情論에基因ᄒᆞ야「契約解除의境遇에在ᄒᆞ야ᄂᆞᆫ物의所有權을原狀에回復ᄒᆞᄂᆞᆫ結果로代金을返還케ᄒᆞᆷ에不過ᄒᆞᆷ이오賣主가所有權의返還을受치못ᄒᆞᆷ에不拘ᄒᆞ고代金만返還ᄒᆞᆷ이可ᄒᆞ다ᄒᆞᆯ진대賣主된者ᄂᆞᆫ頗히不利益ᄒᆞᆫ地位에在ᄒᆞᆯ바ㅣ라」云ᄒᆞ나然이나如此ᄒᆞᆫ論議ᄂᆞᆫ附停止條件雙務契約境遇에在ᄒᆞᆫ人情論에比ᄒᆞ야一層薄弱ᄒᆞᆷ으로信ᄒᆞ노니假令其契約을締結치아니ᄒᆞ얏슬진대賣主

조건이 성취된 때에는 계약 전의 상태로 회복되어야 하는 것이다. 이제 해제조건이 성취되기 전에 그 물건이 멸실되었다고 하면, 만일 물건이 존재한 때에는 그 소유권 또한 존재하고, 소유권이 존재한 때에는 매도인은 장래 그 소유자가 될 지위에 있다. 그런데 소유권이 존재하지 않는 데 따라 스스로 소멸된 것이다. 그러므로 이 점에서는 해제조건이 성취되어도 법률상 결과가 생기지 않으며 물건은 그 전에 소멸되었으므로 매도인은 소유권을 회복할 수 없는 것이다. 그러나 그 대금 반환은 결코 불능이 아니므로 매수인으로부터 매도인이 수령한 대금은 조건이 성취되면 반환하여야 하는 것이다. 곧 물건의 소유권을 이전할 의무는 이행불능으로 인하여 소멸되어도, 그 대금 반환은 불능이 아니므로 그 의무가 소멸되지 않는다는 것이 당연하다고 믿는다. 더러는 인정론에 기인하여 "계약 해제의 경우에는 물건의 소유권을 원상으로 회복시키는 대가로 대금을 반환하게 하는 데 불과하고, 매도인이 소유권의 반환을 받지 못하는데도 불구하고 대금만 반환하여야 한다면 매도인은 자못 불이익한 지위에 놓이게 된다"고 말한다. 그러나 이와 같은 논의는 정지조건부 쌍무계약에서의 인정론에 비하여 한층 더 박약하다고 생각한다. 가령 그 계약을 체결하지 않았다면 매도인는此를賣却지아니ᄒᆞᆫ者ㅣ되는故로依然히其物을所有ᄒᆞ야後日에반다시滅失을遭ᄒᆞᆯ바ㅣ오此와反ᄒᆞ야買主가代金을支撥치아니ᄒᆞ얏슬진대代金은滅失ᄒᆞ는事ㅣ無ᄒᆞᆫ故로買主는依然히自己의財產中에其金額을有ᄒᆞᆯ바ㅣ라然則解除條件이란者는將來에在ᄒᆞ야其契約을締結ᄒᆞ든以前狀態에回復케ᄒᆞ는者ㅣ라故로解除條件을附ᄒᆞ고契約을締結ᄒᆞᆫ時는物의滅失은賣主의損失에歸ᄒᆞᆷ은言을不竢ᄒᆞᆯ바ㅣ니卽其契約을締結치아니ᄒᆞᆫ者ㅣ라云ᄒᆞᆯ진대代金을受取ᄒᆞ는事ㅣ無ᄒᆞᆯ지로대此를受取ᄒᆞᆷ은契約으로브터生ᄒᆞᆫ利益이라故로解除條件이成就ᄒᆞᆫ境遇에在ᄒᆞ야此를返還ᄒᆞᆷ이可ᄒᆞᆷ은更히容疑ᄒᆞᆯ바ㅣ無ᄒᆞ니然즉停止條件을附ᄒᆞᆯ境遇에在ᄒᆞ야는其契約은効力이生ᄒᆞ는與否가分明치ᄒᆞ니ᄒᆞᆫ故로因ᄒᆞ야毫末도利益을受치못ᄒᆞᆫ者가代金을支撥ᄒᆞᆷ은甚히苛酷ᄒᆞ다云ᄒᆞᆷ이一理가不無호대解除條件을附ᄒᆞᆫ境遇는如此히苛酷ᄒᆞᆫ嫌이無ᄒᆞ니賣主는條件이成就ᄒᆞ기ᄭᆞ지他人의金錢을無利息으로使用ᄒᆞᆫ故로此를返還케ᄒᆞ야도決코苛酷ᄒᆞ다云ᄒᆞ기不能ᄒᆞᆯ바ㅣ라盖物의所有權은返還을受치못호대是는自然히消滅ᄒᆞᆫ者ㅣ오受取ᄒᆞᆫ金錢은此를使用ᄒᆞ다가解除條件이成就ᄒᆞᆫ時에다만其元本만返

은 이를 매각하지 않은 것이 되므로 여전히 그 물건을 소유하고 뒷날 반드시 멸실될 것이다. 이와 반대로 매수인이 대금을 지급하지 않았다면 대금은 멸실되는 일이 없으므로 매수인은 여전히 자기의 재산 안에 그 금액을 가지고 있을 것이다. 따라서 해제조건이란 것은 장래 그 계약을 체결하던 이전의 상태로 회복시키는 것이다. 그러므로 해제조건을 붙이고 계약을 체결한 때에는 물건의 멸실은 매도인의 손실이 됨은 말할 필요도 없는 것이다. 곧 그 계약을 체결하지 않은 것이라고 하면 대금을 수령할 일이 없었겠지만 이를 수령한 것은 계약으로부터 발생한 이익이다. 그러므로 해제조건이 성취된 경우 이를 반환함이 마땅함은 다시 의심할 바가 없다. 정지조건을 붙인 경우에는 그 계약은 효력이 생기는지 여부가 분명하지 않으므로, 따라서 털끝만큼도 이익을 받지 못한 사람이 대금을 지급하는 것이 매우 가혹하다고 하면 일리가 있다. 그런데 해제조건을 붙인 경우에는 이와 같이 가혹하다는 의문이 없다. 매도인은 조건이 성취될 때까지 타인의 금전을 무이자로 사용하였으므로 이를 반환하게 하여도 결코 가혹하다고 할 수 없을 것이다. 일반적으로 물건의 소유권은 반환받지 못하는데, 이는 자연히 소멸한 것이고, 수령한 금전은 이를 사용하다가 해제조건이 성취된 때에 다만 그 원본만 반

還ᄒᆞ면足ᄒᆞᆫ바ㅣ라

尙且上述ᄒᆞᆫ바와類似ᄒᆞᆫ境遇가有ᄒᆞ니卽日本新民法第五百四十八條第二項에「契約의目的物이解除權을有ᄒᆞᆫ者의行爲又ᄂᆞᆫ過失에因치아니ᄒᆞ고滅失又ᄂᆞᆫ毁損ᄒᆞᆫ時ᄂᆞᆫ解除權은消滅치아니홈」이라云ᄒᆞᆫ바ㅣ니是其規定은相異ᄒᆞ야도理論은同一ᄒᆞᆫ바ㅣ라盖反對論의根據ᄒᆞᄂᆞᆫ바ᄂᆞᆫ契約을解除홈이可ᄒᆞᆫ時卽解除條件이成就ᄒᆞᆫ時에法律行爲의要素卽物의所有權이存在치아니ᄒᆞᆫ故로結局解除홈을不得ᄒᆞᄂᆞ니是ᄂᆞᆫ停止條件境遇에在ᄒᆞ야條件이成就ᄒᆞ야도法律行爲의要素를欠缺홈을因ᄒᆞ야履行홈을不要홈과同一ᄒᆞ다云홈에在ᄒᆞᆫ바ㅣ라然이나此ᄂᆞᆫ誤謬ᄒᆞᆫ學說이라可謂ᄒᆞᆯ바ㅣ오又ᄂᆞᆫ此에關ᄒᆞ야其顯著ᄒᆞᆫ外國의立法上例證을擧ᄒᆞᆯ진대卽上述ᄒᆞᆫ바日本新民法第五百四十八條第二項과如홈이니是ᄂᆞᆫ元來解除條件境遇가아니로대極히類似ᄒᆞᆫ者ㅣ오當事者가解除權을有ᄒᆞᆫ境遇라卽解除條件을附ᄒᆞᆫ境遇ᄂᆞᆫ假令或期間內에或人이死亡ᄒᆞᄂᆞᆫ時ᄂᆞᆫ契約은解除된者로視홈과如홈이오解除權을有ᄒᆞᆫ境遇ᄂᆞᆫ假令만일或期間內에或人이死亡ᄒᆞᄂᆞᆫ時ᄂᆞᆫ當事者의一方은其契約을解除홈을得ᄒᆞᆫ다云홈이니此第二의境遇ᄂᆞᆫ

환하면 충분한 것이다.

위에 서술한 것과 유사한 경우가 또 있다. 곧 일본 신민법 제548조 제2항에서 "계약의 목적물이 해제권을 가진 자의 행위 또는 과실로 인하지 않고 멸실 또는 훼손된 때에는 해제권은 소멸하지 않음"이라고 하였다. 이는 그 규정은 달라도 이론은 동일한 것이다. 일반적으로 반대론이 근거하는 바는, 계약을 해제할 수 있는 때, 곧 해제조건이 성취된 때에 법률행위의 요소, 곧 물건의 소유권이 존재하지 않으므로 결국 해제하지 못한다. 이는 정지조건에서 조건이 성취되어도 법률행위의 요소가 흠결됨에 따라 이행하지 않아도 되는 것과 동일하다는 데 있다. 그러나 이는 그릇된 학설이라고 할 수 있다. 이에 관하여 두드러진 외국의 입법례를 들어 증명하면, 곧 위에 서술한 일본 신민법 제548조 제2항과 같은 것이다. 이는 원래 해제조건의 경우가 아니지만 극히 유사한 것으로 당사자가 해제권을 가진 경우이다. 곧 해제조건을 붙인 경우는, 가령 만일 어떤 기간 내에 어떤 사람이 사망한 때에는 계약은 해제된 것으로 보는 것과 같고, 해제권을 가진 경우는 가령 어떤 기간 내에 어떤 사람이 사망한 때에는 당사자 일방은 그 계약을 해제할 수 있다는 것이다. 둘째 경우는

觀察의如何를因ᄒᆞ야同一히解除條件이라云ᄒᆞᆷ을不得ᄒᆞᆷ은아니로대通常此를解除條件이라云치아니ᄒᆞᄂᆞᆫ바ㅣ오만일如此ᄒᆞᆫ境遇가發生ᄒᆞᆯ진대解除ᄂᆞᆫ物의滅失됨을因ᄒᆞ야此를行ᄒᆞᆷ을不得ᄒᆞᆫ다云ᄒᆞᆷ이不可ᄒᆞᄂᆞ니要ᄒᆞ건대解除條件을附ᄒᆞᆫ雙務契約에在ᄒᆞ야ᄂᆞᆫ條件成就前에物의滅失은買主의損失에歸치아니ᄒᆞ고賣主의損失에歸ᄒᆞᆷ이可ᄒᆞᆫ者ㅣ라即其狀態ᄂᆞᆫ日本新民法第五百三十四條危險問題에關ᄒᆞᆫ境遇와結局同一ᄒᆞ고解除條件이成就ᄒᆞᆷ에因ᄒᆞ야物의債權者됨이可ᄒᆞᆫ者가損失을負擔ᄒᆞᄂᆞ니是即雙務契約의効力으로債權者된者ㅣ아닌故로同法第五百三十四條危險負擔에關ᄒᆞᆫ原則의規定을適用ᄒᆞ기不能호대其結果ᄂᆞᆫ同一ᄒᆞᆷ에歸着ᄒᆞᆷ이라可謂ᄒᆞᆯ바ㅣ라

上述ᄒᆞᆫ바로써特定物을目的ᄒᆞᄂᆞᆫ雙務契約에關ᄒᆞᆫ危險問題의說明을終了ᄒᆞᆫ지라純然ᄒᆞᆫ危險問題ᄂᆞᆫ此以外에無ᄒᆞ나然이나不特定物又ᄂᆞᆫ作爲、不作爲를目的ᄒᆞᄂᆞᆫ契約에在ᄒᆞ야履行不能으로브터生ᄒᆞᆫ損失은何人이負擔ᄒᆞᆷ이可ᄒᆞᆯ가云ᄒᆞᆷ은同一ᄒᆞᆫ性質의問題됨으로玆에此를并ᄒᆞ야論述코ᄌᆞᄒᆞ노라（危險問題란文字를擴充ᄒᆞ야此境遇에用ᄒᆞ야도不可ᄒᆞᆷ이無ᄒᆞᆷ）

어떻게 보는지에 따라 마찬가지로 해제조건이라고 말하지 못할 것은 아니지만 통상 해제조건이라고 하지는 않는다. 만일 이와 같은 경우가 발생한다면 물건이 멸실됨으로 인하여 해제하지 못한다고 할 수는 없다. 요컨대 해제조건을 붙인 쌍무계약에서는 조건 성취 전 물건 멸실은 매수인의 손실이 되지 않고 매도인의 손실이 되는 것이 마땅하다. 곧 그 상태는 일본 신민법 제534조 위험부담 문제에 관한 경우와 결국 동일하고, 해제조건이 성취됨에 따라 물건의 채권자가 될 수 있는 사람이 손실을 부담한다. 이는 곧 쌍무계약의 효력으로 채권자가 된 것이 아니므로 같은 법 제534조 위험부담에 관한 원칙 규정을 적용할 수 없지만, 그 결과는 동일하게 된다고 할 수 있다.

위에 서술한 것으로 특정물을 목적으로 하는 쌍무계약에 관한 위험부담 문제의 원칙에 대한 설명을 마쳤다. 순전한 위험부담 문제는 이것 외에는 없다. 그러나 불특정물 또는 작위, 부작위를 목적으로 하는 계약에서 이행불능으로부터 발생한 손실은 누가 부담하여야 하는지는 동일한 성질의 문제이다. 그러므로 여기에 이를 아울러 논하고자 한다(위험부담 문제란 문자를 확장하여 이 경우에 써도 안 될 것이 없음).

不特定物을目的ᄒᆞᄂᆞᆫ境遇에在ᄒᆞ야ᄂᆞᆫ特定物境遇와如히危險負擔에關ᄒᆞᆫ原則을適用ᄒᆞᆷ을不得ᄒᆞᆷ은無疑ᄒᆞᆫ바ㅣ라何故오不特定物上에物權을設定ᄒᆞᄂᆞᆫ事ᄂᆞᆫ想像ᄒᆞ기不能ᄒᆞᆫ所以니故로不特定物의所有權移轉을目的ᄒᆞᄂᆞᆫ境遇에在ᄒᆞ야ᄂᆞᆫ先述ᄒᆞᆫ理由ᄂᆞᆫ一箇도適用ᄒᆞ기不能ᄒᆞᆫ바ㅣ라蓋米百石을買ᄒᆞ얏다云ᄒᆞᆯ진대米의時勢ᄂᆞᆫ時時로高下ᄒᆞᄂᆞᆫ者ㅣ니其騰貴ᄒᆞᆫ境遇에ᄂᆞᆫ買主의利益에歸ᄒᆞ고下落ᄒᆞᆫ境遇에ᄂᆞᆫ買主의損失에歸ᄒᆞᆷ은勿論이라然而米全體가滅失ᄒᆞᆷ은絶無ᄒᆞᄂᆞ니縱令債務者가現實이自己의倉庫에貯藏ᄒᆞᆫ米ᄅᆞᆯ傳受코ᄌᆞᄒᆞᄂᆞᆫ境遇에其米가傳授ᄒᆞᆯ期日前에火災에因ᄒᆞ야燒失ᄒᆞ거나或은洪水에因ᄒᆞ야流失ᄒᆞ야도賣主ᄂᆞᆫ同種類의米百石을求ᄒᆞ야買主의게傳授치아니ᄒᆞᆷ이不可ᄒᆞᆫ바ㅣ라或은買主의게傳授코ᄌᆞᄒᆞᆯ時에米의滅失ᄒᆞᆷ을因ᄒᆞ야傳授치아니ᄒᆞᆷ이可ᄒᆞ다云ᄒᆞᄂᆞᆫ지라然이나此境遇에在ᄒᆞ야ᄂᆞᆫ單히米百石或은或種類의米百石이라云ᄒᆞᆫ故로債務者의現有ᄒᆞᆫ物이全部滅失ᄒᆞ야도他處로브터更求ᄒᆞ야傳授ᄒᆞᄂᆞᆫ時ᄂᆞᆫ代金을受取ᄒᆞᆯ權利가有호대만일此ᄅᆞᆯ傳授치아니ᄒᆞᄂᆞᆫ時ᄂᆞᆫ代金을受取ᄒᆞᆷ을不得ᄒᆞᄂᆞ니故로此境遇에在ᄒᆞ야ᄂᆞᆫ純然ᄒᆞᆫ危險問題ᄅᆞᆯ生ᄒᆞᄂᆞᆫ事ㅣ無ᄒᆞᆫ바ㅣ라蓋債務者ᄂᆞᆫ

불특정물을 목적으로 하는 경우에는 특정물의 경우와 같이 위험부담에 관한 원칙을 적용하지 못함은 의문이 없다. 왜냐하면 불특정물 위에 물권을 설정하는 것은 상상할 수 없기 때문이다. 그러므로 불특정물의 소유권 이전을 목적으로 하는 경우에는 앞서 서술한 이유는 하나도 적용할 수 없는 것이다. 대개 쌀 백 섬을 샀다고 하면 쌀의 시세는 때때로 높아지고 낮아지는 것이어서, 쌀값이 오른 경우에는 매수인의 이익이 되고 하락한 경우에는 매수인의 손실이 됨은 물론이다. 그런데 쌀 전체가 멸실되는 경우는 절대로 없다. 따라서 설령 채무자가 현실로 자기 창고에 저장된 쌀을 인도하고자 할 경우에 그 쌀이 인도할 기일 전에 화재로 인하여 소실되거나 홍수로 인하여 유실되더라도, 매도인은 같은 종류의 쌀 백 섬을 구하여 매수인에게 인도하여야 하는 것이다. 더러는 매수인에게 인도하고자 할 때에 쌀이 멸실됨으로 인하여 인도하지 않아도 된다고 말한다. 그러나 이 경우에는 단순히 쌀 백 섬, 또는 어떤 종류의 쌀 백 섬이라고 말한 것이므로 채무자가 현재 가진 물건이 전부 멸실되더라도 다른 곳에서 다시 구하여 인도하는 때에는 대금을 수령할 권리가 있다. 그렇지만 만일 이를 인도하지 않는 때에는 대금을 수령하지 못한다. 그러므로 이 경우에는 순전한 위험부담 문제를 발생시킬 일이 없다. 일반적으로 채무자는

其倉庫에貯藏ᄒᆞᆫ米를傳授코져ᄒᆞ야도是ᄂᆞᆫ毫末도債權者의利益이되지아니ᄒᆞᄂᆞ니만일其米의價格이特히增加ᄒᆞᆫ時ᄂᆞᆫ他同質의米를傳授ᄒᆞ야도可ᄒᆞᆫ바ㅣ오且動植物에就ᄒᆞ야도其適用이有ᄒᆞ니假令或條件을具ᄒᆞᆫ植木何株를傳授ᄒᆞᆫ다云ᄒᆞᆫ境遇에在ᄒᆞ야最初에自己의庭園內에在ᄒᆞᆫ者를給與ᄒᆞᆯ意思가有ᄒᆞ야도其植木이成長ᄒᆞ야良好ᄒᆞᆫ者ㅣ된時ᄂᆞᆫ此를變更ᄒᆞ야他處로브터同種의株를求ᄒᆞ야傳授ᄒᆞ야無妨ᄒᆞᆫ故로債權者ᄂᆞᆫ其物에因ᄒᆞ야利益을受ᄒᆞᆷ이毫無ᄒᆞᄂᆞ니因ᄒᆞ야縱令其物이滅失ᄒᆞ야도債務者ᄂᆞᆫ給付의義務를免ᄒᆞᆷ을不得ᄒᆞᄂᆞᆫ바ㅣ라

尙且不特定物傳授에就ᄒᆞ야一個問題되ᄂᆞᆫ者ㅣ有ᄒᆞ니假令或倉庫에在ᄒᆞᆫ米千石中에百石을傳授ᄒᆞᆯ境遇에在ᄒᆞ야其傳授前에千石米가全滅ᄒᆞᆫ時ᄂᆞᆫ如何ᄒᆞᆫ結果가生ᄒᆞᆯ가云ᄒᆞᆷ이是라此를左에略說코ᄌᆞᄒᆞ노라

此에關ᄒᆞ야或學者ᄂᆞᆫ不特定物을目的ᄒᆞᄂᆞᆫ者ㅣ아니오特定物을目的ᄒᆞᄂᆞᆫ者ㅣ라論ᄒᆞ나是ᄂᆞᆫ極히誤謬ᄒᆞᆫ學說이니凡不特定物이라稱ᄒᆞᆷ은恒常或數量中一部分으로視ᄒᆞᆷ이可ᄒᆞᆫ바ㅣ라危險問題에就ᄒᆞ야言ᄒᆞᆯ진대此境遇에關ᄒᆞ야ᄂᆞᆫ彼特定物에關ᄒᆞᆫ物權의移轉又ᄂᆞᆫ設定等境遇와其趣가全異ᄒᆞᄂᆞ니特定物上에存在

그 창고에 저장된 쌀을 인도하고자 하여도 이는 털끝만큼도 채권자의 이익이 되지 않는다. 만일 그 쌀의 가치가 특별히 증가한 때에는 같은 품질의 다른 쌀을 인도하여도 되는 것이다. 또 동식물에 대하여도 적용된다. 가령 어떤 조건을 갖춘 나무 몇 그루를 인도한다고 하는 경우 처음에 자기 정원 내에 있는 것을 줄 의사가 있더라도, 그 나무가 성장하여 좋은 것이 된 때에는 이를 변경하여 다른 곳에서 같은 종류의 나무를 구하여 인도하여도 무방하다. 그러므로 채권자는 그 물건에 따라 이익을 받는 일이 털끝만큼도 없고, 따라서 설령 그 물건이 멸실되더라도 채무자는 급부할 의무를 면하지 못하는 것이다.

또 불특정물 인도에 대하여 문제되는 것이 하나 있다. 가령 어떤 창고에 있는 쌀 천 섬 가운데 백 섬을 인도할 경우에, 그 인도 전에 천 섬이 모두 멸실된 때에는 어떠한 결과가 생기는가 하는 것이다. 이를 아래에 간략히 설명하고자 한다.

이에 관하여 어떤 학자는 불특정물을 목적으로 하는 것이 아니고 특정물을 목적으로 하는 것이라고 논한다. 그러나 이는 극히 잘못된 학설이다. 일반적으로 불특정물이라 일컫는 것은 항상 어떤 수량 가운데 일부분으로 보아야 마땅하다. 위험부담 문제에 대하여 말하면, 이 경우에 관하여는 저 특정물에 관한 물권의 이전 또는 설정 등의 경우와 그 취지가 전혀 다르다. 특정물 위에 존재

ᄒᆞᆫ物權을目的ᄒᆞᄂᆞᆫ雙務契約에在ᄒᆞ야危險이債權者卽物의傳授ᄅᆞᆯ受ᄒᆞᆯ者에危險이在ᄒᆞ다云ᄒᆞᆷ은無他라物이確定ᄒᆞᆫ時에債權者ᄂᆞᆫ其價格의增減에因ᄒᆞ야損益을受ᄒᆞᆷ이勿論이니物이有形上增加ᄒᆞᆫ時ᄂᆞᆫ其利益을受ᄒᆞ고減少ᄒᆞᆫ時ᄂᆞᆫ損失을受ᄒᆞᆷ이可ᄒᆞᆫ지라故로物全體가滅失ᄒᆞᆫ時도同一히損失을負擔치아니ᄒᆞᆷ이不可호대不特定物境遇에在ᄒᆞ야ᄂᆞᆫ如此ᄒᆞᆫ原則을適用ᄒᆞᄂᆞᆫ事ㅣ無ᄒᆞᄂᆞ니假令米와如ᄒᆞᆷ은事實上其數量이自然增加ᄒᆞᆷ은殆稀호대時或倉庫內에在ᄒᆞᆫ米百石을給付ᄒᆞᆯ境遇에石數가增加ᄒᆞ야百石에超過ᄒᆞᆷ이有ᄒᆞᆯ지니如斯ᄒᆞᆫ境遇에ᄂᆞᆫ傳授時에其增加ᄒᆞᆫ部分을除ᄒᆞ고單히百石만傳授ᄒᆞ면足ᄒᆞ고又假令犬十頭ᄅᆞᆯ飼養ᄒᆞᄂᆞᆫ者가其中二頭ᄅᆞᆯ給付ᄒᆞᆷ을約束ᄒᆞ고一頭의代價ᄅᆞᆯ五十圜으로定ᄒᆞᆫ時에其犬이生子ᄒᆞ야其數가增加ᄒᆞ야도其中의二頭ᄅᆞᆯ傳授ᄒᆞ면足ᄒᆞ고其子ᄅᆞᆯ倂ᄒᆞ야傳授ᄒᆞᆷ은想像ᄒᆞ기不能ᄒᆞᆫ바ㅣ라然이나만일其犬이特定物되ᄂᆞᆫ時ᄂᆞᆫ其子ᄅᆞᆯ傳授치아니ᄒᆞᆷ이不可ᄒᆞᄂᆞ니是로由ᄒᆞ야觀ᄒᆞᆯ진대債權者ᄂᆞᆫ其增加에因ᄒᆞ야利益을受치못ᄒᆞᄂᆞᆫ故로其減少에就ᄒᆞ야도損失을受치아니ᄒᆞᄂᆞᆫ바ㅣ라假令現在十頭ᄅᆞᆯ飼養ᄒᆞ야其中의二頭ᄅᆞᆯ給與ᄒᆞᆷ으로約束ᄒᆞᆫ境遇에流行病에因ᄒᆞ야九頭가

한 물권을 목적으로 하는 쌍무계약에서 위험이 채권자, 곧 물건의 인도를 받을 사람에게 있다는 것은 다른 것이 아니다. 물건이 확정된 때에 채권자는 그 가치의 증감에 따라 손익을 받음이 물론이므로, 물건이 유형상 증가된 때에는 그 이익을 받고 감소된 때에는 손실을 받음이 마땅한 것이다. 그러므로 물건 전체가 멸실된 때에도 마찬가지로 손실을 부담하여야 한다. 그런데 불특정물의 경우에는 이와 같은 원칙을 적용할 일이 없다. 가령 쌀 같은 것은 사실상 그 수량이 자연히 증가할 일이 거의 없는데, 때로는 창고 안에 있는 쌀 백 섬을 급부할 경우에 그 섬 수가 증가하여 백 섬을 초과할 수도 있다. 이러한 경우에는 인도시에 그 증가된 부분을 제외하고 다만 백 섬만 인도하면 충분하다. 또 가령 개 열 마리를 키우는 사람이 그 중 두 마리를 급부할 것을 약속하고 한 마리의 대가를 50원으로 정한 때에, 그 개가 새끼를 낳아 마릿수가 증가하여도 그 가운데 두 마리를 인도하면 충분하고 강아지까지 한꺼번에 인도하는 경우는 상상할 수 없는 것이다. 그러나 만일 그 개가 특정물인 때에는 강아지를 인도하여야 한다. 이로부터 보면 채권자는 그 증가에 따라 이익을 받지 못하므로 그 감소에 대하여도 손실을 받지 않는 것이다. 가령 현재 열 마리를 키우는데 그 가운데 두 마리를 주기로 약속한 경우에, 전염병으로 인하여 아홉 마리가

病斃ᄒᆞ고 一頭가殘餘ᄒᆞᆫ時에 一頭ᄅᆞᆯ傳授ᄒᆞ고二頭에對ᄒᆞᆫ代金을受取ᄒᆞᆷ을不得ᄒᆞᄂᆞ니因ᄒᆞ야全部滅失ᄒᆞᆫ境遇에在ᄒᆞ야도賣主가其代金을請求ᄒᆞᆷ을不得ᄒᆞᆯ지니是ᄂᆞᆫ毫末도容疑ᄒᆞᆯ바ㅣ無ᄒᆞᆫ故로如此ᄒᆞᆫ境遇ᄂᆞᆫ不特定物을目的ᄒᆞᄂᆞᆫ雙務契約이라云치아니ᄒᆞᆷ이不可ᄒᆞᆫ바ㅣ라

以上은不特定物을目的ᄒᆞᄂᆞᆫ雙務契約에關ᄒᆞᆫ說明이로대以下에畧述코ᄌᆞᄒᆞᄂᆞᆫ바作爲。不作爲ᄅᆞᆯ目的ᄒᆞᄂᆞᆫ契約에在ᄒᆞ야도危險이債權者에在ᄒᆞᆫ事ㅣ斷無ᄒᆞᆫ바ㅣ니此에關ᄒᆞ야日本新民法第五百三十六條第一項에「前二條에揭ᄒᆞᆫ境遇ᄅᆞᆯ除ᄒᆞᆫ外에物이當事者雙方에歸責지못ᄒᆞᆯ事由에因ᄒᆞ야債務ᄅᆞᆯ履行ᄒᆞ기不能ᄒᆞᆷ에至ᄒᆞᆫ時ᄂᆞᆫ債務者ᄂᆞᆫ反對給付ᄅᆞᆯ受ᄒᆞᆯ權利ᄅᆞᆯ有치못ᄒᆞᆷ」이라規定ᄒᆞ얏시니假令畵工이繪畵ᄅᆞᆯ描寫ᄒᆞᆯ契約을締結ᄒᆞᆫ境遇에負傷ᄒᆞᆷ을因ᄒᆞ야此ᄅᆞᆯ描寫ᄒᆞ기不能ᄒᆞᆷ에至ᄒᆞᆫ時ᄂᆞᆫ相對者가報酬ᄅᆞᆯ支撥ᄒᆞᆷ을不要ᄒᆞᆷ은明白ᄒᆞᆫ바ㅣ라

唯此에注意ᄒᆞᆷ이可ᄒᆞᆫ者ㅣ有ᄒᆞ니第一은契約의性質이分割ᄒᆞ야履行ᄒᆞᆷ을可得ᄒᆞᆯ者로其分割ᄒᆞᆫ部分에就ᄒᆞ야反對給付ᄅᆞᆯ受ᄒᆞᆯ權利가有ᄒᆞᆫ者卽契約의目的된行爲全部ᄅᆞᆯ數個에分割ᄒᆞ야各其部分에對ᄒᆞ야反對給付ᄅᆞᆯ受ᄒᆞᆯ性質이有ᄒᆞᆫ者

폐사하고 한 마리가 남은 때에, 한 마리를 인도하고 두 마리에 대한 대금을 수령하지 못한다. 따라서 전부 멸실된 경우에도 매도인이 그 대금을 청구하지 못할 것인데, 이는 털끝만큼도 의문이 없다. 그러므로 이와 같은 경우에는 불특정물을 목적으로 하는 쌍무계약이라고 하지 않을 수 없다.

이상은 불특정물을 목적으로 하는 쌍무계약에 관한 설명이다. 이하에 간략히 서술하고자 하는 작위, 부작위를 목적으로 하는 계약에서도 위험이 채권자에게 있는 일이 결단코 없다. 이에 관하여 일본 신민법 제536조 제1항은 "전2조에 적은 경우를 제외하고 물건이 당사자 쌍방의 책임 없는 사유로 인하여 채무를 이행할 수 없게 된 때에는 채무자는 반대급부를 받을 권리를 갖지 못함"이라고 규정하였다. 가령 화가가 그림을 그리는 계약을 체결한 경우에 부상으로 인하여 그림을 그릴 수 없게 된 때에는 상대방이 보수를 지급할 필요가 없음은 명백하다.

다만 여기에 주의하여야 할 것이 있다. 첫째는 계약의 성질이 분할하여 이행할 수 있는 것으로 그 분할된 부분에 대하여 반대급부를 받을 권리가 있는 것, 곧 계약의 목적인 행위 전부를 여러 개로 분할하여 각 그 부분에 대하여 반대급부를 받을 성질이 있는 것

ㅣ니假令或人이三年間他人을爲ᄒᆞ야勞務를供ᄒᆞ고此에對ᄒᆞ야每月五圓或은十圓의報酬를受홈을約ᄒᆞᆫ境遇에在ᄒᆞ야ᄂᆞᆫ特別ᄒᆞᆫ意思表示가無ᄒᆞᆫ以上은三年間의勞務를一括ᄒᆞ야觀察ᄒᆞᆫ者ㅣ아니오其代價된報酬와共이各月에分割ᄒᆞ야觀察ᄒᆞᆫ者ㅣ니不然즉寧히多數境遇에在ᄒᆞ야當事者의意思ᄂᆞᆫ每日의勞務를分割ᄒᆞᆫ者로推測홈이可ᄒᆞᆫ지라故로半途에勞務者가疾病에罹ᄒᆞ야勞務에服ᄒᆞ기不能ᄒᆞ거나又ᄂᆞᆫ死亡홈을因ᄒᆞ야其契約을履行홈을不得홈에至ᄒᆞᆫ時ᄂᆞᆫ其疾病에罹ᄒᆞᆫ日又ᄂᆞᆫ死亡ᄒᆞᆫ日ᄭᆞ지日計로ᄡᅥ給料를與홈이適當ᄒᆞᆯ바ㅣ오此境遇에在ᄒᆞ야旣히履行ᄒᆞᆫ部分에就ᄒᆞ야危險이何處에在ᄒᆞᆫ가云ᄒᆞᄂᆞᆫ問題가不生ᄒᆞᄂᆞ니是即各當事者가其得코ᄌᆞᄒᆞᄂᆞᆫ바利益을得ᄒᆞᆫ者ㅣ오將來의部分에就ᄒᆞ야ᄂᆞᆫ結局債務者即勞務에服ᄒᆞᆯ債務를負ᄒᆞᆫ者의損失에歸홈이可ᄒᆞᆫ바ㅣ라是ᄂᆞᆫ元來當然ᄒᆞᆫ事ㅣ오又此와類似ᄒᆞᆫ者ㅣ有ᄒᆞ니假令賃貸借도亦賃貸人의行爲를目的ᄒᆞ야賃貸人은物을使用케ᄒᆞᄂᆞᆫ義務를負ᄒᆞᆫ바ㅣ라然而實際에在ᄒᆞ야ᄂᆞᆫ其物을傳授ᄒᆞ고任意로使用케ᄒᆞ면足호대契約의性質은右와如ᄒᆞ니然즉其賃貸物이火災에因ᄒᆞ야燒失ᄒᆞᆫ時ᄂᆞᆫ將來에此를使用홈을不得ᄒᆞ고因ᄒᆞ야賃貸人은使用케

이다. 가령 어떤 사람이 3년간 타인을 위하여 노무를 제공하고 이에 대하여 매년 5원 또는 10원의 보수를 받을 것을 약정한 경우에는, 특별한 의사표시가 없는 이상 3년간의 노무를 일괄하여 본 것이 아니라 그 대가인 보수와 함께 다달이 분할하여 본 것이다. 그렇지 않으면 오히려 많은 경우 당사자의 의사는 나날이 노무를 분할한 것으로 추측함이 마땅하다. 그러므로 중도에 근로자가 질병에 걸려 근로에 종사할 수 없거나 사망함에 따라 그 계약을 이행하지 못하게 된 때에는 그 질병에 걸린 날, 또는 사망한 날까지의 합계로 급료를 주는 것이 적절하다. 그리고 이 경우에 이미 이행한 부분에 대하여 위험이 어디에 있는가 하는 문제는 발생하지 않는다. 이는 곧 각 당사자가 얻고자 했던 이익을 얻은 것이고, 장래의 부분에 대하여는 결국 채무자, 곧 근로에 종사할 채무를 부담한 사람의 손실이 됨이 마땅하다. 이는 원래 당연한 것이다. 또 이와 유사한 것이 있다. 가령 임대차 또한 임대인의 행위를 목적으로 하여, 임대인은 물건을 사용하게 할 의무를 지는 것이다. 그런데 실제로는 그 물건을 인도하고 임의로 사용하게 하면 충분하지만 계약의 성질은 위와 같다. 그렇다면 임대목적물이 화재로 인하여 소실된 때에는 장래에는 이를 사용하지 못하고, 따라서 임대인은 사용하게

ᄒᆞᄂᆞᆫ義務를履行ᄒᆞᆷ을不得ᄒᆞᆯ지라此境遇에在ᄒᆞ야ᄂᆞᆫ特約이無ᄒᆞᆫ以上은日數를應ᄒᆞ야其物이滅失ᄒᆞᆫ日ᄭᆞ지借賃을支撥ᄒᆞ고其以後에借賃은支撥ᄒᆞᆷ을不要ᄒᆞᄂᆞ니即將來에向ᄒᆞ야ᄂᆞᆫ其損失은債務者即賃貸人의負擔에歸ᄒᆞᄂᆞᆫ故로賃貸人은物이滅失됨에不拘ᄒᆞ고借賃을受코ᄌᆞᄒᆞᆷ은不當ᄒᆞᆫ지라是ᄂᆞᆫ先述ᄒᆞᆫ바地上權及永小作權境遇에地代又小作料를支撥치아니ᄒᆞᆷ과同一ᄒᆞᆫ바ㅣ라

第二作爲、不作爲를目的ᄒᆞᄂᆞᆫ契約에就ᄒᆞ야債務者의責에可歸ᄒᆞᆯ事由에因ᄒᆞ야其履行不能이된時ᄂᆞᆫ危險問題를適用ᄒᆞᆷ을不得ᄒᆞᄂᆞ니債務者ᄂᆞᆫ假令自己의過失에因ᄒᆞ야不能이되야도亦履行ᄒᆞᆷ을不得ᄒᆞᄂᆞᆫ바ㅣ라然이나此와同時에反對給付를受ᄒᆞᆷ을不得ᄒᆞᆯᄲᅮᆫ아니라其不履行을因ᄒᆞ야相對者의게損害를加ᄒᆞᆫ時ᄂᆞᆫ此를賠償치아니ᄒᆞᆷ이不可ᄒᆞᄂᆞ니假令畵工이泥醉ᄒᆞᆫ結果로他人의게損害를加ᄒᆞᆫ時에其人의正當防衛에因ᄒᆞ야負傷ᄒᆞᆷ과如ᄒᆞᆷ은非常ᄒᆞᆫ過失이有ᄒᆞᆫ者ㅣ라故로畵工은契約相對者에對ᄒᆞ야損害를賠償치아니ᄒᆞᆷ이不可ᄒᆞ고又賃貸借境遇에在ᄒᆞ야도賃貸人이自己의過失에因ᄒᆞ야賃貸物이滅失ᄒᆞᆫ境遇에ᄂᆞᆫ(故意와過失을不問)다만將來의借賃을受ᄒᆞᆷ을不得ᄒᆞᆯᄲᅮᆫ아니라此를因ᄒᆞ야賃借人

할 의무를 이행하지 못할 것이다. 이 경우에는 특약이 없는 이상 일수에 따라 그 물건이 멸실된 날까지 차임을 지급하고 그 이후 차임은 지급할 필요가 없다. 곧 장래를 향하여는 그 손실은 채무자, 곧 임대인의 부담이 되는 것이다. 그러므로 임대인은 물건이 멸실되었음에도 불구하고 차임을 받고자 하면 부당하다. 이는 앞서 서술한 지상권 및 영소작권의 경우 지료 또는 소작료를 지급하지 않는 것과 마찬가지이다.

둘째, 작위, 부작위를 목적으로 하는 계약에 대하여 채무자의 책임 있는 사유로 인하여 이행불능이 된 때에는 위험부담 문제를 적용하지 못한다. 채무자는 가령 자기의 과실로 인하여 불능이 되어도 또한 이행할 수 없는 것이다. 그러나 이와 동시에 반대급부를 받지 못할 뿐 아니라 그 불이행으로 인하여 상대방에게 손해를 가한 때에는 이를 배상하여야 한다. 가령 화가가 술에 만취한 결과 타인에게 손해를 가한 때에 그 사람의 정당방위로 인하여 부상을 입은 것 같으면 대단히 큰 과실이 있는 것이다. 그러므로 화가는 계약상대방에 대하여 손해를 배상하여야 한다. 또 임대차의 경우에도 임대인의 자기 과실로 인하여 임대목적물이 멸실된 때에는(고의와 과실을 불문) 다만 장래의 차임을 받지 못할 뿐 아니라 이로 인하여 임차인이受ᄒᆞᆫ損害ᄅᆞᆯ賠償치아니ᄒᆞᆷ이不可ᄒᆞᄂᆞ니此等問題ᄂᆞᆫ危險負擔에關ᄒᆞᆫ問題가아니오債權의効力上當然히生ᄒᆞᄂᆞᆫ結果됨이라

第三、債權者의責에可歸ᄒᆞᆯ事由에因ᄒᆞ야履行不能이된境遇에就ᄒᆞ야ᄂᆞᆫ다만作爲ᄅᆞᆯ目的ᄒᆞᄂᆞᆫ契約이아니면實際에別로問題가生치아니ᄒᆞᄂᆞ니此에關ᄒᆞ야ᄂᆞᆫ日本新民法第五百三十六條第二項에「債權者의責에可歸ᄒᆞᆯ事由에因ᄒᆞ야履行키不能ᄒᆞᆷ에至ᄒᆞᆫ時ᄂᆞᆫ債務者ᄂᆞᆫ反對給付ᄅᆞᆯ受ᄒᆞᆯ權利ᄅᆞᆯ不失ᄒᆞᆷ但自己의債務ᄅᆞᆯ免ᄒᆞᆷ을因ᄒᆞ야利益을得ᄒᆞᆫ時ᄂᆞᆫ此ᄅᆞᆯ債權者의게償還ᄒᆞᆷ을要ᄒᆞᆷ」이라規定ᄒᆞᆫ바ㅣ라是ᄂᆞᆫ實際上에不特定物及不作爲ᄅᆞᆯ目的ᄒᆞᄂᆞᆫ契約에就ᄒᆞ야ᄂᆞᆫ其適用이無ᄒᆞᆫ故로다만作爲ᄅᆞᆯ目的ᄒᆞᄂᆞᆫ境遇에限ᄒᆞᄂᆞᆫ者ㅣ라可謂ᄒᆞᆯ바ㅣ라假令或畵工의게繪畵ᄅᆞᆯ描寫ᄒᆞᆷ을依賴ᄒᆞ고此에對ᄒᆞ야一定ᄒᆞᆫ謝金을支撥ᄒᆞᆷ을約束ᄒᆞᆫ境遇에在ᄒᆞ야依賴者가泥醉ᄒᆞᆫ結果로畵工을毆打ᄒᆞᆷ을因ᄒᆞ야負傷ᄒᆞᆫ時ᄂᆞᆫ此ᄅᆞᆯ描寫ᄒᆞ기不能ᄒᆞᆷ에至ᄒᆞᆯ지니然즉畵工은履行不能을因ᄒᆞ야其義務ᄅᆞᆯ免ᄒᆞᆷ을不拘ᄒᆞ고履行不能의原因은依賴者의行爲로出ᄒᆞᆫ者ㅣ라故로其治療費ᄂᆞᆫ別問題오約定ᄒᆞᆫ報酬ᄅᆞᆯ請求ᄒᆞᆷ을可得ᄒᆞᄂᆞᆫ바ㅣ라

이 받은 손해를 배상하여야 한다. 이들 문제는 위험부담에 관한 문제가 아니고 채권의 효력상 당연히 발생하는 결과이다.

셋째, 채권자의 책임 있는 사유로 인하여 이행불능이 된 경우에 대하여는 다만 작위를 목적으로 하는 계약이 아니면 실제로 별로 문제가 생기지 않는다. 이에 관하여는 일본 신민법 제536조 제2항에서 "채권자의 책임 있는 사유로 인하여 이행할 수 없게 된 때에는 채무자는 반대급부를 받을 권리를 잃지 않음. 그러나 자기의 채무를 면함으로 인하여 이익을 얻은 때에는 이를 채권자에게 상환하여야 함"이라고 규정한 것이다. 이는 실제로 불특정물 및 부작위를 목적으로 하는 계약에 대하여는 그 적용이 없다. 그러므로 다만 작위를 목적으로 하는 경우에 한하는 것이라고 할 것이다. 가령 어떤 화가에게 그림을 그려줄 것을 의뢰하고 이에 대하여 일정한 사례금을 지급하기로 약속한 경우에, 의뢰자가 만취한 결과 화가를 폭행하여 부상을 입힌 때에는 그림을 그릴 수 없게 된 것이다. 그렇다면 화가는 이행불능으로 인하여 그 의무를 면함에도 불구하고 이행불능의 원인은 의뢰자의 행위에서 나온 것이다. 그러므로 그 치료비는 별개의 문제이고 약정한 보수를 청구할 수 있는 것이다.

要ᄒᆞ건ᄃᆡ此等境遇에在ᄒᆞ야ᄂᆞᆫ債務者ᄂᆞᆫ反對給付ᄅᆞᆯ受ᄒᆞᆯ權利ᄅᆞᆯ不失ᄒᆞᄂᆞᆫ故로危險이債權者에在ᄒᆞ다云ᄒᆞᆷ과同一ᄒᆞᆫ結果가生ᄒᆞᄂᆞᆫ바ㅣ라然이나債務者ᄂᆞᆫ其義務ᄅᆞᆯ履行치아니ᄒᆞᆷ을不拘ᄒᆞ고反對給付ᄅᆞᆯ受ᄒᆞᄂᆞᆫ者ㅣ라故로此ᄅᆞᆯ因ᄒᆞ야利益을受ᄒᆞᆫ時ᄂᆞᆫ是ᄂᆞᆫ卽不當利得이니因ᄒᆞ야此ᄅᆞᆯ債務者의게返還치아니ᄒᆞᆷ이不可ᄒᆞᆫ바ㅣ라假令畵工이繪絹을購買ᄒᆞᆫ境遇에在ᄒᆞ야ᄂᆞᆫ謝金中에ᄂᆞᆫ其繪絹의代價가包含ᄒᆞᆫ故로其代價ᄂᆞᆫ依賴者의게返還치아니ᄒᆞᆷ이不可ᄒᆞ고此ᄅᆞᆯ購買치아니ᄒᆞᆫ境遇에도亦同一ᄒᆞᆫ바ㅣ라

第三章　契約의解除

本章에論述코ᄌᆞᄒᆞᄂᆞᆫ바ᄂᆞᆫ契約解除에關ᄒᆞᆫ總境遇가아니니假令解除條件이成就ᄒᆞᆷ에因ᄒᆞ야契約이解除되ᄂᆞᆫ境遇와如ᄒᆞᆷ은條件効力의適用에不過ᄒᆞᆫ故로是ᄂᆞᆫ民法總則編範圍에屬ᄒᆞᆫ바ㅣ오此에論述코ᄌᆞᄒᆞᄂᆞᆫ解除ᄂᆞᆫ解除權行使에因ᄒᆞ야契約을解除ᄒᆞᄂᆞᆫ境遇ᄲᅮᆫ이니故로解除權이라題ᄒᆞ야도亦可ᄒᆞᆫ바ㅣ라此解除權은或은契約에因ᄒᆞ야生ᄒᆞᆷ이有ᄒᆞ니卽契約을締結ᄒᆞᆯ際에此에附加ᄒᆞ야만일或事實이發生ᄒᆞᄂᆞᆫ時ᄂᆞᆫ當事者一方은契約을解除ᄒᆞᆷ을得ᄒᆞᆯ旨意ᄅᆞᆯ定ᄒᆞ거나或

요컨대 이들 경우에는 채무자는 반대급부를 받을 권리를 잃지 않는다. 그러므로 위험이 채권자에게 있다고 하는 것과 동일한 결과가 생기는 것이다. 그러나 채무자는 그 의무를 이행하지 않았음에도 불구하고 반대급부를 받는 것이다. 그러므로 이에 따라 이익을 얻은 때에는 이는 곧 부당이득으로, 따라서 이를 채무자에게 반환하여야 하는 것이다. 가령 화가가 그림을 그릴 비단을 구매한 경우에는 사례금 중에는 그 비단의 대가가 포함되어 있으므로 그 대가는 의뢰자에게 반환하여야 하고, 이를 구매하지 않은 경우 또한 마찬가지이다.

제3장 계약의 해제

이 장에서 논하고자 하는 바는 계약의 해제에 관한 모든 경우가 아니다. 가령 해제조건이 성취됨에 따라 계약이 해제되는 경우 같으면 조건의 효력이 적용되는 데 불과하다. 그러므로 이는 민법총칙편의 범위에 속한다. 여기서 논하고자 하는 해제는 해제권 행사로 인하여 계약을 해제하는 경우뿐이다. 그러므로 해제권이라고 표제를 붙여도 되는 것이다. 이 해제권은 더러는 계약에 따라 생기는 경우가 있다. 곧 계약을 체결할 때에 이에 부가하여 만일 어떤 사실이 발생하는 때에는 당사자 일방은 계약을 해제할 수 있다는 취지를 정하거나, 또은何等의境遇를明示치아니ᄒᆞ고다만其契約은何時든지一方의意思를因ᄒᆞ야解除홈을得홀旨意를定ᄒᆞᄂᆞᆫ等이是오又契約에ᄂᆞᆫ何等의意思表示가無ᄒᆞ야도法律規定을因ᄒᆞ야解除權이生ᄒᆞᄂᆞᆫ境遇가有ᄒᆞᆫ지라其最히頻繁ᄒᆞᆫ者ᄂᆞᆫ不履行에因ᄒᆞᆫ解除니卽當事者의一方이其義務를履行치아니ᄒᆞᄂᆞᆫ時ᄂᆞᆫ相對者의意思에만因ᄒᆞ야其契約을解除홈을得홈이是라

第一節 解除의方法

解除의方法은契約으로브터生ᄒᆞᆫ解除權에在ᄒᆞ야ᄂᆞᆫ契約으로써如何히定ᄒᆞ든지可ᄒᆞᆫ바ㅣ라假令或時期가到來ᄒᆞᆫ時ᄂᆞᆫ當事者의一方或은雙方이當然히契約을解除ᄒᆞᆫ者로看做홈이라定홈과如홈은屢屢히見ᄒᆞᄂᆞᆫ바ㅣ오何日ᄭᆞ지履行이無ᄒᆞᆫ時ᄂᆞᆫ契約을解除ᄒᆞᆫ者로看做홀가云홈과如ᄒᆞᆫ特約은極히頻繁히行ᄒᆞᄂᆞᆫ者ㅣ라其他不履行以外의境遇에도或不確定ᄒᆞᆫ事實의到來를因ᄒᆞ야當然히解除ᄒᆞᆫ者로看做홈이有호ᄃᆡ唯此境遇에在ᄒᆞ야ᄂᆞᆫ果然解除權의行使될가將又解除條件될가云ᄒᆞᄂᆞᆫ問題가生ᄒᆞᄂᆞᆫ바ㅣ라是ᄂᆞᆫ當事者意思에因ᄒᆞ야如何히觀察ᄒᆞ든지不可홈이無홀지로ᄃᆡ余의信ᄒᆞᄂᆞᆫ바에依홀진ᄃᆡ多數ᄂᆞᆫ解除條件되ᄂᆞᆫ바ㅣ

는 어떠한 경우도 명시하지 않고 다만 그 계약은 언제든지 일방의 의사에 따라 해제할 수 있다는 취지를 정하는 등이 그것이다. 또 계약에는 어떠한 의사표시가 없어도 법률 규정에 따라 해제권이 생기는 경우가 있다. 그 가운데 가장 빈번한 것은 불이행으로 인한 해제이다. 곧 당사자 일방이 그 의무를 이행하지 않은 때에는 상대방의 의사만에 따라 그 계약을 해제할 수 있는 것이다.

제1절 해제의 방법

해제의 방법은 계약으로부터 발생한 해제권에서는 계약으로 어떻게 정하여도 된다. 가령 어느 시기가 도래한 때에는 당사자 일방 또는 쌍방이 당연히 계약을 해제한 것으로 간주한다고 정하는 것 같은 경우는 누누이 보이는 바이다. 그리고 어느 날까지 이행이 없는 때에는 계약을 해제한 것으로 간주할지 하는 것과 같은 특약은 극히 빈번히 이루어지는 것이다. 그밖에 불이행 이외의 경우에도 어떤 불확정적인 사실의 도래로 인하여 당연히 해제된 것으로 간주하는 경우가 있다. 다만 이 경우에는 과연 해제권의 행사인가, 아니면 해제조건인가 하는 문제가 생긴다. 이는 당사자의 의사에 따라 어떻게 보든 안 될 것이 없다. 내가 생각하는 바에 따르면 많은 경우 해제조건이

오다만不履行에因ᄒᆞᆫ解除境遇에在ᄒᆞ야ᄂᆞᆫ法律에當然히契約을解除ᄒᆞᄂᆞᆫ境遇ᄅᆞᆯ認ᄒᆞᆷ이有ᄒᆞ되是ᄂᆞᆫ解除條件이아니오法律規定에依ᄒᆞ야解除케ᄒᆞᄂᆞᆫ者ㅣ니此ᄅᆞᆯ因ᄒᆞ야利益을受ᄒᆞᄂᆞᆫ者ᄂᆞᆫ一種의解除權을有ᄒᆞᆷ이라云ᄒᆞ야도可ᄒᆞᆫ바ㅣ라是ᄂᆞᆫ第一에當然解除主義라云ᄒᆞᄂᆞᆫ者ㅣ오第二ᄂᆞᆫ法廷解除主義ㅣ니即裁判所에서解除의宣告ᄅᆞᆯ受치아니ᄒᆞᆷ이不可ᄒᆞᆫ者ㅣ是라換言ᄒᆞ면裁判所에請求ᄒᆞ야契約의解除ᄅᆞᆯ行ᄒᆞᆷ에在ᄒᆞ니法國民法及日本舊民法은此主義ᄅᆞᆯ採用ᄒᆞᆫ바ㅣ라今에其理由ᄅᆞᆯ按ᄒᆞᆯ진ᄃᆡ當事者의一方이不履行의責이有ᄒᆞ야도其事情이可憐ᄒᆞᆫ境遇가不無ᄒᆞᄂᆞ니如此ᄒᆞᆫ境遇에在ᄒᆞ야ᄂᆞᆫ裁判所에서特히期間을與ᄒᆞ야其期間內에履行치아니ᄒᆞᄂᆞᆫ時ᄂᆞᆫ解除케ᄒᆞᆯ意로宣告ᄒᆞᆷ을可得ᄒᆞᆫ다云ᄒᆞᆷ에在ᄒᆞᆫ바ㅣ라故로法法系에屬ᄒᆞᆫ國에在ᄒᆞ야ᄂᆞᆫ此種規定을置ᄒᆞᆫ者ㅣ多數오第三은意思表示主義니當事者의一方이解除의意思ᄅᆞᆯ表示ᄒᆞᆷ에因ᄒᆞ야解除가成立ᄒᆞᄂᆞᆫ者ㅣ라日本新民法은此主義ᄅᆞᆯ採用ᄒᆞ고獨逸도亦然ᄒᆞᆫ바ㅣ라

以上三主義ᄂᆞᆫ各各利害가有ᄒᆞᆫ故로立法論으로ᄂᆞᆫ頗히研究ᄒᆞᆯ必要가有ᄒᆞᆫ者ㅣ라第一主義ᄅᆞᆯ依ᄒᆞᆯ진ᄃᆡ不履行의境遇에在ᄒᆞ야ᄂᆞᆫ一定ᄒᆞᆫ期日에至ᄒᆞ기ᄭᆞ지履

다. 다만 불이행으로 인한 해제의 경우에는 법률에 당연히 계약을 해제하는 경우를 인정할 수 있는데, 이는 해제조건이 아니고 법률 규정에 의하여 해제하게 하는 것이다. 따라서 이로 인하여 이익을 받는 사람은 일종의 해제권을 가진다고 하여도 되는 것이다. 이는 첫째 당연해제주의라고 말하는 것이다. 둘째는 법정해제주의(法廷解除主義)이다. 곧 재판소에서 해제의 선고를 받아야 하는 것이다. 바꾸어 말하면 재판소에 청구하여 계약을 해제하는 데 있다. 프랑스 민법 및 일본 구민법은 이 태도를 취하였다. 이제 그 이유를 살피면, 당사자 일방이 불이행책임을 져도 그 사정이 딱한 경우가 없지 않다. 이와 같은 경우에는 재판소에서 특별히 기간을 주어 그 기간 내에 이행하지 않는 때에는 해제하게 하는 취지로 선고할 수 있다는 데 있다. 그러므로 프랑스법계에 속한 나라에서는 이러한 규정을 둔 경우가 많다. 셋째는 의사표시주의이다. 당사자 일방이 해제의 의사를 표시함으로 인하여 해제가 성립하는 것이다. 일본 신민법은 이 태도를 취하였고 독일 또한 그러하다.

이상 세 가지 입법주의는 각각 장단점이 있으므로 입법론으로는 자못 연구할 필요가 있다. 첫째 태도에 따르면 불이행의 경우에는 일정한 기일이 될 때까지 이

行치아니ᄒᆞᆷ에不拘ᄒᆞ고期日이過ᄒᆞ야도尙且履行치아니ᄒᆞᄂᆞᆫ時ᄂᆞᆫ嚴格ᄒᆞᆫ理論을依ᄒᆞᆯ진ᄃᆡ契約은最初브터履行되지아니ᄒᆞᆯ者ㅣ니即何日ᄭᆞ지라云ᄒᆞᆫ境遇에在ᄒᆞ야ᄂᆞᆫ其日을過ᄒᆞᆫ時ᄂᆞᆫ契約趣旨에違反되ᄂᆞᆫ者ㅣ오又期日을過ᄒᆞᆫ履行은眞正ᄒᆞᆫ履行이아니라云ᄒᆞᆷ을可得ᄒᆞᆯ지니因ᄒᆞ야不履行의境遇에在ᄒᆞ야ᄂᆞᆫ當然히解除됨이可ᄒᆞ고만일當事者가遲延ᄒᆞᆫ履行도行치아니ᄒᆞᆯ意思가有ᄒᆞᆫ時ᄂᆞᆫ新히同一ᄒᆞᆫ目的으로ᄡᅥ契約을締結ᄒᆞᆷ이可ᄒᆞ다云ᄒᆞᆷ에在ᄒᆞᆫ바ㅣ라是ᄂᆞᆫ理論上果然正當ᄒᆞ고否ᄒᆞᆷ은姑捨ᄒᆞ고實際上便利ᄒᆞᆫ境遇가極多ᄒᆞᆫ바ㅣ오不履行者ᄂᆞᆫ元來損害賠償의責任을未免ᄒᆞᆯ지니特히商業上에在ᄒᆞ야此主義ᄅᆞᆯ採用ᄒᆞᆷ이極히便利ᄒᆞᆫ바ㅣ라假令或商品을何日ᄭᆞ지傳授ᄒᆞᆷ을約束ᄒᆞᆫ境遇에在ᄒᆞ야其期日ᄭᆞ지傳授치아니ᄒᆞ거나或은何日ᄭᆞ지代金을支撥ᄒᆞ고物品을傳授ᄒᆞᆯ境遇에其期日이過ᄒᆞ야도代金을支撥치아니ᄒᆞᄂᆞᆫ時ᄂᆞᆫ商人은頗히不利益을被ᄒᆞᆯ지니寧히甲이期日ᄭᆞ지買收치아니ᄒᆞᄂᆞᆫ時ᄂᆞᆫ此ᄅᆞᆯ乙의게賣却ᄒᆞ거나又ᄂᆞᆫ甲이期日ᄭᆞ지物品을傳授치아니ᄒᆞᄂᆞᆫ時ᄂᆞᆫ乙로브터此ᄅᆞᆯ買收ᄒᆞᆷ이迅速ᄒᆞᆯ바ㅣ오特히顧客의注文에應ᄒᆞᆫ境遇에他處로브터其物品을受取ᄒᆞ기不能ᄒᆞᆷ을因ᄒᆞ야其注文의履行

행하지 않는데도 불구하고 기일이 지나도 여전히 이행하지 않는 때에는 엄격한 이론에 따르면 계약은 처음부터 이행되지 않을 것이다. 곧 어느 날까지라고 말한 경우에는 그 날을 지난 때에는 계약 취지에 위반되는 것이고, 또 기일을 넘긴 이행은 진정한 이행이 아니라고 할 수 있다. 따라서 불이행의 경우에는 당연히 해제됨이 마땅하고, 만일 당사자가 지연된 이행도 하지 않을 의사가 있는 때에는 새로이 동일한 목적으로 계약을 체결함이 마땅하다는 데 있다. 이것이 이론상 과연 타당한지 아닌지는 제쳐 두고 실제로 편리한 경우가 극히 많다. 그리고 불이행자는 원래 손해배상책임을 면할 수 없으므로 특히 상업에서 이 태도를 취하는 것이 극히 편리한 것이다. 가령 어떤 상품을 어느 날까지 인도하기로 약속한 경우에 그 기일까지 인도하지 않거나, 또는 어느 날까지 대금을 지급하고 물품을 인도할 경우에 그 기일이 지나도 대금을 지급하지 않는 때에는 상인은 대단히 불이익을 입을 것이다. 오히려 甲이 기일까지 매수하지 않는 때에는 이를 乙에게 매각하거나, 또는 甲이 기일까지 물품을 인도하지 않는 때에는 乙로부터 이를 매수*하는 것이 빠를 것이다. 특히 고객의 주문에 응한 경우에 다른 곳으로부터 그 물품을 수령할 수 없게 된 데 따라 그 주문을 이행

* 역자 주: 원문은 '賣收'로 되어 있으나 '買受'가 타당함.

을行ᄒᆞ기難ᄒᆞᆫ事ㅣ有ᄒᆞᆯ진ᄃᆡ商人은此ᄅᆞᆯ因ᄒᆞ야信用을保全ᄒᆞ기不能ᄒᆞᆫ虞慮가有ᄒᆞᆯ바ㅣ오其他賣買에就ᄒᆞ야도賣主ᄂᆞᆫ速히其物品을賣却ᄒᆞ고其代價로ᄡᅥ他物品을買入ᄒᆞᆷ이利益될뿐아니라況容積이大ᄒᆞᆫ物品은店鋪ᄅᆞᆯ充塞ᄒᆞᄂᆞᆫ지라故로旣히賣却ᄒᆞᆫ商品을店鋪에積置ᄒᆞᆷ은頗히困難ᄒᆞᆯ지니如斯ᄒᆞᆫ理由로ᄡᅥ商業上에在ᄒᆞ야ᄂᆞᆫ第一主義가便利ᄒᆞᆷ이極多ᄒᆞᆫ바ㅣ라日本商法도商業上賣買에就ᄒᆞ야此主義ᄅᆞᆯ採用ᄒᆞ얏시니同商法第二百八十七條에時期가經過ᄒᆞᆫ時ᄂᆞᆫ相對者가直時其履行을請求치아니ᄒᆞ면契約을解除ᄒᆞᆫ者로看做ᄒᆞᆷ이라規定ᄒᆞᆫ바ㅣ라要ᄒᆞ건ᄃᆡ商業上에在ᄒᆞ야ᄂᆞᆫ當然解除主義ᄅᆞᆯ必要로ᄒᆞᄂᆞᆫ境遇가極多ᄒᆞ고此種解除도亦一種解除權의適用으로見ᄒᆞᆷ이穩當ᄒᆞᆷ으로信ᄒᆞ노니何故오「契約을解除ᄒᆞᆫ者로看做ᄒᆞᆷ」이라云ᄒᆞᄂᆞᆫ文字ᄅᆞᆯ依ᄒᆞ야明白ᄒᆞᆫ所以라

第二의法廷主義도亦便利ᄒᆞᆫ境遇가有ᄒᆞ니無他라履行、不行履이라ᄒᆞᆷ은時或紛爭이生ᄒᆞ기容易ᄒᆞᆫ지라故로아직不履行者ㅣ라謂ᄒᆞᆷ을不得ᄒᆞᆯ者에對ᄒᆞ야契約을解除ᄒᆞᆷ이有ᄒᆞᆯ지니然즉裁判所에서此ᄅᆞᆯ審査ᄒᆞᄂᆞᆫ時ᄂᆞᆫ如此ᄒᆞᆫ不適當ᄒᆞᆫ境遇가不生ᄒᆞᆯ바ㅣ오又解除의効力如何ᄅᆞᆯ因ᄒᆞ야特히法廷의解除ᄅᆞᆯ必要ᄒᆞᆷ이有

하기 어려운 사정이 있다면 상인은 이로 인하여 신용을 보전하지 못할 우려가 있을 것이다. 그리고 그 밖의 매매에서도 매도인은 빨리 그 물품을 매각하고 그 대가로 다른 물품을 매수하는 것이 이익이 될 뿐 아니라, 하물며 부피가 큰 물품은 점포 공간만 차지한다. 그러므로 이미 매각한 물품을 점포에 쌓아두는 것은 자못 곤란할 것이다. 이러한 이유로 상업에서는 첫째 태도가 편리한 경우가 극히 많다. 일본 상법도 상업상 매매에 대하여 이 태도를 취하였는데, 일본 상법 제287조에서 시기가 경과한 때에는 상대방이 곧바로 그 이행을 청구하지 않으면 계약을 해제한 것으로 간주한다고 규정한 것이다. 요컨대 상업에서는 당연해제주의가 필요한 경우가 극히 많고, 이러한 해제 또한 일종의 해제권의 적용으로 봄이 타당하다고 생각한다. 왜냐하면 "계약을 해제한 것으로 간주함"이라는 문자에 따라 명백하기 때문이다.

둘째인 법정주의 또한 편리한 경우가 있다. 다름이 아니라 이행, 불이행이란 때로는 분쟁이 생기기 쉬운 것이다. 그러므로 아직 불이행자라고 말할 수 없는 사람에 대하여 계약을 해제하는 경우가 있을 수 있다. 그렇다면 재판소에서 이를 심사하는 때에는 이와 같이 부적절한 경우가 발생하지 않을 것이다. 또 해제의 효력 여하에 따라 특히 법정의 해제가 필요할 경우가 있

ᄒᆞ니假令法國民法과如히解除權行使가第三者의權利에影響을及ᄒᆞᆷ이解除條件의成就ᄒᆞᆷ과同一ᄒᆞᆫ結果가生ᄒᆞᄂᆞᆫ者ㅣ라云ᄒᆞᆯ진ᄃᆡ法廷의解除ᄅᆞᆯ必要ᄒᆞᄂᆞᆫ理由가有ᄒᆞ니何故오만일法廷에셔解除치아니ᄒᆞᄂᆞᆫ時ᄂᆞᆫ當事者가通謀ᄒᆞ야써第三者ᄅᆞᆯ害ᄒᆞ기爲ᄒᆞ야解除ᄒᆞᆷ이有ᄒᆞᆯ지라即不履行이無ᄒᆞᆷ에不拘ᄒᆞ고履行치아니ᄒᆞᆷ과如히假裝ᄒᆞ야當事者間에契約을解除ᄒᆞ고其結果로第三者의權利ᄅᆞᆯ害ᄒᆞᆷ이有ᄒᆞᆯ지니假令甲이乙의게或財產을賣却ᄒᆞ고乙은更히此ᄅᆞᆯ丙의게賣却ᄒᆞᆫ後甲이解除權을行使ᄒᆞᄂᆞᆫ時ᄂᆞᆫ法國法을依ᄒᆞᆯ진ᄃᆡ丙의得ᄒᆞᆫ所有權은消滅ᄒᆞ고甲은其所有權을回復ᄒᆞᆯ지라盖如此ᄒᆞᆫ主義ᄅᆞᆯ採用ᄒᆞᄂᆞᆫ國에在ᄒᆞ야ᄂᆞᆫ一層法廷解除主義ᄅᆞᆯ必要ᄒᆞᄂᆞᆫ故로法國法에此主義ᄅᆞᆯ採用ᄒᆞᆷ은相當ᄒᆞᆫ理由가有ᄒᆞᆷ으로信ᄒᆞᄂᆞᆫ바ㅣ라然而立法者가此主義ᄅᆞᆯ採用ᄒᆞᆷ은余의贊成치아니ᄒᆞᄂᆞᆫ바ㅣ로ᄃᆡ不幸ᄒᆞᆫ債務者가僅히一日間其履行을遲延ᄒᆞᆷ을因ᄒᆞ야苛酷ᄒᆞᆫ債務者ᄂᆞᆫ直時其解除權을行使ᄒᆞᆯ지니만일一二日猶豫期間을與ᄒᆞᆯ진ᄃᆡ此ᄅᆞᆯ履行ᄒᆞᆷ을可得ᄒᆞᆷ에不拘ᄒᆞ고債權者ᄂᆞᆫ此ᄅᆞᆯ不許ᄒᆞᆷ이或有ᄒᆞᆯ지라然즉如此ᄒᆞᆫ境遇에裁判所에셔猶豫期間을與ᄒᆞᆷ이可ᄒᆞᆫ바ㅣ라然이나是ᄂᆞᆫ裁判所가契約履行에干涉ᄒᆞᄂᆞᆫ者ㅣ라

다. 가령 프랑스 민법과 같이 해제권 행사가 제3자의 권리에 영향을 미치는 것이 해제조건 성취와 동일한 결과가 생기는 것이라고 하면 법정의 해제가 필요한 이유가 있다. 왜냐하면 만일 법정에서 해제하지 않는 때에는 당사자가 통모함으로써 제3자를 해하기 위하여 해제할 수 있다. 곧 불이행이 없는데도 불구하고 이행하지 않은 것처럼 가장하여 당사자 사이에서 계약을 해제하고 그 결과 제3자의 권리를 해할 수 있다. 가령 甲이 乙에게 어떤 재산을 매각하고 을은 다시 이를 丙에게 매각한 뒤 甲이 해제권을 행사하는 때에는, 프랑스 법에 따르면 丙이 취득한 소유권은 소멸하고 甲은 그 소유권을 회복할 것이다. 일반적으로 이와 같은 태도를 취하는 나라에서는 한층 더 법정해제주의가 필요하다. 그러므로 프랑스 법에서 이 태도를 취하는 것은 상당한 이유가 있다고 생각한다. 그런데 입법자가 이 태도를 취하는 것은 내가 찬성하는 바가 아니다. 불행한 채무자가 겨우 하루 동안 그 이행을 지연함으로 인하여 가혹한 채권자*가 곧바로 해제권을 행사할 것인데, 만일 하루 이틀 유예기간을 주면 이를 이행할 수 있는데도 불구하고 채권자는 이를 불허하는 경우가 간혹 있다. 그렇다면 이와 같은 경우에 재판소에서 유예기간을 줄 수 있는 것이다. 그러나 이는 재판소가 계약 이행에 간섭하는 것이라고

* 역자 주: 원문은 '債務者'로 되어 있으나 문맥을 고려하였음.

云치아니ᄒᆞᆷ이不可ᄒᆞᆫ故로縱令苛酷ᄒᆞᆷ에近ᄒᆞᆯ지라도其期間內에履行치아니ᄒᆞᄂᆞᆫ時ᄂᆞᆫ不履行이라謂치아니ᄒᆞᆷ이不可ᄒᆞᆫ지라此ᄅᆞᆯ依ᄒᆞ야觀ᄒᆞᆯ진ᄃᆡ債權者가解除權을行ᄒᆞᆷ을可得ᄒᆞᆫ다云ᄒᆞᆷ이妥當ᄒᆞᆫ바ㅣ라

第三의意思表示主義ᄂᆞᆫ以上二主義ᄅᆞᆯ折衷ᄒᆞᆫ者ㅣ니解除ᄅᆞᆯ行ᄒᆞᆷ에就ᄒᆞ야裁判을受ᄒᆞᆷ은事ㅣ極히煩雜ᄒᆞᆷ에涉ᄒᆞᆯ지로ᄃᆡ當然解除케ᄒᆞᄂᆞᆫ者ᄂᆞᆫ當事者의意思에違反됨이多ᄒᆞᆫ故로解除權者의意思表示에因ᄒᆞ야始其解除가成立ᄒᆞᄂᆞᆫ者ㅣ라云ᄒᆞᄂᆞᆫ바ㅣ라

以上의三主義ᄂᆞᆫ其長處가各有ᄒᆞᆫ故로何者가書適當ᄒᆞᆫ가云ᄒᆞᆷ은率爾히決定ᄒᆞᆷ을不得ᄒᆞᆯ지니時或當然解除主義가適當ᄒᆞᆫ境遇가有ᄒᆞ고又時或法延解除主義가可ᄒᆞᆫ境遇도有ᄒᆞᆫ지라日本法典에在ᄒᆞ야當然解除主義ᄅᆞᆯ採用ᄒᆞᆫ境遇의顯著ᄒᆞᆫ者ᄂᆞᆫ先述ᄒᆞᆫ商法의規定이오裁判所에셔解除ᄒᆞᄂᆞᆫ境遇의顯著ᄒᆞᆫ者ᄂᆞᆫ日本新民法第三十九條의但書ㅣ니即抵當權設定後에行ᄒᆞᆫ賃貸借의解除境遇가是라然이나日本新民法은原則으로意思表示主義ᄅᆞᆯ採用ᄒᆞ얏시니今에其理由ᄅᆞᆯ案ᄒᆞᆯ진ᄃᆡ當然解除ᄂᆞᆫ解除權을有ᄒᆞᆫ者의意思에違反되ᄂᆞᆫ事ㅣ不少ᄒᆞᆫ지라假令不

하지 않을 수 없다. 그러므로 설령 가혹한 데 가까울지라도 그 기간 내에 이행하지 않은 때에는 불이행이라고 말할 수밖에 없다. 이에 따라 본다면 채권자가 해제권을 행사할 수 있다고 함이 타당하다.

셋째인 의사표시주의는 이상의 두 가지 태도를 절충한 것이다. 해제를 하는 데 대하여 재판을 받는 것은 극히 번잡하지만 당연히 해제되게 하는 것은 당사자의 의사에 어긋나는 경우가 많다. 그러므로 해제권자의 의사표시에 따라 비로소 그 해제가 성립한다는 것이다.

이상 세 가지 입법주의는 각기 그 장점이 있다. 그러므로 어느 것이 가장 적절한지는 가벼이 결정할 수 없을 것이다. 때로는 당연해제주의가 적절한 경우가 있고 또 때로는 법정해제주의가 옳은 경우도 있는 것이다. 일본 법전에서 당연해제주의를 취한 경우 중 두드러진 것은 앞서 서술한 상법 규정이고, 재판소에서 해제하는 경우 중 두드러진 것은 일본 신민법 제395조* 단서이다. 곧 저당권 설정 뒤에 한 임대차를 해제하는 경우가 그것이다. 그러나 일본 신민법은 원칙적으로 의사표시주의를 취하였다. 이제 그 이유를 살피면, 당연해제는 해제권을 가진 사람의 의사에 어긋나는 일이 적지 않다. 가령 불

* 역자 주: 원문은 '第三十九條'로 되어 있으나 당시 규정을 고려할 때 제395조로 보는 것이 타당함.

履行을因ᄒᆞ야解除ᄒᆞᄂᆞᆫ境遇에在ᄒᆞ야도僅히一二日을遲延ᄒᆞᄂᆞᆫ境遇와如ᄒᆞᆷ은寧히履行코자ᄒᆞᄂᆞᆫ事ㅣ有ᄒᆞᆯ바ㅣ오且債權者가解除權을有ᄒᆞᆷ은一個權利卽利益이라故로其權利를行ᄒᆞ고否ᄒᆞᆷ은解除權者의意思에一任ᄒᆞᆷ이穩當ᄒᆞᆯ지니其權利를行使ᄒᆞᄂᆞᆫ方法은單히意思表示를行ᄒᆞ면足ᄒᆞ다云ᄒᆞᆯ진대別로煩雜ᄒᆞᆫ節次를不要ᄒᆞᄂᆞᆫ故로當然解除ᄒᆞᆫ者ㅣ라云ᄒᆞᆯ必要가無ᄒᆞ고又法廷解除에就ᄒᆞ야言ᄒᆞᆯ진대裁判所가其解除에干涉ᄒᆞᆷ은觀察의如何를因ᄒᆞ야利益이或有ᄒᆞᄂᆞ니故로通常此로써此主義의長處라云ᄒᆞ되余ᄂᆞᆫ寧히弊害가有ᄒᆞᆫ者로信ᄒᆞᄂᆞᆫ바ㅣ라盖裁判所로써解除를行케ᄒᆞᄂᆞᆫ時ᄂᆞᆫ過誤가無ᄒᆞᆷ을可得ᄒᆞᆯ지니何故오果然解除權을行使ᄒᆞᆯ境遇되고否ᄒᆞᆷ은裁判所에서此를調查ᄒᆞᄂᆞᆫ所以라然이나元來裁判所란者ᄂᆞᆫ裁判을行ᄒᆞᄂᆞᆫ機關이오紛爭이有ᄒᆞᆫ境遇에此를裁判所에起訴ᄒᆞᆷ은不得已ᄒᆞᆫ바ㅣ어ᄂᆞᆯ毫末도爭이無ᄒᆞᆫ相對者가解除權者의解除權을行使ᄒᆞᆷ을可得ᄒᆞᆯ境遇됨을認ᄒᆞᆷ에不拘ᄒᆞ고尙此裁判所에請求치아니ᄒᆞᆷ이不可ᄒᆞ다ᄒᆞᆷ은無用의節次와無益ᄒᆞᆫ費用을要ᄒᆞᆷ에不過ᄒᆞᆫ지라故로是其一般規定으로ᄂᆞᆫ有害無益ᄒᆞ다謂치아니ᄒᆞᆷ이不可ᄒᆞᆯ지니만일法國法과如히解除權이旣往에溯及ᄒᆞ야

이행으로 인하여 해제하는 경우에도 겨우 하루 이틀 지연된 경우 같으면 오히려 이행하게 하고자 하는 경우가 있을 것이다. 또 채권자가 해제권을 가진다는 것은 하나의 권리, 곧 이익이다. 그러므로 그 권리를 행사할지 말지는 해제권자의 의사에 맡김이 타당할 것이다. 그런데 그 권리를 행사하는 방법은 단순히 의사표시로 하면 충분하다고 하면 별로 번잡한 절차가 요구되지 않는다. 그러므로 당연해제된 것이라고 할 필요가 없다. 또 법정해제에 대하여 말하면, 재판소가 그 해제에 간섭하는 것은 어떻게 보는지에 따라 더러 이익이 있으므로 통상 이것을 법정해제주의의 장점이라고 한다. 그런데 나는 오히려 폐해가 있다고 생각한다. 일반적으로 재판소가 해제하게 하는 때에는 과오가 없을 수 있다. 왜냐하면 과연 해제권을 행사할지 말지는 재판소에서 조사하기 때문이다. 그러나 원래 재판소란 것은 재판을 하는 기관이고 분쟁이 있는 경우에 이 분쟁으로 재판소에 소를 제기하는 것은 부득이하다. 그런데 털끝만큼도 다툼이 없는 상대방이 해제권자가 해제권을 행사할 수 있음을 인정하는데도 불구하고, 오히려 이 재판소에 청구하여야 한다는 것은 쓸모없는 절차와 무익한 비용을 요구하는 데 불과하다. 그러므로 이것은 일반규정으로서는 해만 되고 이로울 것이 없다고 말할 수밖에 없다. 만일 프랑스 법과 같이 해제권이 기왕에 소급하여

第三者를害ᄒᆞᄂᆞᆫ事ㅣ有ᄒᆞᆯ진ᄃᆡ或此를必要ᄒᆞᆷ이有ᄒᆞᆯ지라도日本新民法에在ᄒᆞ야ᄂᆞᆫ如此ᄒᆞᆫ結果가生치아니ᄒᆞ고다만原狀에回復ᄒᆞᆯ義務를生ᄒᆞᆷ에不過ᄒᆞᆫ지라然而解除의結果로第三者의權利를害ᄒᆞᆷ을不得ᄒᆞᆷ은特히明文에存ᄒᆞᆫ바ㅣ니然즉裁判所에煩訴ᄒᆞᆯ必要가無ᄒᆞᆫ故로因ᄒᆞ야意思表示主義를採用ᄒᆞᆷ으로써正當ᄒᆞ다云ᄒᆞᄂᆞᆫ바ㅣ라日本新民法은其第五百四十條에「契約又法律의規定을依ᄒᆞ야當事者의一方이解除權을有ᄒᆞᆫ時ᄂᆞᆫ其解除ᄂᆞᆫ相對者에對ᄒᆞᆫ意思表示에依ᄒᆞ야此를行ᄒᆞᆷ」이라規定ᄒᆞ고其第二項에「前項에意思表示ᄂᆞᆫ此를繳消ᄒᆞᆷ을不得ᄒᆞᆷ」이라規定ᄒᆞᆫ바ㅣ라

上述ᄒᆞᆫ바에依ᄒᆞᆯ진ᄃᆡ解除를行ᄒᆞᄂᆞᆫ時ᄂᆞᆫ契約의効力은消滅ᄒᆞᄂᆞᆫ故로後日에其解除를繳消ᄒᆞᆷ을不得ᄒᆞᆷ은當然ᄒᆞᆫ바ㅣ라만일當事者雙方이同一ᄒᆞᆫ結果를得코자ᄒᆞᄂᆞᆫ時ᄂᆞᆫ更히契約을締結ᄒᆞᆷ이可ᄒᆞᄂᆞ니一朝에契約을解除ᄒᆞᆫ後에一方의意思로此를繳消ᄒᆞ야既히効力을失ᄒᆞᆫ契約을更히蘇生케ᄒᆞ기不得ᄒᆞᆷ은勿論이라

第二節　解除의條件

解除條件은契約上의解除權에在ᄒᆞ야ᄂᆞᆫ契約에因ᄒᆞ야定ᄒᆞᆯ者ㅣ라故로法律에

제3자를 해하는 일이 있다면 더러 이 규정이 필요할 수 있을지라도, 일본 신민법에서는 이와 같은 결과가 발생하지 않고 다만 원상으로 회복할 의무가 생기는 데 불과하다. 그런데 해제의 결과로 제3자의 권리를 해하지 못하는 것은 특별히 명문으로 존재한다. 그렇다면 재판소에 번거롭게 소를 제기할 필요가 없다. 따라서 의사표시주의를 취하는 것이 타당하다는 것이다. 일본 신민법은 제540조에서 "계약 또는 법률의 규정에 따라 당사자 일방이 해제권을 가진 때에는 그 해제는 상대방에 대한 의사표시에 의하여 이를 함"이라고 규정하고, 제2항에서 "전항의 의사표시는 이를 취소하지 못함"이라고 규정한 것이다.

위에 서술한 바에 따르면 해제를 하는 때에는 계약의 효력은 소멸하므로, 뒷날 그 해제를 취소할 수 없음은 당연한 것이다. 만일 당사자 쌍방이 동일한 결과를 얻고자 하는 때에는 다시 계약을 체결하여야 한다. 하루아침에 계약을 해제한 뒤에 일방의 의사로 이를 취소하여 이미 효력을 잃은 계약을 다시 소생시키지 못함은 물론이다.

제2절 해제의 요건*

해제의 요건은 계약상 해제권에서는 계약에 따라 정해질 것이다. 그러므로 법률에

* 역자 주: 원문은 '解除의 條件'으로 되어 있으나 해제조건과의 구별을 위하여 이렇게 번역하였음.

此ᄅᆞᆯ規定ᄒᆞᆷ을不得ᄒᆞ고又ᄂᆞᆫ此ᄅᆞᆯ一般的으로論述ᄒᆞᆷ을不得ᄒᆞᆯ지니故로玆에論述코자ᄒᆞᄂᆞᆫ바ᄂᆞᆫ卽法定의解除權에關ᄒᆞᆫ者ᄲᅮᆫ이라然而特別境遇에關ᄒᆞᆫ者ᄂᆞᆫ各種規定으로讓ᄒᆞ고다만不履行의因ᄒᆞᆫ解除條件만論述코자ᄒᆞ노라

不履行에因ᄒᆞᆫ契約解除의條件은解除方法의問題와同一히各國立法例及學者의論議가不一ᄒᆞᆫ바ㅣ라或은約定ᄒᆞᆫ期間에履行이無ᄒᆞᆫ時ᄂᆞᆫ其契約을直時解除ᄒᆞᆷ을可得ᄒᆞ고期間을定치아니ᄒᆞᆫ境遇에在ᄒᆞ야ᄂᆞᆫ催告ᄅᆞᆯ行ᄒᆞ고其催告에應치아니ᄒᆞᄂᆞᆫ時ᄂᆞᆫ直時解除ᄒᆞᆷ을可得ᄒᆞᆫ다云ᄒᆞᆫ지라是ᄂᆞᆫ一理가不無ᄒᆞ고日本에在ᄒᆞ야도此主義ᄅᆞᆯ採用ᄒᆞᆫ境遇가或有ᄒᆞ나然이나期間의到來와一片의催告으로ᄡᅥ直時解除權을行使ᄒᆞᆷ은一般規定으로ᄂᆞᆫ穩當치아니ᄒᆞ니然즉果然如何ᄒᆞᆫ條件을必要ᄒᆞᆯ가或法律에在ᄒᆞ야ᄂᆞᆫ旣히不履行의責이有ᄒᆞᆫ者에對ᄒᆞ야尙且延期ᄅᆞᆯ與ᄒᆞ고時或一年乃至二年의延期ᄅᆞᆯ與ᄒᆞ되尙且履行치아니ᄒᆞᄂᆞᆫ時ᄂᆞᆫ始其解除ᄅᆞᆯ許ᄒᆞᄂᆞᆫ主義가有ᄒᆞ니法國法과如ᄒᆞᆷ은卽此主義에屬ᄒᆞᆫ者ㅣ오日本新民法은其中間을取ᄒᆞ야原則으로ᄂᆞᆫ單히辨償期에在ᄒᆞ야債權이任意로履行되지아니ᄒᆞᆯᄲᅮᆫ에因ᄒᆞ야直時解除權을行使ᄒᆞᆷ을不許ᄒᆞ고此ᄅᆞᆯ行ᄒᆞᆷ에ᄂᆞᆫ尙且一個條件

이를 규정할 수 없고, 또는 이를 일반적으로 논할 수 없을 것이다. 그러므로 여기에서 논하고자 하는 것은 곧 법정 해제권에 관한 것뿐이다. 그런데 특별한 경우에 관한 것은 갖가지 규정으로 넘기고, 다만 불이행으로 인한 해제의 요건만 논하고자 한다.

불이행으로 인한 계약 해제의 요건은 해제 방법의 문제와 마찬가지로 각국의 입법례 및 학자의 논의가 일치하지 않는다. 더러는 약정한 기간에 이행이 없는 때에는 그 계약을 곧바로 해제할 수 있고, 기간을 정하지 않은 경우에는 최고를 하고 그 최고에 응하지 않는 때에는 곧바로 해제할 수 있다고 한다. 이는 일리가 없지 않고 일본에서도 더러 이 태도를 취한 경우가 있다. 그러나 기간 도래와 한 번의 최고로 곧바로 해제권을 행사하는 것은 일반규정으로는 타당하지 않다. 그렇다면 과연 어떠한 요건이 필요한가? 어떤 법률에서는 이미 불이행의 책임이 있는 사람에 대하여 다시 기간을 늘려 주고 때로는 1년 내지 2년의 기간을 늘려 주되 여전히 이행하지 않는 때에는 비로소 해제를 허용하는 입법주의가 있다. 프랑스법 같은 것이 곧 이 태도에 속한 것이다. 일본 신민법은 그 중간을 취하여, 원칙적으로는 단순히 변제기에 채권이 임의로 이행되지 않은 것만에 따라 곧바로 해제권을 행사하는 것을 허용하지 않는다. 해제권을 행사하려면 또 하나의 요건을必要ᄒᆞᄂᆞ니卽催告을行ᄒᆞᆫ後一定ᄒᆞᆫ期間을過ᄒᆞ야도尙且履行치아니ᄒᆞᄂᆞᆫ時ᄂᆞᆫ始其解除ᄅᆞᆯ許ᄒᆞᄂᆞᆫ主義라是ᄂᆞᆫ最穩當ᄒᆞᆫ者로信ᄒᆞᄂᆞᆫ바ㅣ라何者오一日이라도猶豫ᄅᆞᆯ與치아니ᄒᆞᆫ다云ᄒᆞᆷ은頗히苛酷ᄒᆞ다謂ᄒᆞᆯ지니然而履行이遲延ᄒᆞᆫ時ᄂᆞᆫ後에述ᄒᆞᆯ바와如히其遲延으로브터生ᄒᆞᆫ損害賠償을請求ᄒᆞᆷ을可得ᄒᆞᆯ바ㅣ오又履行遲延을因ᄒᆞ야契約의目的을達ᄒᆞᆷ을不得ᄒᆞᆯ境遇에在ᄒᆞ야ᄂᆞᆫ法律이特히直時解除ᄒᆞᆷ을許ᄒᆞᆯ지로대一般境遇에在ᄒᆞ야ᄂᆞᆫ法律은今日受取ᄒᆞᆯ金錢을明日受取ᄒᆞ야도契約의目的을達ᄒᆞᆷ을不得ᄒᆞᄂᆞᆫ境遇가極稀ᄒᆞᆷ으로視ᄒᆞᄂᆞᆫ所以라然이나法國法과如히契約을全히無視ᄒᆞ야今日支撥ᄒᆞᆯ者ᄅᆞᆯ一年後에支撥ᄒᆞ야도可ᄒᆞ다云ᄒᆞᆷ과如ᄒᆞᆫ干涉은到底히文明國에法律로認ᄒᆞᆷ을不得ᄒᆞᆯ지니余ᄂᆞᆫ此로써畢竟貧人保護의思想이甚ᄒᆞ야其適用을過誤ᄒᆞᆫ者로信ᄒᆞ노라盖法國立法者의理由ᄒᆞᄂᆞᆫ바ᄅᆞᆯ案ᄒᆞᆯ진ᄃᆡ債務者ᄂᆞᆫ總히貧窮可憐ᄒᆞᆫ者ㅣ됨으로써法律의力으로此에便宜ᄅᆞᆯ與치아니ᄒᆞᆷ이不可ᄒᆞᄂᆞ니縱令時期ᄅᆞᆯ定ᄒᆞ고約束ᄒᆞ야도世事ᄂᆞᆫ恒常心意와如치못ᄒᆞᆫ事ㅣ多ᄒᆞᆯᄲᅮᆫ아니라特히金錢과如ᄒᆞᆷ은반다시一個月後에可得ᄒᆞ리라豫定ᄒᆞᆫ者ㅣ라도二個月後가아니면此ᄅᆞᆯ受取ᄒᆞ기不能ᄒᆞ거나又或一

이 필요하다. 곧 최고를 한 뒤 일정한 기간이 지나도 여전히 이행하지 않는 때에는 비로소 그 해제를 허용하는 태도이다. 이는 가장 타당한 것이라고 생각한다. 왜냐하면 하루라도 유예를 주지 않는다는 것은 대단히 가혹하다고 할 것이다. 그런데 이행이 지연된 때에는 뒤에 서술하는 것처럼 그 지연으로부터 발생한 손해배상을 청구할 수 있을 것이다. 또 이행 지연으로 인하여 계약 목적을 달성할 수 없는 경우에는 법률이 특별히 곧바로 해제를 허용한다. 일반적인 경우에는 법률은 오늘 받을 금전을 내일 받으면 계약의 목적을 달성할 수 없는 경우가 극히 드물다고 보기 때문이다. 그러나 프랑스 법과 같이 계약을 완전히 무시하여 오늘 지급할 것을 1년 뒤에 지급하여도 된다는 것과 같은 간섭은 도저히 문명국 법률로 인정할 수 없다. 나는 이것이 결국 가난한 사람을 보호하는 사상이 심하여 그 적용을 그르친 것이라고 생각한다. 일반적으로 프랑스 입법자가 이유로 삼는 것을 생각해보면 채무자는 모두 가난하고 가엾은 사람이므로 법률의 힘으로 이들에게 편의를 주어야 한다는 것이다. 설령 시기를 정하고 약속하더라도 세상일은 항상 마음 같지 못한 경우가 많을 뿐 아니라, 특히 금전 같으면 반드시 1개월 뒤에 얻을 수 있으리라고 예정된 것이라도 2개월 뒤가 아니면 수취할 수 없거나, 또는 1

年後에入手ᄒᆞ리라豫定ᄒᆞᆫ者ㅣ라도三年을經ᄒᆞᆫ後此ᄅᆞᆯ始得ᄒᆞᆷ과如ᄒᆞᆷ은敢히稀有ᄒᆞᆫ事ㅣ라云치못ᄒᆞᆯ지라故로苟其債權者가此에因ᄒᆞ야甚히損害ᄅᆞᆯ受ᄒᆞᆯ虞慮가無ᄒᆞᆫ境遇假令金錢債務로債權者가其利息만可受ᄒᆞᆯ境遇와如ᄒᆞᆷ은敢히不可ᄒᆞᆷ이無ᄒᆞ다云ᄒᆞᆫ바ㅣ라然이나債務者ᄂᆞᆫ반다시貧窮者ㅣ라云ᄒᆞ기不能ᄒᆞᄂᆞ니假令富豪者에就ᄒᆞ야見ᄒᆞᆯ진ᄃᆡ富豪者ᄂᆞᆫ債權을多有ᄒᆞᆷ과同時에債務도亦多數負擔ᄒᆞᄂᆞ니即富豪者ᄂᆞᆫ信用으로써物品을買入ᄒᆞ고半年乃至一年間代金을支撥치아니ᄒᆞᄂᆞᆫ境遇가極多ᄒᆞᆫ지라然즉其代價ᄅᆞᆯ支撥치아니ᄒᆞᆫ間은債務者의地位에在ᄒᆞᆷ이無疑ᄒᆞ고又金錢을借用ᄒᆞᆫ境遇에就ᄒᆞ야見ᄒᆞᆯ지라도商業上에在ᄒᆞ야ᄂᆞᆫ豪商이라도一時借財ᄒᆞᆯ必要가有ᄒᆞᆷ이普通이오其他債務者ᄂᆞᆫ반다시貧窮者ㅣ라斷言ᄒᆞ기不能ᄒᆞᆯ바ㅣ오尙一步ᄅᆞᆯ進ᄒᆞ야假令極貧者라云ᄒᆞᆯ지라도如此ᄒᆞᆫ方法으로써債務者ᄅᆞᆯ保護ᄒᆞᆷ은反히保護의目的을達ᄒᆞᆷ을不得ᄒᆞᆯ지니何故오債務者가履行치아니ᄒᆞᄂᆞᆫ境遇에裁判所가此에干涉ᄒᆞ야半年或은一年을延期ᄒᆞᆷ을得ᄒᆞᆯ진ᄃᆡ債權者도亦此ᄅᆞᆯ豫期ᄒᆞ야一年에約定ᄒᆞᆯ契約은當初에六個月로定ᄒᆞᄂᆞᆫ結果가生ᄒᆞᆯ바ㅣ오或은無利息（金錢이아니면大槪無利息됨이常例라

년 뒤에 입수할 수 있으리라 예정한 것이라도 3년을 지난 뒤에야 비로소 얻는 경우 같으면 감히 드물다고 할 수 없을 것이다. 그러므로 진실로 그 채권자가 이로 인하여 매우 큰 손해를 받을 우려가 없는 경우, 가령 금전채무로 채권자가 그 이자를 받는 경우 같으면 감히 안 될 것이 없다는 것이다. 그러나 채무자는 반드시 가난한 사람이라고 말할 수 없다. 가령 부호(富豪)에 대하여 보면, 부호는 채권을 다수 가지고 있는 것과 동시에 채무 또한 다수 부담한다. 곧 부호는 신용으로 물품을 매입하고 반 년 내지 1년 동안 대금을 지급하지 않는 경우가 극히 많다. 그렇다면 그 대가를 지급하지 않는 동안에는 채무자의 지위에 있는 데 의문이 없다. 또 금전을 차용한 경우를 보더라도 상업에서는 큰 상인이라도 일시 금전을 차용할 필요가 있는 것이 보통이고 그 밖의 채무자도 반드시 가난한 사람이라고 단언할 수 없을 것이다. 한 걸음 더 나아가 가령 극빈자라고 할지라도 이와 같은 방법으로 채무자를 보호하면 도리어 보호의 목적을 달성하지 못할 것이다. 왜냐하면 채무자가 이행하지 않는 경우에 재판소가 여기에 간섭하여 반 년 또는 1년을 연기할 수 있다고 하면, 채권자 또한 이를 예상하고 1년으로 약정할 계약은 당초부터 6개월로 정하는 결과를 낳을 것이다. 또는 무이자(금전이 아니면 대개 무이자인 경우가 보통이다)

(境遇에多額의反對給付를求ᄒᆞ고賣買境遇에ᄂᆞᆫ物品을高價로賣却ᄒᆞ며又或은利息을附ᄒᆞᆫ境遇에도利率을高케ᄒᆞᆯ바ㅣ오其他債權者ᄂᆞᆫᄉᆞᄉᆞ로其延期를豫想ᄒᆞ고債務者의게不利益ᄒᆞᆫ契約을締結ᄒᆞᆯ傾向이有ᄒᆞᆯ지니不然則債權者ᄂᆞᆫ恒常損害를被ᄒᆞᆯ바ㅣ라且縱令貧窮者ㅣ라도自由契約에因ᄒᆞ야權利義務를生ᄒᆞᆫ境遇에裁判所가干涉ᄒᆞ야其一方을保護ᄒᆞᆷ과如ᄒᆞᆷ은裁判所의可行ᄒᆞᆯ事ㅣ아니라故로文明國의法律로ᄂᆞᆫ到底히如此ᄒᆞᆫ主義를認ᄒᆞᆷ을不得ᄒᆞᆯ지니是以로日本新民法과如히催告를行ᄒᆞ고一定ᄒᆞᆫ期間內에債務者가履行치아니ᄒᆞᄂᆞᆫ時ᄂᆞᆫ直時解除를許ᄒᆞᄂᆞᆫ主義로써最히穩當ᄒᆞᆷ으로信ᄒᆞ되唯其期間에關ᄒᆞ야ᄂᆞᆫ一般히一週間或은二週間으로定ᄒᆞᆷ이可ᄒᆞᆯ가將又各境遇에其長短을定ᄒᆞᆷ이可ᄒᆞᆯ가是ᄂᆞᆫ共히利害가有ᄒᆞᆫ바ㅣ니期間을一定ᄒᆞᆷ은時或不當히長期間을與ᄒᆞ거나又或極히短期間을與ᄒᆞᄂᆞᆫ弊害을防杜ᄒᆞᆷ을可得ᄒᆞ되此亦往往히實際事情에適合지아니ᄒᆞᆷ이有ᄒᆞᄂᆞ니何故오直時履行ᄒᆞᆷ을可得ᄒᆞᆷ에不拘ᄒᆞ고此에對ᄒᆞ야一週間或은二週間의猶豫를與ᄒᆞ며又物을製造ᄒᆞᄂᆞᆫ境遇와如ᄒᆞᆷ은苟其期間을與ᄒᆞᄂᆞᆫ以上은少ᄒᆞ야도一個月乃至二個月을必要ᄒᆞᄂᆞ니就中都給工事와如ᄒᆞᆷ은其建

인 경우에 다액의 반대급부를 구하고, 매매의 경우에는 물품을 고가로 매각하며, 또는 이자를 붙인 경우에도 이율을 높일 것이다. 그밖에 채권자는 스스로 그 기한 연장을 예상하고 채무자에게 불이익한 계약을 체결하는 경향이 있을 것이다. 그렇지 않으면 채권자는 항상 손해를 입을 것이다. 또 설령 가난한 사람이라도 자유로운 계약에 따라 권리의무를 발생시킨 경우에 재판소가 간섭하여 그 중 일방을 보호함과 같은 것은 재판소가 할 수 있는 일이 아니다. 그러므로 문명국 법률로서는 도저히 이와 같은 태도를 인정할 수 없을 것이다. 그리하여 일본 신민법과 같이 최고를 하고 일정한 기간 내에 채무자가 이행하지 않는 때에는 곧바로 해제를 허용하는 태도가 가장 타당하다고 생각한다. 다만 그 기간에 관하여는 일반적으로 1주일 또는 2주일로 정함이 마땅한가, 아니면 각 경우에 그 장단을 정하여야 하는가? 이는 모두 장단점이 있다. 기간을 하나로 정하면 때로는 부당히 장기간을 주거나 극히 단기간을 주는 폐해를 막을 수는 있지만 이 또한 종종 실제 사정에 적합하지 않을 수 있다. 왜냐하면 곧바로 이행할 수 있는데도 불구하고 이에 대하여 1주일 또는 2주일의 유예를 주며, 또 물건을 제조하는 경우 같으면 진실로 그 기간을 부여하는 이상 적어도 1개월 내지 2개월이 필요하다. 그 가운데 도급공사 같으면 그 건

築의遲延ᄒᆞᆫ境遇에在ᄒᆞ야ᄂᆞᆫ一週間乃至二週間의短日月로써此ᄅᆞᆯ落成케ᄒᆞᆷ을不得ᄒᆞᆯ境遇가多ᄒᆞᆯ지니如此ᄒᆞᆫ境遇에僅僅一週間或은二週間으로定ᄒᆞᄂᆞᆫ時ᄂᆞᆫ甚히實際에適合지아니ᄒᆞᆫ者ㅣ有ᄒᆞᆯ所以라因ᄒᆞ야日本新民法은不確定(相當ᄒᆞᆫ期間) ᄒᆞᆫ期間을採用ᄒᆞ얏시니其第五百四十一條에「當事者의一方이其債務ᄅᆞᆯ履行치아니ᄒᆞᄂᆞᆫ時ᄂᆞᆫ相對者ᄂᆞᆫ相當ᄒᆞᆫ期間을定ᄒᆞ야其履行을催告ᄒᆞ고만일其期間內에履行치아니ᄒᆞᄂᆞᆫ時ᄂᆞᆫ契約의解除ᄅᆞᆯ行ᄒᆞᆷ을得ᄒᆞᆷ」이라規定ᄒᆞᆫ바ㅣ라要컨ᄃᆡ 其期間이經過ᄒᆞᆫ 後ᄂᆞᆫ解除의 意思ᄅᆞᆯ表示ᄒᆞ고 此에因ᄒᆞ야解除ᄂᆞᆫ直時成立ᄒᆞᄂᆞᆫ者ㅣ라唯其相當ᄒᆞᆫ期間이라云ᄒᆞᆷ은境遇ᄅᆞᆯ因ᄒᆞ야其長短을相異히ᄒᆞᄂᆞᆫ故로立法論으로ᄂᆞᆫ批難ᄒᆞᆯ嫌이不無ᄒᆞᄃᆡ實際에ᄂᆞᆫ甚히便利ᄒᆞᆯ지니만일相對者가不相當ᄒᆞᆫ期間을定ᄒᆞᆫ時ᄂᆞᆫ此에應치아니ᄒᆞᆷ이可ᄒᆞ고此ᄅᆞᆯ因ᄒᆞ야紛爭이生ᄒᆞᄂᆞᆫ時ᄂᆞᆫ裁判所에서決定ᄒᆞᆷ이可ᄒᆞᆫ바ㅣ라盖此規定은元來當事者ᄅᆞᆯ公平히保護ᄒᆞᄂᆞᆫ精神으로브터出ᄒᆞᆫ者ㅣ니一方은義務ᄅᆞᆯ守ᄒᆞ야履行ᄒᆞᆷ에不拘ᄒᆞ고他一方이其義務ᄅᆞᆯ履行치아니ᄒᆞᄂᆞᆫ時ᄂᆞᆫ平等히保護ᄅᆞᆯ受ᄒᆞᆯ當事者로써不平等ᄒᆞᆫ利害ᄅᆞᆯ受케ᄒᆞᆷ에至ᄒᆞᆯ지라故로假令一朝에履行ᄒᆞ야도相對者가履行치아니

축이 지연된 경우에는 1주일 내지 2주일이라는 짧은 시간으로 이를 완성시키지 못할 경우가 많을 것이다. 이와 같은 경우에 겨우 1주일 또는 2주일로 정하는 때에는 매우 실제에 적합하지 않은 것이기 때문이다. 따라서 일본 신민법은 불확정(상당한 기간)적인 기간을 취하였다. 제541조에서 "당사자 일방이 그 채무를 이행하지 않는 때에는 상대방은 상당한 기간을 정하여 그 이행을 최고하고 만일 그 기간 내에 이행하지 않는 때에는 계약을 해제할 수 있음"이라고 규정한 것이다. 요컨대 그 기간이 경과한 뒤에는 해제의 의사를 표시하고 이에 따라 해제는 곧바로 성립하는 것이다. 다만 그 상당한 기간이란 경우에 따라 그 길이를 달리한다. 그러므로 입법론으로는 비판의 여지가 있지만, 실제로는 매우 편리할 것이다. 만일 상대방이 상당하지 않은 기간을 정한 때에는 이에 응하지 않을 수 있고, 이에 따라 분쟁이 생기는 때에는 재판소에서 결정함이 마땅하다. 일반적으로 이 규정은 원래 당사자를 공평하게 보호하자는 정신으로부터 나온 것이다. 일방은 의무를 지켜 이행함에도 불구하고 다른 일방이 그 의무를 이행하지 않는 때에는 평등하게 보호를 받을 당사자들이 불평등한 이해득실을 받게 하게 될 것이다. 그러므로 가령 하루아침에 이행하여도 상대방이 이행하지 않

ᄒᆞᄂᆞᆫ時ᄂᆞᆫ其給付ᄒᆞᆫ物을返還ᄒᆞᆷ을可得ᄒᆞ고又아직履行치아니ᄒᆞᆫ境遇에在ᄒᆞ야ᄂᆞᆫ其義務를免ᄒᆞᆷ을可得ᄒᆞ되但此規定은國을依ᄒᆞ야雙務契約에만適用ᄒᆞᆷ이有ᄒᆞ니假令日本舊民法에도雙務契約에만限ᄒᆞ얏고法國民法도亦同一ᄒᆞ며尙且外國에ᄂᆞᆫ雙務契約에就ᄒᆞ야此를規定ᄒᆞᆫ者ㅣ多ᄒᆞᆫ바ㅣ라盖其適用은雙務契約에最多ᄒᆞ되雙務契約以外에在ᄒᆞ야도其適用이亦不少ᄒᆞᄂᆞ니假令消費貸借境遇에在ᄒᆞ야ᄂᆞᆫ貸主의게義務가無ᄒᆞᆫ바ㅣ라然而借主가其貸借에附隨ᄒᆞᆫ義務를履行치아니ᄒᆞᄂᆞᆫ時ᄂᆞᆫ其契約은同一ᄒᆞᆫ規定에依ᄒᆞ야解除ᄒᆞᆷ을可得ᄒᆞᆯ지니是即借主가利息을支撥ᄒᆞᆯ境遇에其適用이最多ᄒᆞᆫ바ㅣ라此境遇에在ᄒᆞ야借主가利息을支撥치아니ᄒᆞᄂᆞᆫ時ᄂᆞᆫ即契約의不履行이라故로其解除를行ᄒᆞᆷ을可得ᄒᆞᄂᆞ니唯其貸主ᄂᆞᆫ義務를負치아니ᄒᆞᄂᆞᆫ故로義務를免ᄒᆞᄂᆞᆫ事ㅣ無ᄒᆞ고又義務의履行으로給付ᄒᆞᆫ者의返還을求ᄒᆞᄂᆞᆫ事ㅣ亦無ᄒᆞ되契約解除의結果로借主ᄂᆞᆫ元金을返還치아니ᄒᆞᆷ이不可ᄒᆞᆫ지라故로不履行에因ᄒᆞᆫ解除ᄂᆞᆫ雙務契約以外에在ᄒᆞ야도其適用이有ᄒᆞᆫ者라謂치아니ᄒᆞᆷ이不可ᄒᆞᆫ바ㅣ라尙且此規定과同一ᄒᆞᆫ精神에出ᄒᆞᆫ者ㅣ二個가有ᄒᆞ니其一은同時履行에關ᄒᆞᆫ規定이라是ᄂᆞᆫ雙務契約에特

는 때에는 급부된 물건을 반환하게 할 수 있고 또 아직 이행하지 않은 경우에는 그 의무를 면할 수 있다. 그러나 이 규정은 나라에 따라 쌍무계약에만 적용하는 경우가 있다. 가령 일본 구민법에서도 쌍무계약에만 한정하였고 프랑스 민법 또한 동일하였다. 또 외국에서는 쌍무계약에 대하여 이를 규정한 것이 많다. 그런데 일반적으로 그 적용은 쌍무계약에서 가장 많지만 쌍무계약 외에도 적용되는 경우가 적지 않다. 가령 소비대차의 경우에는 소비대주에게 의무가 없다. 그러나 소비차주가 그 대차계약에 부수된 의무를 이행하지 않는 때에는 그 계약은 동일한 규정에 따라 해제될 수 있을 것이다. 이는 곧 차주가 이자를 지급하여야 할 경우에 가장 많이 적용되는 것이다. 이 경우에 차주가 이자를 지급하지 않는 때에는 곧 계약의 불이행이다. 그러므로 그 계약을 해제할 수 있는데, 다만 대주는 의무를 지지 않으므로 의무를 면하는 일이 없고, 또 의무의 이행으로 급부한 것의 반환을 구할 일도 없다. 그런데 계약 해제의 결과로 차주는 원금을 반환하여야 한다. 그러므로 불이행으로 인한 해제는 쌍무계약 외에도 적용되는 것이라고 말할 것이다. 또 이 규정과 동일한 정신에서 나온 것이 두 개 있다. 하나는 동시이행에 관한 규정이다. 이는 쌍무계약에 특

別ᄒᆞᆫ者ㅣ니即當事者의一方이履行ᄒᆞ기ᄭᆞ지ᄂᆞᆫ他一方도亦履行치아니ᄒᆞᆷ이可ᄒᆞ다云ᄒᆞᆷ에在ᄒᆞᆫ바ㅣ라故로上述ᄒᆞᆫ바와同一ᄒᆞᆫ趣旨에出ᄒᆞᆫ者ㅣ로ᄃᆡ其契約의解除ᄂᆞᆫ全히義務ᄅᆞᆯ免ᄒᆞ거나又ᄂᆞᆫ履行으로給付ᄒᆞᆫ者ᄅᆞᆯ返還ᄒᆞᆷ을得케ᄒᆞᄂᆞᆫ者ㅣ오同時履行의規定은義務ᄅᆞᆯ免케ᄒᆞᆷ이아니오單히履行치아니ᄒᆞᆷ을得ᄒᆞᆫ다云ᄒᆞᄂᆞᆫ差異가有ᄒᆞᆯᄲᅮᆫ이오其一은留置權이니是ᄂᆞᆫ其適用의範圍가頗廣ᄒᆞ야다만契約의境遇에만限ᄒᆞᄂᆞᆫ者ㅣ아니라然而契約에就ᄒᆞ야言ᄒᆞᆯ진ᄃᆡ結局解除權과同一ᄒᆞᆫ精神으로出ᄒᆞᆫ者ㅣ니相對者가留置物에關ᄒᆞ야生ᄒᆞᆫ債務ᄅᆞᆯ履行치아니ᄒᆞᄂᆞᆫ時ᄂᆞᆫ留置權者ᄂᆞᆫ本來返還ᄒᆞᆯ義務가有ᄒᆞᆫ物을返還치아니ᄒᆞ고抑留ᄒᆞᆷ을得ᄒᆞᄂᆞᆫ故로同時履行及契約解除와同一ᄒᆞᆫ精神에出ᄒᆞᆫ者ㅣ라可謂ᄒᆞᆯ바ㅣ라

唯玆에一個問題됨은即契約解除와同時履行의關係라何者든지其一의權利ᄅᆞᆯ行ᄒᆞᆫ時ᄂᆞᆫ他權利ᄅᆞᆯ行ᄒᆞᆷ을不得ᄒᆞᆷ과如ᄒᆞᆫ觀念이有ᄒᆞ나然이나是即不然ᄒᆞ니盖解除ᄅᆞᆯ行ᄒᆞᆫ時ᄂᆞᆫ履行을提供ᄒᆞᄂᆞᆫ事ㅣ有ᄒᆞ기不能ᄒᆞᄃᆡ此와反ᄒᆞ야相對者가履行을提供ᄒᆞ기ᄭᆞ지自己의履行을拒絕ᄒᆞᆫ境遇에相對者가終乃履行치아니ᄒᆞᄂᆞᆫ時ᄂᆞᆫ解除ᄒᆞᆷ을可得ᄒᆞᆯ지라故로兩者ㅣ相須ᄒᆞ야契約의履行을確實케ᄒᆞᄂᆞᆫ者ㅣ

별한 것으로, 곧 당사자 일방이 이행할 때까지는 다른 일방 또한 이행하지 않을 수 있다는 데 있다. 그러므로 위에 서술한 바와 동일한 취지에서 나온 것이다. 그런데 그 계약의 해제는 완전히 의무를 면하거나 또는 이행으로 급부한 것을 반환받을 수 있게 하는 것이고, 동시이행의 규정은 의무를 면하게 하는 것이 아니라 단순히 이행하지 않을 수 있다는 차이가 있을 뿐이다. 다른 하나는 유치권이다. 이는 그 적용 범위가 자못 넓어 다만 계약에 한하는 것이 아니다. 그러나 계약에 대하여 말하면 결국 해제권과 동일한 정신에서 나온 것이다. 상대방이 유치물에 관하여 생긴 채무를 이행하지 않는 때에는 유치권자는 본래 반환할 의무가 있는 물건을 반환하지 않고 유치할 수 있으므로, 동시이행 및 계약 해제와 동일한 정신에서 나왔다고 할 수 있다.

다만 여기서 하나 문제되는 것은 곧 계약 해제와 동시이행의 관계이다. 무엇이든 그 중 한 권리를 행사한 때에는 다른 권리를 행사하지 못하는 것 같은 관념이 있으나 그렇지 않다. 일반적으로 해제를 한 때에는 이행을 제공하는 일이 있을 수 없지만, 이와 반대로 상대방이 이행을 제공할 때까지 자기 이행을 거절한 경우에 상대방이 끝내 이행하지 않는 때에는 해제할 수 있을 것이다. 그러므로 양자는 서로 연관하여 계약의 이행을 확실하게 하는 것이

라可謂홀바ㅣ라

以上에述혼바는不履行에因혼解除條件의原則이로딕此에對ᄒᆞ는例外가二種이有ᄒᆞ니即如左홈이라

第一、日本新民法第五百四十二條에「契約의性質又는當事者의意思表示에依ᄒᆞ야一定혼時日又는一定혼期間內에履行치아니ᄒᆞ면契約을締結혼目的을達ᄒᆞ기不能혼境遇에在ᄒᆞ야當事者의一方이履行치아니ᄒᆞ고其時期를經過혼時는相對者는前條의催告를行치아니ᄒᆞ고直時其契約의解除를行홈을得홈」이라規定혼지라要ᄒᆞ건딕契約을解除코져홈에는原則으로履行의催告를行ᄒᆞ고尙此履行이無혼境遇되지아니홈이不可ᄒᆞ딕其例外의境遇即契約本來의趣旨에在ᄒᆞ야其履行의時期가確定홈에不拘ᄒᆞ고其時期셔지履行치아니ᄒᆞ는時는催告를行치아니ᄒᆞ고直時契約을解除홈을可得ᄒᆞᄂᆞ니蓋如斯혼境遇에在ᄒᆞ야는既히其時期를經過혼以上은縱令催告를行ᄒᆞ야其履行을得ᄒᆞ야도是는無用됨에不過혼所以라假令婚日에用홀物品을注文혼境遇에在ᄒᆞ야는特約의有無를不拘ᄒᆞ고注文者의意思는遲延ᄒᆞ야도婚日內에其

라고 말할 수 있다.

이상에서 서술한 것은 불이행으로 인한 해제 요건의 원칙으로, 이에 대한 예외가 두 가지 있는데 곧 다음과 같다.

첫째, 일본 신민법 제542조에서 "계약의 성질 또는 당사자의 의사표시에 의하여 일정한 시기 또는 일정한 기간 내에 이행하지 않으면 계약을 체결한 목적을 달성할 수 없는 경우에 당사자 일방이 이행하지 않고 그 시기를 경과한 때에는 상대방은 전조의 최고를 하지 않고 곧바로 그 계약의 해제를 할 수 있음"이라고 규정하였다. 요컨대 계약을 해제하고자 하려면 원칙적으로 이행의 최고를 하고 여전히 이행이 없는 경우여야 한다. 그런데 그 예외의 경우, 곧 계약 본래의 취지로 그 이행 시기가 확정적임에도 불구하고 그 시기까지 이행하지 않는 때에는 최고를 하지 않고 곧바로 계약을 해제할 수 있다. 일반적으로 이러한 경우에는 이미 그 시기를 경과한 이상 설령 최고를 하여 그 이행을 얻더라도 쓸모없게 될 뿐이기 때문이다. 가령 혼삿날에 쓸 물품을 주문한 경우에는 특약 유무를 불문하고 주문자의 의사는 늦어도 혼삿날 안에 그

物品을得코져ᄒᆞᆷ에在ᄒᆞᆫ事ㅣ無疑ᄒᆞᆫ바ㅣ라然而相對者가婚日內에履行치아니ᄒᆞ면注文ᄒᆞᆫ者ᄂᆞᆫ婚日에至ᄒᆞ야更히催告ᄅᆞᆯ行ᄒᆞ야履行을求치아니ᄒᆞᆷ이不可ᄒᆞ다云ᄒᆞᆷ은甚히無意味ᄒᆞᆫ者ㅣ라故로如斯ᄒᆞᆫ境遇에ᄂᆞᆫ催告ᄅᆞᆯ行ᄒᆞᆷ을不要ᄒᆞ고直時解除ᄒᆞᆷ을得ᄒᆞᆯ바ㅣ오又一例ᄅᆞᆯ示ᄒᆞᆯ진ᄃᆡ十二月三十一日을滿期日로定ᄒᆞᆫ約束手形을書出ᄒᆞᆫ者가手形金額支撥에充ᄒᆞ기爲ᄒᆞ야金錢의借用又ᄂᆞᆫ或物品의賣却을約束ᄒᆞᆫ時에相對者가此ᄅᆞᆯ知ᄒᆞᆷ에不拘ᄒᆞ고其契約을履行치아니ᄒᆞᆫ境遇와如ᄒᆞ니如斯ᄒᆞᆫ境遇에在ᄒᆞ야ᄂᆞᆫ要約者된手形의書出人은他處로브터金錢을借入ᄒᆞ거나又ᄂᆞᆫ物品을他處에賣却ᄒᆞ야金錢을得ᄒᆞᆷ이可ᄒᆞ고前契約의相對者에對ᄒᆞ야ᄂᆞᆫ催告ᄅᆞᆯ行ᄒᆞᆫ後其履行을受ᄒᆞ야도時機가旣晚ᄒᆞ야更히無用될뿐아니라前에約束ᄒᆞᆫ物品과如ᄒᆞᆷ은必要上他處에賣却ᄒᆞᄂᆞᆫ境遇가極多ᄒᆞᆯ지라故로如斯ᄒᆞᆫ境遇에도亦催告ᄅᆞᆯ行치아니ᄒᆞ고直時契約을解除치아니ᄒᆞᆷ이不可ᄒᆞᆯ지니此等의例ᄂᆞᆫ商業上에在ᄒᆞ야其適例가最多ᄒᆞᆫ故로日本商法은賣買에就ᄒᆞ야更히特例ᄅᆞᆯ設ᄒᆞ얏시니同商法第二百八十七條에「賣買의性質又ᄂᆞᆫ當事者의意思表示에依ᄒᆞ야一定ᄒᆞᆫ時日又ᄂᆞᆫ一定ᄒᆞᆫ期

물품을 얻고자 하는 데 있음은 의문이 없다. 그런데 상대방이 혼삿날 안에 이행하지 않으면 주문한 사람은 혼삿날에 이르러 다시 최고를 하고 이행을 구하여야 한다고 하면 매우 무의미한 것이다. 그러므로 이러한 경우에는 최고할 필요가 없고 곧바로 해제할 수 있는 것이다. 또 한 가지 예를 들면 12월 31일을 만기일로 정한 약속어음을 발행한 사람이 어음금 지급에 충당하기 위하여 금전의 차용 또는 물품의 매각을 약속한 때에, 상대방이 이를 알았음에도 불구하고 그 계약을 이행하지 않은 경우와 같다. 이러한 경우에는 요약자인 어음의 발행인은 다른 곳으로부터 금전을 차입하거나 물품을 다른 곳에 매각하여 금전을 얻어야 한다. 그리고 전 계약의 상대방에 대하여는 최고를 한 뒤 그 이행을 받더라도 이미 시기가 늦어 더욱 쓸모없게 될 뿐 아니라 전에 약속한 물품 같으면 필요상 다른 곳에 매각한 경우가 극히 많을 것이다. 그러므로 이러한 경우 또한 최고를 하지 않고 곧바로 계약을 해제할 수밖에 없을 것이다. 이들 예는 상업에서 적합한 예가 가장 많으므로 일본 상법은 매매에 대하여 다시 특례를 마련하였다. 일본 상법 제287조에서 "매매의 성질 또는 당사자의 의사표시에 의하여 일정한 시일 또는 일정한 기

間內에履行치아니ᄒᆞ면契約을締結ᄒᆞᆫ目的을達ᄒᆞ기不能ᄒᆞᆫ境遇에當事者의一方이履行치아니ᄒᆞ고其時期를經過ᄒᆞᆫ時ᄂᆞᆫ相對者ᄂᆞᆫ直時履行을請求치아니ᄒᆞ면何等의意思를表示치아니ᄒᆞ야도當然이契約을解除ᄒᆞᆫ者로看做홈」이라規定ᄒᆞᆫ지라故로假令前第一例境遇에商人이履行치아니ᄒᆞ고時期를經過ᄒᆞᆫ時ᄂᆞᆫ買主ᄂᆞᆫ催告를勿論이오解除의意思를表示치아니ᄒᆞ야도直時履行을請求치아니홈에在ᄒᆞ야ᄂᆞᆫ法律上當然히契約은解除된者로看做ᄒᆞᄂᆞ니同民法에在ᄒᆞ야ᄂᆞᆫ右와如ᄒᆞᆫ境遇에도通常人은商人과如히注意가周到치못ᄒᆞᄂᆞᆫ者로看做ᄒᆞᄂᆞᆫ故로相對者에對ᄒᆞ야意思表示를行홈을要ᄒᆞᄂᆞᆫ바ㅣ라

第二、日本新民法第五百四十三條에「履行의全部又ᄂᆞᆫ一部가債務者의責에可歸ᄒᆞᆯ事由에因ᄒᆞ야不能된時ᄂᆞᆫ債權者ᄂᆞᆫ契約을解除홈을得홈」이라規定ᄒᆞ얏시니是亦催告를必要치아니ᄒᆞ고直時解除홈을得ᄒᆞᄂᆞᆫ境遇라假令特定物의傳授를必要ᄒᆞᄂᆞᆫ契約으로其目的物이債務者의故意又ᄂᆞᆫ過失에因ᄒᆞ야滅失ᄒᆞ거나又ᄂᆞᆫ畵工이繪畵를描寫홈을約束ᄒᆞᆫ境遇에其畵工이自己의過失에因ᄒᆞ야右手를負傷홈과如ᄒᆞ니如斯ᄒᆞᆫ境遇에만일契約을解除치아니ᄒᆞ면

간 내에 이행하지 않으면 계약을 체결한 목적을 달성할 수 없는 경우에, 당사자 일방이 이행하지 않고 그 시기를 경과한 때에는 상대방은 곧바로 이행을 청구하지 않으면 어떠한 의사를 표시하지 않아도 당연히 계약을 해제한 것으로 간주함"이라고 규정하였다. 그러므로 가령 앞의 첫째 경우에 상인이 이행하지 않고 시기를 지난 때에는 매수인은 최고는 물론이고 해제의 의사를 표시하지 않아도 곧바로 이행을 청구하지 않는 경우 법률상 당연히 계약은 해제된 것으로 간주된다. 그런데 일본 민법에서는 위와 같은 경우에도 일반인은 상인과 같이 주의가 빈틈없는 것은 아니라고 간주하므로, 상대방에 대하여 의사표시를 할 것을 요구하는 것이다.

둘째, 일본 신민법 제543조에서 "이행의 전부 또는 일부가 채무자의 책임 있는 사유로 인하여 불능이 된 때에는 채권자는 계약을 해제할 수 있음"이라고 규정하였다. 이 또한 최고할 필요 없이 곧바로 해제할 수 있는 경우이다. 가령 특정물 인도가 필요한 계약으로 그 목적물이 채무자의 고의 또는 과실로 인하여 멸실되거나, 또는 화가가 그림을 그릴 것을 약속한 경우에 그 화가가 자기의 과실로 인하여 오른손을 다친 것과 같다. 이러한 경우에 만일 계약을 해제하지 않으면

是ᄂᆞᆫ不能ᄒᆞᆫ事ᄅᆞᆯ請求ᄒᆞᆷ이라故로相對者ᄂᆞᆫ到底히履行ᄒᆞ기不能ᄒᆞᆷ이明白ᄒᆞ고因ᄒᆞ야契約의目的을達ᄒᆞ기不能ᄒᆞᄂᆞ니然즉債權者ᄂᆞᆫ直時契約을解除ᄒᆞᆷ을得ᄒᆞᄂᆞᆫ바ㅣ라然而要約者가反對給付ᄅᆞᆯ行ᄒᆞᆯ境遇에在ᄒᆞ야ᄂᆞᆫ其給付ᄅᆞᆯ行ᄒᆞ고過失者에對ᄒᆞ야損害賠償을要求ᄒᆞᆷ을可得호ᄃᆡ契約의目的은到底히此ᄅᆞᆯ達ᄒᆞ기不能ᄒᆞᆫ故로直時契約을解除ᄒᆞᆷ을許ᄒᆞᆷ이니此境遇에解除ᄒᆞᆷ에因ᄒᆞ야債權者가損害ᄅᆞᆯ被ᄒᆞᆫ時ᄂᆞᆫ其賠償을求ᄒᆞᆷ을得ᄒᆞᆷ은勿論이라

以上은不履行에因ᄒᆞᆫ契約解除의境遇ᄅᆞᆯ說明ᄒᆞᆫ바ㅣ니自此로解除의條件에關ᄒᆞ야總解除에共通ᄒᆞᄂᆞᆫ事에就ᄒᆞ야說明코ᄌᆞᄒᆞ노니即解除權의性質은可分될가將又不可分될가云ᄒᆞᄂᆞᆫ問題가是라

契約의目的이性質上分割ᄒᆞᆷ을不得ᄒᆞᆯ者ㅣ되ᄂᆞᆫ時ᄂᆞᆫ問題되지아니ᄒᆞᄂᆞ니此境遇에在ᄒᆞ야ᄂᆞᆫ解除도亦不可分됨이無疑ᄒᆞᆫ바ㅣ라假令契約의目的이地役權의設定、特定物의傳授와如ᄒᆞᆷ은契約의目的自體가不可分되ᄂᆞᆫ故로到底히其一部에就ᄒᆞ야解除ᄒᆞᆷ을不得ᄒᆞᆷ이無疑ᄒᆞ고다만問題되ᄂᆞᆫ바ᄂᆞᆫ契約의目的이可分되ᄂᆞᆫ境遇에限ᄒᆞᄂᆞᆫ者ㅣ라然而契約의目的이土地又ᄂᆞᆫ金錢其他物의所有權을

이는 불능인 일을 청구하는 것이다. 그러므로 상대방은 도저히 이행할 수 없음이 명백하고, 따라서 계약의 목적을 달성할 수 없다. 그렇다면 채권자는 곧바로 계약을 해제할 수 있는 것이다. 그러나 채권자가 반대급부를 할 경우에는 그 급부를 하고 과실이 있는 자에 대하여 손해배상을 요구할 수 있는데, 계약의 목적은 도저히 달성할 수 없으므로 곧바로 계약을 해제하도록 허용하는 것이다. 이 경우에 해제로 인하여 채권자가 손해를 입은 때에는 그 배상을 구할 수 있음은 물론이다.

이상은 불이행으로 인한 계약 해제의 경우를 설명한 것이다. 이제부터 해제의 요건에 관하여 모든 해제에 공통되는 것에 대하여 설명하고자 한다. 곧 해제권의 성질은 가분적인가, 아니면 불가분인가 하는 문제가 그것이다.

계약의 목적이 성질상 분할될 수 없는 것인 때에는 문제되지 않는다. 이 경우에는 해제 또한 불가분인 데 의문이 없다. 가령 계약의 목적이 지역권의 설정, 특정물의 인도 같으면 계약의 목적 자체가 불가분이므로 도저히 그 일부에 대하여 해제하지 못함은 의문이 없다. 다만 문제되는 것은 계약의 목적이 가분적일 경우에 한하는 것이다. 그런데 계약의 목적이 토지 또는 금전 기타 물건의 소유권을

移轉ᄒᆞᄂᆞᆫ境遇와如ᄒᆞᆷ은多少反對論이有ᄒᆞ되其性質은可分됨으로信ᄒᆞ노니假令米十石을傳授ᄒᆞᆯ義務ᄅᆞᆯ負ᄒᆞᆫ者가五石을傳授ᄒᆞᆫ時ᄂᆞᆫ是ᄂᆞᆫ二分의一을傳授ᄒᆞᆷ이오又金錢支撥의義務ᄂᆞᆫ其義務의可分됨이顯著ᄒᆞᆫ者ㅣ라如此ᄒᆞᆫ境遇에在ᄒᆞ야其契約의一部ᄅᆞᆯ解除ᄒᆞᆷ을得ᄒᆞᆯ가假令米十石을百五十圜으로賣買ᄒᆞᄂᆞᆫ契約을締結ᄒᆞᆫ境遇ᄂᆞᆫ其數量과金額中何者든지分割ᄒᆞᆷ을可得ᄒᆞᆯ지니因ᄒᆞ야所有權도分割ᄒᆞᆷ을得ᄒᆞ고傳授도亦然ᄒᆞᆫ지라如斯ᄒᆞᆫ境遇에在ᄒᆞ야ᄂᆞᆫ物의性質上不可分이라謂ᄒᆞᆷ은不得ᄒᆞᆯ지라果然ᄒᆞ면一部의解除即其二分一을解除ᄒᆞ야五石을代金七十五圜으로賣買ᄒᆞᆫ者ㅣ라云ᄒᆞᆷ을得ᄒᆞᆯ가此問題에對ᄒᆞ야ᄂᆞᆫ反對說을唱道ᄒᆞᄂᆞᆫ者ㅣ不尠ᄒᆞᆫ지라然이나余ᄂᆞᆫ積極的의見解ᄅᆞᆯ取ᄒᆞᄂᆞᆫ者ㅣ니即만일當事者가契約當時에一方의便宜ᄅᆞᆯ因ᄒᆞ야一部의解除ᄅᆞᆯ行ᄒᆞᆷ을得ᄒᆞᆷ으로特約ᄒᆞᆫ時ᄂᆞᆫ法律은實際上元來此ᄅᆞᆯ無効로ᄒᆞᆯ理由가毫無ᄒᆞ고又法理上으로論ᄒᆞᆯ지라도반다시此ᄅᆞᆯ不可分이라ᄒᆞᆯ理由가無ᄒᆞᆫ故로現今各國에一部의解除ᄅᆞᆯ認ᄒᆞᄂᆞ니通常學者가代價減少의訴라稱ᄒᆞᄂᆞᆫ者ᄂᆞᆫ即一部解除에不外ᄒᆞᆫ바ㅣ라是ᄂᆞᆫ日本新民法에도亦認ᄒᆞ야其第五百六十三條第一項에「賣買의目的된權利의一部

이전하는 경우 같으면 다소 반대론이 있지만 그 성질은 가분적이라고 생각한다. 가령 쌀 열 섬을 인도할 의무를 진 사람이 다섯 섬을 인도한 때에는 이는 2분의 1을 인도한 것이고, 또 금전지급의무는 가분적임이 분명한 것이다. 이와 같은 경우에 그 계약의 일부를 해제할 수 있는가? 가령 쌀 열 섬을 150원에 매매하는 계약을 체결한 경우, 그 수량과 금액 중 무엇이든 분할할 수 있다. 따라서 소유권도 분할할 수 있고 인도 또한 그러하다. 이러한 경우에는 물건의 성질상 불가분이라고 말하지 못할 것이다. 과연 그렇다면 일부의 해제, 곧 2분의 1을 해제하여 다섯 섬을 대금 75원에 매매한 것이라고 할 수 있는가? 이 문제에 대하여는 반대설을 주장하는 사람이 적지 않다. 그러나 나는 적극적으로 보는 견해를 취한다. 곧 만일 당사자가 계약 당시에 일방의 편의에 따라 일부해제를 할 수 있다고 특약한 때에는 법률은 실제로 이를 무효로 할 이유가 전혀 없고, 또 법리적으로 논할지라도 반드시 이를 불가분이라고 할 이유가 없다. 그러므로 오늘날 각국에서 일부해제를 인정한다. 보통 학자들이 '대금감액의 소'라고 일컫는 것은 곧 일부해제일 뿐이다. 이는 일본 신민법에서도 또한 인정하는데, 제563조 제1항에서 "매매의 목적이 된 권리 일부가他人의게屬ᄒᆞᆷ에因ᄒᆞ야賣主가此ᄅᆞᆯ買主의게移轉ᄒᆞ기不能ᄒᆞᆫ時ᄂᆞᆫ買主ᄂᆞᆫ其不足된部分의比例에應ᄒᆞ야代金의減額을請求ᄒᆞᆷ을得ᄒᆞᆷ」이라規定ᄒᆞᆫ자라故로假令千坪의地段을二萬圓으로賣買ᄒᆞᄂᆞᆫ契約을締結ᄒᆞᆫ時에其二分의一即五百坪이他人의所有에屬ᄒᆞᆫ境遇에在ᄒᆞ야ᄂᆞᆫ買主ᄂᆞᆫ一萬圓을支撥ᄒᆞ고五百坪을取得ᄒᆞᆯ바ㅣ라然이나解除라云ᄒᆞᄂᆞᆫ時ᄂᆞᆫ恒常全部解除ᄅᆞᆯ意味ᄒᆞᆷ이오一部解除의文子ᄂᆞᆫ此ᄅᆞᆯ避ᄒᆞ야代金減額의請求라云ᄒᆞᆷ은無他라以下에論述ᄒᆞᆯ바와如히全部解除ᄂᆞᆫ原則이오一部解除ᄂᆞᆫ例外됨으로一朝에法文上一部解除의文字ᄅᆞᆯ用ᄒᆞᄂᆞᆫ時ᄂᆞᆫ全部解除의文字ᄅᆞᆯ併用ᄒᆞ야써二者ᄅᆞᆯ區別ᄒᆞᆯ必要가生ᄒᆞᆯ지니因ᄒᆞ야法文上에甚히不便ᄒᆞᆷ을致ᄒᆞᆯ所以라故로上述ᄒᆞᆫ바와如ᄒᆞᆫ法律上明文이有ᄒᆞ거나又ᄂᆞᆫ當事者間에特約이有ᄒᆞᆫ境遇에ᄂᆞᆫ一部鮮除ᄅᆞᆯ行ᄒᆞ야도何等의不可ᄒᆞᆷ이無ᄒᆞᆯ바ㅣ라

然즉만일法律에一部解除ᄅᆞᆯ許ᄒᆞᄂᆞᆫ規定이無ᄒᆞ거나又ᄂᆞᆫ當事者間에特約이無ᄒᆞᆫ時ᄂᆞᆫ如何ᄒᆞᆯ가此境遇에在ᄒᆞ야ᄂᆞᆫ立法者ᄂᆞᆫ一部解除ᄅᆞᆯ許치아니ᄒᆞᆫ者ㅣ라云ᄒᆞᆯ지니是盖通常境遇에在ᄒᆞ야ᄂᆞᆫ當事者의意思ᄂᆞᆫ契約全部에通ᄒᆞᄂᆞᆫ者ㅣ오其

가 타인에게 속함으로 인하여 매도인이 이를 매수인에게 이전할 수 없는 때에는 매수인은 그 부족하게 된 부분의 비율에 따라 대금의 감액을 청구할 수 있음"이라고 규정한 것이다. 그러므로 가령 대지 1,000평을 2만원에 매매하는 계약을 체결한 때에 그 2분의 1, 곧 500평이 타인의 소유인 경우에는 매수인은 1만원을 지급하고 500평을 취득할 것이다. 그러나 해제라고 하는 때에는 항상 전부해제를 의미하고 일부해제라는 문자를 피하여 대금감액의 청구라고 하는 것은 다름이 아니다. 이하에서 서술하는 바와 같이 전부해제는 원칙이고 일부해제는 예외이므로, 하루아침에 법문상 일부해제라는 문자를 쓰는 때에는 전부해제의 문자를 아울러 씀으로써 양자를 구별할 필요가 생긴다. 따라서 법문상으로 매우 불편하게 되기 때문이다. 그러므로 위에 서술한 바와 같은 법률상 명문규정이 있거나 또는 당사자 사이에 특약이 있는 경우에는 일부해제를 하여도 전혀 안 될 것이 없다.

그렇다면 만일 법률에 일부해제를 허용하는 규정이 없거나, 또는 당사자 사이에 특약이 없는 때에는 어떠한가? 이 경우에는 입법자는 일부해제를 허용하지 않은 것이라고 할 것이다. 이는 일반적으로 보통의 경우에는 당사자의 의사는 계약 전부에 통하는 것이고 그

各部가互相牽連ᄒᆞᄂᆞᆫ所以라假令組合契約의各條項中一條項에就ᄒᆞ야意思의合致를缺ᄒᆞᆫ時ᄂᆞᆫ契約은全部가成立되지아니홈이常例오此와同一하米十石을買受홈을約束ᄒᆞᆫ境遇에在ᄒᆞ야ᄂᆞᆫ買主ᄂᆞᆫ十石을要用ᄒᆞᆫ者로看做치아니홈이不可ᄒᆞᆫ지라故로日本新民法에ᄂᆞᆫ原則으로解除權은不可分이라ᄒᆞ얏시니同新民法第五百四十四條에「當事者의一方이數人이有ᄒᆞᆫ境遇에ᄂᆞᆫ契約의解除ᄂᆞᆫ其全員으로브터又ᄂᆞᆫ其全員에對ᄒᆞ야만此를行홈을得홈」이라規定ᄒᆞ고其第二項에「前項境遇에解除權이當事者一人에就ᄒᆞ야消滅ᄒᆞᆫ時ᄂᆞᆫ他者에就ᄒᆞ야도亦消滅홈」이라規定ᄒᆞᆫ바ㅣ라假令甲乙二人이有ᄒᆞ야甲은解除코ᄌᆞᄒᆞ고乙은解除홈을不欲ᄒᆞᄂᆞᆫ境遇에만일甲의解除權을認ᄒᆞ야一部의解除를行ᄒᆞᆯ진ᄃᆡ是ᄂᆞᆫ當事者의當初意思에違反됨이明瞭ᄒᆞᆫ지라故로右와如히解除權을有ᄒᆞᆫ一方의當事者가數人이有ᄒᆞᆫ境遇에ᄂᆞᆫ全員이一致ᄒᆞ지아니ᄒᆞ면解除權을行使ᄒᆞ기不能ᄒᆞ고解除權者의相對者가數人이有ᄒᆞᆫ境遇에도亦同一ᄒᆞ야其全員에對ᄒᆞ야解除權을行使홈을要ᄒᆞᄂᆞᆫ者ㅣ라故로甲에對ᄒᆞ야ᄂᆞᆫ解除ᄒᆞ야도乙에對ᄒᆞ야ᄂᆞᆫ解除코ᄌᆞᄒᆞ지아니홈과如홈은法律上容許ᄒᆞᆯ바ㅣ아니라此規定은他에特別

각 부분이 서로 연관을 맺고 있기 때문이다. 가령 조합계약의 각 조항 중 한 조항에 대하여 의사 합치를 빠뜨린 때에는 계약은 전부가 성립되지 않는 것이 보통이고, 이와 마찬가지로 쌀 열 섬을 매수하기로 약속한 경우에는 매수인은 열 섬이 필요해서 쓰는 것으로 간주할 수밖에 없다. 그러므로 일본 신민법에서는 원칙적으로 해제권은 불가분이라고 하였다. 일본 신민법 제544조는 "당사자 일방이 여러 명 있는 경우에는 계약의 해제는 그 전원으로부터 또는 그 전원에 대하여만 할 수 있음"이라고 규정하고, 제2항에서 "전항의 경우에 해제권이 당사자 한 사람에 대하여 소멸한 때에는 다른 자에 대하여도 또한 소멸함"이라고 규정하였다. 가령 甲, 乙 두 사람이 있어 甲은 해제를 하고자 하고 乙은 해제를 원치 않는 경우에, 만일 甲의 해제권을 인정하여 일부 해제를 한다면 이는 당사자의 당초 의사에 어긋남이 분명하다. 그러므로 위와 같이 해제권을 가진 일방 당사자가 여러 명 있는 경우에는 전원이 일치하지 않으면 해제권을 행사할 수 없고, 해제권자의 상대방이 여러 명 있는 경우에도 또한 동일하게 전원에 대하여 해제권을 행사하여야 하는 것이다. 그러므로 甲에 대하여는 해제하여도 乙에 대하여는 해제하고자 하지 않으려는 것 같으면 법률상 허용되지 않는다. 이 규정은 달리 특별

ᄒᆞᆫ規定이無ᄒᆞᆫ限에ᄂᆞᆫ不履行에因ᄒᆞᆫ解除境遇에도亦適用ᄒᆞᆯ지니此原則의結果로만일解除權이一人에對ᄒᆞ야消滅ᄒᆞ면他者에對ᄒᆞ야도亦消滅ᄒᆞᄂᆞᆫ바ㅣ라然而其消滅의原因은各種이有ᄒᆞ니假令拋棄又ᄂᆞᆫ契約에定ᄒᆞᆫ事由의發生과如ᄒᆞᆷ이即是라然이나其最히適用이多ᄒᆞᆷ은時效ㅣ니即時效ᄂᆞᆫ或人에對ᄒᆞ거나又ᄂᆞᆫ或人을爲ᄒᆞ야中斷或은停止ᄒᆞ야도他者에對ᄒᆞ야ᄂᆞᆫ此等의原因이無ᄒᆞᆫ事ㅣ有ᄒᆞ니如斯ᄒᆞᆫ境遇에在ᄒᆞ야解除權者의一人에對ᄒᆞ야時效가完成ᄒᆞᆫ時ᄂᆞᆫ全員에對ᄒᆞ야消滅ᄒᆞ며其他法定期間의經過에因ᄒᆞ야解除權이消滅ᄒᆞᄂᆞᆫ事ㅣ有ᄒᆞ니即日本新民法第五百六十四條의境遇와如ᄒᆞᆷ이是라此規定에依ᄒᆞᆯ진대解除權은買主가善意되ᄂᆞᆫ時即賣買의目的된權利의一部가他人의게屬ᄒᆞᆷ을知치못ᄒᆞᆫ時ᄂᆞᆫ其事實을知ᄒᆞᆫ時로브터一年을經過ᄒᆞ면消滅ᄒᆞᄂᆞᆫ者ㅣ라此境境에解除權者數人이有ᄒᆞ야各自其事實을知ᄒᆞᆫ時ᄂᆞᆫ最先此ᄅᆞᆯ知ᄒᆞᆫ者가其後一年을經過ᄒᆞ야解除權을失ᄒᆞᆷ과同時에縱令他者가善意되거나又ᄂᆞᆫ其事實을知ᄒᆞᆫ時로브터一年을經過치아니ᄒᆞ야도不可分의規定을依ᄒᆞ야他者도亦解除權을行使ᄒᆞ기不能ᄒᆞᄂᆞ니是即解除權은不可分的으로行치아니ᄒᆞᆷ이不可ᄒᆞᆫ者ㅣ라云ᄒᆞᄂᆞᆫ當

한 규정이 없는 한 불이행으로 인한 해제의 경우에도 적용될 것이다. 이 원칙의 결과로 만일 해제권이 한 사람에 대하여 소멸하면 다른 자에 대하여도 또한 소멸하는 것이다. 그런데 그 소멸의 원인은 갖가지가 있다. 가령 포기 또는 계약으로 정한 사유의 발생 같은 것이 곧 그것이다. 그러나 그 중 가장 많이 적용되는 것은 시효이다. 곧 시효는 어떤 자에 대하여, 또는 어떤 자를 위하여 중단 또는 정지되어도 다른 자에 대하여는 어떠한 원인도 없는 경우가 있다. 이러한 경우에 해제권자 중 한 사람에 대하여 시효가 완성된 때에는 전원에 대하여 소멸한다. 그밖에 법정기간의 경과에 따라 해제권이 소멸하는 경우가 있다. 곧 일본 신민법 제564조의 경우 같은 것이다. 이 규정에 따르면 해제권은 매수인이 선의인 때, 곧 매매의 목적인 권리 일부가 타인에게 속함을 알지 못한 때에는 그 사실을 안 때부터 1년을 경과하면 소멸하는 것이다. 이 경우에 해제권자가 여러 명 있어 각자 그 사실을 안 때에는 가장 먼저 이를 안 사람이 그 뒤 1년을 경과하면 해제권을 잃는다. 이와 동시에 설령 다른 사람이 선의이거나 또는 그 사실을 안 때부터 1년을 경과하지 않아도 불가분의 규정에 따라 다른 사람 또한 해제권을 행사할 수 없다. 이는 곧 해제권은 불가분적으로 행사하여야 하는 것이라는 당

然ᄒᆞᆫ結果가아니오오즉當事者의普通意思를推測ᄒᆞ야定ᄒᆞᆫ바ㅣ라故로此에反對의特約이有ᄒᆞᆫ時ᄂᆞᆫ其特約에從ᄒᆞᆷ이可ᄒᆞᆷ은論을不竢ᄒᆞᆯ바ㅣ라

第三節 解除의效力

本節에論述코자ᄒᆞᄂᆞᆫ바解除의效力에關ᄒᆞᆫ規定은總解除境遇에適用ᄒᆞᆷ을可得ᄒᆞᄂᆞ니此에關ᄒᆞ야日本新民法은其第五百四十五條에「當事者의一方이其解除權을行使ᄒᆞᆫ時ᄂᆞᆫ各當事者ᄂᆞᆫ其相對者로써原狀에復케ᄒᆞᆯ義務를負ᄒᆞᆷ但第三者의權利를害ᄒᆞᆷ을不得ᄒᆞᆷ」이라規定ᄒᆞ고其第二項에「前項境遇에在ᄒᆞ야返還ᄒᆞᆯ金錢에ᄂᆞᆫ其領受ᄒᆞᆫ時로브터利息을附ᄒᆞᆷ을要ᄒᆞᆷ」이라ᄒᆞ고其第三項에「解除權의行使ᄂᆞᆫ損害賠償의請求를妨害치아니ᄒᆞᆷ」이라規定ᄒᆞᆫ지라此解除의效力에就ᄒᆞ야ᄂᆞᆫ各國의立法例가實로不一ᄒᆞᆫ바ㅣ니法法系에屬ᄒᆞᆫ國에在ᄒᆞ야ᄂᆞᆫ原則으로解除權의溯及ᄒᆞᄂᆞᆫ效力을認ᄒᆞ야第三者에對ᄒᆞ야效力이有ᄒᆞᆷ이解除條件·成就ᄒᆞᆫ境遇와同一ᄒᆞᆫ지라今에其適用이最多ᄒᆞᆫ賣買에就ᄒᆞ야言ᄒᆞᆯ진대賣主가一朝에買主의게移轉ᄒᆞᆫ權利ᄂᆞᆫ解除에因ᄒᆞ야當然히原狀에復ᄒᆞ야最初에所有權及其他權利를失치아니ᄒᆞᆫ者로看做ᄒᆞᄂᆞᆫ法國民法에在ᄒᆞ야ᄂᆞᆫ條件의成就

연한 결과가 아니다. 다만 당사자의 보통의 의사를 추측하여 정한 것이다. 그러므로 이와 반대의 특약이 있는 때에는 그 특약에 따를 수 있음은 더 논할 것도 없다.

제3절 해제의 효력

이 절에서 논하고자 하는 해제의 효력에 관한 규정은 모든 해제의 경우에 적용될 수 있다. 이에 관하여 일본 신민법은 제545조에서 "당사자 일방이 그 해제권을 행사한 때에는 각 당사자는 그 상대방에게 원상으로 돌이킬 의무를 짐. 그러나 제3자의 권리를 해하지 못함"이라고 규정하고, 제2항에서 "전항의 경우에 반환할 금전에는 그 수령한 때부터 이자를 붙여야 함"이라고 하고, 제3항에서 "해제권의 행사는 손해배상의 청구를 방해하지 않음"이라고 규정하였다. 이 해제의 효력에 대하여는 각국의 입법례가 실로 하나같지 않다. 프랑스법계에 속한 나라에서는 원칙적으로 해제권에 소급하는 효력을 인정하여 제3자에 대하여 효력을 갖는 것이 해제조건 성취의 경우와 동일하다. 이제 그 적용이 가장 많은 매매에 대하여 말하면, 매도인이 하루아침에 매수인에게 이전한 권리는 해제로 인하여 당연히 원상으로 돌아간다. 따라서 맨 처음에 소유권 기타 권리를 잃지 않은 것으로 간주하는 프랑스 민법에서는 조건의 성취

ᄂᆞᆫ總히既往에溯及ᄒᆞᄂᆞᆫ者ㅣ오其効力은物權的이니契約解除의境遇에在ᄒᆞ야도亦此와同一ᄒᆞᆫ지라是ᄂᆞᆫ法法系의法律에在ᄒᆞᆫ特色이라可謂ᄒᆞᆯ바ㅣ라然而此規定은弊害가頗有ᄒᆞᆫ故로學者가往往絶對的으로此ᄅᆞᆯ反對ᄒᆞᄂᆞᆫ者ㅣ有ᄒᆞᄂᆞ니即不履行에因ᄒᆞᆫ解除ᄂᆞᆫ各國이大概是認ᄒᆞᄂᆞᆫ바ㅣ로대法國法에在ᄒᆞ야ᄂᆞᆫ此境遇에도亦解除條件成就의境遇와同一히認ᄒᆞᄂᆞᆫ故로其弊害가甚ᄒᆞᆫ지라假令不動産에關ᄒᆞ야登記簿에明白히甲의所有物로記載ᄒᆞᆫ故로乙이此ᄅᆞᆯ買受ᄒᆞ얏시나甲과其前所有者丙間의契約이解除됨을因ᄒᆞ야此ᄅᆞᆯ返還ᄒᆞᆷ에至ᄒᆞᆯ지니만일甲이其間에無資力者ㅣ된時ᄂᆞᆫ乙은大히損害ᄅᆞᆯ受ᄒᆞᄂᆞᆫ結果에至ᄒᆞᆯ지라故로如斯ᄒᆞᆫ弊害ᄅᆞᆯ防杜ᄒᆞ기爲ᄒᆞ야登記簿의賣主의先取特權을登記치아니ᄒᆞ면解除權으로써第三者의게對抗ᄒᆞᆷ을不得ᄒᆞᆫ다規定ᄒᆞᆫ지라然이나買主가十分信用이有치아니ᄒᆞ면更히此ᄅᆞᆯ買受ᄒᆞᆯ者ㅣ無ᄒᆞᆯ지니因ᄒᆞ야去來의妨害ᄅᆞᆯ致ᄒᆞᆷ에至ᄒᆞᆯ지라是以로日本新民法에ᄂᆞᆫ獨逸法과同一히此ᄅᆞᆯ物權的効力이有ᄒᆞᆫ者로認치아니ᄒᆞ고因ᄒᆞ야解除의結果ᄂᆞᆫ第三者의게及ᄒᆞᆷ을不得ᄒᆞᄂᆞ니即解除의効力은當然이溯及力을有ᄒᆞᆫ者ㅣ아니오오즉當事者間에在ᄒᆞ야만原狀에回復케ᄒᆞᆯ義

는 모두 기왕에 소급하는 것이고 그 효력은 물권적이므로 계약 해제의 경우에도 또한 이와 마찬가지이다. 이는 프랑스법계 법률의 특색이라고 말할 수 있다. 그런데 이 규정은 자못 폐해가 있으므로 종종 이를 절대 반대하는 학자들이 있다. 곧 불이행으로 인한 해제는 각국이 대개 인정하는데, 프랑스 법에서는 이 경우에도 또한 해제조건 성취의 경우와 동일하다고 인정하므로 그 폐해가 심하다. 가령 부동산에 관하여 등기부에 명백히 甲의 소유물로 기재되었으므로 乙이 이를 매수하였으나, 甲과 그 전 소유자 丙 사이의 계약이 해제됨에 따라 이를 반환하기에 이른다. 만일 甲이 그 사이에 무자력자가 된 때에는 乙은 크게 손해를 받는 결과가 될 것이다. 그러므로 이러한 폐해를 막기 위하여 등기부에 매도인의 선취특권을 등기하지 않으면 해제권으로 제3자에게 대항하지 못한다고 규정하였다. 그러나 매수인의 신용이 충분하지 않으면 다시 이를 매수할 사람이 없을 것이다. 따라서 거래에 방해를 불러오게 될 것이다. 그리하여 일본 신민법에서는 독일법과 마찬가지로 이를 물권적 효력이 있는 것으로 인정하지 않고, 따라서 해제의 결과는 제3자에게 미치지 못한다고 한다. 곧 해제의 효력은 당연히 소급력을 가진 것이 아니고 다만 당사자 사이에서만 원상으로 회복시킬 의

務를生ᄒᆞᆯ뿐이라然而旣히不履行의事實이有ᄒᆞ고又는解除權을行使ᄒᆞᆯ時期에在ᄒᆞᆫ時는日本不動産登記法第二條第二號를依ᄒᆞ야假登記를行ᄒᆞᆷ을得ᄒᆞᄂᆞ니故로假令不動産의賣買가有ᄒᆞᆫ後解除權을行使ᄒᆞ거나又는解除權의假登記를行ᄒᆞᆫ當時에其不動産이仍히買主의게在ᄒᆞᆫ時는買主는其不動産을卽時返還ᄒᆞ야原狀에復케ᄒᆞᆷ이可ᄒᆞ고賣主는代金을受取ᄒᆞᆫ時는其受取ᄒᆞᆫ日以後에在ᄒᆞᆫ法定利息을附ᄒᆞ야返還치아니ᄒᆞᆷ이不可ᄒᆞ며又買主는目的物의傳授를受ᄒᆞᆫ後에生ᄒᆞᆫ果實이有ᄒᆞᆫ時는此를賣主의게返還ᄒᆞᆷ을要ᄒᆞ는바ㅣ라何者오만일賣主로ᄒᆞ야곰其物을賣却치아니ᄒᆞ얏슬진대當然이賣主의所有에屬ᄒᆞᆯ所以라是는日本新民法에는明文의規定이無ᄒᆞ야도原狀에回復ᄒᆞ는結果로容疑ᄒᆞᆯ바ㅣ少無ᄒᆞ도다

金錢에就ᄒᆞ야는往往其金錢을利用치아니ᄒᆞ는事ㅣ有ᄒᆞᄂᆞ니因ᄒᆞ야반다시利息이生치아니ᄒᆞ는故로賣主가其利息을得ᄒᆞᆷ을證明치아니ᄒᆞ면此를買主의게返還ᄒᆞᆷ을不要ᄒᆞᆯ지라是以로日本新民法은特히明文을置ᄒᆞ야此를返還ᄒᆞᆷ을明白히ᄒᆞ얏시니何故오盖金錢은恒常利息을生ᄒᆞᆷ이可ᄒᆞᆫ者ㅣ라故로法律은一日

무를 발생시킬 뿐이다. 그런데 이미 불이행의 사실이 있거나, 또는 해제권을 행사할 시기에 있는 때에는 일본 부동산등기법 제2조 제2호에 따라 가등기를 할 수 있다. 그러므로 가령 부동산이 매매된 뒤 해제권을 행사하거나, 또는 해제권의 가등기를 한 당시에 그 부동산이 여전히 매수인에게 있는 때에는 매수인은 그 부동산을 즉시 반환하여 원상으로 회복시킴이 마땅하고 매도인은 대금을 수령한 때에는 그 수령한 날 이후의 법정이자를 붙여 반환하여야 한다. 또 매수인은 목적물의 인도를 받은 뒤에 생긴 과실이 있는 때에는 이를 매도인에게 반환하여야 하는 것이다. 왜냐하면 만일 매도인이 그 물건을 매각하지 않았다면 당연히 매도인의 소유일 것이기 때문이다. 이는 일본 신민법에는 명문의 규정이 없어도 원상회복의 결과로 의문이 거의 없다.

금전에 대하여는 종종 그 금전을 이용하지 않는 일이 있다. 따라서 반드시 이자가 생기지 않으므로 매도인이 그 이자를 얻었음을 증명하지 않으면 이를 매수인에게 반환할 필요가 없을 것이다. 그러므로 일본 신민법은 특별히 명문규정을 두어 이를 반환할 것을 명백히 하였다. 왜냐하면 일반적으로 금전은 항상 이자를 발생시킬 수 있는 것이다. 그러므로 법률은 하루이라도無利息으로存在ᄒᆞᆷ이無ᄒᆞᆷ으로推測ᄒᆞᄂᆞᆫ所以니如此히金錢에就ᄒᆞ야ᄂᆞᆫ當然히利息이生ᄒᆞᄂᆞᆫ者ㅣ라云ᄒᆞᆫ以上은買主ᄂᆞᆫ物을使用ᄒᆞᆷ에因ᄒᆞ야得ᄒᆞᆫ利益即使用의對價ᄅᆞᆯ支撥ᄒᆞᆷ이至當ᄒᆞ고獨逸民法은買主로ᄡᅥ此ᄅᆞᆯ支撥케ᄒᆞ얏시니是其目的物의如何에依ᄒᆞ야ᄂᆞᆫ其對價도亦計算ᄒᆞ기不難ᄒᆞᆫ故로理論上敢히批難ᄒᆞᆯ點이無ᄒᆞ나니假令家屋과如ᄒᆞᆷ은其家貰을筭出ᄒᆞ야此ᄅᆞᆯ支撥케ᄒᆞᆷ이容易ᄒᆞᆯ바ㅣ라然이나獵犬、簞笥及其他使用料의標準을定ᄒᆞ기難ᄒᆞᆫ物에至ᄒᆞ야ᄂᆞᆫ其使用料ᄅᆞᆯ支撥케ᄒᆞᆷ에當ᄒᆞ야實際困難ᄒᆞᆫ問題가生ᄒᆞᆷ이多ᄒᆞ고特히金錢과如ᄒᆞᆷ은此ᄅᆞᆯ銀行에任置ᄒᆞ야도直時利息이生치아니ᄒᆞᄂᆞᆫ故로買主가恒常其利益을受ᄒᆞᄂᆞᆫ者ㅣ라謂ᄒᆞ기難ᄒᆞᆫ故로寧히使用의對價ᄅᆞᆯ支撥ᄒᆞᆯ義務ᄅᆞᆯ認치아니ᄒᆞᆷ이適當ᄒᆞᆫ故로日本新民法에ᄂᆞᆫ此ᄅᆞᆯ規定치아니ᄒᆞᆫ바ㅣ라

然이나契約의解除ᄂᆞᆫ一方에過失이有ᄒᆞᆷ을因ᄒᆞ야生ᄒᆞᄂᆞᆫ事ㅣ多ᄒᆞᆫ故로過失者ᄂᆞᆫ他一方에生ᄒᆞᆫ損害ᄅᆞᆯ賠償ᄒᆞᆷ이可ᄒᆞ고又假令過失이無ᄒᆞ야도契約으로ᄡᅥ解除ᄒᆞᄂᆞᆫ境遇에在ᄒᆞᆫ損害要償의權利ᄅᆞᆯ留保ᄒᆞᆫ時ᄂᆞᆫ解除權者ᄂᆞᆫ亦此ᄅᆞᆯ賠償ᄒᆞᄂᆞᆫ責任을負치아니ᄒᆞᆷ이不可ᄒᆞ며又買主가解除ᄅᆞᆯ行ᄒᆞᆫ境遇에在ᄒᆞ야도物의使用

라도 무이자로 존재하지 않는다고 추측하기 때문이다. 따라서 이와 같이 금전에 대하여는 당연히 이자가 생기는 것이라고 한 이상 매수인은 물건을 사용함에 따라 얻은 이익, 곧 사용의 대가를 지급함이 지당하다. 독일 민법은 매수인이 사용대가를 지급하게 하였는데, 이는 그 목적물이 무엇인지에 따라서는 그 대가 또한 계산하기 어렵지 않으므로 이론상 감히 비판할 점이 없다. 가령 가옥 같은 것은 그 집세를 산출하여 이를 지급하게 하기 쉬울 것이다. 그러나 사냥개, 장롱 및 기타 사용료의 표준을 정하기 어려운 물건은 그 사용료를 지급하게 할 때 실제로 곤란한 문제가 생기는 경우가 많고, 특히 금전 같은 것은 은행에 임치하여도 곧바로 이자가 생기는 것이 아니다. 그러므로 매수인이 항상 그 이익을 받는 것이라고 말하기 어렵다. 그러므로 오히려 사용대가를 지급할 의무를 인정하지 않는 것이 적절하므로 일본 신민법에서는 이를 규정하지 않은 것이다.

그러나 계약의 해제는 일방에게 과실이 있는 데 따라 생기는 경우가 많으므로 과실이 있는 자는 다른 일방에게 발생한 손해를 배상함이 마땅하다. 또 가령 과실이 없어도 계약으로 해제하는 경우에 손해배상청구권을 유보한 때에는 해제권자는 또한 이를 배상할 책임을 져야 한다. 또 매수인이 해제한 경우에도 물건의 사용에因ᄒᆞ야破損을生ᄒᆞᆫ時ᄂᆞᆫ賣主ᄂᆞᆫ損害賠償을請求ᄒᆞᆷ을得ᄒᆞᆯ지니此에關ᄒᆞ야日本新民法은其第五百四十五條第三項에「解除權의行使ᄂᆞᆫ損害賠償의請求를妨害치아니ᄒᆞᆷ」이라規定ᄒᆞᆫ바ㅣ라然而法律의明文으로써特히損害賠償의責에任치아니ᄒᆞᆷ을規定ᄒᆞᆫ境遇도有ᄒᆞ니例如日本新民法第五百五十七條第二項、第五百六十一條、第六百二十一條、第六百三十一條及第六百四十二條第二項等이是라

以上에述ᄒᆞᆫ바ᄂᆞᆫ總解除權에通ᄒᆞᄂᆞᆫ者ㅣ로대오즉此에對ᄒᆞᆫ例外가有ᄒᆞ니即買戻의特約이有ᄒᆞᆫ境遇가是라此에關ᄒᆞ야日本新民法은其第五百七十九條에「不動産의賣主ᄂᆞᆫ賣買契約과同時에行ᄒᆞᆫ買戻의特約에依ᄒᆞ야買主가支撥ᄒᆞᆫ代金及契約의費用을返還ᄒᆞ고其賣買의解除를行ᄒᆞᆷ을得ᄒᆞᆷ但當事者가別段의意思를表示치아니ᄒᆞᆫ時ᄂᆞᆫ不動産의果實과代金의利息은此를相殺ᄒᆞᆫ者로看做ᄒᆞᆷ」이라規定ᄒᆞ얏시니是ᄂᆞᆫ畢竟賣買의解除에不外ᄒᆞᆫ바ㅣ라此買戻의權利ᄂᆞᆫ物權이아니로대其特約을賣買契約과同時에登記ᄒᆞᆫ時ᄂᆞᆫ第三者의게對抗ᄒᆞᆷ을得ᄒᆞᄂᆞᆫ者ㅣ라(日本新民法第五百八十一條參照)是ᄂᆞᆫ日本舊民法及法國民法과理論上其趣旨ᄂᆞᆫ

으로 인하여 파손이 생긴 때에는 매도인은 손해배상을 청구할 수 있을 것이다. 이에 관하여 일본 신민법은 제545조 제3항에서 "해제권의 행사는 손해배상의 청구를 방해하지 않음"이라고 규정한 것이다. 그러나 법률이 명문으로 특별히 손해배상책임을 지지 않음을 규정한 경우도 있다. 예컨대 일본 신민법 제557조 제2항,* 제561조,** 제621조,*** 제631조**** 및 제642조 제2항***** 등이 그것이다.

이상에서 서술한 것은 모든 해제권에 통하는 것인데, 다만 이에 대한 예외가 있다. 곧 환매특약이 있는 경우가 그것이다. 이에 관하여 일본 신민법은 제579조에서 "부동산의 매도인은 매매계약과 동시에 한 환매 특약에 의하여 매수인이 지급한 대금 및 계약의 비용을 반환하고 그 매매를 해제할 수 있음. 그러나 당사자가 다른 의사를 표시하지 않은 때에는 부동산의 과실과 대금의 이자는 상계한 것으로 간주함"이라고 규정하였다. 이는 결국 매매의 해제일 뿐이다. 이 환매권은 물권이 아닌데, 그 특약을 매매계약과 동시에 등기한 때에는 제3자에게 대항할 수 있는 것이다(일본 신민법 제581조 참조). 이는 일본 구민법 및 프랑스 민법과 이론상 그 취지는

---

* 역자 주: 계약금계약에서의 해제.
** 역자 주: 타인 권리의 매매에서 매수인이 계약 당시 그 권리가 매도인에게 속하지 않음을 안 때.
*** 역자 주: 임대차계약에서 임차인이 파산선고를 받은 경우 임대인 또는 파산관재인이 계약을 해제한 때.
**** 역자 주: 고용계약에서 사용자가 파산선고를 받은 경우 근로자 또는 파산관재인이 계약을 해제한 때.

同一치아니호대實際上其效果ᄂᆞᆫ同一ᄒᆞᄂᆞ니是其物權은아니로대第三者의게對抗ᄒᆞᆷ을得ᄒᆞᄂᆞᆫ點은即賃貸借契約을登記ᄒᆞᆷ에因ᄒᆞ야第三者의게對抗ᄒᆞᆷ을得ᄒᆞᆷ과如ᄒᆞᆷ이라(日本新民法第六百五條叅照)

以上에解除効力에限ᄒᆞᆫ原則을說明ᄒᆞᆫ지라此解除權行使에就ᄒᆞ야法律은一個保護規定을大概設定ᄒᆞᄂᆞ니日本新民法은其第五百四十六條에「第五百三十三條의規定은前條의境遇에此를準用ᄒᆞᆷ」이라規定ᄒᆞ얏시니即前述ᄒᆞᆫ바同時履行에關ᄒᆞᆫ規定이라此規定을解除權行使ᄒᆞᄂᆞᆫ境遇에準用ᄒᆞᄂᆞᆫ故로解除의結果로雙方이原狀에回復케ᄒᆞᆯ義務ᄂᆞᆫ同時에履行치아니ᄒᆞᆷ이不可ᄒᆞᄂᆞ니其趣意ᄂᆞᆫ同法第五百三十三條의規定과同一ᄒᆞ야當事者間에公平을保全코ᄌᆞᄒᆞᆷ에在ᄒᆞᆫ바ㅣ라此規定의結果로時或相殺를行ᄒᆞᆷ이有ᄒᆞ니假令賣主ᄂᆞᆫ代金返還의義務를負ᄒᆞ고買主ᄂᆞᆫ損害賠償의義務를負ᄒᆞᄂᆞᆫ境遇에在ᄒᆞ야ᄂᆞᆫ其對當額에就ᄒᆞ야相殺로ᄡᅥ對抗ᄒᆞᆷ을可得ᄒᆞᆷ과如ᄒᆞᆷ이是라

第四節 解除權의消滅

解除權은一個財産權인故로時効에因ᄒᆞ야消滅ᄒᆞᄂᆞᆫ바ㅣ라然이나解除權이物

동일하지 않지만, 실제로 그 효과는 동일하다. 환매권이 물권은 아니지만 제3자에게 대항할 수 있다는 점은 곧 임대차계약을 등기함에 따라 제3자에게 대항할 수 있는 것과 같다(일본 신민법 제605조 참조).

이상에서 해제의 효력에 관한 원칙을 설명하였다. 이 해제권 행사에 대하여 법률은 대개 하나의 보호규정을 설정한다. 일본 신민법은 제546조에서 "제533조의 규정은 전조의 경우에 이를 준용함"이라고 규정하였다. 곧 앞서 서술한 동시이행에 관한 규정이다. 이 규정을 해제권 행사의 경우에 준용하므로, 해제의 결과 쌍방이 원상회복의무를 동시에 이행하여야 한다. 그 취지는 일본 신민법 제533조와 동일하여 당사자 사이에 공평을 보전하려는 데 있다. 이 규정의 결과 때로는 상계를 하는 경우가 있다. 가령 매도인은 대금반환의무를 지고 매수인은 손해배상의무를 지는 경우에는 그 대등액에 대하여 상계로 대항할 수 있는 것이 그것이다.

제4절 해제권의 소멸

해제권은 하나의 재산권이므로 시효로 인하여 소멸하는 것이다. 그러나 해제권이 물

***** 역자 주: 도급계약에서 도급인이 파산선고를 받은 경우 수급인 또는 파산관재인이 계약을 해제한 때.

權이아님은既히說明ᄒᆞᆫ바ㅣ로대是亦債權도아니니故로二十年時効의適用을受ᄒᆞ고十年時効에罹치아니ᄒᆞ는바ㅣ라(日本新民法第一百六十七條叅照)次에解除權은拋棄에因ᄒᆞ야消滅ᄒᆞᄂᆞ니假令不履行에因ᄒᆞ야는解除치아니ᄒᆞᆷ을約束ᄒᆞ기可得ᄒᆞ고又既히發生ᄒᆞᆫ解除權을拋棄ᄒᆞᆷ을得ᄒᆞ며又解除權에期限을附ᄒᆞᆷ을得ᄒᆞᄂᆞ니假令契約當時에或一定ᄒᆞᆫ期間後에는解除權이消滅ᄒᆞᆷ을約束ᄒᆞᆫ境遇等이是니此等은別로說明을不要ᄒᆞᆯ者ㅣ로대다만玆에二個의問題가有ᄒᆞ니此를左에略說코ᄌᆞᄒᆞ노라

第一은催告에因ᄒᆞ야觧除權이消滅ᄒᆞ는境遇ㅣ니日本新民法은其第五百四十七條에「解除權의行使에就ᄒᆞ야期間을定치아니ᄒᆞᆫ時는相對者는解除權을有ᄒᆞᆫ者에對ᄒᆞ야相當ᄒᆞᆫ期間을定ᄒᆞ야其期間內에解除與否를確荅ᄒᆞ라催告ᄒᆞᆷ을得ᄒᆞᆷ만일其期間內에解除의通知를受치아니ᄒᆞᆫ時는解除權을消滅ᄒᆞᆷ」이라規定ᄒᆞᆫ바ㅣ라盖日本民法과如히解除權에物權的効力을認치아니ᄒᆞ면解除에因ᄒᆞᆫ獘害가比較的尠少ᄒᆞᆯ바ㅣ로대其獘害가全無ᄒᆞ기不能ᄒᆞᆯ지니盖解除權者의相對者는解除權者로써原狀에回復케ᄒᆞᆯ義務를負擔ᄒᆞᆫ者ㅣ라故로數十年間이

권이 아님은 이미 설명하였지만 채권도 아니다. 그러므로 20년 시효의 적용을 받고 10년 시효에 걸리지 않는다(일본 신민법 제167조 참조). 다음으로 해제권은 포기로 인하여 소멸한다. 가령 불이행으로 인하여서는 해제하지 않겠다고 약속할 수 있고, 또 이미 발생한 해제권을 포기할 수 있다. 또 해제권에 기한을 붙일 수 있다. 가령 계약 당시에 어느 일정한 기간 뒤에는 해제권이 소멸한다고 약속한 경우 등이 그것이다. 이들은 따로 설명할 필요가 없는데, 다만 여기에 두 가지 문제가 있으니 이를 아래에 간략히 설명하고자 한다.

첫째는 최고로 인하여 해제권이 소멸하는 경우이다. 일본 신민법은 제547조에서 "해제권의 행사에 대하여 기간을 정하지 않은 때에는 상대방은 해제권을 가진 자에 대하여 상당한 기간을 정하여 그 기간 내에 해제 여부를 확답하라고 최고할 수 있음. 만일 그 기간 내에 해제의 통지를 받지 않은 때에는 해제권은 소멸함"이라고 규정한 것이다. 일반적으로 일본 민법과 같이 해제권에 물권적 효력을 인정하지 않으면 해제로 인한 폐해가 비교적 적을 것이지만 전무할 수는 없을 것이다. 일반적으로 해제권자의 상대방은 해제권자에 대하여 원상회복의무를 부담한 사람이다. 그러므로 수십 년 동안이라도其責任을免ᄒᆞ기不能ᄒᆞᆫ者ㅣ라ᄒᆞᆯ진대恒常不安의念을懷ᄒᆞᆯ지라然而解除權者ᄂᆞᆫ何時에解除權을行ᄒᆞᄃᆞᆫ지自由오苟其時効에罹치아니ᄒᆞᆫ限에ᄂᆞᆫ相對者ᄂᆞᆫ何時에解除됨을知치못ᄒᆞᆯ지니是其相對者ᄅᆞᆯ爲ᄒᆞ야ᄂᆞᆫ甚히迷惑ᄒᆞᆯᄲᅮᆫ아니라一般去來의安全을保全ᄒᆞ기不能ᄒᆞᆯ지니是以로相對者ᄂᆞᆫ相當ᄒᆞᆫ期間內에解除權을行使ᄒᆞᄂᆞᆫ與否ᄅᆞᆯ催告ᄒᆞ야만일其期間內에解除의通知ᄅᆞᆯ受치아니ᄒᆞᆫ時ᄂᆞᆫ解除權은消滅ᄒᆞᄂᆞᆫ者ㅣ라然而此催告ᄅᆞᆯ行ᄒᆞᆷ에ᄂᆞᆫ解除權者ᄅᆞᆯ爲ᄒᆞ야相當ᄒᆞᆫ期間을定치아니ᄒᆞᆷ이不可ᄒᆞᄂᆞ니是即契約의種類、解除權의性質及其他事情에依ᄒᆞ야相異ᄒᆞᆫ故로相當ᄒᆞᆫ期間이라云ᄒᆞᄂᆞᆫ漠然ᄒᆞᆫ文字ᄅᆞᆯ使用ᄒᆞ얏시니假令契約이重大ᄒᆞ거나又ᄂᆞᆫ複雜ᄒᆞᆫ時ᄂᆞᆫ比較的考慮ᄒᆞᆯ時間을多要ᄒᆞᆫ대契約이輕微ᄒᆞ거나又ᄂᆞᆫ簡單ᄒᆞᆫ境遇에在ᄒᆞ야ᄂᆞᆫ短時間됨이可ᄒᆞᄂᆞ니要ᄒᆞᆫ건ᄃᆡ法律로써期間을一定ᄒᆞ기不能ᄒᆞᆫ故로寧히當事者로써相當ᄒᆞᆫ期間을定케ᄒᆞᆷ을認ᄒᆞᆫ지라故로相對者가만일不相當ᄒᆞᆫ期間을定ᄒᆞ야催促ᄒᆞᆫ時ᄂᆞᆫ其効力이無ᄒᆞᆯ지로대但其相當與否ᄂᆞᆫ事實問題라故로結局裁判所의決定ᄒᆞᄂᆞᆫ바에從치아니ᄒᆞᆷ이不可ᄒᆞᆫ바ㅣ라

라도 그 책임을 면할 수 없는 것이라고 하면 항상 불안한 마음을 가질 것이다. 그런데 해제권자는 언제 해제권을 행사하든 자유이고 진실로 시효에 걸리지 않는 한 상대방은 언제 해제될지 알지 못할 것이다. 이는 그 상대방에게는 매우 혼란스러울 뿐 아니라 일반거래의 안전을 보전할 수 없다. 그리하여 상대방은 상당한 기간 내에 해제권을 행사할지 여부를 최고하여, 만일 그 기간 내에 해제의 통지를 받지 않은 때에는 해제권은 소멸하는 것이다. 그런데 이 최고를 하려면 해제권자를 위하여 상당한 기간을 정하여야 한다. 이는 곧 계약의 종류, 해제권의 성질 및 그 밖의 사정에 따라 다르다. 그러므로 상당한 기간이라는 막연한 문자를 사용하였다. 가령 계약이 중대하거나 복잡한 때에는 비교적 고려할 시간이 많이 필요하지만, 계약이 경미하거나 간단한 경우에는 단시간이어도 된다. 요컨대 법률로 기간을 하나로 정할 수 없으므로, 오히려 당사자에게 상당한 기간을 정하게 할 것을 인정하였다. 그러므로 상대방이 만일 상당하지 않은 기간을 정하여 최고한 때에는 그 효력이 없을 것이다. 그렇지만 그 기간이 상당한지 여부는 사실의 문제이므로 결국 재판소가 결정하는 바에 따라야 하는 것이다.

尙且一個注意홀者ㅣ有ᄒᆞ니無他라右境遇에解除의通知ᄂᆞᆫ一般法律行爲의原則을從ᄒᆞ야受信主義를採用홈이是라盖解除權者의相對者가期間을定ᄒᆞ야解除權을行使ᄒᆞᄂᆞᆫ與否를催告ᄒᆞ야써解除權의行使를速ᄒᆞ게홈은全히催告者를保護ᄒᆞᄂᆞᆫ趣旨로出ᄒᆞᆫ者ㅣ라然而만일發信主義를依홀진대相對者(催告者)의知치못ᄒᆞᆫ間에契約이解除됨에至ᄒᆞ야相對者를爲ᄒᆞᆫ催告의目的을達ᄒᆞ기不能홀지니因ᄒᆞ야相對者를保護ᄒᆞᄂᆞᆫ趣旨를貫徹ᄒᆞ기不能홈에至홀지라是卽受信主義를採用ᄒᆞᆫ所以니故로假令一般히發信主義를採用ᄒᆞ야도此等境遇에在ᄒᆞ야ᄂᆞᆫ特히受信主義를採用치아니홈이不可ᄒᆞᆫ바ㅣ라

第二의消滅原因은物의毁損及滅失等境遇가是니日本新民法은其第五千四十八條第一項에「解除權을有ᄒᆞᆫ者가自己의行爲又ᄂᆞᆫ過失에因ᄒᆞ야契約의目的物을毁損ᄒᆞ거나或은此를返還ᄒᆞ기不能홈에至ᄒᆞᆫ時又ᄂᆞᆫ加工或은改造에因ᄒᆞ야此를他種類의物로變更ᄒᆞᆫ時ᄂᆞᆫ解除權은消滅홈」이라規定ᄒᆞᆫ바ㅣ라此規定에依ᄒᆞ야解除權의消滅홈은解除權者의行爲又ᄂᆞᆫ過失에因ᄒᆞᆫ境遇에限ᄒᆞᄂᆞᆫ故로天災에因ᄒᆞ야滅失ᄒᆞ거나又ᄂᆞᆫ毁損ᄒᆞᆫ境遇에ᄂᆞᆫ解除權이消滅치아니ᄒᆞᄂᆞᆫ바

또 하나 주의할 것이 있다. 다름이 아니라 위 경우에 해제의 통지는 일반 법률행위의 원칙에 따라 도달주의를 취한 것이다. 일반적으로 해제권자의 상대방이 기간을 정하여 해제권을 행사할지 여부를 최고함으로써 해제권 행사를 신속하게 하는 것은 전적으로 최고자를 보호하는 취지에서 나온 것이다. 그런데 만일 발신주의에 따른다면 상대방(최고자)가 알지 못한 사이에 계약이 해제되기에 이르러 상대방을 위한 최고의 목적을 달성할 수 없을 것이다. 따라서 상대방을 보호하는 취지를 관철할 수 없게 된다. 이는 곧 도달주의를 취한 까닭이다. 그러므로 가령 일반적으로 발신주의를 취하여도 이들 경우에는 특별히 도달주의를 채용할 수밖에 없다.

둘째 소멸 원인은 물건의 훼손 및 멸실 등의 경우이다. 일본 신민법은 제548조* 제1항에서 "해제권을 가진 자가 자기의 행위 또는 과실로 인하여 계약의 목적물을 훼손하거나 또는 이를 반환할 수 없게 된 때, 또는 가공이나 개조로 인하여 이를 다른 종류의 물건으로 변경시킨 때에는 해제권은 소멸함"이라고 규정하였다. 이 규정에 의하여 해제권이 소멸하는 것은 해제권자의 행위 또는 과실로 인한 경우에 한한다. 그러므로 천재지변으로 인하여 멸실되거나 훼손된 경우에는 해제권이 소멸하지 않는 것

* 역자 주: 원문은 '第五千四十八條'로 되어 있음.

ㅣ라然이나時或履行不能을因ᄒᆞ야解除로브터生ᄒᆞᆫ義務가消滅ᄒᆞᆷ이有호대是ᄂᆞᆫ別問題오解除의不能됨은아니라假令賣買에就ᄒᆞ야言ᄒᆞᆯ진대賣主가解除權을有ᄒᆞᆫ境遇에其目的物이天災에因ᄒᆞ야滅失ᄒᆞ면解除權을行使치아니ᄒᆞᆯ지로대만일買主가解除權을有ᄒᆞᆫ境遇에ᄂᆞᆫ買主를爲ᄒᆞ야利益이大有ᄒᆞᆫ故로買主ᄂᆞᆫ解除權을行使ᄒᆞᆯ지니何故오物은天災에因ᄒᆞ야旣히滅失ᄒᆞᆫ故로當初에返還ᄒᆞᆯ義務가無ᄒᆞ고此와反ᄒᆞ야自己의給付ᄒᆞᆫ代金은支撥ᄒᆞᆷ을不要ᄒᆞ며又旣히支撥ᄒᆞᆫ代金은賣主로써返還케ᄒᆞᆷ을得ᄒᆞᄂᆞᆫ所以다此에關ᄒᆞ야ᄂᆞᆫ危險問題를說明ᄒᆞᆯ際에論述ᄒᆞᆫ理論을依ᄒᆞ야當然ᄒᆞᆫ바ㅣ오日本新民法은第五百四十八條第二項에明示ᄒᆞ얏시니同條에「契約의目的物이解除權을有ᄒᆞᆫ者의行爲又ᄂᆞᆫ過失에因치아니ᄒᆞ고滅失又ᄂᆞᆫ毁損ᄒᆞᆫ時ᄂᆞᆫ解除權은消滅치아니ᄒᆞᆷ」이라規定ᄒᆞᆫ바ㅣ라然즉物이解除權을有치아니ᄒᆞᆫ當事者의故意又ᄂᆞᆫ過失에因ᄒᆞ야滅失又ᄂᆞᆫ毁損ᄒᆞᆫ境遇ᄂᆞᆫ如何ᄒᆞᆯ가文字上으로브터觀ᄒᆞᆯ時ᄂᆞᆫ同條第二項의境遇에屬ᄒᆞᆫ者ㅣ라可謂ᄒᆞᆯ바ㅣ라盖此境遇ᄂᆞᆫ極히明瞭ᄒᆞ야別로明文을不要ᄒᆞᄂᆞᆫ바ㅣ니即解除權을有치아니ᄒᆞᆫ者가契約의目的物을滅失ᄒᆞ거나又ᄂᆞᆫ毁損ᄒᆞᆫ境遇에在ᄒᆞ야ᄂᆞᆫ

이다. 그러나 때로는 이행불능으로 인하여 해제로부터 발생한 의무가 소멸되는 경우가 있는데, 이는 다른 문제이고 해제가 불능이 되는 것은 아니다. 가령 매매에 대하여 말하면 매도인이 해제권을 가진 경우에 그 목적물이 천재지변으로 인하여 멸실되면 해제권을 행사하지 않겠지만, 만일 매수인이 해제권을 가진 경우에는 매수인을 위하여 이익이 크므로 매수인은 해제권을 행사할 것이다. 왜냐하면 물건은 천재지변으로 인하여 이미 멸실되었으므로 처음부터 반환할 의무가 없고, 이와 반대로 자기가 급부할 대금은 지급할 필요가 없으며, 또 이미 지급한 대금은 매도인이 반환하게 할 수 있기 때문이다. 이에 관하여는 위험부담 문제를 설명할 때에 서술한 이론에 따라 당연한 것이다. 일본 신민법은 제548조 제2항에 명시하였는데, 같은 조에서 "계약의 목적물이 해제권을 가진 자의 행위 또는 과실로 인하지 않고 멸실 또는 훼손된 때에는 해제권은 소멸하지 않음"이라고 규정한 것이다. 그렇다면 물건이 해제권을 갖지 않은 당사자의 고의 또는 과실로 인하여 멸실 또는 훼손된 경우에는 어떠한가? 문자상으로 볼 때에는 같은 조 제2항의 경우에 속한 것이라고 말할 수 있다. 일반적으로 이 경우는 극히 명료하여 별로 명문이 필요 없는 것이다. 곧 해제권을 갖지 않은 사람이 계약의 목적물을 멸실시키거나 훼손한 경우에는

相對者의權利는消滅ᄒᆞᆫ다云ᄒᆞ기不能ᄒᆞ고寧히相對者에게加ᄒᆞᆫ損害를賠償ᄒᆞᆯ義務가有ᄒᆞᆫ者ㅣ오何等의疑問이生ᄒᆞᆯ餘地가無ᄒᆞᆫ지라故로解除權의消滅ᄒᆞᆷ은다만解除權者의行爲又는過失에因ᄒᆞ야物이毁損又는滅失ᄒᆞᆫ境遇ᄲᅮᆫ이라解除權者가目的物을他人의게讓與ᄒᆞᆷ에因ᄒᆞ야返還ᄒᆞ기不能ᄒᆞᆷ에至ᄒᆞᆫ境遇又는加工에因ᄒᆞ야物의性質을變更ᄒᆞᆫ境遇假令金塊로ᄡᅥ印形又는指環을製造ᄒᆞ거나又는指環을改造ᄒᆞ야他種品을作ᄒᆞᆫ境遇와如ᄒᆞᆷ은解除權의拋棄로看做ᄒᆞᆷ을可得ᄒᆞᆯ바ㅣ오解除權者의故意에因ᄒᆞ야毁損又는滅失ᄒᆞᆫ境遇도亦解除權의拋棄로看做ᄒᆞᆷ을可得ᄒᆞᆯ지니即만일解除를行ᄒᆞᆯ진대其物을對相者에게返還치아니ᄒᆞᆷ이不可ᄒᆞᆫ치라故로此를他人의게讓與ᄒᆞ거나又는工作을加ᄒᆞ거나又或故意로毁損又는滅失ᄒᆞᆫ時는其解除權을行使치아니ᄒᆞᆯ意思가明白ᄒᆞ다可謂ᄒᆞᆯ바ㅣ오過失에因ᄒᆞ야物이毁損又는滅失ᄒᆞᆫ境遇에在ᄒᆞ야는此와多少相異ᄒᆞᆫ바ㅣ有ᄒᆞᆫ대스사로注意를缺ᄒᆞᆷ에因ᄒᆞ야毁損又는滅失ᄒᆞᆫ以上은此亦全히解除의意思가無ᄒᆞᆫ者ㅣ라可謂ᄒᆞᆯ바ㅣ오又假令拋棄의意思가無ᄒᆞ다云ᄒᆞᆯ지라도解除의結果는相對者로ᄡᅥ原狀에復케ᄒᆞ지아니ᄒᆞᆷ이不可ᄒᆞᆫ故로自己의過失에因ᄒᆞ

상대방의 권리는 소멸한다고 할 수 없고 오히려 상대방에게 가한 손해를 배상할 의무가 있는 것이다. 여기에는 어떠한 의문도 생길 여지가 없다. 그러므로 해제권이 소멸하는 것은 다만 해제권자의 행위 또는 과실로 인하여 물건이 훼손 또는 멸실된 경우뿐이다.

해제권자가 목적물을 타인에게 양도함으로 인하여 반환할 수 없게 된 경우, 또는 가공으로 인하여 물건의 성질을 변경시킨 경우, 가령 금괴로 도장 또는 반지를 만들거나, 또는 반지를 개조하여 다른 종류의 물건으로 만든 경우 같으면 해제권의 포기로 간주할 수 있다. 그리고 해제권자의 고의로 인하여 훼손 또는 멸실된 경우 또한 해제권의 포기로 간주할 수 있다. 곧 만일 해제를 한다면 그 물건을 상대방에게 반환하여야 한다. 그러므로 이를 타인에게 양도하거나 작업을 가하거나 또는 고의로 훼손 또는 멸실시킨 때에는 그 해제권을 행사하지 않을 의사가 명백하다고 말할 수 있다. 그리고 과실로 인하여 물건이 훼손 또는 멸실된 경우에는 이와 다소 다른 점이 있는데, 스스로 주의를 결여함에 따라 훼손 또는 멸실된 이상이 또한 전혀 해제의 의미가 없다고 말할 수 있다. 또 가령 포기의 의사가 없다고 할지라도 해제의 결과는 상대방에게 원상으로 회복시키게 하고 있으므로, 자기의 과실로 인하야其義務履行ᄒᆞ기不能ᄒᆞᆷ에至ᄒᆞᆫ以上은當事者間에公平을保全ᄒᆞ기爲ᄒᆞ야其者로써解除權을失케ᄒᆞᆷ은元來當然ᄒᆞ다云치아니ᄒᆞᆷ이不可ᄒᆞᆫ바ㅣ라
上述ᄒᆞᆫ바第二의解除權消滅ᄒᆞᄂᆞᆫ境遇ᄂᆞᆫ法文上으로ᄂᆞᆫ廣汎히解除權消滅ᄒᆞᄂᆞᆫ境遇와如ᄒᆞᆫ대實際上에ᄂᆞᆫ解除權者가解除에因ᄒᆞ야物을返還ᄒᆞᆯ義務를負ᄒᆞᆫ境遇가아니면其適用이無ᄒᆞᄂᆞ니假令賣買境遇에在ᄒᆞ야其目的物을傳授ᄒᆞ기前에賣主가其目的物을毁損又ᄂᆞᆫ滅失ᄒᆞ야도解除權이消滅치아니ᄒᆞᄂᆞ니何故오此境遇에在ᄒᆞ야ᄂᆞᆫ買主를爲ᄒᆞ야解除權이生ᄒᆞᄂᆞᆫ事ᄂᆞᆫ有ᄒᆞᆯ지로대買主의解除權을消滅케ᄒᆞᆯ理由ᄂᆞᆫ無ᄒᆞᆫ바ㅣ니是ᄂᆞᆫ返還ᄒᆞ기不能ᄒᆞᆷ에至ᄒᆞᆫ時라云ᄒᆞᄂᆞᆫ意義를依ᄒᆞ야明白ᄒᆞᆫ바ㅣ라

債權法第二部(甲)完

여 그 의무를 이행할 수 없게 된 이상 당사자 사이에 공평을 보전하기 위하여 그 자의 해제권을 잃게 하는 것은 원래 당연하다고 하여야 한다.

위에 서술한, 해제권이 소멸하는 두 번째 경우는 법문상으로는 널리 해제권이 소멸하는 경우 같지만 실제로는 해제권자가 해제로 인하여 물건을 반환할 의무를 지는 경우가 아니면 그 적용이 없다. 가령 매매의 경우에 그 목적물을 인도하기 전에 매도인이 그 목적물을 훼손 또는 멸실시켜도 해제권이 소멸하지 않는다. 왜냐하면 이 경우에는 매수인을 위하여 해제권이 발생하는 일은 있겠지만 매수인의 해제권을 소멸시킬 이유는 없는 것이다. 이는 반환할 수 없게 된 때라는 말뜻에 의하여 명백한 것이다.

채권법 제2부(甲) 끝.

채권법 제2부(甲)

초판 발행 1쇄 2024년 2월 23일

지은이 조성구
옮긴이 명순구
www.kupress.com
kupress@korea.ac.kr
(02841) 서울특별시 성북구 안암로 145
Tel 02-3290-4230, 4232
Fax 02-923-6311
찍은곳 (주)한국컴퓨터인쇄정보

ISBN 979-11-6956-068-9 93360

값 37,000원
※ 잘못 만들어진 책은 바꿔 드립니다.